|光明社科文库|

全面建成小康社会的中国经验

蒋永穆 等◎著

光明日报出版社

图书在版编目（CIP）数据

全面建成小康社会的中国经验 / 蒋永穆等著． -- 北京：光明日报出版社，2021.9
ISBN 978-7-5194-6289-5

Ⅰ.①全… Ⅱ.①蒋… Ⅲ.①小康建设—经验—中国 Ⅳ.①F124.7

中国版本图书馆 CIP 数据核字（2021）第 178165 号

全面建成小康社会的中国经验
QUANMIAN JIANCHENG XIAOKANG SHEHUI DE ZHONGGUO JINGYAN

著　　者：蒋永穆　等	
责任编辑：史　宁	责任校对：陈永娟
封面设计：中联华文	责任印制：曹　净

出版发行：光明日报出版社
地　　址：北京市西城区永安路 106 号，100050
电　　话：010-63169890（咨询），010-63131930（邮购）
传　　真：010-63131930
网　　址：http://book.gmw.cn
E - mail：gmrbcbs@gmw.cn
法律顾问：北京市兰台律师事务所龚柳方律师
印　　刷：三河市华东印刷有限公司
装　　订：三河市华东印刷有限公司
本书如有破损、缺页、装订错误，请与本社联系调换，电话：010-63131930

开　　本：170mm×240mm
字　　数：431 千字　　　　　　　印　张：24
版　　次：2022 年 1 月第 1 版　　　印　次：2022 年 1 月第 1 次印刷
书　　号：ISBN 978-7-5194-6289-5
定　　价：99.00 元

版权所有　　翻印必究

著者名单

蒋永穆　祝林林　廖浩君　赖珩瑷　姜力月

序

"小康"是中华民族千百年来梦寐以求的生活理想。过上"小康"般的幸福生活，是中华儿女长期以来不懈追求的发展目标。中华人民共和国成立以来，在中国共产党的坚强领导下，我国建立了社会主义制度，奠定了向小康迈进的制度条件。改革开放以来，我国开启了迈向现代化的新征程，持续发挥中国共产党领导和社会主义制度的独特优势，奋力推进经济建设、政治建设、文化建设、社会建设、生态文明建设，实现了从基本温饱到总体小康再到全面建设小康社会的伟大跨越，并历史性地实现了全面建成小康社会。全面建成小康社会，意味着第一个百年奋斗目标得以顺利实现，中华民族"民亦劳止，汔可小康"的美好憧憬变成客观现实；标志着发展中国家走向现代化的中国方案得以顺利实施，中华文明"源远流长、生生不息"的美好设想成为现实必然。

2020年是全面建成小康社会的收官之年，也是脱贫攻坚决战决胜之年。在这样具有里程碑意义的时刻，本书对全面建成小康社会进行深入研究，系统回顾我国全面建成小康社会的历史进程，深刻总结全面建成小康社会的宝贵经验，前瞻全面建成小康社会后推进社会主义现代化建设的新征程，以期为学术界开展全面建成小康社会相关研究提供参考。

全面建成小康社会是一个体系庞大、内容丰富的主题。本书建立了四大板块，力图从四个主要层面对全面建成小康社会进行阐释。第一个板块是历史板块。"小康"是一个在不断发展的概念，本书从"小康"一词出发，梳理了小康社会的演变历程，厘清了"小康"的来龙去脉。第二个板块是理论板块。全面建成小康社会的理论体系是较为繁杂的，本书构建了全面建成小康社会的理论分析框架，囊括了科学要义、实施方略、主要成就、基本经验四个方面的理论问题，论述了全面建成小康社会的主要理论。第三个板块是实践板块。小康是在社会主义现代化实践中稳步推进的，本书选取了小康社会建设中的重点内容，涵盖了经济建设、脱贫攻坚、城乡融合、民生四个方面的实践问题，阐明了改革开放以来全面建成小康社会的主要实践。第四个板块是前瞻板块。全面建成小康社会后，我国将进入全面建成社会主义现代化强国的新发展时期，本书展望了这一时期的发展思路，提出了未来发展的目标和方向，设想了未来社会的发展景象。本书分为十章，分别对四大板块的内容进行详细说明。

第一章，小康社会的演变历程。小康社会是一部壮丽的史诗，本书主要研究了小康社会的由来，以及从贫困走向基本温饱、从基本温饱走向总体小康、全面建设小康社会、全面建成小康社会的历程。其中，从"小康"概念的提出到小康社会思想的系统形成，是相当长的过程；改革开放以来，党和国家将摆脱贫困、解决温饱问题作为经济社会发展的首要奋斗目标；进入21世纪以来，我国实现了总体小康水平的目标；党的十八大以来，我国社会主要矛盾发生变化，全面建成小康社会成为基本方略。

第二章，全面建成小康社会的科学要义。全面建成小康社会是一项系统性工程，本书构建了全面建成小康社会的四重分析维度，包括高质量小康的全面建成维度、以人民为中心的全面小康维度、共同富裕的全面小康维度和"五位一体""四个全面"的全面建成维度。其中，高质量的全面小康是全面建成小康社会的第一要义，以人民为中心是全面建成小康社会的核心立场，共同富裕是全面建成小康社会的根本目标，"五位一体"和"四个全面"的全面建成是全面建成小康社会的基本要求。

第三章，全面建成小康社会的实施方略。实施方略是实践行动的先导，本书主要从经济建设、政治建设、文化建设、社会建设、生态建设五个方面论证了全面建成小康社会的实施方略。其中，推动经济持续健康发展是全面建成小康社会的物质基础，推动人民民主不断扩大是全面建成小康社会的政治保障，推进社会主义文化强国建设是全面建成小康社会的精神支柱，推动人民生活水平全面提高是全面建成小康社会的社会基础，推进生态文明建设是全面建成小康社会的环境支撑。

第四章，全面建成小康社会的主要成就。中国在推进全面建成小康社会和社会主义现代化建设中所取得的成就是举世瞩目的，本书聚焦中国成就与世界贡献两个角度，从创造了中国式发展奇迹、开辟了中国特色社会主义新境界、为世界现代化进程贡献了中国智慧和中国方案三个方面对全面建成小康社会的主要成就进行了探讨。其中，"五位一体"建设稳步推进，中国特色社会主义道路、理论、制度和文化不断发展，发展中国家走向现代化的途径持续拓展。

第五章，全面建成小康社会的基本经验。中国在循序渐进推进全面建成小康社会的伟大实践中积累了丰富的经验，本书将这些经验概括为不断加强和改善党的集中统一领导、始终坚持全面深化改革的发展思路、始终坚持扩大对外开放的基本国策、不断探索循序渐进式的发展道路、不断发挥和强化社会主义制度优势、始终贯彻马克思主义的科学方法论六个方面。其中，中国共产党在全面建成小康社会实践中始终处在总揽全局、协调各方的地位，改革是实现全面建成小康社会奋斗目标的关键一招，开放是实现全面建成小康社会奋斗目标的必然选择。

第六章，以经济建设为中心，筑牢小康社会之基。生产力的发展是全面建成小康社会的基石，本书主要研究了改革开放以来经济建设的历程、主要举措，以及取得的主要成效。其中，40余年的改革主要经历了以农村改革为中心的改革开放起步阶段、以城市改革为中心的改革全面展开阶段、以建立社会主义市场经济体制为主线的改革深入发展阶段、改革开放全面深化新阶段四个阶段；在改革中，坚持了公有制为主体、多种所有制经济共同发展，以按劳分配为主体、多种分配方式并存，完善社会主义市场经济体制，完善科技创新体制机制，建设更高水平开放型经济体制；通过40余年的改革，我国主要经济指标明显增长，主要产品供给居世界前列，基础设施建设成就显著，世界经济地位不断提升。

第七章，打赢脱贫攻坚战，托起小康社会之底。脱贫是全面建成小康社会目标要求中的绝对指标，本书主要研究了改革开放以来脱贫攻坚的演进历程、主要举措和主要成效。其中，改革开放以来我国脱贫攻坚的历史进程主要分为体制改革推动扶贫阶段、大规模开发式扶贫阶段、整村推进阶段和精准扶贫精准脱贫阶段四个阶段；40余年的脱贫攻坚，按照"发挥制度优势—发展解放保护生产力—推行'减贫组合拳'的综合治理—实现全面主动减贫"的逻辑展开；我国创造了世界减贫史上的奇迹，实现了人类有史以来最快速度和最大规模的减贫，人类历史上从未解决的绝对贫困问题将在我国得到历史性解决。

第八章，推动城乡融合发展，补齐小康社会之短。全面建成小康社会是农村居民和城市居民一道实现的小康，本书主要研究了改革开放以来城乡关系的演进历程、推动城乡融合发展的主要举措和主要成效。其中，改革开放以来我国城乡关系的演进历程主要分为城乡互动阶段、城乡协调阶段、城乡统筹阶段、城乡融合阶段四个阶段；推动城乡融合发展的主要举措包括推动城乡基础设施互联互通、产业协同发展、要素合理配置、公共服务普惠共享四个方面；经过40余年的艰辛探索，城乡生产力水平差距不断缩小、居民收入差距不断缩小、要素流动更加合理、公共服务更加均等化。

第九章，加强和改善民生，夯实小康社会之本。人民生活水平显著提高是全面建成小康社会的重要标志，本书主要研究了改革开放以来民生的发展历程、加强和改善民生的主要举措及主要成效。其中，改革开放以来我国的民生事业的发展经历了基本解决人民温饱问题、人民生活总体达到小康水平、全面建设小康社会、全面建成小康社会四个阶段;通过增加城乡居民就业、促进国民增收、提高教育质量、完善社会保障、深化医疗卫生体制改革等主要措施,人民生活发生了翻天覆地的变化,实现了从解决温饱问题到追求美好生活的转变。

第十章,全面建成小康社会的赓续。全面建成小康社会是全面建成社会主义现代化强国的奋斗起点,本书主要研究了"两个一百年"奋斗目标的有机衔接、全面实现社会主义现代化强国、通向人自由而全面的发展。其中,促进"两个一百年"奋斗目标的有机衔接,可以从四个现代化与国家治理体系与治理能力现代化之间的有机结合、农业农村现代化与工业现代化之间的同步推进、巩固拓展脱贫攻坚成果与乡村振兴之间的有效衔接、从消除绝对贫困转变为解决相对贫困四个方面着手;社会主义现代化强国在结构上包括经济、政治、文化、社会、生态五个组成部分,分别对应富强、民主、文明、和谐、美丽五种基本价值;人的自由全面发展是中国特色社会主义现代化区别于资本主义现代化的显著标志。

小康从理想变成现实经历了相当长时期的探索和发展,全面建成小康社会中仍有许多问题需要进一步挖掘。本书对全面建成小康社会的研究,仅是对历史的回顾和未来的展望。由于时间等限制,书中存在的不足之处,还望广大学者批评指正。美好的生活,不仅是我们的孜孜追求,亦是我们的奋斗目标。让我们在不懈奋斗中享受美好生活,在科学研究中实现人生价值。

目 录
CONTENTS

第一章 小康社会的演变历程 ·· 1
  第一节 小康社会的由来 ·· 1
  第二节 从贫困走向基本温饱 ·· 7
  第三节 从基本温饱走向总体小康 ·· 11
  第四节 全面建设小康社会 ·· 16
  第五节 全面建成小康社会 ·· 18

第二章 全面建成小康社会的科学要义 ···································· 23
  第一节 全面建成小康社会科学要义维度分析 ························· 23
  第二节 第一要义是高质量的全面小康 ·································· 27
  第三节 核心立场是以人民为中心的全面小康 ························· 33
  第四节 根本目标是实现共同富裕的全面小康 ························· 40
  第五节 基本要求是"五位一体"总体布局和"四个全面"战略布局 ······· 45

第三章 全面建成小康社会的实施方略 ···································· 51
  第一节 推动经济持续健康发展 ·· 51
  第二节 推动人民民主不断扩大 ·· 65
  第三节 推进社会主义文化强国建设 ···································· 78
  第四节 推动人民生活水平全面提高 ···································· 91
  第五节 推进生态文明建设 ·· 102

第四章　全面建成小康社会的主要成就 ········· 112
第一节　创造中国式发展奇迹 ········· 113
第二节　开创中国特色社会主义新境界 ········· 131
第三节　为世界发展贡献中国智慧 ········· 146

第五章　全面建成小康社会的基本经验 ········· 153
第一节　不断加强和改善党的集中统一领导 ········· 153
第二节　不断发挥和强化社会主义制度优势 ········· 158
第三节　始终坚持全面深化改革的发展思路 ········· 164
第四节　始终坚持扩大对外开放的基本国策 ········· 168
第五节　不断探索循序渐进式的发展道路 ········· 172
第六节　始终贯彻马克思主义的科学方法论 ········· 176

第六章　以经济建设为中心　筑牢小康社会之基 ········· 182
第一节　改革开放以来经济建设的历程 ········· 182
第二节　经济建设的主要举措 ········· 189
第三节　经济建设取得的成效 ········· 198

第七章　打赢脱贫攻坚战　托起小康社会之底 ········· 211
第一节　改革开放以来脱贫攻坚的演进历程 ········· 211
第二节　脱贫攻坚的主要举措 ········· 222
第三节　脱贫攻坚的成效 ········· 233

第八章　推动城乡融合发展　补齐小康社会之短 ········· 244
第一节　改革开放以来城乡关系的演进历程 ········· 245
第二节　推动城乡融合发展的主要举措 ········· 253
第三节　城乡融合发展的主要成效 ········· 260

第九章　加强和改善民生　夯实小康社会之本 ············ **271**
- 第一节　改革开放以来民生事业发展历程 ············ **271**
- 第二节　推进民生事业发展主要举措 ············ **281**
- 第三节　民生事业发展主要成效 ············ **297**

第十章　全面建成小康社会的赓续 ············ **317**
- 第一节　实现"两个一百年"奋斗目标的有机衔接 ············ **317**
- 第二节　全面实现社会主义现代化强国 ············ **334**
- 第三节　通向人自由而全面的发展 ············ **348**

主要参考文献 ············ **356**

后　记 ············ **368**

第一章

小康社会的演变历程

民亦劳止,汔可小康。惠此中国,以绥四方。

——《诗经·大雅·民劳》

我们要实现的四个现代化,是中国式的四个现代化。我们的四个现代化的概念,不是像你们那样的现代化的概念,而是"小康之家"。

——邓小平

全面建成小康社会是实现中华民族伟大复兴中国梦的关键一步。

——习近平

全面建成小康社会要得到人民认可、经得起历史检验,必须做到实打实、不掺任何水分。

——习近平

"小康"蕴含着中华民族对美好生活的恒久向往,是中华民族几千年来孜孜以求的社会理想,小康社会成为世代人们所期盼和追求的一种理想社会。真正将千年小康梦付诸实践,并将小康社会思想理论化的是中国共产党。新中国成立前,我国经济社会满目疮痍,但之后在中国共产党的带领下经过70余年的快速发展,中国人民经历了从贫困走向基本温饱、从基本温饱走向总体小康、全面建设小康社会等历史阶段。党的十八大提出了到2020年全面建成小康社会的奋斗目标,这是我们党向人民、向历史作出的庄严承诺。

第一节 小康社会的由来

小康社会是中华儿女对理想社会的追求。在漫长的历史发展中,各个时期的思想家们,从不同的路径寻找各自的理想社会,提出了各具特色的小康社会建设方案。历经几千年的演化,小康社会理想从形式和内容上都得到了极大的拓展与深化,并一步步由构想走向实践。历史证明,中国共产党的人民民主国家及其制定的新中国建设蓝图是代表最广大人民根本利益的社会理想,符合社会发展潮流,顺应人民对美好生活的期待。

一、小康社会的产生

"小康"一词最早出现在《诗经·大雅·民劳》篇:"民亦劳止,汔可小康。惠此中国,以绥四方。"意思是,老百姓终日辛劳不止,该让他们稍稍得到安康。爱护城中的老百姓,安抚诸侯定四方。这是一幅理想的社会生活图景,也是几千年来老百姓孜孜以求的社会目标。

"小康"社会最早在《礼记·礼运》中得到系统阐述,该书较为详细地描绘了两种理想社会模式:"大同"和"小康"。"选贤与能,讲信修睦,故人不独亲其亲,不独子其子,使老有所终,壮有所用,幼有所长……"是大同社会的理想状态,没有剥削,互敬互助,财产共有,成果共享,社会秩序稳定,人民安居乐业。"各亲其亲,各子其子,货力为己,大人世及以为礼;城郭沟池以为固,礼义以为纪……"是小康社会的理想状态,财产私有,劳动私有,礼、义为社会准则和根基。

中国历史上,不同时代的人们曾经对理想中的小康社会做过许多不同的设计和描绘,赋予它很多思想内涵。

春秋时期的孔子,认为小康社会是人类在追求最高理想社会过程中由于现实条件的限制,退而求其次的一种现实追求,是人类社会向大同社会行进过程中的一种过渡形态。孔子描述的小康也仅仅是一个大体框架,随着封建社会的不断发展,小康社会思想会不断被后世儒家发展和完善。

战国中期的孟子,不仅提出"为民制产"的经济思想,还设计了一个温饱型小康模式。他认为"民之为道也,有恒产者有恒心,无恒产者无恒心。苟无恒心,放辟邪侈,无不为己"(孟子·滕文公上),即有恒产的人思想稳定有恒心,没有恒产的人思想不稳定容易胡作非为。他还设计了一个小康的标准:"五亩之宅,树之以桑,五十者可以衣帛矣,鸡豚狗彘之畜,无失其时,七十者可以食肉矣;百亩之田,勿夺其时,数口之家,可以无饥矣。"(《孟子·梁惠王上》)这是一个温饱型的小康模式,是一种美丽的田园生活图景。

战国后期的荀子,设计了一个"隆礼至法"的小康社会模式。荀子认为:"隆礼贵义者其国治,简礼贱义者其国乱"《荀子·议兵》,这个社会是"隆礼贵义"等级制的大一统君主专制社会,礼和法在治国安邦中同等重要。荀子既强调礼,又重视法,使儒家小康社会思想得到发展和完善。

西汉时期的董仲舒,提出"罢黜百家,独尊儒术",使儒家思想被提到至高无上的地位。宋代的朱熹,认为只要有像禹、汤、文、武、成王、周公那样的大贤实行孟子提出的"王道仁政",小康之世就可以达到,而且"千五百年之间……不无小康"《朱文公文集·答陈同甫》。在朱熹的眼里,汉朝的"文景之治"和唐朝的"开元盛世"均为小康社会的表现。孔子及其后学所提出的小康社会思想,一方面重视礼治,有利于封建统治者维护其统治;另一方面满足了长期生活在贫困中的普通民众对理想生活的渴求,所以既能得到封建统治者的支持,又可以获得老百姓的认同和拥护。因此,小康社会思想在封建社会中盛行千年而不衰,内容不断发展和完善,影响与日俱增。

明代中叶以后,随着商品经济萌芽和封建制度出现危机,早期启蒙思想出现了。明末清初的黄宗羲,提出"授田以养民",主张将官僚私有的土地收归国有,分给无地或少地的农民使用,从而达到养民和富民的目的。他还提出"公其非是于学校",主张学校要肩负起议论朝政、监察朝政、参与决策国家大政的重任。这些思想在当时背景下不可能实现,但对后世产生了很大的影响,对小康的追求也隐约有了"现代化"的文化意蕴。

回顾几千年的历史,"小康"是中国传统社会长期处于贫困状态的普通百姓对丰衣足食生活的一种向往,尽管中华文明曾经走在世界前列,有过多次盛世,但这一愿望始终没有实现。

二、近代对小康社会的探索

小康社会思想历经千年而不衰,成为世代人们所期盼和追求的一种理想社会。到了近代,一方面由于人民深受多重剥削和压迫,生活极端贫困艰难,距离儒家的社会理想愈行愈远;另一方面经济社会的发展和所处时代环境的变化,导致社会的剧烈变革和人们思想观念的改变,却并未动摇人们对理想生活的追求。在这样复杂的背景下,先进的中国人为挽救民族危亡,开始学习西方进步思想,赋予小康社会新的时代内涵。这个时期的代表人物及其思想主要有洪秀全的天朝田亩制度、康有为的三世历史进化论和孙中山的建国方略。

(一)洪秀全的天朝田亩制度

太平天国的农民首领洪秀全,建立太平天国并颁布《天朝田亩制度》。作为深受中国传统文化尤其是儒家思想影响的知识分子,由于科举考试屡次落第,洪秀全对当时黑暗的社会极为不满。于是他潜心研究西方基督教义,并借助儒家经典对基督教义加以改造利用,宣传人人生来平等,不断批判社会现实,以此表达对理想社会的向往。在太平天国建立政权后颁布的《天朝田亩制度》,提出按照"凡天下田,天下人同耕"的原则分配土地,彰显了以洪秀全为代表的农民阶级反对封建剥削和压迫的决心。

由于洪秀全期望建立的是一个绝对平均的理想社会,带有严重的空想性质,在当时的条件下注定难以建立。随着太平天国的败亡,这种寄托着无数人民期盼的美好愿景成为泡影。

(二)康有为的三世历史进化论

清末资产阶级思想家康有为,推行维新变法并提出"三世历史进化论"。康有为借口托古改制,重新举起了儒家思想的大旗,但实质上是对儒家小康思想的否定和升华。康有为提出"三世历史进化论",他认为人类社会是沿着"据乱世—升平世—太平世"的轨迹向前演进的。其中,"据乱世"是人类社会的初级阶段,这一阶段文教未明、人王总揽事权;"升平世"是小康社会阶段,这一阶段渐有文教、人主垂拱无为;"太平世"是大同世界阶段,这一阶段远近大小若一、文教全备、一切平等、无王可言。康有为设计的小康社会,是以资产阶级的自由、民主、平等、博爱为价值取向,并非建立在封建宗法文化和儒家价值体系基础之上的,这在总体上突破了儒家小康社会思想的框架。

由于多方面的局限性和空想,康有为的社会理想注定无法实现。但相比前人思想,康有为的社会思想有了很大的进步,他认为社会是不断发展进步的,主张学习西方先进文化,这丰富了传统小康社会思想。但另一方面,其思想存在对封建社会的严重妥协。

(三)孙中山的建国方略

近代伟大的革命家孙中山,主张"振兴中华"并著有《建国方略》。孙中山深受儒家思想的影响,面对"华夏大厦之将倾"的危急情势,喊出了"振兴中华"的时代口号。孙中山在"三民主义"的基础上,逐渐形成"天下为公"的最高理想。在孙中山看来,"民生主义即贫富均等",所以他认为他的民生主义就是共产主义,也是大同主义。孙中山指出:"要全国人民都可以得安乐……才是真正的民生主义,就是孔子所希望的大同世界。"[1]孙中山崇尚大同社会,在求而不得的情况下寄希望于国强民富的小康社会。他认为要靠"平均地权"和"节制资本"去实现民生主义,在土地国有的基础上,必须由国家兴办掌控事关国计民生的重大企业。孙中山认为兴办现代工业是实现其理想的根本途径。同时,他还主张把强国和富民问题结合起来,就是在实现工业化的同时也要注重保障民生。孙中山思想中既有构

---

[1] 孙中山全集(第九卷)[M].北京:中华书局,1986:386.

筑大同社会的理想与抱负,也有建设小康社会的主张与举措。

由于时代环境所限,孙中山的社会理想没能如愿实现,但对后来探索国家的发展具有重要的指导作用。孙中山倾半生心血著成的《建国方略》一书,是我国历史上第一部比较完整系统地论述中国现代化发展模式和道路的著作,他在书中系统地分析了经济发展与民主政治之间的辩证关系,对后来我国的现代化发展具有重要指导意义。

三、新中国成立后对小康社会的承续

真正将千年小康梦付诸实践,并将小康社会思想理论化的是中国共产党。新中国成立以后,面对满目疮痍的经济社会,中国共产党带领全国人民励精图治,开始探索马克思主义与中国实际相结合的社会主义建设道路。

(一)新中国成立初期的小康社会思想

1949—1956年,中国实现从新民主主义到社会主义的历史转变,社会主义改造基本完成。在这一阶段,党依据国内经济政治条件及国际形势的变化,先后提出了建设新民主主义共和国的《中国人民政治协商会议共同纲领》(简称《共同纲领》)和党在过渡时期"一化三改"总路线,阐明了"国家富强、人民富裕"的共同理想。

1949年,中国人民政治协商会议第一届全体会议制定通过《共同纲领》。《共同纲领》系统阐明了建设新民主主义共和国的一贯主张,向世界人民庄严宣告了中华人民共和国在政治、经济、文教、民族、外交、军事等各个方面的制度安排。这些关于政治民主、经济发展、民族平等等方面的政策集中体现了20世纪30年代末到20世纪50年代初期中国共产党关于新民主主义共和国的一贯主张,也深刻表达了中国人民追求"国家富强、人民富裕"的热切期盼。它再一次表明,自新民主主义革命以来,中国共产党已将"国家富强、人民富裕"的理想纳入党的奋斗目标之中,并决定为实现这个目标不懈奋斗。

如果说新中国成立的头三年,中国共产党人关于新民主主义共和国的社会理想表达了中国人民实现"国家富强、人民富裕"的共同愿望,那么过渡时期的总路线则进一步明确了中国人民实现这个共同夙愿的必要准备和重要途径,二者都蕴含了丰富的"小康社会"思想因子。

1953年,中国共产党适时提出党在过渡时期的总路线。这个总路线经过毛泽东的审阅和修改,最后完整表述为:"从中华人民共和国成立,到社会主义改造基本完成,这是一个过渡时期。党在这个过渡时期的总路线和总任务,是要在一个相当长的时期内,逐步实现国家的社会主义工业化,并逐步实现国家对农业、对手工业和对资本主义工商业的社会主义改造。这条总路线是照耀我们各项工作的灯塔,各项工作离开它,就要犯右倾或'左'倾的错误。"①这条"一化三改"总路线指明了经济文化落后的中国发展社会主义的新思路,体现了发展生产力和变革生产关系的有机统一。

(二)社会主义建设时期的小康社会思想

1956—1978年,随着社会主义改造基本完成,党和人民开始集中力量进行社会主义建设。在这一时期,《论十大关系》和中共八大政治报告是以毛泽东为核心的党的第一代中央领导集体开始探索中国社会主义建设道路的重要标志,它为全面建设社会主义创造了良好开端,也为建设小康社会提出了正确的基本遵循。

第一,确立了"四个现代化"的战略目标和社会主义建设分"两步走"的步骤方法。1954年9月,周恩来在第一届全国人大第一次会议《政府工作报告》中首次提出"四个现代化":"我国的经济原来是很落后的。如果我们不建设起强大的现代化的工业、现代化的农业、现代化的交通运输业和现代化的国防,我们就不能摆脱落后和贫穷,我们的革命就不能达到目的。"②1956年党的八大通过的党章又把"四个现代化"写进了总纲中:"使中国具有强大的现代化的工业、现代化的农业、现代化的交通运输业和现代化的国防。"1964年,周恩来根据毛泽东的建议,在第三届全国人民代表大会第一次会议上提出"两步走"设想:第一步,建立较为齐全的工业、国民经济体系;第二步,努力完成"四个现代化"。政府工作报告还指出要努力把我国建成一个具有"四个现代化"的社会主义强国。"四个现代化"的战略目标和社会主义建设分"两步走"的步骤方法为建设小康社会提供了一份初步的时间表和规划。

第二,规定了在综合平衡中稳步前进的经济建设方针。适当控制经济发展速度,是一个国家经济健康发展的重要指标。在社会主义改造中,党中央曾经十分重视经济建设速度问题,明确规定我国经济建设的方针是有计划按比例,积极而又稳步地发展前进。周恩来等领导人曾多次指出,"中国工业化,是十年、二十年的问题。欲速则不达,必须稳步前进"③。在合理规定国民经济发展速度的同时,党的八大还明确了处理好重工业、轻工业和农业的关系等经济发展方针,认为需要探索一条不同于苏联的工业化道路,保持国民经济比较均衡地发展。这些关于

---

① 毛泽东文集(第七卷)[M]. 北京:人民出版社,1999:252.
② 周恩来选集(下卷)[M]. 北京:人民出版社,1984:132.
③ 周恩来选集(下卷)[M]. 北京:人民出版社,1984:212.

社会主义经济发展规律的正确认识表达了党和人民对建设小康社会经济发展途径的进一步思考。

第三,制定了"百花齐放、百家争鸣"的文化方针。《中国共产党第八次全国代表大会关于政治报告的决议》确认了"百花齐放、百家争鸣"为繁荣科学和文化艺术工作的指导方针。这一方针是由毛泽东逐步提出的。1951年,为庆祝中国戏曲研究院的成立,毛泽东写了"百花齐放,推陈出新"的题词。1953年,陈伯达向毛泽东请示办刊物的方针,毛泽东回答"百家争鸣"。此后,毛泽东在《论十大关系》的报告中进一步提出,"百花齐放、百家争鸣问题。艺术问题上的百花齐放,学术问题上的百家争鸣,我看应该成为我们的方针"①。中共八大提出,"党对于学术性质和艺术性质的问题,不应当依靠行政命令来实现自己的领导,而要提倡自由讨论和自由竞赛来推动科学和艺术的发展"。文化教育事业在整个社会主义建设中占有重要地位,必须大力发展文化教育和卫生事业。

以毛泽东同志为核心的党中央在探索和建设社会主义的道路上虽然出现了一些曲折和失误,但也进行了诸多成功的实践。"四个现代化"战略目标明确了我们社会发展的主要任务和途径;"两步走"战略设想为建设"小康社会"奠定了重要的物质基础和思想基础。他们在探索和建设的过程中总结积累的经验和教训,为我们之后的社会建设提供了极为宝贵的资源基础和经验借鉴。

第二节 从贫困走向基本温饱

从1978—1990年是解决人民群众温饱问题的时期。党的十一届三中全会开启了社会主义现代化建设新的历史时期,邓小平用"小康之家"形象化地概括"中国式的现代化",改变了过去长期以来的赶超目标,代之以实事求是的、承认落后和差距的现实的目标。后来,党和国家把摆脱贫困、解决温饱问题作为中国80年代经济发展的首要奋斗目标,这也是我国整个社会主义初级阶段现代化建设的第一步战略目标。这一战略决策,是完全符合我国的实际情况的,因为只有解决了温饱问题,现代化才有坚实的起步点。

一、从贫困走向基本温饱的历程

现代意义上的建设小康社会思想始于邓小平。改革开放后,邓小平对小康社

---

① 毛泽东文集(第七卷)[M].北京:人民出版社,1999:54.

会的内涵进行了构想,将"小康"理解为中国式现代化的目标。"小康"作为社会主义现代化的阶段目标,使得我们对现代化建设的定位设计愈加生动形象,由此开始形成指导我国现代化建设的小康社会理论。

(一)"中国式现代化"的提出

1979年3月21日,邓小平在会见马尔科姆·麦克唐纳为团长的英中文化协会执行委员会代表团时说:"我们定的目标是在本世纪末实现四个现代化。我们的概念与西方不同,我姑且用个新说法,叫作中国式的四个现代化。"[1]1979年3月22日,邓小平在中共中央政治局会议上重申了3月21日同外宾谈话提出的新概念:"我同外国人谈话,用了一个新名词:中国式的现代化。到本世纪末,我们大概只能达到发达国家七十年代的水平,人均收入不可能很高。"[2]

这个表述改变了过去长期以来的"赶超"目标,代之以实事求是的、承认落后和差距的现实的目标。在邓小平看来,我们当时的技术水平是西方国家50年代的水平,考虑到同步发展的因素(即我们发展了别人也在同步发展),20世纪末我们的技术水平能达到西方国家70年代的水平,也就是说仍然有20年的差距。他指出:"就是达到这个水平,也还要做许多努力。由于缺乏经验,实现四个现代化可能比想象的还要困难些。"[3]这样就放弃了过去一段时间脱离实际的单凭热情和豪言壮语而规划社会经济发展目标的做法,代之以渐进的、按照社会经济客观规律发展所能达到目标的规划之法。

(二)"中国式现代化"的描述

1979年12月6日,邓小平会见来访的日本首相大平正芳。会谈中,当大平正芳提出"中国在本世纪末实现四个现代化究竟意味着什么"时,邓小平沉思片刻后回答:"我们要实现的四个现代化,是中国式的四个现代化。我们的四个现代化的概念,不是像你们那样的现代化的概念,而是'小康之家'。到本世纪末,中国的四个现代化即使达到了某种目标,我们的国民生产总值人均水平也还是很低的。要达到第三世界中比较富裕一点的国家的水平,比如国民生产总值人均1000美元,也还得付出很大的努力。就算达到那样的水平,同西方来比,也还是落后的。所以,我只能说,中国到那时也还是一个小康的状态。"[4]

这个表述中的数据参照的是此前艰辛探索现代化建设历程的宝贵经验。邓

---

[1] 邓小平年谱(上)[M]. 北京:人民出版社,2008:496.
[2] 邓小平年谱(上)[M]. 北京:人民出版社,2008:497.
[3] 邓小平年谱(上)[M]. 北京:人民出版社,2008:496.
[4] 邓小平文选(第二卷)[M]. 北京:人民出版社,1994:237.

小平看到一份澳大利亚的统计材料,这份材料说:"一九七七年,美国的国民生产总值按人口平均为八千七百多美元,占世界第五位。第一位是科威特,一万一千多美元。第二位是瑞士,一万美元。第三位是瑞典,九千四百多美元。第四位是挪威,八千八百多美元。"①1978年中国人均国民生产总值是250美元,20世纪末提高到多少呢?邓小平从人均国民生产总值出发,设计"中国式的现代化"的目标数据。1979年7月28日,他在接见山东省委和青岛市委负责人时提出翻两番达到1000美元的具体数据:"如果我们人均收入达到1000美元,就很不错,可以吃得好,穿得好,用得好。"②这样,邓小平用人均国民生产总值1000美元的标准来设计"中国式的现代化"的目标数据。同时,使用"小康之家"这一形象化的概念表述出来,能够起到团结、鼓舞、凝聚社会各方面力量的巨大作用。

(三)"中国式现代化"的发展

邓小平在提出"小康之家"的概念后,对此进行了多次论证和阐述。与此同时,全国人大和党的全国代表大会有关报告也从大政方针的角度对"小康水平"进行了归纳和概括。

第一,邓小平关于小康社会发展蓝图的阐述。1983年,邓小平视察苏、浙、沪等地之后,以苏州为例,描绘了达到小康水平后的社会状况:人民的吃穿用问题解决了;基本生活有了保障;住房问题解决了,小城镇和农村盖二三层楼房的已经不少;就业问题解决了,人不再外流了,农村的人总想往大城市跑的情况已经改变;中小学教育普及了,教育、文化、体育和其他公共福利事业有能力自己安排了;人们的精神面貌变化了,犯罪行为大大减少。1984年,邓小平在中央顾问委员会第三次会议上的讲话中,再次谈到了苏州之行,详细勾画了2000年实现小康社会奋斗目标时中国的经济和社会发展图景,同时,他还设想了到21世纪中叶中国小康社会发展的前景。他说:"到那时国民生产总值人均几千美元的时候,我们也不会产生新资产阶级。基本的生产资料归国家所有,归集体所有,也就是说归公有。国家富强了,人民的物质、文化生活水平提高了,而且不断提高。"③邓小平还曾经设想,随着民主政治的发展,大陆在21世纪,经过半个世纪以后可以实行普选。

第二,党的十二大确立了"两步走"发展战略。1982年9月,党的十二大报告提出:"从1981年到本世纪末的二十年,我国经济建设总的奋斗目标是,在不断提

---

① 邓小平文选(第二卷)[M].北京:人民出版社,1994:194.
② 邓小平思想年谱(1975—1997)[M].北京:中央文献出版社,1998:126.
③ 邓小平文选(第二卷)[M].北京:人民出版社,1994:312.

高经济效益的前提下,力争使全国工农业总产值翻两番,即由1980年的7100亿元增加到2000年的28000亿元左右。实现了这个目标,我国国民收入总额和主要工农业产品的产量将居于世界前列。整个国民经济的现代化过程将取得重大进展,城乡人民的收入将成倍增长,人民的物质文化生活可以达到小康水平。"①为实现这一目标,党的十二大作出的战略部署是分两步走:前十年主要是打好基础,积蓄力量,创造条件;后十年要进入一个新的经济振兴时期。这是党中央全面分析了我国经济情况和发展趋势之后作出的重要决策。

第三,党的十三大确立了"三步走"发展战略。1987年10月,党的十三大首次提出中国仍然并将长期处于社会主义初级阶段。党的十三大报告在系统分析国内外发展环境的基础上,再一次将邓小平提出的小康社会战略构想确定为全党和全国人民的长期奋斗目标,并在党的十二大的基础上提出了社会主义现代化的"三步走"战略:第一步,到1990年实现国民生产总值比1980年翻一番,解决人民的温饱问题;第二步,到2000年,使国民生产总值比1980年翻两番,人民生活达到小康水平;第三步,到21世纪中叶,达到中等发达国家水平,人民生活比较富裕,基本实现现代化。应该说,到党的十三大时,人民群众的温饱问题已经初步解决。所以,党的十三大报告的主要奋斗目标,便被确立为在2000年实现"小康水平"。

把我国建设成社会主义现代化强国,一直是党和国家的奋斗目标。"两步走"和"三步走"发展战略部署正确地反映了我们这样一个经济落后国家实现现代化的客观进程,意义非常重大。

二、从贫困走向基本温饱的成效

十一届三中全会以来,由于全党及时地把工作中心转移到经济建设上来,坚定不移地贯彻改革开放的方针政策,国家的经济实力显著增强,从而为人民生活的改善奠定了稳定的经济基础。经过"六五""七五"两个五年计划的建设,到1990年第七个五年计划胜利完成之时,我们全面实现了"从贫困走向温饱"这一战略目标。根据《关于国民经济和社会发展十年规划和第八个五年计划纲要的报告》②中的数据与分析,这一战略目标的实现具体表现在以下几个方面:

第一,经济实力明显增强,奠定了解决温饱的物质基础。20世纪80年代,我国是世界上经济增长速度最快的国家之一,在大国中则是最快的。1990年,我国

---

① 改革开放三十年重要文献选编(上)[M].北京:人民出版社,2008:267.
② 关于国民经济和社会发展十年规划和第八个五年计划纲要的报告(1991年)[EB/OL].中国人大网,2000-12-06.

的国内生产总值比1980年增长1.36倍,国民收入增长1.31倍,全面实现了第一步战略目标。

第二,大部分地区温饱问题基本解决。党的十一届三中全会以后,随着农村家庭联产承包责任制在全国的推行,农村居民生活水平大幅提高。人均纯收入从1978年的133.6元增加到1990年的630元,扣除物价因素,比1978年增长123.9%;人均生活消费支出从1978年的116.06元增加到1990年的619.79元;恩格尔系数从1978年的67.7%下降到1990年的57.6%,下降10.1个百分点。1990年与1978年相比,人均粮食消费量由195公斤增加到250公斤,人均纤维消费量达到3.75公斤,相当于发展中国家的平均水平。从1984年起,我国经济改革的重心从农村转移到城市,城镇居民收入水平明显提高,消费水平也随之提高。人均可支配收入从1978年的343.4元增加到1990年的1700.6元,增长4.0倍,扣除价格因素,年均增长6.0%;人均生活消费支出从1978年的311.16元增长到1990年的1453.81元;恩格尔系数从1978年的57.5%下降到1990年的53.8%。到1990年,城乡居民家庭恩格尔系数都已小于60%,城乡居民生活基本上摆脱了贫困,解决了温饱。

第三,随着温饱问题的基本解决,居民生活质量得到显著提高。随着居民收入和消费水平的提高,城乡居民在衣食住行等方面的消费状况有了很大改善。在穿着方面,人民由穿暖向穿好,并朝着时装化、成衣化发展,广大农村也由一衣多季转向一季多衣。在饮食方面,到1990年,我国每人每天的食物热量为2637大卡,高于发展中国家平均2434大卡的水平,接近世界平均2671大卡的水平。在居住环境方面,到1990年,城镇人均住房面积增加到7.1平方米,农村人均住房面积增加到17.8平方米,优于中等偏上的发展中国家的水平。在出行方面,到1990年,平均每万城市人口拥有公共车辆由1980年的3.5辆提高到4.8辆。

总之,全国绝大多数地区解决了温饱问题,开始向小康过渡;少数地区已经实现小康;温饱问题尚未完全解决的少数地区,人民生活也有不同程度的改善。跨越贫困,步入温饱社会,这是一次艰难的跨越,是一次历史性跨越,它标志着我国社会主义现代化建设已经走过了一个重要的发展阶段,开始向第二步战略目标全面迈进。

第三节 从基本温饱走向总体小康

从1991—2000年是实现总体小康,迈向全面小康的时期。进入90年代,根据党中央和邓小平同志提出的"三步走"战略部署,中国提前实现了第一目标,解决了温饱问题。1990年,党的十三届七中全会对小康目标做了更详尽的阐述,同时,正式作出了"奔小康"的战略决策,要求用十年时间实现从温饱社会到小康社会的第二步战略目标。这无疑是一项极其宏伟而艰巨的历史任务。

一、从基本温饱走向总体小康的历程

1990年,党的十三届七中全会对小康水平进行了定义:"所谓小康水平,是指在温饱的基础上,生活质量进一步提高,达到丰衣足食。这个要求既包括物质生活的改善,也包括精神生活的充实;既包括居民个人消费水平的提高,也包括社会福利和劳动环境的改善。"①

1992年,党的十四大重申了"三步走"战略步骤。1995年,党的十四届五中全会在《中共中央关于制定国民经济和社会发展"九五"计划和2010年远景目标的建议》中指出,"九五"期间国民经济和社会发展的主要奋斗目标是,全面完成现代化建设的第二步战略部署,到2000年,基本消除贫困现象,使人民生活达到小康水平。

1997年,党的十五大提出党在社会主义初级阶段的基本纲领。21世纪第一个十年建设有中国特色社会主义新农村的目标是,从1997—2010年,通过坚持以公有制为主体、多种所有制经济共同发展的基本原则,不断解放和发展农村生产力,在家庭承包经营的基础上,以农业社会化服务体系、农产品市场体系和国家对农业的支持保护体系为支撑,进一步完善农村经济体制,优化农村产业结构,使其适应发展社会主义市场经济的要求,同时显著提高农业科技、装备水平和综合生产能力,加快城镇化的进程,从而极大地发展农村经济,不断增加农民收入,促进农村全面实现小康,并逐步向更高的水平前进。这一纲领把中国农村实现小康当作一个跨世纪的奋斗目标而予以高度重视和强调,这意味着农村的小康建设已经正式成为当时国家发展战略的基本内容。

小康社会的概念在中国社会主义现代化的实践中得到了不断的丰富和完善,逐渐变得越来越准确,越来越清晰。按照邓小平"三步走"的伟大构想,中国共产党和中国政府形成了一个量化的、可操作的小康社会建设思路。

二、从基本温饱走向总体小康的成效

1990年,党的十三届七中全会对小康目标做了更详尽的阐述:"人民生活从温

---

① 十三大以来重要文献选编(中)[M].北京:人民出版社,1991:1401.

饱到小康,生活资料更加丰裕,消费结构趋于合理,居住条件明显改善,文化生活进一步丰富,健康水平继续提高,社会服务设施不断完善。"为了保障小康社会的阶段目标如期实现,1995年,国家统计局等单位联合制定了一套"全国人民小康社会水平基本标准"。其中,人均收入、人均居住面积、人均日蛋白质摄入量、恩格尔系数、人均预期寿命、电视机普及率等绝大部分指标与人民生活水平和质量的提高密切相关。

(一)总体小康实现程度指标

20世纪90年代中期,国家统计局会同当时的国家计委和农业部等单位制定了《全国人民小康生活水平的基本标准》《全国农村小康生活水平的基本标准》全国城镇小康生活水平的基本标准》三套定量评估小康标准。这些标准成为衡量全国人民跨入小康的基本条件。

其中,《全国人民小康生活水平的基本标准》包括经济水平、物质生活、人口素质、精神生活和生活环境5个方面16个指标。经济水平包括1项指标,即人均国民生产总值2500元(按1990年不变价格计算);物质生活包括8项指标,即城镇人均可支配收入2400元、农民人均纯收入1200元、城镇人均住房使用面积12平方米、农村人均钢砖木结构住房面积15平方米、人均日蛋白质摄入量75克、城市每万人拥有铺路面积8平方米、农村通公路的行政村占85%、恩格尔系数为50%;人口素质包括3项指标,即成人人均识字率85%、人均预期寿命70岁、婴儿死亡率31‰;精神生活包括2项指标,即教育娱乐支出比重11%、电视机普及率100%;生活环境包括2项指标,即森林覆盖率15%、农村初级卫生保健合格以上县比重100%。用该标准对总体小康实现程度进行测算,结果如表1.3.1所示。

表1.3.1　全国小康社会基本标准及2000年综合评价值[①]

指标类别	指标名称	单位	实际值			小康值
			1980年	1990年	2000年	2000年
一、经济水平	1. 人均GDP	元	778	1634	3850	2500
二、物质生活						
收入	2. 人均收入					
	(1)城镇人均可支配收入	元	974	1253	2925	2400
	(2)农民人均收入	元	315	686	1066	1200

---

① 全面建设小康社会学习读本[M].北京:中共中央党校出版社,2002:27.

续表

指标类别	指标名称	单位	实际值 1980年	实际值 1990年	实际值 2000年	小康值 2000年
居住	3. 人均居住面积					
	（1）城镇人均使用面积	平方米	5.5	9.45	14.9	12
	（2）农民人均钢砖木结构住房面积	平方米	4.5	11.06	19.76	15
营养	4. 人均日蛋白质摄入量	克	50	62	73	75
交通	5. 城乡交通					
	（1）城镇人均铺路面积	平方米	2.8	6	9.1	8
	（2）农村通公路村比重	%	50	74	85	85
结构	6. 恩格尔系数	%	60	56.8	46	50
三、人口素质						
文化	7. 成人识字率	%	68	77.7	93.28	85
健康	8. 人均预期寿命	岁	68	70	71.4	70
	9. 婴儿死亡率	‰	34.7	32.9	28.38	31
四、精神生活						
	10. 教育娱乐支出比重	%	3	6.27	11.67	11
	11. 电视机普及率	%	11.9	59.1	100	100
五、生活环境						
	12. 森林覆盖率	%	12	13	16.55	15
	13. 农村初级卫生保健合格以上县比重	%	—	13.3	83	100
总计	共16项指标					

注：①表中价值量指标按1990年价格计算；②小康实现程度=[（即期值-1980年值)/（小康值-1980年值)]*100%。

用综合评分方法对这16项指标进行测算，2000年全国的小康实现程度为96%，绝大多数指标已经达到或超过小康标准。

(二)总体小康的成效

十一届三中全会以来，由于全党及时地把工作中心转移到经济建设上来，坚定不移地贯彻改革开放的方针政策，国家的经济实力显著增强，从而为人民生活的改善奠定了稳定的经济基础。同时,我们在经济建设的指导思想上实现了重大转变,明确了社会主义生产是为了最大限度地满足广大人民群众日益增长的物质文化生活的需要。在安排积累与消费的比例时,本着"一要吃饭,二要建设"的原则,在保证人民生活不断有所改善的前提下,再确定建设的规模;而且,把与人民生活密切相关的农业和消费品工业的发展放在突出的位置,使消费品在数量、质量和花色品种上有了很大提升,为满足人民需求发挥了重要作用。

采用上述表 1.3.1 及《关于国民经济和社会发展十年规划和第八个五年计划纲要的报告(1991年)》[①]中的数据,把这一阶段的成效归纳为以下几个方面:

第一,经济实力不断提升,夯实总体小康的经济基础。2000 年,我国国内生产总值达到 89404 亿元,比 1980 年增长 5.55 倍,平均增长率为 9.9%,人均 GDP 比 1980 年增长 3.94 倍,超额完成了人均国民生产总值比 1980 年翻两番的任务。人均 GDP 由 1980 年的 778 元增长至 2000 年的 3850 元,远超小康社会标准值。

第二,居民生活水平显著提高,物质生活逐步实现总体小康。在收入方面,城镇居民家庭人均可支配收入从 1980 年的 974.0 元增长到 2000 年的 2925.0 元,超过小康社会标准。恩格尔系数也从 1980 年的 60.0%下降到 2000 年的 46.0%,低于小康社会标准值。同时,居民消费水平也得到提高,消费品档次不断升级换代,从 70 年代的"老三件"自行车、手表、缝纫机到 80 年代千元级的"新三件"电视机、洗衣机、电冰箱,再到 90 年代万元级的电脑、小汽车、商品房等。

第三,居民人口素质持续提高,逐步达到总体小康的标准。据国家统计局统计,在文化方面,1980 年成人识字率为 68%,2000 年成人识字率为 93.28%,超过小康标准值。在健康方面,1980 年人均预期寿命为 68 岁,2000 年人均预期寿命为 71.4 岁,超过小康标准值 1.4 岁,其中女性平均寿命为 73.2 岁,比联合国提出的到 2000 年世界妇女平均预期寿命达到 65 岁的目标高出了 8 岁。1980 年婴儿死亡率为 34.7‰,2000 年婴儿死亡率为 28.38‰,低于小康标准值。

第四,居民精神活动日益丰富,精神生活逐步实现总体小康。在教育娱乐支出方面,由 1980 年的 3.0%增加至 2000 年的 11.7%,高于小康标准值;在电视机普及率方面,由 1980 年的 11.9%增加至 2000 年的 100%,达到了小康社会的标准。除此之外,随着生活水平的提高,非食物性支出比重不断增大,教育、文化、娱乐和其他服务性精神消费增长较快。

第五,居民生活环境不断改善,为逐步实现总体小康提供坚实保障。在社会

---

① 关于国民经济和社会发展十年规划和第八个五年计划纲要的报告(1991年)[EB/OL]. 中国人大网,2000-12-06.

保障方面,1999年,初步形成以养老保险、医疗保险和失业保险为主的社会保险体系。在森林覆盖率方面,由1980年的12.0%增长到2000年的16.55%,超过小康社会的标准值,居民生活环境明显好转。

综合各方面指标,可以看出,我国居民生活整体上由量的满足逐步转向质的提高,由以生存资料消费为主逐步转向以发展和享受资料消费为主,由单一实物消费逐步转向包括精神文化、服务在内的多样化消费。总的来看,依据既定的小康标准,我国城镇居民生活在2000年底已实现小康,农村居民已接近小康;到20世纪末,实现了全国人民生活由温饱走向总体小康的目标。

第四节　全面建设小康社会

从2001—2011年是全面建设小康社会的阶段。当人类社会跨入21世纪的时候,中国进入全面建设小康社会、加快推进社会主义现代化的新的发展阶段。2002年召开的党的十六大的主题是:"全面建设小康社会,开创中国特色社会主义事业新局面。"党的十六大报告客观分析了中国经济社会发展中存在的诸多问题并强调:全面建设小康社会的目标,是中国特色社会主义经济、政治、文化全面发展的目标,是与加快推进现代化相统一的目标,符合我国国情和现代化建设的实际,符合人民的愿望,意义十分重大。

一、全面建设小康社会的历程

2000年召开的十五届五中全会指出,前两步目标的顺利实现,预示着我们要开启新的发展进程。2001年,根据国家有关单位的统计数据,中国人民实现了总体小康水平目标,这意味着我们进入了小康社会。2001年,江泽民在庆祝党成立八十周年讲话中指出:"我们已经进入全面建设小康社会,加快推进社会主义现代化的新的发展阶段。"①

2002年召开党的十六大,报告的主题是:"全面建设小康社会,开创中国特色社会主义事业新局面。"党的十六大报告客观分析了中国经济社会发展中存在的诸多问题并强调:"二十一世纪头二十年,对我国来说,是一个必须紧紧抓住并且可以大有作为的重要战略机遇期。根据十五大提出的到2010年、建党一百年和新中国成立一百年的发展目标,我们要在本世纪头二十年,集中力量,全面建设惠

---

① 江泽民. 在庆祝中国共产党成立八十周年大会上的讲话[J]. 求是,2001(13).

及十几亿人口的更高水平的小康社会,使经济更加发展、民主更加健全、科教更加进步、文化更加繁荣、社会更加和谐、人民生活更加殷实。"①党的十六大报告明确了全面建设小康社会的目标:一是在优化结构和提高效益的基础上,国内生产总值到 2020 年力争比 2000 年翻两番,综合国力和国际竞争力明显增强;二是社会主义民主更加完善、社会主义法制更加完备;三是全民族的思想道德素质、科学文化素质和健康素质明显提高;四是可持续发展能力不断增强、生态环境得到改善。党的十六大报告强调:"这次大会确立的全面建设小康社会的目标,是中国特色社会主义经济、政治、文化全面发展的目标,是与加快推进现代化相统一的目标,符合我国国情和现代化建设的实际,符合人民的愿望,意义十分重大。"②

2007 年召开党的十七大,报告的主题是:"高举中国特色社会主义伟大旗帜,为夺取全面建设小康社会新胜利而奋斗。"党的十七大提出了确保到 2020 年实现全面建成小康社会的奋斗目标的新要求:一是增强发展协调性,努力实现经济又好又快发展;二是扩大社会主义民主,更好保障人民权益和社会公平正义;三是加强文化建设,明显提高全民族文明素质;四是加快发展社会事业,全面改善人民生活;五是建设生态文明,基本形成节约能源资源和保护生态环境的产业结构、增长方式、消费模式。③

全面建设小康社会,承接着总体小康和现代化,是我国现代化的必经发展阶段,也是加快推进我国社会建设的重要阶段和内在要求。提出这样一个新目标,符合我国国情特征、发展实际,满足了广大人民的迫切要求,它是按计划实现现代化建设目标的具体体现。全面建设小康社会思想是对科学社会主义认识的深化,也是对现代化建设发展阶段和发展道路理论认识的深化,是对邓小平小康社会思想的继承和创新。

二、全面建设小康社会的成效

国内有许多单位和地区对党的十六大所提出的建设全面小康社会进行定量分析和指标体系的构建,其中具有代表性的有国家统计局副局长贺铿构建的指标体系,中国社会科学院李培林、朱庆芳等编制的指标体系,国务院发展研究中心王梦奎所分析的全面小康社会专题研究报告,以及各省市所编写的全面小康指标体系。取得共识的是不宜用原来的小康指标体系来描述全面小康社会,但在国家层

---

① 十六大以来重要文献选编(上)[M]. 北京:中央文献出版社,2005:14.
② 十六大以来重要文献选编(上)[M]. 北京:中央文献出版社,2005:15-16.
③ 胡锦涛. 高举中国特色社会主义伟大旗帜,为夺取全面建设小康社会新胜利而奋斗——在中国共产党第十七次全国代表大会上的报告[J]. 党建研究,2007(11).

面尚不存在科学统一的指标体系。因此,本书将从以下几个方面来总结全面建设小康社会这一阶段取得的成果。

第一,经济保持平稳发展,推进了全面建设小康社会的进程。经济总量不断提高,国内生产总值由2001年的95933亿元上升到2011年471564亿元。农业综合生产能力提高,粮食连年增产。产业结构调整取得新进展,基础设施全面加强。城镇化水平明显提高,城乡区域发展协调性增强。创新型国家建设成效显著,载人航天、探月工程、载人深潜、超级计算机、高速铁路等实现重大突破。[1]

第二,居民生活水平持续提高,物质生活逐步达到全面建设小康社会的标准。惠及十几亿人口的更高水平的小康社会成绩显著。随着免征农业税、发放粮食直补、免除农村义务教育阶段学生学杂费等一系列支农惠农政策措施的落实,我国亿万农民负担明显减轻,收入和消费能力显著提高。经济持续快速增长,城乡居民收入和消费能力大幅增加,公共财政更加关注民生,覆盖亿万城乡居民的社会保障体系基本形成。与此同时,我国城乡居民收入进一步提高,消费能力不断增强。

第三,精神文明建设深入推进,人民群众精神文化素质显著提升。精神文明建设发展迅速。全民族的思想道德素质、科学文化素质和健康素质明显提高;形成更加完善的现代国民教育体系、科学技术和文化创新体系;使人民普遍享有接受良好教育的机会,基本普及高中阶段教育,消除文盲;在全社会形成全民学习、终身学习的风气,建设学习型社会,不断促进人的全面发展。

第四,民主政治建设稳步推进,人民群众各项权益得到切实保障。社会主义民主政治建设既是全面建设小康社会的重要目标,也是实现小康社会的重要途径。民主政治是政治文明的重要范畴,反映了政治生活的进步状态。在全面建设小康社会时期,我国的政治文明意识、政治制度和政治行为建设方面都取得了重大的进步。社会主义民主更加完善,社会主义法制更加完备,依法治国基本方略得到全面落实,人民的政治、经济和文化权益得到切实尊重和保障。基层民主更加健全,社会秩序良好,人民安居乐业。

第五节 全面建成小康社会

从2012—2020年是全面建成小康社会的阶段。全面建成小康社会作为中华

---

[1] 胡锦涛. 坚定不移沿着中国特色社会主义道路前进 为全面建成小康社会而奋斗——在中国共产党第十八次全国代表大会上的报告[J]. 求是,2012(22).

民族伟大复兴的第一个百年目标,是中国特色社会主义事业的重要组成部分。党的十八大针对国际国内形势新变化,对全面建成小康社会提出了新要求。党的十九大以"决胜全面建成小康社会,夺取新时代中国特色社会主义伟大胜利"为主题,在科学准确判断我国社会主要矛盾变化和建设中国特色社会主义新的历史方位的基础上,进一步全面系统地回答了新时代全面建成小康社会的基本理论问题和实践问题。

一、全面建成小康社会的历程

2012年党的十八大以来是全面建成小康社会时期。党的十八大报告主标题是:"坚定不移沿着中国特色社会主义道路前进,为全面建成小康社会而奋斗"。报告在党的十六大、十七大确立的全面建设小康社会目标的基础上,针对国际金融危机以来国际国内形势的新变化,对全面建成小康社会提出了新要求,这就是"经济持续健康发展,人民民主不断扩大,文化软实力显著增强,人民生活水平全面提高,资源节约型、环境友好型社会建设取得重大进展。"①围绕这一总体目标,还从经济、政治、文化、社会和生态文明建设几个方面明确了全面建成小康社会的具体要求。

2014年12月,习近平总书记把全面建成小康社会与全面深化改革、全面依法治国、全面从严治党进行整合,提出"四个全面"这一战略布局。2015年11月,党的十八届五中全会顺应中国经济社会新发展,赋予"小康"更高的标准、更丰富的内涵,进一步明确了全面建成小康社会新的目标要求,向广大人民群众描绘了一幅更加美好、幸福、和谐的全面小康社会图景。党的十八届五中全会通过的《中共中央关于制定国民经济和社会发展第十三个五年规划的建议》提出了全面建成小康社会新的目标要求:经济保持中高速增长,在提高发展平衡性、包容性、可持续性的基础上,到2020年国内生产总值和城乡居民人均收入比2010年翻一番,产业迈向中高端水平,消费对经济增长贡献明显加大,户籍人口城镇化率加快提高。农业现代化取得明显进展,人民生活水平和质量普遍提高,我国现行标准下农村贫困人口实现脱贫,贫困县全部摘帽,解决区域性整体贫困。国民素质和社会文明程度显著提高。生态环境质量总体改善。各方面制度更加成熟更加定型,国家治理体系和治理能力现代化取得重大进展。② 全会强调,实现"十三五"时期发展

---

① 胡锦涛. 坚定不移沿着中国特色社会主义道路前进,为全面建成小康社会而奋斗——在中国共产党第十八次全国代表大会上的报告[J]. 求是,2012(22).
② 中共中央关于制定国民经济和社会发展第十三个五年规划的建议[M]. 北京:人民出版社,2015:7-8.

目标,破解发展难题,厚植发展优势,必须牢固树立并切实贯彻创新、协调、绿色、开放、共享的新发展理念,这是关系我国发展全局的一场深刻变革。

2017年党的十九大以来是决胜全面建成小康社会的关键时期。党的十九大报告主题是:"决胜全面建成小康社会,夺取新时代中国特色社会主义伟大胜利。"报告明确指出:"从现在到2020年,是全面建成小康社会决胜期。要按照十六大、十七大、十八大提出的全面建成小康社会各项要求,紧扣我国社会主要矛盾变化,统筹推进经济建设、政治建设、文化建设、社会建设、生态文明建设,坚定实施科教兴国战略、人才强国战略、创新驱动发展战略、乡村振兴战略、区域协调发展战略、可持续发展战略、军民融合发展战略,突出抓重点、补短板、强弱项,特别是要坚决打好防范化解重大风险、精准脱贫、污染防治的攻坚战,使全面建成小康社会得到人民认可、经得起历史检验。"①党的十九大提出了21世纪中叶建成富强民主文明和谐美丽的社会主义现代化强国,实现中华民族伟大复兴的"两步走"战略。

全面建成小康社会,是依据我国国情和发展实际作出的重要战略规划,是党对人民的承诺;全面建成小康社会思想,是对中国特色社会主义的新发展,是新时期党和人民的共同理想。

二、全面建成小康社会的成效

党的十八大以来,在以习近平同志为核心的党中央坚强领导下,我国取得的成就是全方位、开创性的,变革是深层次、根本性的,解决了全面建设小康社会中许多以前想解决而没解决的问题,办成了许多以前想办而没有办成的大事,为实现全面建成小康社会目标奠定了坚实基础。

参考中国国家统计局"2012—2019年中国统计年鉴"及中国国家统计局2020年2月28日在其官网发布的《中华人民共和国2019年国民经济和社会发展统计公报》②中的数据,对该阶段取得的成效作出如下总结:

第一,经济实力大幅跃升,筑牢了全面建成小康社会的物质基础。一方面,我国经济实力不容小觑。2019年,我国国内生产总值990865亿元,按年平均汇率折算达到14.4万亿美元,稳居世界第二位;人均国内生产总值达到70892元,稳居上中等收入国家行列,与高收入国家差距进一步缩小。另一方面,经济结构逐步优化。全国上下坚定不移贯彻新发展理念,大力转方式、调结构、促转型,稳步推

---

① 习近平. 决胜全面建成小康社会,夺取新时代中国特色社会主义伟大胜利[N]. 人民日报,2017-10-28.
② 中华人民共和国2019年国民经济和社会发展统计公报[EB/OL]. 国家统计局,2020-02-28.

进新型城镇化和乡村振兴,促进区域协调发展,经济结构调整和转型升级呈现新面貌。超大规模市场优势显现,城乡区域协调发展呈现新格局,东中西和东北"四大板块"联动发展,京津冀协同发展、长江经济带发展、粤港澳大湾区建设、长三角一体化发展、黄河流域生态保护和高质量发展等重大区域协调发展战略加快落实。与此同时,新产业新业态新产品茁壮成长。2015—2019年,战略性新兴产业增加值年均实际增长10.4%。2019年,实物商品网上零售额占社会消费品零售总额比重达20.7%。世界知识产权组织报告显示,2019年我国创新指数上升到世界第14位。

第二,绝对贫困完全消除,夯实了全面建成小康社会的根基。贫穷不是社会主义,社会主义就是要消灭贫穷。从"一穷二白"到"解决温饱"到"总体小康"再到"全面小康",就是为了消灭贫穷,满足人民群众日益增长的物质文化生活需要和美好生活需要。按照现行农村贫困标准计算(2016年贫困线约为3000元),中国农村贫困人口从1978年的7.7亿人下降到2018年的1660万人,农村贫困发生率从97.5%下降到1.7%,下降了95.8个百分点,创造了人类减贫史上的奇迹。2019年,全国再减少1000万以上贫困人口,330个左右贫困县脱贫摘帽。[①] 2020年我国历史性解决了绝对贫困,是全球最早实现联合国千年发展目标中减贫目标的发展中国家,是为全球减贫做出最大贡献的国家。

第三,居民生活质量显著提升,人民生活逐步达到全面小康水平。居民收入增长迅速,2013—2019年,全国居民人均可支配收入年均实际增长7.1%,快于同期人均GDP年均增速,居民生活质量显著提升。教育科技硕果累累,我国在载人航天、探月工程、超级计算机、量子通信、大飞机制造等基础和前沿领域取得一大批标志性成果。健康中国扎实推进,全国卫生技术人员数比2012年末增长52.1%。多层次社会保障体系加快构建,养老、医疗、失业、工伤、生育保险参保人数持续增加。安居工程推进迅速,2013—2019年中央财政累计支持733万户建档立卡贫困户实施农村危房改造。

第四,文化建设迈出新步伐,构筑了全面建成小康社会的精神支柱。文化产业快速发展,2019年末,全国共有公共图书馆3196个、博物馆5119个,分别比2012年末增加120和2050个。文化影响力持续扩大,"欢乐春节""中国文化年(节)"等文化品牌活动遍及全球。全年健身日益普及,2019年有近4亿人经常参加体育锻炼。竞技体育成绩斐然,2013—2019年我国运动员共获得808个世界冠军。

---

① 中华人民共和国国务院新闻办公室. 新时代的中国与世界[N]. 人民日报,2019-09-28.

第五,民主法治不断加强,提供了全面建成小康社会的制度保障。截至2019年底,中国共产党党员总数达到9191.4万名,党的基层组织共468.1万个。人民群众通过人民代表大会行使国家权力制度不断完善,社会主义协商民主优越性充分发挥,爱国统一战线更加巩固。科学立法、严格执法、公正司法、全民守法深入推进,宪法得到全面贯彻实施,十三届全国人大三次会议表决通过《中华人民共和国民法典》。

第六,生态文明建设大力推进,绘就了全面建成小康社会的生态底色。坚持节约资源和保护环境,大力推进节能降耗,努力打造青山常在、绿水长流、空气常新的宜居生态,绿色发展进程加快。2019年,单位国内生产总值能耗比2012年下降24.6%。环境质量明显改善。2019年,全国337个地级及以上城市空气质量优良天数比例82.0%。生态保护修复全面加强。2019年底,全国共有国家级自然保护区474个。2019年,完成造林面积739万公顷,比2012年增长25.3%,年末森林覆盖率达到22.96%。

从上面的回溯中,我们可以发现:第一,"小康社会"不仅是一个经济范畴,而且是一个社会范畴,还是一个政治范畴。作为一个经济范畴,它不仅包括人均国民生产总值和人民物质生活水平所要达到的程度,还包括人民生活质量的提高和生活方式的改变等;作为一个社会范畴,它是指整个社会发展水平和国家的整体发展状况;作为一个政治范畴,它被写入党的政治路线,成为全党全国人民的总任务。第二,改革开放以来,我们党始终围绕着小康社会这一目标开展各方面的工作,不管任何时候,这一目标的实现都没有放松;进入21世纪以来,全面建成小康社会成为党的中心工作。"全面建设小康社会""夺取全面建设小康社会新胜利""为全面建成小康社会而奋斗""决胜全面建成小康社会"先后出现在党的十六大、十七大、十八大、十九大报告的主标题中。第三,在小康社会的建设过程中,从"温饱"到"总体小康"再到"全面小康",从达到小康水平到全面建设小康社会再到全面建成小康社会,从物质文明、精神文明"两手抓、两手都要硬"到物质文明、精神文明、政治文明"三位一体"再到富强、民主、文明、和谐、美丽"五位一体"总体布局,"小康社会"的内涵越来越丰富,目标和任务越来越清晰。第四,全面建成小康社会作为中华民族伟大复兴的第一个百年目标,是中国特色社会主义事业的重要组成部分。改革开放40多年来,全面建成小康社会与推进中国特色社会主义伟大事业是完全重叠的。全面建设小康社会的过程就是推进中国特色社会主义事业的过程,建设小康社会的过程也是现阶段全面推进中国特色社会主义事业的过程。

第二章

全面建成小康社会的科学要义

我们不仅要全面建成小康社会,而且要考虑更长远时期的发展要求,加快形成适应经济发展新常态的经济发展方式。这样,才能建成高质量的小康社会,才能为实现第二个百年奋斗目标奠定更为牢靠的基础。

——习近平

为人民谋幸福,是中国共产党人的初心。我们要时刻不忘这个初心,永远把人民对美好生活的向往作为奋斗目标。

——习近平

我们坚持走社会主义道路,根本目标是实现共同富裕。

——邓小平

统筹推进"五位一体"总体布局,协调推进"四个全面"战略布局,奋力开创新时代中国特色社会主义事业新局面!

——习近平

全面小康是中华民族的千年梦想,是中国共产党人的不懈追求。在全面建成小康社会决胜期,从第一要义、核心立场、根本目标、基本要求四个方面深入考察全面建成小康社会的科学要义,对于夺取全面建成小康社会决胜阶段的伟大胜利,开启全面建设社会主义现代化国家新征程,推动中华民族伟大复兴的历史进程具有重大理论意义和现实意义。

第一节 全面建成小康社会科学要义维度分析

全面建成小康社会是一项系统性工程,准确理解其科学要义是顺利推进全面建成小康社会的基础和前提,是丰富和完善中国特色社会主义理论体系的需要。为准确把握其科学要义,有必要从理论与现实的需要出发,聚焦于"全面"与"建成"两个维度,致力于构建起"第一要义是高质量的全面小康、核心立场是以人民为中心的全面小康、根本目标是实现共同富裕的全面小康、基本要求是'五位一体'总体布局和'四个全面'战略布局"的四维分析方法。

一、科学要义的分析维度

科学把握全面建成小康社会的基本要求和重点任务,是理解全面建成小康科学要义的基本维度,具体而言,主要有以下四重维度。

一是高质量小康的全面建成维度。高质量的全面小康社会,契合了全面建成小康社会的基本要求,是立足于更长远时期的发展要求而建成的"高质量的小康社会"[①]。高质量的全面小康更符合人民群众对美好生活的期盼,是人民群众生活水平和生活质量的全面提升。具体表现为生产力的进一步解放和发展,物质生产基础不断夯实;改革发展成果更多更公平地惠及全体人民,朝着共同富裕方向稳步前进;经济社会各方面发展的平衡性、协调性、可持续性日趋增强。

二是以人民为中心的全面小康维度。以人民为中心是全面建成小康社会的核心立场,是贯穿于全面建成小康社会全过程的"应有之义"。马克思主义群众史观高度重视人民群众在社会历史发展中的能动作用,坚持人民主体地位、尊重人民群众首创精神是唯物史观的集中体现。中国特色社会主义始终坚持发展为了人民、发展依靠人民、发展成果由人民共享,在全面小康的实践中切实贯彻党的群众路线,牢记人民群众对于美好生活的向往,紧紧依靠全体人民的智慧和力量,充分发挥人民群众的主动性、积极性和创造性,为实现中华民族伟大复兴的中国梦提供了不竭动力和源泉。

三是共同富裕的全面小康维度。共同富裕是马克思主义的一个基本目标,是邓小平理论的重要组成部分,是区别于资本主义社会以及历史上其他社会形态最根本的特征。实现共同富裕,反映了社会主义的本质要求,体现了以人民为中心的核心立场,我们党始终带领人民为创造美好生活、实现共同富裕而不懈奋斗。全面建成小康社会与共同富裕统一于中国特色社会主义现代化建设的伟大实践。共同富裕规定了全面建成小康社会的发展方向,实现共同富裕是全面建成小康社会的题中应有之义;全面建成小康社会是实现共同富裕的必由之路,初步实现共同富裕是全面建成小康社会的重要成果。全面建成的小康社会始终以共同富裕作为根本目标,使全体人民朝着共同富裕的方向稳步前进。

---

① 习近平关于全面建成小康社会论述摘编[M].北京:中央文献出版社,2016:12.

四是"五位一体"和"四个全面"①的全面小康维度。"五位一体"总体布局和"四个全面"战略布局全方位、多层次地体现了全面建成小康社会的基本要求。"五位一体"立足于小康社会覆盖领域的全面,致力于建成"经济、政治、文化、社会、生态文明全面发展的小康社会"②。"四个全面"是细化和落实"五位一体"总体布局的现实需要,是全面建成小康社会的重点任务和主攻方向。总之,"五位一体"是"四个全面"的行动纲领和指南,"四个全面"是"五位一体"的进一步推动和落实,都致力于解决全面建成小康社会进程中的不平衡、不协调、不可持续问题。

二、四个维度的有机统一

第一要义是高质量的全面小康,在全面建成小康社会中具有基础性地位,是坚持以人民为中心、推进"五位一体"和"四个全面"、稳步实现共同富裕的坚实物质基础。改革开放之初,我国经济快速发展,经济总量明显提升,初步构建起了邓小平关于中国式现代化"小康之家"③的发展基础。伴随着生产力的发展,我国人口资源优势逐渐弱化,对发展质量和效益的忽视,导致了"增长失调、从而最终制约发展"④的局面,劳动密集型发展方式已无法适应经济发展需求,寻求高质量发展、建成高质量小康成为必然。在新时代条件下,全面建成小康社会的科学要义不断丰富,提出了发展质量和标准的新要求,较之于以前"有没有"的问题,"现在则要解决'好不好'的问题"⑤,更加注重经济发展的"有效性、充分性、协调性、持续性、分享性和稳定性"⑥。这表明全面建成的小康社会本身就是一种高质量,并区别于低水平、不全面、发展很不平衡的总体小康水平,它是总体小康基础之上的"质"与"量"的全面提升,是"更高水平、内容比较全面、发展较为均衡的小康社会"⑦,充分彰显出不同生产力水平下的小康各具差异性。同时,这种高质量还具体表现为小康社会各方面发展短板的逐渐补足。在生产力与生产关系的相互作用下,人民对美好生活的向往不断落实,生活更加富裕,我国政治、经济、文化、社会、生态全面进步,"四个全面"逐步推进,在高质量全面小康中筑牢现代化强国建

---

① 本书的"四个全面"是指全面建成小康社会、全面深化改革、全面推进依法治国、全面从严治党,随着全面建成小康社会目标的实现,党的十九届五中全会提出了新"四个全面",即全面建设社会主义现代化国家、全面深化改革、全面依法治国、全面从严治党。
② 习近平关于全面建成小康社会论述摘编[M]. 北京:中央文献出版社,2016:9.
③ 邓小平思想年编:1975—1997[M]. 北京:中央文献出版社,2011:282.
④ 十六大以来重要文献选编(上)[M]. 北京:中央文献出版社,2005:484.
⑤ 习近平谈治国理政(第三卷)[M]. 北京:外文出版社,2020:133.
⑥ 任保平,等. 新时代中国经济高质量发展研究[M]. 北京:人民出版社,2020:175.
⑦ 小康中国:全面建成小康社会十讲[M]. 北京:人民出版社,2013:10.

设根基。

　　核心立场是以人民为中心的全面小康,揭示了人民群众在全面建成小康社会中的主体性地位,是全面建成高质量小康、共同富裕的小康、"五位一体"和"四个全面"全面进步小康的核心立场。中华民族在长期的发展进程中创造了灿烂的历史文化,形成了"民为邦本,本固邦宁"①"治国有常,而利民为本"②"得民心者得天下,失民心者失天下"③等丰富的治国理政思想,奠定了全面小康以人民为中心的历史文化根基。1921年以来,中国共产党始终坚持马克思主义的人民性,坚持"为民"的初心使命和根本宗旨,把人民对美好生活的向往同中国梦结合起来,不断提高广大人民群众的生活水平,实现7亿多人脱贫,有力推动了"第一个百年目标"的历史进程。在价值追求上,全面建成小康社会始终坚持以人民为主体、以人民立场作为根本立场,旨在为人民谋幸福、为国家谋富强、为民族谋复兴,在连续不断的新起点上持续保障和改善民生,抓住了人民群众最现实最直接的根本利益,"人民群众获得感、幸福感、安全感更加充实、更有保障、更可持续"④。在目标要求上,全面建成小康社会的"'小康'讲的是发展水平"⑤,是发展方式、发展过程、发展内容、发展质量的全面提升,是人民生活水平不断提高的过程。"'全面'讲的是发展的平衡性、协调性、可持续性"⑥,是经济社会各方面的全面进步,是人民群众多方面日益增长的需要不断满足的过程,归根结底就是让全体中国人都过上好日子。可以看出,以人民为中心的核心理念贯穿全面建成小康社会全过程,人民群众的支持和拥护是全面建成小康社会顺利推进的不竭力量源泉。

　　根本目标是共同富裕的全面小康,是全面建成高质量小康、以人民为中心的小康、"五位一体"和"四个全面"的根本价值导向。推动全面建成小康社会的阶段性目标与实现共同富裕的长远性目标相结合,是社会主义的本质要求。实现共同富裕涉及具体的路径和过程,只有先做大"蛋糕",才能保证有"蛋糕"可分,并分好"蛋糕",而没有坚实的生产力发展基础,就不能把共同富裕这一伟大目标向前推进。同时,实现共同富裕是一个逐步推进的过程,温饱、小康、共同富裕的三个逻辑命题呈螺旋式渐次发展态势,相互联系、相互对应又逐步提升。全面建成小康社会的具体实践,始终以怎样实现富裕、实现怎样的富裕、富裕起来以后的财

---

① 十届全国人大四次会议《政府工作报告》辅导读本[M]. 北京:人民出版社,2006:1.
② 习近平关于"不忘初心、牢记使命"论述摘编[M]. 北京:党建读物出版社,2019:136.
③ 在党的群众路线教育实践活动总结大会上的讲话[M]. 北京:人民出版社,2014:27.
④ 习近平谈治国理政(第三卷)[M]. 北京:外文出版社,2020:138.
⑤ 习近平总书记系列重要讲话读本(2016年版)[M]. 北京:学习出版社,2016:59.
⑥ 习近平总书记系列重要讲话读本(2016年版)[M]. 北京:学习出版社,2016:59.

富如何分配为导向,围绕生产力主线解决"共同富裕"中的"富裕"问题,不断提升全体人民富裕程度,坚持调节生产关系,促进"共同富裕"中的"共同"发展,保证全体人民能够公平地共享经济发展成果。在全面建成小康社会的决胜期,全面小康的各方面短板逐渐补齐,2020年如期全面建成小康社会,将使共同富裕的历史进程得到极大的推进、全体人民的美好生活需要逐渐得到落实、富裕程度不断提升、富裕领域不断拓展、共同富裕迈出坚实的步伐。

"五位一体"和"四个全面"的全面小康是基本要求,贯穿于全面建成小康社会的各环节各方面,是全面建成高质量小康、以人民为中心的小康、共同富裕的小康的集中体现。"五位一体"从整体上规划了全面建成小康社会的路线图。对于为什么要全面建成小康社会,要全面建成什么样的小康社会,以及怎样全面建成小康社会,从宏观布局上提出了发展方向及总体思路。"五位一体"的形成过程、内容体系及目标要求,都体现了全面建成小康社会的基本要求,尤其是对生态文明建设的战略规划,以人民需求为导向,描绘出了高质量的全面小康社会路线图。"四个全面"从战略上细化了全面建成小康社会的重点任务。习近平总书记于2014年12月首次提出"四个全面"。"四个全面"的形成是党中央对我国发展过程中主要矛盾探索的结果,是结合群众利益及发展现实需要而形成的理论成果。它既进行了战略谋划,又提出了注重牵住"牛鼻子"①的解决思路,贯穿于全面建成小康社会及社会主义现代化建设全过程,是解决全面小康进程中突出问题的重要思想方法和工作方法。从我国社会主义发展全局的阶段性与长远性目标来看,"五位一体"总体布局着眼于"两个一百年"奋斗目标全过程,是现阶段至未来阶段的战略目标和总体规划②,需统筹协调推进"五位一体"总体布局与"四个全面"战略布局,实现"社会主义初级阶段总依据、社会主义现代化建设、中华民族伟大复兴总任务有机统一"③,以顶层设计合力推进全面建成小康社会。

第二节　第一要义是高质量的全面小康

区别于"温饱小康""总体小康",高质量的全面小康是更高标准、更高质量、更符合人民群众美好生活期盼的小康,是全面建成小康社会的第一要义。高质量

---

① 习近平谈治国理政(第二卷)[M].北京:外文出版社,2017:22.
② 何玉芳."五位一体"与"四个全面"的内在逻辑[J].人民论坛,2019(15).
③ 全面建成小康社会与中国梦[M].北京:人民出版社,2015:56.

的全面小康,体现在物质基础、"覆盖人口、覆盖领域、覆盖区域"的全面之上,是发展的协调性、平衡型、可持续性不断增强的全面小康。

一、生产力进一步解放和发展的全面小康

生产力在经济社会发展中起着决定性作用,全面建成小康社会,实现社会主义现代化和中华民族伟大复兴的中国梦,"最根本最紧迫的任务还是进一步解放和发展社会生产力"①,以此解放和增强社会发展活力。高质量小康的全面建成,首先表现为生产力的进一步解放和发展,物质生产基础的夯实和巩固。

一方面,经济发展的质量和效益不断提升。党的十八大以来,我国经济建设取得了重大成就,经济增长速度保持中高速增长,"对世界经济增长贡献率超过30%"②。就综合国力而言,2019年我国经济总量接近100万亿,稳居世界第二位;人均国内生产总值首次突破1万美元,进一步缩小了与发达国家的差距。这表明我国经济发展的"质"与"量"都有了明显提升,为中国特色社会主义现代化奠定了坚实的物质基础。"质代表量,可转化为量。经济质量的提高是中华民族崛起的根本条件和标志,是社会主义经济发展的关键手段"③。具体来讲,高质量的全面小康社会,不仅要求在转变经济发展方式上下功夫,还要发现、掌握生产力和生产关系的运行规律、奥秘,推动科学技术的创新和发展,以此促进生产力的重大飞跃提升,并重视生产力的要素、性质、结构和质量,从而对整个社会生产力发展发挥革命性作用。

另一方面,日趋成熟定型的制度不断推动生产力发展。"改革,过去是中国最大的红利,未来也将是中国最大的红利"④,全面建成的高质量小康社会,必然是依托于成熟的制度体系,不断破除生产力发展的制度性障碍,推动生产力向前发展。只有全面深化经济体制、政治体制、文化体制、社会体制、生态文明体制、党的建设制度的改革,紧紧围绕这六个领域的改革主线,并以经济体制改革作为重点,发挥其"火车头"牵引作用⑤,才能解放生产力,破解全面建成小康社会的重难点问题。中国特色社会主义的发展实践表明,解放发展生产力是中国特色社会主义

---

① 习近平谈治国理政(第一卷)[M]. 北京:外文出版社,2008:92-93.
② 决胜全面建成小康社会 夺取新时代中国特色社会主义伟大胜利——在中国共产党第十九次全国代表大会上的报告[M]. 北京:人民出版社,2017:3.
③ 宗寒. 中国最根本任务是解放和发展生产力[J]. 当代经济研究,2015(1).
④ 国家行政学院教研部. 中国经济新常态[M]. 北京:人民出版社,2015:34.
⑤ 王维平. 全面深化改革[M]. 北京:人民出版社,2017:42.

的根本任务①,发展仍然是解决我国所有问题的关键,同时是全面建成小康社会、实现中国梦的关键所在②。只有不失时机地深化重要领域改革,才能推动经济社会的持续发展,为全面建成小康社会提供动力机制与制度保障。

二、惠及全体人民的全面小康

"全面小康,覆盖的人口要全面,是惠及全体人民的小康"③,这充分体现了社会主义的本质要求。全面建成小康社会,真正难以做到的是"全面",高质量的全面小康,应该是惠及全民,没有一个人掉队的小康,必须确保全体人民一同迈入全面小康社会。

全面建成的小康社会,是全体人民的生活水平显著提高、生活条件的持续改善的小康社会。小康不小康,关键看老乡,全面建成惠及13多亿全体人民的小康社会,是一种高质量小康社会,"我们到时候不能一边宣布全面建成了小康社会,另一边还有几千万人口的生活水平处在扶贫标准线以下"④。在自然条件、地理位置、社会经济等综合性因素影响下,还有生活在贫困线以下的困难群众,农村贫困人口的脱贫是最突出的短板。虽然全面小康不是人人享有同等物质生活生产条件的小康,但如果农村贫困人口的生活水平没有明显提高,全面小康也不能让人信服。⑤ 作为全面建成小康社会的基本标志,农村贫困人口的脱贫至关重要,确保全体人民摆脱绝对贫困的小康"才能真正造福全体人民"⑥。以习近平同志为核心的党中央高度重视脱贫攻坚事业,始终坚持"发展为了人民、发展依靠人民、发展成果由人民共享"⑦,确保现行标准下的农村贫困人口全部脱贫,切实解决区域性整体贫困问题,促进全体人民共同迈入小康社会。

全面建成的小康社会,是不断强化制度性保障,促进全体人民共同享有公平的权利和机会的小康。公平正义是中国特色社会主义的内在要求⑧,是践行共享发展理念的必然要求。全面建成高质量的小康社会,并不局限于物质层面,还注重权利、机会的公平和平等。习近平总书记强调:"要按照人人参与、人人尽力、人

---

① 胡锦涛. 坚定不移沿着中国特色社会主义道路前进 为全面建成小康社会而奋斗——在中国共产党第十八次全国代表大会上的报告[N]. 人民日报,2012-11-18.
② 全面建成小康社会与中国梦[M]. 北京:人民出版社,2015:65.
③ 习近平总书记系列重要讲话读本(2016年版)[M]. 北京:人民出版社,2016:59-60.
④ 习近平总书记系列重要讲话读本(2016年版)[M]. 北京:人民出版社,2016:60.
⑤ 习近平谈治国理政(第二卷)[M]. 北京:外文出版社,2017:80.
⑥ 习近平总书记系列重要讲话读本(2016年版)[M]. 北京:人民出版社,2016:59-60.
⑦ 习近平总书记系列重要讲话读本(2016年版)[M]. 北京:人民出版社,2016:59-60.
⑧ 图说十八大:新思想、新观点、新举措[M]. 北京:人民出版社,2012:45.

人享有的要求,坚守底线、突出重点、完善制度、引导预期,注重机会公平,着力保障基本民生。"①具体而言,要立足经济社会发展基础,持续推进保障性制度建设,发挥其维护和保障社会公平正义的重大作用,逐步建立起"权利公平、机会公平、规则公平"的社会公平保障体系,不断强化贫困地区的政策倾斜力度,努力为全体人民公平地享有相应的权利营造良好环境。

三、现代化建设各环节协调发展的全面小康

全面建成小康社会中的"全面",讲的是发展的"协调性"②。只有实现全方位、多层次的协调发展,才能全面推进"经济建设、政治建设、文化建设、社会建设、生态文明建设,促进现代化建设各个环节、各个方面协调发展,不能长的很长、短的很短"③。

在协调发展中全面建成小康社会。全面建成的小康社会,是注重发展协调性的社会,是要求现代化建设各环节协调发展的社会。党的十六届六中全会指出,"城乡、区域、经济社会发展很不平衡仍然是影响我国社会和谐的矛盾和问题之一"④。这表明发展不平衡、不协调的问题长期存在于我国经济社会发展过程中,并突出表现在"区域、城乡、经济和社会、物质文明和精神文明、经济建设和国防建设等关系上"⑤。究其原因,主要在于发展过程中没有及时调整关系,缺乏发展的整体效能,促使"木桶效应"愈加显现⑥,系列矛盾深化。在全面建成高标准、高质量的小康社会目标下,党中央高度重视城乡之间、区域之间、经济社会的协调性,更加注重发展的整体性。习近平总书记指出,"协调发展是制胜要诀,要着力推动区域协调发展、城乡协调发展、物质文明和精神文明协调发展,推动经济建设和国防建设融合发展"⑦,由此可见,只有处理好这些相互关系,实现多方协调,才能处理好全面建成小康社会中的重大关系,真正实现全面小康。

在协调发展中推进社会主义现代化强国建设。在中国特色社会主义现代化强国建设的进程中,发展的不平衡、不协调问题直接影响着全面建成小康社会的实践效果,以及社会主义现代化强国的建设进度。而"协调发展注重的是解决发

---

① 习近平谈治国理政(第二卷)[M]. 北京:外文出版社,2017:79.
② 习近平总书记系列重要讲话读本(2016年版)[M]. 北京:人民出版社,2016:59.
③ 习近平谈治国理政(第二卷)[M]. 北京:外文出版社,2017:79.
④ 马忠,张鹏飞,原霞霞. 全面建成小康社会[M]. 北京:人民出版社,2017:279.
⑤ 习近平关于全面建成小康社会论述摘编[M]. 北京:中央文献出版社,2016:39.
⑥ 习近平谈治国理政(第二卷)[M]. 北京:外文出版社,2017:198.
⑦ 初心和使命:图解版[M]. 北京:人民出版社,2018:84.

展不平衡问题"①,不仅可以促进现代化各环节协调发展,巩固提升全面建成小康社会的物质基础,还"有利于增强发展合力,壮大发展动力,提高综合国力,为现代化建设提供有力支撑"②。具体来讲,"一个国家的综合国力,是现代化建设的重要物质基础"③,是一个国家发展的整体性、协调性程度的重要表现。全面建成小康社会以后,我国即将开启社会主义现代化建设的新征程,以协调发展缩减现代化各环节发展差距成为必然选择。从区域发展上来看,我国的东部、中部、西部地区具有比较优势,可以充分发挥各自优势,促进各区域间的相互作用和优势互补,实现生产力发展的合理布局与资源优化配置,构建起适应中国特色的现代化协调发展体系,奠定社会主义现代化强国建设基础。

四、城乡区域共同发展的全面小康

"没有农村的全面小康和欠发达地区的全面小康,就没有全国的全面小康"④,城乡区域共同的小康,是高质量发展的小康,是理解全面建成小康社会科学要义的重要方面。要实现小康社会的区域全覆盖,就必须统筹城乡经济社会发展,推进城乡一体化建设。

缩小城乡区域发展差距是全面建成小康社会的一项重要任务。没有农村地区和欠发达地区生产力的同步发展,全面建成的小康社会就是不全面的。党的十六大报告指出:"统筹城乡经济社会发展,建设现代农业,发展农村经济,增加农民收入是全面建设小康社会的重大任务。"⑤随着生产力的发展和全面建成小康社会进程的推进,我国城乡二元结构最终要走向现代一元经济结构⑥,实现现代农业和农村、现代工业和城市互相融合的发展状态。具体来讲,就是要缩小城乡之间的各方面发展差距,但不局限于国内生产总值和总量增长速度的差距,而是"缩小居民收入水平、基础设施通达水平、基本公共服务均等化水平、人民生活水平方面的差距"⑦,为农村地区的发展营造良好发展环境。同时,在统筹城乡发展时还要聚焦"三农"问题,围绕全面建成小康社会的宏伟目标,"更多地关注农村,关心农民,支持农业,把解决好农业、农村和农民问题作为全党工作的重中之重,放在

---

① 习近平关于全面建成小康社会论述摘编[M]. 北京:中央文献出版社,2016:39.
② 十届全国人大二次会议《政府工作报告》辅导读本[M]. 北京:人民出版社,2004:189.
③ 十届全国人大二次会议《政府工作报告》辅导读本[M]. 北京:人民出版社,2004:189.
④ 习近平总书记系列重要讲话读本(2016年版)[M]. 北京:人民出版社,2016:60.
⑤ 十六大以来重要文献选编(上)[M]. 北京:中央文献出版社,2005:17.
⑥ 李旭章. 中国特色社会主义政治经济学研究[M]. 北京:人民出版社,2016:223.
⑦ 习近平总书记系列重要讲话读本(2016年版)[M]. 北京:人民出版社,2016:60.

更加突出的位置,努力开创农业和农村工作的新局面"①。以发展和解决好"三农"问题作为抓手,促进农村地区生产力的持续发展,持续巩固和完善农村地区的基础设施硬件建设,抓好农村的文化软实力建设,从物质基础和精神文化层面全面缩减同城市的发展差距。

实现城乡之间的良性互动是全面建成小康社会的必然要求。统筹城乡经济社会发展,需要充分发挥城市和乡村的不同功能和作用,促进城乡一体化建设。城市和乡村,"不同区域承担的主体功能不同"②,如青海和西藏是我国的重点生态功能区,具有极大的生态价值,需采取差异化举措,挖掘其生态产品和生态服务价值。全面建成的小康社会,就是要充分发挥不同主体功能的区域价值,即"充分发挥城市对农村的带动作用,农村经济和城市经济是相互联系、相互依赖、相互补充、相互促进的。农村发展离不开城市的辐射和带动,城市发展也离不开农村的促进和支持"③。在社会主义市场经济的发展下,城乡之间的跨区域合作成为新的发展趋势,"许多地区产生了跨越行政区划的地区性的协作和联合"④,这些地区之间互惠互利,在有无相济的基础上开展合作,提高了城乡的生产力。总之,统筹城乡经济社会发展,就是要发挥城市的有利条件和资源优势,促进农村生产力的发展,提高农村地区的城镇化水平,实现"工农结合、城乡结合"⑤,最终实现城乡经济社会的一体化。

五、发展可持续性日趋增强的全面小康

"全面"讲的是发展的可持续性⑥。习近平总书记多次强调,如果到了2020年我们在经济发展总量和速度上实现了相应目标,"但发展不平衡、不协调、不可持续问题更加严重,短板更加突出,就算不上真正实现了目标,即使最后宣布实现了,也无法得到人民群众和国际社会认可"⑦。全面建成的高质量小康社会,就是要直面这些矛盾和问题,从理论和实践上作出回应,促进我国经济社会可持续发展。

发展的可持续性是高质量全面小康的重要体现。"建设生态文明是关系人民

---

① 十六大以来重要文献选编(上)[M]. 北京:中央文献出版社,2005:112.
② 习近平谈治国理政(第二卷)[M]. 北京:外文出版社,2017:81.
③ 十六大以来重要文献选编(上)[M]. 北京:中央文献出版社,2005:120.
④ 费孝通. 中国城乡发展的道路[M]. 上海:上海人民出版社,2016:454.
⑤ 费孝通. 中国城乡发展的道路[M]. 上海:上海人民出版社,2016:453-454.
⑥ 决胜全面建成小康社会[M]. 北京:人民出版社,2019:11.
⑦ 习近平关于全面建成小康社会论述摘编[M]. 北京:中央文献出版社,2016:13.

福祉、关系民族未来的大计"①,在全面建成小康社会的进程中,我国发展的不可持续问题仍然存在,生态文明建设还是突出短板,"一些地方生态环境还在恶化"②,是生态安全及国家总体安全的重要影响因素。因而,补齐生态短板,促进可持续发展,成为全面建成小康社会的内在要求。在全面建成小康社会决胜期,要推进顶层设计与微观举措相结合,一方面,"破解发展难题,厚植发展优势,实现发展目标"③,以更加宏大的视野来谋划全面建成小康后的社会发展;另一方面,"切实把生态文明的理念、原则、目标融入经济社会发展各方面"④,贯彻落实到各级各类规划和各项工作中,推动生态文明理念深入人心。具体而言,在全面建成小康社会之后,要统筹规划中国特色社会主义事业长远发展、人类社会可持续发展的问题,全面建成的小康,"实质就是要解决发展起来之后的问题,从根本上说仍然是发展问题"⑤。从长远发展目标来看,可持续发展是国家富强、民族振兴、人民幸福的生态保障,缺乏发展可持续的小康,是"不全面"的小康。

纵观我国经济社会发展历程,其始终致力于解决发展中的突出问题和矛盾,在人与自然和谐统一中全面建成小康,推动实现了从"不简单以国内生产总值增长率论英雄"⑥,到"正确处理生态保护与发展的关系",以及"绿水青山就是金山银山"⑦"保护生态环境就是保护生产力,改善生态环境就是发展生产力"⑧的重大转变,体现出全面建成小康社会高质量、高标准要求,是中国特色社会主义的根本属性和必然要求,符合中国特色社会主义发展规律及人类社会发展规律,是实现"两个一百年"伟大奋斗目标的必然选择。

第三节　核心立场是以人民为中心的全面小康

治国有常,而利民为本。"全面小康"是人口、区域和领域全面覆盖的小康社

---

① 习近平关于全面建成小康社会论述摘编[M]. 北京:中央文献出版社,2016:171.
② 习近平谈治国理政(第二卷)[M]. 北京:外文出版社,2017:79.
③ 方松华,马丽雅. 社会主义现代化强国目标及其建设方略研究[M]. 北京:人民出版社,2019:147.
④ 习近平谈治国理政(第二卷)[M]. 北京:外文出版社,2017:79.
⑤ "四个全面"学习读本[M]. 北京:人民出版社,2015:45.
⑥ 习近平关于社会主义生态文明建设论述摘编[M]. 北京:中央文献出版社,2017:23.
⑦ 以习近平同志为核心的党中央治国理政新理念新思想新战略[M]. 北京:人民出版社,2017:128.
⑧ 深入学习习近平总书记重要讲话读本[M]. 北京:人民出版社,2013:43.

会。党领导全国各族人民全面建成小康社会、推进改革开放和社会主义现代化建设的成效,最终都以"人民是否真正得到了实惠,人民生活是否真正得到了改善"①作为衡量标准。全面建成小康社会始终坚持以人民为中心的发展思想,坚持中国共产党"发展为民"的根本价值追求,坚持马克思主义"发展靠民"的人民主体要求,彰显中国特色社会主义"成果共享"的共富本质。

一、中国共产党"发展为民"的根本价值追求

"为什么人的问题,是检验一个政党、一个政权性质的试金石。"②满足人民对美好生活的向往和追求不仅是马克思主义的价值立场,而且是我们党和国家矢志不渝的奋斗目标。从借用"小康"概念到全面建成小康社会,是中国共产党对社会主义现代化建设规律的科学把握,彰显党为人民而生、因人民而兴的责任担当。在全面建成小康的进程中,中国共产党始终以人民立场作为根本政治立场,正如习近平总书记所言,人民是党执政最大的底气,我们党"来自人民、植根人民、服务人民,一旦脱离群众,就会失去生命力"③。中国共产党自诞生以来,就致力于为人民求解放、为人民谋利益。毛泽东于1944年明确提出了"为人民服务",强调中国共产党"完全为着解放人民,彻底为人民的利益工作"④。新中国成立以后,党的"七大"把全心全意为人民服务的根本宗旨写入党章,并在新中国的第一部宪法中明确了"一切权力属于人民"⑤的价值理念。立足于国民经济恢复发展的基础,中国共产党致力于让全国人民过上好日子,非常重视和平时期的经济建设,并于1954年的第一届全国人民代表大会上提出了工业、农业、交通运输业、国防的四个现代化目标。尽管此时还未明确提出"小康"概念,但党对于社会主义建设的重视,奠定了"小康"概念形成及发展的基础。改革开放后,发展生产力、改善社会民生始终是我国社会主义建设的主线。邓小平以小康来诠释中国式现代化,"我们党扭住这个奋斗目标,一茬接着一茬干,一棒接着一棒跑"⑥,我国社会主义建设在长期的奋斗中取得了显著成就,实现了从温饱不足到温饱,再到总体小康、全面建设小康的历史性跨越,并取得了全面建成小康社会的伟大胜利。

---

① 习近平关于"不忘初心、牢记使命"论述摘编[M]. 北京:中央文献出版社,2019:127.
② 决胜全面建成小康社会 夺取新时代中国特色社会主义伟大胜利——在中国共产党第十九次全国代表大会上的报告[M]. 北京:人民出版社,2017:44-45.
③ 习近平谈治国理政(第三卷)[M]. 北京:外文出版社,2020:135.
④ 毛泽东著作专题摘编(下)[M]. 北京:中央文献出版社,2003:1883.
⑤ 韩喜平. 坚持以人民为中心的发展思想[J]. 思想理论教育导刊,2016(9).
⑥ 习近平谈治国理政(第二卷)[M]. 北京:外文出版社,2017:71.

第二章　全面建成小康社会的科学要义

从中国共产党全面建成小康社会的发展实践来看,党始终把发展作为执政兴国的第一要务,始终"以百姓心为心,与人民同呼吸、共命运、心连心"①,以更好地满足人民群众的需要作为发展的根本目的,彰显"发展为民"的根本价值追求。具体而言,在中国共产党的领导下,以人民为中心的发展思想贯穿于全面建成小康社会各环节。

始终在补齐全面小康短板中发展、维护和实现群众利益。如期全面建成小康社会不是一蹴而就的,"既具有充分条件,也面临艰巨任务,前进道路并不平坦"②,面临许多重点难点问题。如生态文明建设是全面建成小康社会的突出短板,我国"提供优质生态产品的能力在减弱,一些地方生态环境还在恶化"③。同时,农村贫困人口的脱贫是最突出的短板,我国经济社会发展也面临系列国内国际风险,这些发展短板和制约因素直接影响着人民群众的获得感、幸福感和安全感。党的十八届五中全会以来,以习近平同志为核心的党中央坚持以人民为中心的发展思想,以人民根本利益作为全面小康的出发点和落脚点,强调"特别要打好防范化解重大风险、精准脱贫、污染防治攻坚战"④。切实把风险防控意识、生态文明理念、精准扶贫精准脱贫方略融入经济社会发展各方面,着力解决人民群众最关心的现实问题,让全体人民共享我国经济、政治、文化、社会、生态等各方面的发展成果。

始终以人民标准作为检验全面小康的最高衡量标准。全面小康是惠及中国十几亿人民的小康,全面建成小康社会的成效取决于人民群众的认可程度。中国共产党始终坚守初心使命,从广大人民群众的利益出发,坚持把"人民拥不拥护、赞不赞成、高不高兴作为制定政策的依据"⑤。2018年,习近平总书记在十三届全国人大一次会议上强调,要始终把人民放在心中最高位置,以人民的满意度作为"衡量一切工作得失的根本标准"⑥。从要求上看,全面建成的小康社会必须注重实效,确保发展成果真正惠及全体人民,符合人民群众的美好生活期盼,"要得到人民认可、经得起历史检验,必须做到实打实、不掺任何水分"⑦。为推动落实全面建成小康社会的各项任务,党中央结合群众诉求与时俱进地调整政策方向,全

---

① 习近平谈治国理政(第三卷)[M]. 北京:外文出版社,2020:138.
② 习近平关于全面建成小康社会论述摘编[M]. 北京:中央文献出版社,2016:11.
③ 习近平谈治国理政(第二卷)[M]. 北京:外文出版社,2017:79.
④ 习近平谈治国理政(第三卷)[M]. 北京:外文出版社,2020:147.
⑤ 习近平谈治国理政(第三卷)[M]. 北京:外文出版社,2020:182.
⑥ 习近平谈治国理政(第三卷)[M]. 北京:外文出版社,2020:142.
⑦ 习近平谈治国理政(第三卷)[M]. 北京:外文出版社,2020:147.

面推动我国经济社会各方面的改革,不断完善中国特色社会主义制度体系,为如期实现全面建成小康社会的奋斗目标提供制度保障。同时,对照检验全面建成小康社会的最高衡量标准,党面临的"赶考"仍未结束。中国共产党不断加强自身建设,全面推进从严治党,积极进行自我革命,坚决纠正全面建成小康社会进程中的形式主义、官僚主义等问题,真正做到"人民群众反对什么、痛恨什么,我们就要坚决防范和打击,我们就必须坚定不移反对腐败"①,从根本上整治了妨碍惠民政策落实的"绊脚石"。

二、马克思主义"发展靠民"的人民主体要求

"人民既是历史的创造者,也是历史的见证者,既是历史的'剧中人',也是历史的'剧作者'。"②全面建成的小康社会,是保障和落实全民根本利益的小康社会,也是全民积极参与的小康社会,正如马克思恩格斯所言:"历史的活动和思想就是'群众'的思想和活动"③,这科学揭示了全面建成小康社会中的人民主体地位。全面建成小康社会坚持以人民为中心、"发展靠民"的人民主体要求,是马克思主义人民主体思想的集中体现,是中国共产党对马克思主义人民主体思想的丰富与发展。

为彻底清算青年黑格尔派的唯心史观,驳斥长期占统治地位的英雄主义唯心史观,马克思恩格斯在《神圣家族》中揭示了鲍威尔等人将"英雄"等同于主动的"精神",将"群众"等同于消极的"物质",进而将精神与物质、英雄与群众根本对立起来的错误观点;明确强调"历史活动是群众的活动,随着历史活动的深入,必将是群众队伍的扩大"④,揭示出把全体人民排除在外的"有限的"群众观的局限性。列宁继承和发展了马克思主义人民主体思想,认为"生机勃勃的创造性的社会主义是由人民群众自己创立的"⑤,由此人民的主体性地位进一步得到明确。新中国成立后,在建设社会主义的探索实践中,毛泽东深刻认识到人民群众对于社会主义建设的重要性,认为"人民,只有人民,才是创造世界历史的动力"⑥。可以看出,人民主体地位的确立,首先是从科学的实践观出发,从人民群众是社会实

---

① 在庆祝全国人民代表大会成立60周年大会上的讲话[M].北京:人民出版社,2014:12.
② 习近平关于全面建成小康社会论述摘编[M].北京:中央文献出版社,2016:119.
③ 马克思恩格斯文集(第一卷)[M].北京:人民出版社,2009:286.
④ 马克思恩格斯文集(第一卷)[M].北京:人民出版社,2009:287.
⑤ 薄一波.若干重大决策与事件的回顾(下卷)[M].北京:人民出版社,1997:589.
⑥ 十四大以来重要文献选编(中)[M].北京:人民出版社,1997:1784.

践的主体的观点出发,以此"理解和认知人类社会的利益主体、权利主体、动力主体"①。尤其是新中国成立以后的社会主义现代化初步探索,进一步厘清了人民群众在社会主义现代化进程中的主体性、积极性和创造性。

党的十一届三中全会以后,自邓小平首次借用"小康"概念以来,为了充分调动广大人民群众参与社会主义建设的积极性,中国共产党对人民群众的范畴认定进行了拓展。具体而言,改革开放中新出现的"民营科技企业的创始人员和技术人员、受聘于外资企业的管理技术人员、个体户、私营企业主、中介组织的从业人员、自由职业人员等"②,他们与"工人、农民、知识分子、干部和解放军指战员团结在一起"③,都是中国特色社会主义事业的建设者;赞成、拥护和参加社会主义建设事业的阶级、阶层和社会集团,拥护社会主义的爱国者和拥护祖国统一的爱国者,都属于人民群众范畴。得益于这些广泛的主体性智慧和力量,全面建成小康社会才得以顺利推进,全体人民的积极参与是全面建成小康的不竭动力。人民群众创造了历史,人民才是真正的英雄。"波澜壮阔的中华民族发展史是中国人民书写的!博大精深的中华文明是中国人民创造的!历久弥新的中华民族精神是中国人民培育的!中华民族迎来了从站起来、富起来到强起来的伟大飞跃是中国人民奋斗出来的!"④

"历史是人民书写的,一切成就归功于人民"⑤,回顾全面建成小康社会的历史进程,从封闭落后到改革开放、从温饱不足到繁荣富强,我们攻坚克难取得的每一项进步和成就,都是相信群众、依靠群众、团结奋斗的结果。人民主体是全面建成小康社会的根本动力,是"决定党和国家前途命运的根本力量"⑥。党的十八大以来,在全党全国各族人民的共同努力下,我国取得了经济、政治、文化、社会、生态的全方位、开创性成就,"国内生产总值从五十四万亿元增长到八十万亿元,稳居世界第二"⑦,对世界经济增长贡献率超过30%。取得这些成就的关键在于依靠全体人民的智慧和力量,"只要我们深深扎根人民、紧紧依靠人民,就可以获得无穷力量"⑧,夺取全面建成小康社会的伟大胜利,推进中华民族伟大复兴的历史进程。

---

① 窦孟朔.中国特色社会主义民生理论研究[M].北京:人民出版社,2018:351.
② 论"三个代表"[M].北京:中央文献出版社,2001:169.
③ 论"三个代表"[M].北京:中央文献出版社,2001:169.
④ 习近平谈治国理政(第三卷)[M].北京:外文出版社,2020:139.
⑤ 习近平谈治国理政(第三卷)[M].北京:外文出版社,2020:67.
⑥ 习近平谈治国理政(第三卷)[M].北京:外文出版社,2020:135.
⑦ 习近平谈治国理政(第三卷)[M].北京:外文出版社,2020:3.
⑧ 习近平谈治国理政(第三卷)[M].北京:外文出版社,2020:67.

三、中国特色社会主义"成果共享"的共富本质

"让广大人民群众共享改革发展成果,是社会主义的本质要求,是社会主义制度优越性的集中体现。"[1]全面建成小康社会是中国共产党向全国各族人民作出的庄严承诺,它承载着历史赋予党的艰巨使命、倾注着全体人民的共同期盼。人民群众作为全面小康的建设者,也是中国特色社会主义事业发展成就的享有者。全面建成小康社会的成效要经得起历史和人民的检验,必须以共享发展理念作为共同迈入全面小康社会的基本保证[2],保障社会公平正义,逐步实现共同富裕。我国社会历来有"不患寡而患不均"的观念[3],应当通过完善人人参与、人人尽力、人人享有的制度安排,既要"做大蛋糕"也要"分好蛋糕",使人民群众在共建共享中有更多获得感。

全面建成小康社会以实现共同富裕作为根本目标,但"共同富裕"不等于"同步富裕"。从区域发展来看,我国在全面建成小康社会的同时协调了城乡区域的发展,新型城镇化稳步推进、乡村振兴战略成果初显。据统计,2019年我国中部、西部地区生产总值分别比上年增长7.3%和6.7%,超过全国平均水平1.2和0.6个百分点。[4] 随着京津冀、长江经济带、粤港澳大湾区、长三角、黄河流域等重大区域发展战略的统筹推进,我国区域协同发展格局进一步优化。数据显示,2019年末我国常住人口城镇化率为60.60%,较2018年末高1.02个百分点。[5] 从建立家庭联产承包责任制到农村土地"三权"分置,从取消农业税到持续强化强农惠农富农的政策力度,我国农村的基础设施、公共服务等不断优化提升,农村居民生活质量显著改善。从居民收入上来看,随着整体收入的快速稳步增长,城乡居民收入差距逐步缩小。2019年我国城乡居民人均可支配收入的倍差为2.64,比2012年下降0.24。[6] 在居民收入体量增加的同时,我国的收入分配制度也在不断优化,将按劳分配与按生产要素分配相结合的方式兼顾了效率与公平。据统计,2013年到2018年,全国居民人均可支配收入年均实际增长率为7.3%,超过人均

---

[1] 习近平扶贫论述摘编[M].北京:中央文献出版社,2018:9.
[2] 蒋永穆,张晓磊.共享发展与全面建成小康社会[J].思想理论教育导刊,2016(3).
[3] 习近平关于全面建成小康社会论述摘编[M].北京:中央文献出版社,2016:135.
[4] 中华人民共和国2019年国民经济和社会发展统计公报[EB/OL].国家统计局,2020-02-28.
[5] 中华人民共和国2019年国民经济和社会发展统计公报[EB/OL].国家统计局,2020-02-28.
[6] 中华人民共和国2019年国民经济和社会发展统计公报[EB/OL].国家统计局,2020-02-28.

GDP实际增速0.8个百分点。①

为顺利推进全面建成小康社会的历史进程,"农村贫困人口全部脱贫是一个标志性指标"②。邓小平于1992年的"南方谈话"中提出社会主义的本质最终是要实现共同富裕,习近平也强调"消除贫困、改善民生、逐步实现共同富裕,是社会主义的本质要求,是我们党的重要使命"③,因此,打赢精准脱贫攻坚战事关党执政基础的巩固和国家的长治久安,是全面建成小康社会的底线任务。如果农村地区和贫困地区人民的生活水平没有得到改善,就会影响人民群众对于全面小康的满意度和对党的信心,也会影响国际社会对全面建成小康社会的认可度和对我国的印象。

新中国成立以来,党中央和国务院始终贯彻以人民为中心的发展思想,开辟出一条中国特色社会主义的扶贫开发道路。一方面,始终坚持党的领导、强化组织保障。通过坚决维护"两个核心",贯彻落实"中央统筹、省负总责、市县抓落实"、五级书记共抓扶贫任务的工作机制,为打赢精准脱贫攻坚战立下"军令状",层层划定工作责任。此外,通过选派机关、国企等事业单位干部开展驻村帮扶,提升驻村工作队的工作水平,为承担扶贫"最后一公里"责任的农村基层组织注入了强大的凝聚力和战斗力。另一方面,强化社会动员、凝聚多方合力、激发内生动力。打赢脱贫攻坚战是全党全社会共同承担的责任,通过发挥政府、市场和社会的协同力量,构建完善专项扶贫、行业扶贫、社会扶贫相互支撑的"三位一体"大扶贫格局,强化东西部协作扶贫、机关事业单位定点扶贫、社会组织和志愿者个人自愿帮扶等机制,为脱贫攻坚凝聚强大的外部帮扶力量。同时将扶贫与扶智、扶志相结合,调动贫困群众脱贫致富的积极主动性,通过培养其发展生产和务工经商的技能,激发贫困主体的内生动力源泉。

党的十八大以来,通过实施精准扶贫精准脱贫基本方略,我国历史性地解决了绝对贫困问题,贫困地区的生产生活条件显著改善,贫困群众"两不愁"水平明显提升、"三保障"问题总体解决,其中近千万贫困人口通过易地扶贫搬迁摆脱了"一方水土养活不了一方人"的困境。脱贫攻坚目标的实现,意味着现行标准下农村贫困人口全部脱贫、贫困县全部摘帽、区域性贫困问题得到解决,完成了全面建成小康社会的底线任务,确保了小康社会的成色,为全体人民的共同富裕奠定了

---

① 经济结构不断升级 发展协调性显著增强——新中国成立70周年经济社会发展成就系列报告之二[EB/OL].国家统计局,2019-07-08.
② 习近平关于全面建成小康社会论述摘编[M].北京:中央文献出版社,2016:154-155.
③ 习近平关于全面建成小康社会论述摘编[M].北京:中央文献出版社,2016:155.

坚实基础。

第四节　根本目标是实现共同富裕的全面小康

共同富裕是人类社会为之奋斗的共同理想,全面建成小康社会与共同富裕是"相互衔接的两个阶段,统一于社会主义现代化建设的历史进程中"①。推动全面建成小康社会的阶段性目标与实现共同富裕的长远性目标相结合,是社会主义的本质要求,实现共同富裕是全面建成小康社会的题中应有之义,全面建成小康社会是走向共同富裕的必由之路,初步实现共同富裕是全面建成小康社会的重要成果。

一、实现共同富裕是全面建成小康社会的题中应有之义

自邓小平20世纪80年代初期借用"小康社会"概念以来,就相应地对共同富裕进行了战略构想。邓小平认为中国式的四个现代化就是"小康之家",是较之于第三世界国家中"比较富裕一点的国家的水平"②,实现共同富裕是全面建成小康社会的题中应有之义,共同富裕的根本目标贯穿于全面建成小康社会全过程。

从社会主义的本质要求来看,全面建成小康社会始终以共同富裕作为奋斗目标。"逐步实现共同富裕,是社会主义的本质要求。"③1986年12月,邓小平在谈到反对资产阶级自由化问题的时候指出,假如我国人均国民生产总值达到四千美元,并实现了共同富裕,就能在同资本主义制度的对比中彰显社会主义制度的优越性。这是邓小平第一次将共同富裕与全面小康联系在一起论述,强调小康社会不仅着眼于人民生活水平,还要在发展生产力的基础上进一步推进共同富裕,彰显社会主义制度的优越性。1987年4月,邓小平在会见香港特别行政区基本法起草委员会委员时再次将两者相提并论,认为社会主义制度以公有制为基础,是"共同富裕,那时候我们叫小康社会"④,是全体人民生活水平普遍提高的社会。邓小平在此后提出的"三步走"发展战略及其系列论述都表明,共同富裕是全党全国人民的奋斗目标。邓小平理论的中心思想都围绕共同富裕而展开,历届中国共产党

---

① 孙武安,尚丽琴. 论全面建设小康社会与实现共同富裕[J]. 山东大学学报(哲学社会科学版),2003(5).
② 邓小平文选(第二卷)[M]. 北京:人民出版社,1994:237.
③ 中国反贫困斗争的伟大决战[M]. 北京:人民出版社,2017:31.
④ 邓小平文选(第三卷)[M]. 北京:人民出版社,1993:216.

领导人继承和发展了该思想,并不断赋予其新的内涵,共同富裕的思想内容进一步充实,全面建成小康社会的奋斗目标及实现路径愈加明晰。而为实现这个目标,要从生产力层面解决贫穷问题,也要从生产关系层面解决分配不公平的问题,即实行按劳分配的原则,明确共同富裕的方向。资本主义的分配方式不能让绝大多数人摆脱贫困落后,反而会在一定程度上加剧这种状态,而社会主义的按劳分配原则,致力于让全国人民普遍过上小康生活。可以说,"不坚持社会主义,中国的小康社会形成不了"[1],正是我国社会主义制度的建立与不断完善,为解决全面小康中的贫穷和公平问题奠定了坚实的制度基础。

在全面小康的具体实践中,处理好"先富"与"后富"的关系,是社会主义本质的集中体现。在特定的时代条件下,我们允许"一些地区、一些人先富起来,是为了最终达到共同富裕"[2]。全面建成小康社会以怎样实现富裕、实现怎样的富裕、富裕起来后的财富分配为导向,立足于我国"先富"的基础,注重解决"后富"的问题,彰显出"先富"的基础性地位。在马克思恩格斯看来,物质生产在人类历史发展中起着决定性作用,以土地生产力为例,"要是土地的生产力不经常提高,耕种土地就会无利可获"[3]。纵观我国从贫困到温饱,再由温饱到小康的历史进程,在生产力水平较为低下时,允许一部分地区和一部分人先富起来,进而带动和帮助其他地区、其他人逐步摆脱落后的现状,符合中国特色社会主义事业的建设规律。有关资料显示,20世纪50年代我国农民人均收入为108.4元,到60年代和70年代分别增至135.66元、150元,在接近30年的时间内,我国农民的人均收入仅增加42元,这在当时特殊的时代背景下,只有致力于发展生产力,才能逐步提高人民的生活水平。作为非均衡发展的产物,实现共同富裕涉及具体的路径和过程,只有先做大"蛋糕",才能保证有"蛋糕"可分,并分好"蛋糕",没有坚实的生产力发展基础,就不能把共同富裕这一伟大目标向前推进。全面建成小康社会的实践始终坚持以统筹兼顾为根本方法,致力于处理好"先富"与"后富"关系,坚持在生产力与生产关系的相互作用中解放和发展生产力、消灭剥削、消除两极分化,努力朝着共同富裕方向前进。

二、全面建成小康社会是走向共同富裕的必由之路

实现共同富裕是一个逐步推进的过程,温饱、小康、共同富裕的三个逻辑命题

---

[1] 邓小平文选(第三卷)[M].北京:人民出版社,1993:64.
[2] 邓小平文选(第三卷)[M].北京:人民出版社,1993:195.
[3] 马克思恩格斯文集(第一卷)[M].北京:人民出版社,2009:77.

呈螺旋式渐次发展态势,相互联系、相互对应又逐步提升。在全面建成小康社会的决胜期,全面小康的各方面短板逐渐补齐,2020年如期全面建成小康社会,将使共同富裕的历史进程得到极大的推进,全体人民的富裕程度不断提升,富裕领域不断拓展,共同富裕迈出坚实步伐。

全面小康是共同富裕的必经阶段。在逐步实现共同富裕的进程中,全面小康是共同富裕目标的具体化。新中国成立初期,一些革命老区出现了新"阶级分化"的现象,部分农民重新沦为穷人,并出现了1951年关于"山西农业合作社"互助组织是否需要提高的争论,究其争论实质,主要是如何解决农村的收入分化和阶级分化问题。此争论引发了毛泽东关于"共同富裕"的思考,并在1953年12月通过的《关于发展农业生产合作社的决议》中首次使用了这一概念。此后,这一概念在毛泽东的《关于农业合作化问题》中得到进一步阐述,他也提出了解决思路,即只有在对工业化、手工业、资本主义工商业实施社会主义改造的基础上,才能在农村中"消灭富农经济制度和个体经济制度,使全体农村人民共同富裕起来"①。尽管此时还未正式形成"小康"概念,但毛泽东对此已进行了相应的探索,并从工农联盟、社会主义道路发展上进一步强调了共同富裕的重要性。毛泽东认为,共同富裕的实现并不是一蹴而就的,要对其实现路径进行分阶段部署,没有农业的发展,没有合作社的巩固,就缺乏富裕的基础,"中国是一个大国,但是现在很穷,要使中国富起来,需要几十年时间"②。改革开放以后,邓小平多次强调全国人民的共同富裕是社会主义的目的,实现共同富裕是一个渐进式的漫长过程。具体而言,就是以解放和发展生产力以逐步奠定共同富裕的物质基础,以消灭剥削和消除两极分化逐步奠定共同富裕的实现基础,最终实现共同富裕。在邓小平看来,全面小康与共同富裕是一个时间上继起的相互关系,共同富裕是社会主义的终极价值目标,全面建成小康社会是中华民族伟大复兴的阶段性目标。只有在全面小康的基础上,着力解决好贫困问题、贫富差距问题,以及我国经济社会中存在的突出矛盾和突出问题,才能为逐步实现共同富裕提供必要准备。

全面小康拓展了共同富裕的领域。全面建成小康社会,逐步实现共同富裕,是一个结合实际持续更新内容、不断对接人民需求、逐步完善目标的发展过程。物质生产是社会发展的决定性因素,在生产力水平较低的阶段,人类生存的第一个前提是能够生活,即"第一个历史活动就是生产满足这些需要的材料,即生产物

---

① 毛泽东著作专题摘编(上)[M].北京:中央文献出版社,2003:837.
② 建国以来重要文献选编(第七册)[M].北京:中央文献出版社,1993:202.

质生活本身"①,因而,最初的共同富裕目标更多地着眼于物质层面的富裕,注重提高人民的物质生活水平。消灭贫穷、解决大多数贫困地区的温饱成为当时的主要任务。在基本解决温饱、稳定解决温饱的基础上,我国开始迈入小康社会,邓小平将"小康之家"看作是中国式的现代化,将共同富裕纳入中国特色社会主义现代化建设的重要内容之中,深化了共同富裕的战略内涵。随着全面小康的不断推进,党中央既统揽全局,确保全国各族人民一同迈入小康社会;又抓重点任务,进一步补齐全面小康的突出短板,始终根据人民不断变化了的需要及时调整全面小康的目标任务与工作方向。在人民需求上,全面小康的推进拓展了共同富裕的领域。随着生产力的发展和人民生活水平的逐步提高,人民群众的需求呈多元化发展趋势。全面小康不仅包含物质层面的要求,还包括社会主义民主政治、社会文明、科学文化素质、生态建设等多方面要求,全方位体现出人民群众的美好生活追求,实现了单一物质富裕向多元富裕的延伸,为逐步实现共同富裕奠定了政治、经济、文化、社会、生态的多方面基础。

三、初步实现共同富裕是全面建成小康社会的重要成果

共同富裕是全面小康的根本目标,初步实现共同富裕成为全面建成小康社会的必然成果。从历史逻辑上看,邓小平于1987年4月第一次提出了"三步走"发展战略,并就如何解决十亿人的发展和现代化建设提出了具体思路,对基本实现现代化、解决普遍贫困、实现共同富裕进行了统一阐述。党的十三大进一步明确了这一战略构想,即"到下个世纪中叶,人均国民生产总值达到中等发达国家水平,人民生活比较富裕,基本实现现代化"②。可以说,到21世纪中叶时,人民生活比较富裕的目标已经实现,共同富裕的奋斗目标也随之初步实现,"全面建成小康社会之时,便是初步实现共同富裕之日"③。

全面小康始终围绕生产力主线解决"共同富裕"中的"富裕"问题,奠定了初步实现共同富裕的物质基础。在社会主义本质论中,解放生产力、发展生产力以"富裕"作为目标导向,始终是实现共同富裕的主线任务。第一,全面小康始终在解放生产力中破除"富裕"的体制束缚。党的十一届三中全会和党的十八届三中全会都是划时代的,前者开启了改革开放的新时期,后者开启了全面深化改革的

---

① 马克思恩格斯文集(第一卷)[M].北京:人民出版社,2009:531.
② 中国共产党第十三次全国代表大会文件汇编[M].北京:人民出版社,1987:17.
③ 肖玉明.现阶段如何推进共同富裕建设——兼论全面小康与共同富裕的关系[J].社会主义研究,2004(3).

新时代,不断推进重大全局性改革,聚焦全面小康的重难点问题,破除了妨碍人民富裕的体制机制弊端。第二,全面小康始终在发展生产力中巩固"富裕"的物质基础。改革开放以后,党中央因地制宜地转变经济发展方式,合理把握生产力发展规律,创新发展理念,破解了小康社会的生产力发展难题。经过改革开放40余年的发展,人民生活水平逐步提高,人民生活更加富裕。据统计,2019年全国人均可支配收入达30733元,在2010年的基础上提升了2.45倍。第三,全面小康始终在保护生产力中筑牢"富裕"的生态基础。"保护环境就是保护生产力,改善环境就是发展生产力。"[1]全面建成的小康社会始终以生态大局为重,从中华民族伟大复兴的整体观出发,关注人类经济社会的长远发展。从确立节约资源和保护环境的基本国策、可持续发展战略到建设美丽中国,都提升了全面小康发展的绿色发展水平。

全面小康始终坚持调节生产关系促进"共同富裕"中的"共同"发展,奠定了初步实现共同富裕的制度基础。中华民族向来重视"不患寡而患不均",让全体人民共享发展成果,维护社会公平正义,是社会主义的本质要求。在社会主义本质论中,消灭剥削、消除两极分化以"共同"作为价值导向,始终是实现共同富裕的重点任务。改革开放以来,我国经济社会的发展取得了巨大成就,为维护全面小康进程中的社会公平正义提供了有利条件。但随着经济社会的不断发展,人民群众在社会公平问题上有着强烈的诉求,其"公平意识、民主意识、权利意识"[2]不断增强,因此,在全面建成小康社会的历程中,始终以促进社会公平正义作为全面小康的核心价值追求。一方面,以不断完善收入分配制度体系破解全面小康中不公平的制度障碍。按照马克思恩格斯的构想,共产主义社会将彻底消除阶级、城乡、脑力劳动和体力劳动的三大对立和差别,党和国家紧紧围绕这一奋斗目标,在完善和发展收入分配制度中推进全面建成小康社会。改革开放以后,我国确立的社会主义市场经济的分配制度为小康社会的推进提供了制度基础。在此后的时期内,党中央以更加成熟更加定型的收入分配制度为方向,提出了推进国家治理体系和治理能力现代化的总目标,致力于提高全面小康进程中的收入分配制度的执行力。另一方面,以共享发展新理念解决全面小康中不公平的思想障碍。由于劳动者个人禀赋的区别、地域间的差异性,出现"先富后富和富裕程度的差别"[3]不可避免。只有把这方面的问题解决好,才能充分调动全体人民参与全面小康的积极

---

[1] 习近平谈治国理政(第二卷)[M]. 北京:外文出版社,2017:209.
[2] 习近平总书记系列重要讲话读本[M]. 北京:人民出版社,2014:45.
[3] 中共中央国务院关于"三农"工作的十个一号文件(1982—2008年)[M]. 北京:人民出版社,2008:74.

性、主动性和创造性。从社会主义本质要求到中国共产党的初心使命,共享发展的新理念深入人心,推进全面小康的历史进程。

总的来说,只注重生产力层面的"富裕",而忽略了公平层面的"共同",将导致少数人富裕、多数人富裕不起来的局面;只注重"公平"而忽略"富裕"的平均主义,将导致全体人民都富不起来的状况,最终出现"共同贫困"①的局面。全面建成的小康社会从整体上规划了初步实现"共同富裕"的思路,统筹兼顾了"共同富裕"中的"共同"和"富裕",为全面开启社会主义现代化建设奠定了基础。

第五节 基本要求是"五位一体"总体布局和"四个全面"战略布局

"全面小康,覆盖的领域要全面"②,"五位一体"总体布局和"四个全面"战略布局是全面建成小康社会的基本要求,集中体现了我们要全面建成什么样的小康社会。"五位一体"是对中国特色社会主义事业的总体谋划,管长远、管大局,贯穿于全面建成小康社会全过程,是全面建成小康社会的总体方向。"四个全面"是"我们党在新形势下治国理政的总方略,是事关党和国家长远发展的总战略"③,是"五位一体"总体布局的具体化,是全面建成小康社会的主攻目标。二者统一于中华民族伟大复兴的中国梦,不断把"两个一百年"目标向前推进。

一、"五位一体"为全面建成小康社会提供总体布局

"五位一体"形成与发展的过程,同时也是全面建成小康社会科学要义的不断丰富与拓展的过程。"五位一体"的提出历经了"不断增加领域、不断补充内容、不断深化完善"④的过程。

具体而言,关于社会主义建设的总体布局,在社会主义发展史上有过探索。毛泽东曾在延安时期就提出过新民主主义的政治、经济、文化的重要论断,1949年以后,这三方面成为社会主义建设的重点领域。改革开放初期,在建设物质文明的同时,精神文明领域滋生了腐败、消极落后等现象,如何彰显出社会主义发展生

---

① 中共中央国务院关于"三农"工作的十个一号文件(1982—2008年)[M].北京:人民出版社,2008:75.
② 习近平关于全面建成小康社会论述摘编[M].北京:中央文献出版社,2016:13.
③ 习近平关于全面建成小康社会论述摘编[M].北京:中央文献出版社,2016:15-16.
④ 范鹏.统筹推进"五位一体"总体布局[M].北京:人民出版社,2017:2.

产力的优势,消除"贪婪、腐败和不公正现象"①成为亟须解决的问题。党中央深刻意识到物质文明、精神文明的重要性,提出并形成了"两手抓"思想,强调两个文明都要搞好,才符合中国特色社会主义的要求,揭示出社会主义建设必须遵循的客观规律。随着党中央对社会主义建设规律认识的深化,1986年通过的《关于社会主义精神文明建设指导方针的决议》②首次提出"总体布局"概念,并逐步形成了经济、政治、文化的"三位一体"。此后,党的十六大首次以"社会更加和谐"③的目标促进了总体布局向"四位一体"④拓展,并在党的十七大上得以全面论述。党的十八大将生态文明建设纳入中国特色社会主义全局,强调要"全面落实经济建设、政治建设、文化建设、社会建设、生态文明建设五位一体总体布局,促进现代化建设各方面协调发展"⑤。

从"三位一体"到"四位一体",再到"五位一体",是中国特色社会主义建设规律在长期实践探索中的不断深化,是中国特色社会主义理论体系的丰富和发展,是对怎样发展等问题进一步作出的科学回答,彰显出我们党对社会主义建设规律的合理把握、中华民族伟大复兴奋斗目标的总体谋划,是我们党对什么是社会主义、建设怎样的社会主义、怎样建设社会主义,以及实现什么样的发展的思考。

"五位一体"辩证统一的过程,也是各要素合力推进全面建成小康社会的过程。只有在总体布局中全面建成小康社会,才能正确处理全面建成小康社会中的重大关系,不断增强发展的整体性⑥;只有在总体布局的辩证统一中,才能促进各要素在全面建成小康社会中的相辅相成。第一,经济建设是"五位一体"的中心任务,是全面建成小康社会的坚实基础。物质生活的生产方式是其他一切生产的基础,只有在物质生活的生产方式基础上,才能产生和延续相应的政治生活、经济生活、文化生活和社会生活等内容。基于"一个中心、两个基本点"⑦的社会主义初级阶段基本路线,经济建设始终是"五位一体"总体布局的中心任务,巩固和提升了全面建成小康社会的物质基础,为中国特色社会主义现代化强国的建设提供强有力的支撑。第二,政治建设是"五位一体"的制度保障,旨在扩大全面建成小康

---

① 邓小平文选(第三卷)[M]. 北京:人民出版社,1993:143.
② 仲计水. 从三位一体到四位一体——社会主义经济政治文化建设的总体布局[M]. 北京:人民出版社,2008:6.
③ 十六大以来重要文献选编(中)[M]. 北京:中央文献出版社,2006:695.
④ 科学发展观重要论述摘编[M]. 北京:中央文献出版社,2008:40.
⑤ 胡锦涛文选(第三卷)[M]. 北京:人民出版社,2016:619.
⑥ 习近平关于全面建成小康社会论述摘编[M]. 北京:中央文献出版社,2016:39.
⑦ 十三大以来重要文献选编(下)[M]. 北京:人民出版社,1993:1970.

社会的民主。恩格斯认为,"政治、法、哲学、宗教、文学、艺术等等的发展是以经济发展为基础的。但是它们又都相互作用并对经济基础发生作用"①。作为政治上层建筑,政治建设对经济基础具有反作用,是"五位一体"的生命线和制度保障。人民民主专政、人民代表大会制度、多党合作和政治协商制度、民族区域自治制度、基层群众自治制度等贯穿于"五位一体"全过程,从根本上确保了全面建成小康社会始终沿着正确的方向前进。第三,文化建设是"五位一体"的精神旗帜,是全面建成小康社会的精神引领。"文化建设对于一个政党、一个民族、一个国家的发展至关重要。"②纵观我国文化建设历程,文化建设始终发挥着精神引领作用,全面建成小康社会必须以文化建设为载体,发挥广大人民群众的主体性作用,让人民群众积极参与全面小康中来,提升全面建成小康社会的文化软实力,为经济建设、政治建设、社会建设、生态建设提供源源不断的精神动力。第四,社会建设是"五位一体"的必要条件,是全面建成小康社会的重点领域。只有社会和谐稳定,其他建设才能顺利推进,现代化建设各方面才能协调发展。推进全面建成小康社会,重点在于社会民生建设,补齐民生领域发展短板,积极解决好教育、就业、收入分配、社会保障、医疗卫生和社会管理等直接关系人民群众根本利益和现实利益的问题,在保障和改善民生的基础上真正建成惠及全民的"全面"小康。第五,生态建设是"五位一体"的长远大计,关系全面建成小康社会的未来。没有自然为基础,其他方面的建设都是空中楼阁。以往粗放式的发展方式对自然环境造成了严重破坏,打破了人与自然的平衡与和谐统一。党中央因地制宜调整政策方向,把生态文明建设纳入"五位一体"总体布局,从战略意义上来看,这既是人类社会可持续发展的必然要求,也是全面建成小康社会科学要义的丰富。缺乏生态的小康,是不全面的小康,促进人与自然和谐共生,是中华民族伟大复兴的中国梦的可持续发展基础。

二、"四个全面"为全面建成小康社会提供战略布局

党的十八大以来,党中央顺应历史和时代的发展要求,提出并逐渐形成全面建成小康社会、全面深化改革、全面依法治国、全面从严治党的战略布局。这一战略布局的形成和提出,是中国共产党从全面建成小康社会的现实需要出发,在经济新常态的条件下"不断总结我国改革开放的历史经验,深入分析重要战略机遇

---

① 马克思恩格斯选集(第四卷)[M]. 北京:人民出版社,1995:732.
② 阮青. 中国特色社会主义理论体系建设40年[M]. 北京:人民出版社,2018:126.

期我国经济社会发展中的深层次问题"①而形成的理论创新和制度创新。

从"四个全面"的整体性视角来看,"习近平总书记于2014年12月首次系统提出了'四个全面'",主张"协调推进全面建成小康社会、全面深化改革、全面推进依法治国、全面从严治党,推动改革开放和社会主义现代化建设迈上新台阶"②。并在此后的多次会议中系统阐述了"四个全面"的基本内容及其辩证关系。2016年7月,在庆祝中国共产党成立95周年大会上,习近平总书记结合"两个一百年"目标指出,要"协调推进'四个全面'战略布局,全力推进全面建成小康社会进程,不断把实现'两个一百年'目标推向前进"③。总的来说,"四个全面"的提出具有重大的理论意义和现实意义,是党中央治国理政的总方略、总部署、总抓手,它贯穿于全面建成小康社会及后续发展的全过程,提出的首要目标是服务于、服从于第一个百年奋斗目标。全面建成小康社会居于"四个全面"首位,是战略引领目标,是我国奋斗目标的第一步和关键一步,该目标实现时,我国"经济总量将达到近十七万亿美元,人民生活水平将明显提高"④。作为一项惠及全民的系统性工程,全面小康涉及多领域的平衡协调可持续发展问题,需要从战略布局上进行宏观把握。必须以全面建成小康社会引领"三大战略性举措",促进每个全面之间的相互作用,以其要素互动促进"四个全面"战略布局功能和作用的最大化。

"四个全面"之间相辅相成、相互促进、相得益彰⑤,统一于全面建成小康社会的伟大实践之中。2015年2月,习近平总书记首次系统阐述了"四个全面"及其内在辩证关系。具体来讲,全面建成小康社会是战略目标,全面深化改革、全面依法治国、全面从严治党是三大战略举措,是解决全面建成小康进程中主要矛盾的战略举措,破解那些制约和束缚全面建成小康社会的重难点问题,为全面建成小康社会的战略目标保驾护航。第一,全面建成小康社会是战略目标。实现全面建成小康社会"是实现中华民族伟大复兴中国梦的关键一步"⑥,是全面深化改革、全面依法治国、全面从严治党的发展方向,也是我国社会主义现代化承上启下的

---

① 秦宣."四个全面":形成发展、科学内涵和战略意义[J].思想理论教育导刊,2015(6).
② 十八大以来重要文献选编(中)[M].北京:中央文献出版社,2016:247.
③ 曲青山,黄书元.中国改革开放全景录(中央卷)(下)[M].北京:人民出版社,2018:25-26.
④ 习近平关于全面建成小康社会论述摘编[M].北京:中央文献出版社,2016:9.
⑤ 中共中央党校.以习近平同志为核心的党中央治国理政新理念新思想新战略[M].北京:人民出版社,2017:17.
⑥ 习近平.弘扬丝路精神 深化中阿合作——在中阿合作论坛第六届部长级会议开幕式上的讲话[N].人民日报,2014-06-06.

关键性阶段。全面建成小康社会的过程,是促进"四个全面"系统要素内部的每一个"全面"既独立发挥作用,又彰显强大合力的发展过程,同时既是全体人民的奋斗结果,也是有机结合其他三大战略性举措有效实施的结果。第二,全面深化改革是全面建成小康社会的动力源泉。"改革是社会主义制度的自我完善和发展,是建设有中国特色社会主义的必由之路。"①十一届三中全会以来的社会主义建设实践历程表明,只有改革,才能进一步解放和发展生产力。为进一步挖掘改革动力、释放改革红利,党的十八届三中全会通过了《中共中央关于全面深化改革若干重大问题的决定》,这标志着"我国的改革开放开始步入全面深化改革的新阶段"②。全面深化改革,既为全面建成小康社会提供支撑和动力,营造良好制度环境,又服从于、服务于全面建成小康社会的现实需要;既要同全面依法治国、全面从严治党有机结合起来,发挥强大合力助力全面小康,又要以改革贯穿全面依法治国、全面从严治党的全过程,彰显出改革在中华民族伟大复兴过程中的重要地位和作用。第三,全面依法治国是全面建成小康社会的法治保障。"没有全面依法治国,我们就治不好国,理不好政。"③在全面建成小康社会决胜期,依法治国的地位更加突出、作用更加重大,"全面依法治国与全面深化改革作为'鸟之两翼''车之两轮',共同为全面建成小康社会提供战略支撑"④。在法律体系上,全面依法治国是确保全体人民公平享有发展成果的有效举措。在法治建设上,"'法治国家、法治政府、法治社会'一体建设是'四个全面'战略布局的内在要求,是全面建成小康社会的必然要求"。第四,全面从严治党是全面建成小康社会的根本政治保证。"治国必先治党,治党务必从严。"⑤全面从严治党,不仅是党的建设新的伟大工程的总体思路和战略部署⑥,还是全面建成小康社会的战略举措。一方面,全面从严治党关系到全面建成小康社会的目标要求实现程度。只有全面从严治党,才能确保党始终成为中国特色社会主义事业的坚强领导核心⑦,带领全国各族人民全面建成小康社会,真正建成人口全覆盖、领域全覆盖、区域全覆盖的全面小康社会。另一方面,全面从严治党关系到全面深化改革、全面依法治国的进度。只有不断加强党的自身建设,才能从制度上、思想上形成不能腐不敢腐的防

---

① 包心鉴.中国特色社会主义发展道路论纲[M].北京:人民出版社,1994:147.
② 田克勤,张泽强.准确理解和把握"四个全面"战略思想[J].思想理论教育,2015(5).
③ 习近平谈治国理政(第二卷)[M].北京:外文出版社,2017:24.
④ 田克勤,张泽强.准确理解和把握"四个全面"战略思想[J].思想理论教育,2015(5).
⑤ 习近平关于全面从严治党论述摘编[M].北京:中央文献出版社,2016:3.
⑥ 秦宣."四个全面":形成发展、科学内涵和战略意义[J].思想理论教育导刊,2015(6).
⑦ 习近平关于全面从严治党论述摘编[M].北京:中央文献出版社,2016:29.

范机制和预防机制,为全面深化改革和全面依法治国提供良好的政治环境。

三、"五位一体"和"四个全面"合力建成全面小康社会

全面建成小康社会是一项复杂的系统性工程,只有在"五位一体"总体布局和"四个全面"战略布局的合力中,才能顺利实现这一目标。究其原因,主要在于"五位一体"总体布局和"四个全面"战略局部在目标愿景上具有一致性,两者统一于中国特色社会主义现代化建设的实践,统一于中华民族的伟大复兴的中国梦。在全面建成小康社会的进程中,"五位一体"和"四个全面"的定位、功能及其作用各有侧重,它们在全面建成小康社会中,既合力发挥作用,又单独发挥作用,每一个布局的系统内部要素间既相互作用,又统一于不同的整体。

"五位一体"涵盖现代化建设的各个方面,是全面建成小康社会中覆盖领域"全面"的集中体现。其内部之间呈现相互制约的关系,但又相辅相成、相互作用,从不同方面为全面建成小康社会夯实了基础。"四个全面"指明了现阶段"五位一体"总体布局的重点任务和明确了推动"五位一体"总体布局落实的战略举措。全面建成小康社会作为战略目标,既明确了"五位一体"总布局的目标要求,也引领着其他"三个全面"的发展方向;全面深化改革、依法治国和全面从严治党是战略性举措,服务于战略目标。

总的来说,"五位一体"贯穿于全面建成小康社会及后续发展全过程,谋中国特色社会主义发展全局,是我国的长远发展目标,是"四个全面"的宏观发展方向。"四个全面"战略布局体现在"五位一体"总体布局中,"五位一体"总体布局彰显了"四个全面"战略布局。"四个全面"战略布局是"五位一体"总体布局的进一步具体化和落实,两者间相互依存、相互发展。

第三章

全面建成小康社会的实施方略

以经济建设为中心是兴国之要,发展仍是解决我国所有问题的关键。只有推动经济持续健康发展,才能筑牢国家繁荣富强、人民幸福安康、社会和谐稳定的物质基础。

——胡锦涛

全面小康社会要求经济更加发展、民主更加健全、科教更加进步、文化更加繁荣、社会更加和谐、人民生活更加殷实。要在坚持以经济建设为中心的同时,全面推进经济建设、政治建设、文化建设、社会建设、生态文明建设,促进现代化建设各个环节、各个方面协调发展,不能长的很长、短的很短。

——习近平

方略是行动的先导,一定的实践行动都是以一定的实施方略为引领的。全面建成小康社会凝聚着几代共产党人的心血,承载着亿万人民的美好希望。全面建成得到人民认可与经得起历史检验的小康社会,必须提前做好部署安排,制定好切实可行的实施方略。全面建成小康社会的实施方略不仅要突出"小康",而且要更加强调"全面"。因此,全面建成小康社会的实施方略须涵盖以经济建设为中心,协同推进政治建设、文化建设、社会建设、生态建设,从而为全面建成小康社会奠定扎实的物质基础、政治保障、精神支柱、社会基础以及环境保障。

第一节 推动经济持续健康发展

实现全面建成小康社会与满足人民美好生活需要的目标,绝不是人们头脑中的臆想,而是切实可行的美好蓝图。实现美好蓝图不仅需要强大的精神支撑,更需要殷实的物质基础。没有扎扎实实的经济发展,就难以有真正的全面建成小康社会。因此,实现全面建成小康社会的目标,需要以经济建设为中心,推动经济持续健康发展,夯实物质基础。推动经济健康持续发展需要全面深化经济体制改革、建设更高水平开放型经济、实施创新驱动发展战略、实施协调发展战略以及深化供给侧结构性改革,具体如表 3.1.1 所示。

表 3.1.1　推动经济持续健康发展的主要举措

全面深化经济体制改革	完善现代市场体系
	加快转变政府职能
全面提高开放型经济水平	完善对外开放战略布局
	形成对外开放新体制
	推进"一带一路"建设
	深化内地和港澳、大陆与台湾地区合作发展
	积极参与全球经济治理
实施创新驱动发展战略	推进理论创新
	推进制度创新
	推进科技创新
	推进文化创新
实施区域协调发展战略	推动城乡融合发展
	推动区域协调发展
	推动经济建设与国防建设协调发展
深化供给侧结构性改革	优化生产结构
	改善消费结构

一、全面深化经济体制改革

生产力决定生产关系,生产关系适应生产力发展,将有利于进一步推动生产力的发展。经济体制改革就是不断使生产关系适应生产力发展的需要过程,从而推动生产力的发展。①"经济体制改革的核心问题是处理好政府和市场的关系,必须更加尊重市场规律,更好发挥政府作用。"②正确处理好两者关系,需要在实践中加快完善中国特色社会主义市场经济体制,从而充分发挥市场在资源配置中

---

① 武力,李扬. 新中国 70 年的经济发展与体制改革[J]. 当代中国史研究,2019(5).
② 胡锦涛. 坚定不移沿着中国特色社会主义道路前进 为全面建成小康社会而奋斗——在中国共产党第十八次全国代表大会上的报告[M]. 北京:人民出版社,2012:20.

的决定性作用,更好地发挥政府作用,不断着力构建市场机制有效、微观主体有活力、宏观调控有度的经济体制。①

在改革开放的历程中,党和国家始终围绕正确认识与处理计划与市场、政府与计划的关系这一核心问题展开,从而推进经济体制不断完善。我国的经济体制改革大致经历以下历程:党的十二大提出"计划经济为主,市场调节为辅";党的十二届三中全会提出在公有制基础上建立有计划的商品经济;党的十三大提出"国家调节市场,市场引导企业";党的十四大提出"建立社会主义市场经济体制";党的十六大提出"在更大程度上发挥市场在资源配置中的基础性作用";党的十八届三中全会提出使市场在资源配置中起决定性作用和更好发挥政府作用;党的十九届四中全会将社会主义市场经济纳入社会主义基本经济制度。② 当前全面深化经济体制改革依然需要围绕处理好政府与市场的关系展开,即需要完善现代市场体系与加快转变政府职能。

第一,完善现代市场体系。加快完善现代市场体系是全面深化经济体制改革的关键。"建设统一开放、竞争有序的市场体系,是使市场在资源配置中起决定性作用的基础。"③具体可以从以下几个方面着手:一是建立公平开放透明的市场规则。公开透明的市场规则是生产要素和商品自由流动与平等交换的重要保障。这要求在制定负面清单的基础上,实行统一的市场准入制度,保证各类市场主体依法平等进入清单之外的领域;推进工商注册制度的便利化改革,保证各类市场主体进入市场的渠道畅通;推进国内贸易流通体制改革,建设法治化经营环境;改革市场监管体系,严惩各类地方保护主义与不正当竞争的行为;建立健全社会征信体系;健全优胜劣汰的市场化退出机制。二是完善主要由市场决定价格的机制。市场决定价格是资源配置的有效方式,这要求不断健全主要由市场决定价格的机制,最大限度地减少政府对价格形成的不当干预。明确政府定价的范围,积极推进水、石油、天然气、电信以及交通等领域的价格改革,注重发挥市场在农产品价格形成中的作用。三是建立城乡统一的建设用地市场。土地资源是推动经济发展的重要生产要素,推动城乡统一建设用地是保障农村居民权益的重要方面。这就要求在符合规划和用途管制的前提下,建立健全农村集体经营性建设用地与国有土地同等入市同权同市的机制;建立兼顾国家、集体以及个人土地增值

---

① 蒋永穆.建设现代化经济体系必须坚持的基本取向[J].马克思主义研究,2017(12).
② 沈路涛.社会主义市场经济体制纳入基本经济制度的深刻意蕴[J].中共党史研究,2020(3).
③ 中国共产党第十八届中央委员会第三次全体会议文件汇编[M].北京:人民出版社,2013:28.

收益的分配机制,合理提高个人收益。四是完善金融市场体系。金融市场的完善程度是推进经济持续健康发展的内在要求。这要求不断推进政策性金融机构改革、推进股票发行注册制改革、完善保险经济补偿机制、完善人民币汇率市场形成机制、推动资本市场双向开放、完善监管协调机制、建立存款保险制度、加强金融基础设施建设,从而保障金融市场有序发展。①

第二,加快转变政府职能。"科学的宏观调控,有效的政府治理,是发挥社会主义市场经济体制优势的内在要求。"②在社会主义国家,市场经济的良好运行,离不开政府的科学治理。这要求政府强化宏观战略制定与发展方向把控,做好国民经济和社会发展规划。深入推进消费、投融资、财税、金融等体制改革,完善财政、货币、产业、区域发展等经济政策,强化政策之间的协调与配合,协同推进社会主义市场经济体制的完善。转变政府职能就是要厘清政府与市场、政府与社会以及政府之间的关系,推动政府职能更好提供服务与保障社会公平正义。③ 一是健全宏观调控体系。这要求健全财政政策、货币政策与产业、价格等政策相协调的宏观政策调控体系;深化投资体制改革;强化节能节地节水、环境、技术、安全等市场准入标准;完善发展成果考核评价体系;加快建立国家统一的经济核算制度。二是全面正确履行政府职能。政府合理履行自身职能是推动经济持续健康发展的保障。这要求进一步简政放权,提高行政效率;加强政府对发展战略、规划、政策以及标准等方面的制定、实施与监督;推广政府购买服务;建立事业单位法人治理结构等。三是优化政府组织结构。政府结构的优化是实现政府高效治理的重要举措。因此,转变政府职能需要深化机构改革,优化政府组织机构。这要求统筹党政群机构改革,理顺部门职责关系;优化行政区划设置;严格控制机构编制,推进机构编制管理科学化、规范化与法制化。四是加快建立现代财税制度。科学的财税体制是优化资源配置、维护市场统一、推动经济持续健康发展的制度保障。④ 这要求不断改进财政预算管理制度,建立规范合理的中央与地方政府债务管理风险预警机制;完善税收制度,逐步提高直接税比重、调整消费税的征收范围、逐步建立综合与分类相结合的个人所得税制等。

---

① 中国共产党第十八届中央委员会第三次全体会议文件汇编[M]. 北京:人民出版社,2013:33.
② 中国共产党第十八届中央委员会第三次全体会议文件汇编[M]. 北京:人民出版社,2013:32.
③ 潘小娟. 中国政府改革七十年回顾与思考[J]. 中国行政管理,2019(10).
④ 中国共产党第十八届中央委员会第三次全体会议文件汇编[M]. 北京:人民出版社,2013:36.

二、全面提高开放型经济水平

"开放带来进步,封闭必然落后。"①马克思恩格斯通过洞悉生产力的快速发展,指出人类社会历史也是逐渐由民族史转向世界史的。关起门搞建设是违背人类社会发展历史规律的行为,建设中的"独角戏"难免会变成"孤鸿遍野"。推动经济持续健康发展,必须适应人类社会发展的规律,主动融入世界,"必须实行更加积极主动的开放战略,完善互利共赢、多元平衡、安全高效的开放型经济体系"②。

1978年十一届三中全会的召开,正式拉开了中国对外开放的序幕。我国的对外开放日趋成熟,开放的内容日趋丰富,适应对外开放的体制机制日益健全,对外开放也越来越国际化。由最初的主要通过让权放利与招商引资来形成外向型经济体制,到主要通过汇率、外贸、外资、金融以及经济管理体制改革等方式来推动外向型经济的发展,再到进一步深化涉外经济体制改革,放开外贸经营权,大幅度降低关税等措施,提高了贸易和投资的自由化、便利化程度,从而有效加强了我国与世界各国的经济合作,推动我国对外开放格局基本形成。尤其是党的十八大以来,以习近平同志为核心的党中央顺应世界经济发展潮流,把握世界经济发展规律,不断全面深化对外开放。积极构建开放型经济新体制与改善营商环境;修订外商投资产业指导目录,实施外商投资负面清单管理模式;推进自贸区建设试点,探索建设自由贸易港,放宽市场投资准入,扩大内陆沿边开放;稳步推进"一带一路"倡议实施;举办中国国际进口博览会等,主动融入世界开放市场。

第一,完善对外开放战略布局。推进双向开放,促进国内国际要素有序流动、资源高效配置、市场深度融合。完善对外开放区域布局:加强内陆沿边地区口岸和基础设施建设,形成各有侧重的对外开放基地;支持沿海地区全面参与全球经济合作和竞争,培育有全球影响力的先进制造基地和经济区;提高边境经济合作区、跨境经济合作区发展水平。加快对外贸易优化升级,从外贸大国迈向贸易强国:创新外贸发展模式,推动外贸向优质优价、优进优出转变,壮大装备制造等新的出口主导产业;发展服务贸易,实行积极的进口政策,向全球扩大市场开放。完善投资布局:扩大开放领域,放宽准入限制,积极有效引进境外资金和先进技术;

---

① 习近平.决胜全面建成小康社会 夺取新时代中国特色社会主义伟大胜利——在中国共产党第十九次全国代表大会上的报告[M].北京:人民出版社,2017:34.
② 胡锦涛.坚定不移沿着中国特色社会主义道路前进 为全面建成小康社会而奋斗——在中国共产党第十八次全国代表大会上的报告[M].北京:人民出版社,2012:24.

支持企业扩大对外投资,推动装备、技术、标准、服务走出去。①

第二,形成对外开放新体制。完善法治化、国际化、便利化的营商环境,健全有利于合作共赢并同国际贸易投资规则相适应的体制机制;建立便利跨境电子商务等新型贸易方式的体制,健全服务贸易促进体系,全面实施单一窗口和通关一体化;提高自由贸易试验区建设质量,在更大范围推广复制;全面实行准入前国民待遇加负面清单管理制度,促进内外资企业一视同仁、公平竞争;完善境外投资管理,健全对外投资促进政策和服务体系。扩大金融业双向开放。有序实现人民币资本项目可兑换,推动人民币加入特别提款权,成为可兑换、可自由使用货币。转变外汇管理和使用方式,从正面清单转变为负面清单。放宽境外投资汇兑限制,放宽企业和个人外汇管理要求,放宽跨国公司资金境外运作限制。加强国际收支监测,保持国际收支基本平衡。推进资本市场双向开放,改进并逐步取消境内外投资额度限制。推动同更多国家签署高标准双边投资协定、司法协助协定,争取同更多国家互免或简化签证手续。构建海外利益保护体系。完善反洗钱、反恐怖融资、反逃税监管措施,完善风险防范体制机制。②

第三,推进"一带一路"建设。秉持亲诚惠容,坚持共商共建共享原则,完善双边和多边合作机制,以企业为主体,实行市场化运作,推进同有关国家和地区多领域互利共赢的务实合作,打造陆海内外联动、东西双向开放的全面开放新格局。推进基础设施互联互通和国际大通道建设,共同建设国际经济合作走廊。加强能源资源合作,提高就地加工转化率。共建境外产业集聚区,推动建立当地产业体系。加强同国际金融机构合作,参与亚洲基础设施投资银行、金砖国家新开发银行建设,发挥丝路基金作用,吸引国际资金共建开放多元共赢的金融合作平台。③

第四,深化内地和港澳、大陆和台湾地区合作发展。全面准确贯彻"一国两制""港人治港""澳人治澳"高度自治的方针,发挥港澳独特优势,提升港澳在国家经济发展和对外开放中的地位和功能,支持港澳发展经济、改善民生、推进民主、促进和谐。加大内地对港澳开放力度,加快前海、南沙、横琴等粤港澳合作平台建设。加深内地同港澳在社会、民生、科技、文化、教育、环保等领域的交流合

---

① 中国共产党第十八届中央委员会第五次全体会议文件汇编[M].北京:人民出版社,2015:62.
② 中国共产党第十八届中央委员会第五次全体会议文件汇编[M].北京:人民出版社,2015:64-65.
③ 中国共产党第十八届中央委员会第五次全体会议文件汇编[M].北京:人民出版社,2015:65-66.

作。深化泛珠三角等区域合作。坚持"九二共识"和一个中国原则,秉持"两岸一家亲",以互利共赢方式深化两岸经济合作。推动两岸产业合作协调发展、金融业合作及贸易投资等双向开放合作。①

第五,积极参与全球经济治理。推动国际经济治理体系改革完善,积极引导全球经济议程,促进国际经济秩序朝着平等公正、合作共赢的方向发展。加强宏观经济政策国际协调,促进全球经济平衡、金融安全、经济稳定增长。积极参与网络、深海、极地、空天等新领域国际规则制定。推动多边贸易谈判进程,促进多边贸易体制均衡、共赢、包容发展,形成公正、合理、透明的国际经贸规则体系。支持发展中国家平等参与全球经济治理,促进国际货币体系和国际金融监管改革。加快实施自由贸易区战略,推进区域全面经济伙伴关系协定谈判,推进亚太自由贸易区建设,致力于形成面向全球的高标准自由贸易区网络。②

三、实施创新驱动发展战略

"创新是引领经济发展的第一动力。"③在推进进一步解放生产力和发展生产力的实践中,需要高度重视创新这把推动经济发展的"利剑"。正如习近平总书记所说:"实现高质量发展,必须实现依靠创新驱动的内涵型增长。"④

马克思主义政党历来都十分重视创新。马克思主义创始人在革命的实践中不断推动理论的创新,从而推动了无产阶级革命运动的向前发展。列宁作为马克思主义理论实践的第一人,在十月革命以后,在社会主义建设的实践中不断推动马克思主义理论与时俱进与社会主义制度具体形式的创新,从而推动苏俄社会主义的发展。中国共产党致力于把马克思主义理论与中国革命、建设以及改革的实践相结合,从而推动理论的创新与社会主义制度的具体形式的创新,进而推动中国革命、建设以及改革向前发展。尤其是在改革开放的历程中,我国经历从理论创新与科技创新向科技创新、理论创新、制度创新以及文化创新等全方位协同创新的转变。

第一,不断推进理论创新。理论创新是实施创新驱动发展战略的前提。没有

---

① 中国共产党第十八届中央委员会第五次全体会议文件汇编[M].北京:人民出版社,2015:66-67.
② 中国共产党第十八届中央委员会第五次全体会议文件汇编[M].北京:人民出版社,2015:67-68.
③ 中国共产党第十八届中央委员会第五次全体会议文件汇编[M].北京:人民出版社,2015:31.
④ 在经济社会领域专家座谈会上的讲话[N].人民日报,2020-08-25.

科学理论的指导,就不会有伟大的实践行动,更不会有伟大的科学成就。中国共产党有着理论创新的光荣传统,无论是在革命年代还是和平建设时期,一直都致力于不断推进理论创新,从而推动中国革命与建设取得胜利。党的十八大以来,我们党着重从以下几个方面推进党的理论创新。一是着力于时代发展需要推进马克思主义理论创新。马克思主义理论创新不是书斋里的闭门造车,而是符合时代需要的与时俱进。正如习近平总书记指出:"只有聆听时代的声音,回应时代的呼唤,认真研究解决重大而紧迫的问题,才能真正把握住历史脉络、找到发展规律,推动理论创新。"①二是根植于中国伟大实践推进马克思主义理论创新。只有根植于中国的实践,马克思主义理论创新才会不是"无根之木"。邓小平同志曾指出:"我们是一个马克思主义的大党,我们自己不重视马克思主义的研究,不按照实践的发展来推动马克思主义的前进,我们的工作还能够做得好吗?我们讲高举马列主义、毛泽东思想的旗帜,不就成了说空话吗?"②三是依靠人民群众推进马克思主义理论创新。人民群众不仅是物质财富的创造者,还是精神财富的创造者。理论创新需要吸取人民群众的智慧,总结人民群众的实践经验,提炼人民群众的理论观点。正如邓小平同志所说:"我个人做了一点事,但不能说都是我发明的。其实很多事是别人发明的,群众发明的,我只不过把它们概括起来,提出了方针政策。"③

第二,不断推进制度创新。"制度问题更带有全局性、稳定性和长期性,是决定一个国家性质和竞争力的根本。"④只有深入进行制度创新,才能解决实施创新驱动发展战略实践中的新问题,才能真正突破实施创新驱动发展战略实践中的体制机制瓶颈。只有通过制度创新不断增强创新的优势,才能不断解放和发展生产力。⑤ 推进制度创新并非仅仅是某个领域制度的单一创新,而是多领域的全方位制度创新。一是不断推进经济制度创新。经济制度创新是推进制度创新的前提。通过制度创新推动经济的发展,为整体制度创新夯实物质基础。二是不断推进政治制度创新。政治制度创新是推进制度创新的题中之义。通过政治制度的创新形成创新的体制机制,为推进整体制度创新提供政治环境。三是不断推进文化制度创新。文化制度创新是推进制度创新的内在要求。通过文化制度的创新提升人民的创新意识,为推进整体制度创新提供理念支撑。四是不断推进社会制度创

---

① 习近平.在哲学社会科学工作座谈会上的讲话[M].北京:人民出版社,2016:14.
② 邓小平文选(第二卷)[M].北京:人民出版社,1994:181.
③ 邓小平文选(第三卷)[M].北京:人民出版社,1993:272.
④ 唐正芒,徐功献.习近平创新观探析[J].探索,2016(1).
⑤ 江泽民文选(第一卷)[M].北京:人民出版社,2016:41.

新。社会制度创新是推进制度创新的关键。通过社会制度的创新推进社会管理的优化,为推进整体制度创新营造创新的社会氛围。五是不断推进生态文明制度创新。生态文明制度创新是推进制度创新的必不可少的部分。通过生态文明制度的创新推进生态环境建设,为推进整体制度创新提供环境保障。六是不断推进治党制度创新。治党制度创新是推进制度创新的组织基础。通过治党制度创新提升党的领导能力,为推进整体制度创新夯实领导基础。

第三,不断推进科技创新。随着经济社会的发展,科技在解放生产力、发展生产力以及保护生产力的实践中扮演着越来越重要的角色。因此,实施创新驱动发展战略,需要把科技创新"摆在国家发展全局的核心位置"[1]。推动科技创新需要发挥企业在创新中的主体地位,发挥市场在资源配置中的决定性作用,发挥政府的服务作用,从而形成"三位一体"的科技创新新格局。同时推动科技创新需要把握科技进步大方向,突出重点;抓住科技进步大趋势,制定战略;强化人才工作,加强科技队伍建设;突出问题导向,推动科技体制改革。[2] 党的十八大以来,党和国家主要通过以下几个方面来推进科技创新。一是深化科技体制改革,推动科技与经济紧密结合,着力构建以企业为主体、市场为导向、产学研相结合的技术创新体系。二是完善知识创新体系,强化基础研究、技术前沿研究以及社会公益技术研究。三是实施国家科技重大专项公关技术,突破重大技术瓶颈。四是构建新技术新产品新工艺应用于经济发展实践的制度支持。五是完善科技创新评价标准与激励机制,促进创新资源高效配置。

第四,不断推进文化创新。文化创新是实施创新驱动发展战略的内在要求。习近平总书记高度重视文化创新,正如他在同各界优秀青年代表座谈时曾指出:"一个没有精神力量的民族难以自立自强,一项没有文化支撑的事业难以持续长久。"[3]实施创新驱动发展战略,需要先进文化的引领。如果没有文化的复兴,没有文化的创新,没有文化的优势,实施创新驱动发展战略就可能会缺乏持久的动力,可能会是黄粱一梦。党的十八大以来,党和国家主要通过以下举措来推进文化创新。一是以马克思主义理论为指导推进文化创新。习近平总书记多次强调,文化创新的形式和内容应丰富多样,但不能一味追求标新立异。推进文化创新必

---

[1] 胡锦涛. 坚定不移沿着中国特色社会主义道路前进 为全面建成小康社会而奋斗——在中国共产党第十八次全国代表大会上的报告[M]. 北京:人民出版社,2012:21.
[2] 马文武. 新时代科技创新思想的形成逻辑、科学内涵与时代要求[J]. 思想教育研究,2019(9).
[3] 习近平. 在同各界优秀青年代表座谈时的讲话[N]. 人民日报,2013-05-15.

须坚持马克思主义"一元"指导的红线。① 二是立足于新时代的实践推进文化创新。文化创新不仅仅是观念层面的创新,它也深受社会实践活动的影响。推进文化创新必须立足于新时代的伟大实践。三是培养德艺双馨的艺术人才推进文化创新。文化创新是人的主观世界与客观世界相互碰撞的结果,推进文化创新需要培养德艺双馨的文化艺术人才。四是推动文化与科技融合推进文化创新。"科技的发展为文化增添了新的内容、丰富了表现手段、提升了感染力和传播力。"②通过科技让优秀传统文化活起来,增强其传播力与影响力。五是推动文化体制机制改革推进文化创新。良好的体制机制是文化创新的"催化剂",推进文化创新需要"坚定不移将文化体制改革引向深入,不断激发文化创新创造活力"③。

四、实施区域协调发展战略

改革开放极大地促进了我国的经济发展,但发展不平衡依然是我国经济发展的短板。实施协调发展战略是推动我国经济协调发展的重要战略部署,也是进一步推动我国经济持续健康发展的重要举措,更是实现全面建成小康社会"全面"目标的重要举措。

我国以马克思主义的协调发展思想为指导,不断探索适合解放和发展我国生产力的协调发展战略。毛泽东同志在《论十大关系》中论述的农业、重工业、轻工业,沿海工业与内地工业,中央与地方等十大关系,都体现出了协调发展的理念。④ 在中国特色社会主义事业建设中,党和国家都十分注重推进经济社会发展中各个方面的协调发展。在全面建成小康社会的实践中,党和国家主要推动了城乡融合发展、区域协调发展,以及经济与国防协调发等。

第一,推动城乡融合发展。马克思恩格斯从人类社会发展的规律出发指出,随着生产力的发展与社会主义制度的建立,城乡关系也将由城乡分离走向城乡融合。由此可见,推动城乡融合发展是生产力发展的结果,也是社会主义发展的必要选择。同时,习近平总书记指出:"全面小康,覆盖的区域要全面,是城乡区域共

---

① 梁也. 论新时代文化创新的实现机理——学习习近平关于文化创新的重要论述[J]. 湖湘论坛,2019(6).
② 梁也. 论新时代文化创新的实现机理——学习习近平关于文化创新的重要论述[J]. 湖湘论坛,2019(6).
③ 习近平在全国宣传思想工作会议上强调 举旗帜 聚民心 育新人 兴文化 展形象 更好完成新形势下宣传思想工作使命任务[N]. 人民日报,2018-08-02.
④ 祝林林.《论十大关系》对中国特色社会主义建设的实践价值探析[J]. 延边党校学报,2017(5).

同的小康。努力缩小城乡区域发展差距,是全面建成小康的一项重要任务。"①推动城乡融合发展不仅有利于实现城乡共同的小康,还有利于推动生产要素的自由畅通,实现经济持续健康发展。推进融合发展必须健全体制机制,通过加快构建新型农业经营体系、赋予农民更多财产权利、推进城乡要素平等交换和公共资源均衡配置以及城镇化健康发展体制机制完善,从而形成以工促农、以城带乡、工农互惠、城乡融合的新型关系,让广大农民平等参与现代化进程与共同分享现代化成果。

  第二,推动区域协调发展。"新中国成立以来,在区域发展指导思想上逐步形成了改革开放前的区域均衡发展战略,改革开放后一段时期的区域非均衡发展战略、促进地区协调发展的西部大开发战略和统筹区域发展观,以及新时代区域协调发展战略。"②实施区域协调发展,不仅可以有效推进经济持续健康发展,而且还可以有效推进全面小康的区域全面。实施区域协调发展需要按照党的十九大报告,构建新的区域协调发展机制,有效解决区域发展不平衡与不协调问题,增强中国经济发展的整体性。一是培育带动区域协调发展的增长极。经济带是带动区域协同发展的重要经济增长极。党的十八大以来,以习近平同志为核心的党中央,提出建立京津冀、长江经济带等新的区域协调发展新举措,突破发展的行政区域界线和壁垒,从而塑造区域协调发展新格局。通过技术、资金以及政策等资源的互通,从而实现更大范围、更深层次、更高水平的合作。二是打造城市群经济圈。城市群是我国经济发展重要增长点,也是最具有创新活力的板块,是拓展发展空间,释放发展潜力的重要经济载体。③ 通过打造长江三角洲城市群、珠江三角洲城市群、京津冀城市群、成渝城市群、长江中游城市群、中原城市群、哈长城市群、北部湾城市群等具有发展活力的城市群经济圈,从而发挥它们对周边地区的带动作用、实现内部之间资源流通自如,进而推动区域协调发展。三是统筹推动东中西部以及东北地区协调发展。在区域协调发展的实践中,党和政府立足于中国区域发展差异大、发展不平衡的国情,逐步形成西部大开发、东北等老工业基地振兴、中部崛起、东部率先发展的区域发展战略布局。党的十八大以来,以习近平同志为核心的党中央继续强化推进西部大开发的举措、深化体制机制改革振兴东北老工业基地、发挥中部地区的优势推动自身的崛起、东部率先发展战略,从而形

---

① 习近平关于全面建成小康社会论述摘编[M]. 北京:中央文献出版社,2016:14.
② 陈健,郭冠清. 马克思主义区域协调发展思想:从经典理论到中国发展[J]. 经济纵横,2020(6).
③ 王佳宁,罗重普. 新时代中国区域协调发展战略论纲[J]. 改革,2017(12).

成有效区域协调发展的新机制。

第三,推动经济建设与国防建设协调发展。经济建设与国防建设并不是相互排斥的关系,而是相互依存的关系。经济建设为国防建设提供了物质基础,国防建设为经济建设提供了稳定的环境保障。因此,需"要统筹经济建设和国防建设,努力实现富国和强军的统一"①。中国共产党在经济社会建设的实践中,十分重视经济建设与国防建设协调发展。尤其是改革开放以来,中国共产党立足世情国情军情,不断探索两者协调发展的理论与实践。两者互动发展的实践大致经历了四个阶段,即"军工企业军转民和市场经济转型阶段、积极推进寓军于民阶段、军民融合发展初级阶段、军民融合深度发展阶段"②。充分发挥军民融合在促进新动能培育中的作用,关键是要促进军民深度融合,从市场主体培育、试点示范打造、产业融合发展、能力提升四个方面协同发力;需要深化体制机制改革、构建紧跟世界新军事革命发展趋势的军民融合创新体系;需要统筹利用好军民和国内外两个市场、两种资源以及加强文化建设和财政金融保障等。③

五、深化供给侧结构性改革

供给侧结构性改革是党中央立足国情,推动生产力进一步发展的重要杠杆,也是满足人民美好生活需要的重要举措。供给侧结构性改革作为新时代解放和发展生产力的重要"利器",受到了学术界的热议,不少学者从多个维度对其进行了阐释,同时供给侧结构性改革的内涵也随着实践而不断丰富与发展,具体见表3.1.2。概而言之,供给侧结构性改革主要是从生产端着手,通过调整生产结构达到增加有效供给的目标。生产与消费是辩证统一的关系,不单是生产决定消费,同时消费对生产具有反作用。因此,深化供给侧结构性改革既要优化生产结构,也要改善消费结构,从而形成生产与消费协同发力的新局面。

---

① 习近平谈治国理政(第一卷)[M].北京:外文出版社,2018:221.
② 游光荣.中国军民融合发展40年[J].科学学研究,2018(12).
③ 张于喆,周振.习近平关于军民融合发展的战略思想研究——军民融合培育新动能的机理、现状与建议[J].经济社会体制比较,2019(4).

表 3.1.2 供给侧结构性改革的中央精神与学界研究

类别	主要内容
中央精神	供给侧结构性改革,重点是解放和发展社会生产力,用改革的办法推进结构性调整,减少无效和低端供给,扩大有效和中高端供给,增强供给结构对需求变化的适应性和灵活性,提高全要素生产率。 推进供给侧结构性改革,需要从生产端入手,重点是促进产能过剩有效化解,促进产业优化重组,降低企业成本,发展战略性新兴产业和现代服务业,增加公共产品和服务供给,提高供给结构对需求变化的适应性和灵活性。简言之,就是去产能、去库存、去杠杆、降成本、补短板。 我国经济运行主要矛盾仍然是供给侧结构性的,必须坚持以供给侧结构性改革为主线不动摇,更多采取改革的办法,更多运用市场化、法治化手段,在"巩固、增强、提升、畅通"八个字上下功夫。要巩固"三去一降一补"成果,推动更多产能过剩行业加快出清,降低全社会各类营商成本,加大基础设施等领域补短板力度。要增强微观主体活力,发挥企业和企业家主观能动性,建立公平开放透明的市场规则和法治化营商环境,促进正向激励和优胜劣汰,发展更多优质企业。要提升产业链水平,注重利用技术创新和规模效应形成新的竞争优势,培育和发展新的产业集群。要畅通国民经济循环,加快建设统一开放、竞争有序的现代市场体系,提高金融体系服务实体经济能力,形成国内市场和生产主体、经济增长和就业扩大、金融和实体经济良性循环
学界研究	学界对供给侧结构性改革的研究主要聚焦在理论背景、政策性内涵、必要性、任务等方面。 理论背景:部分学者认为供给侧结构性改革与西方供给学派息息相关;部分学者认为供给侧结构性改革的理论基础来源于马克思主义政治经济学。 政策性内涵:对于供给侧结构性改革的目标,学界一致认为是提高供给质量、扩大有效供给、加强供给结构对需求变化的适应性和灵活性;就供给侧结构性改革的内容来看,学界主要围绕结构层面和体制机制层面进行了阐述。 必要性:学界主要从需求侧和供给侧两个方面进行了研究阐述任务;主要从企业(提升企业的竞争力,激发企业的活力和创造力,释放经济增长的潜力)、产业(化解产能过剩和推进产业结构转型升级)、制度(完善市场机制和加快政府职能的转变)三个方面进行了研究阐述

注:作者根据《习近平谈治国理政》(第二卷)、2018年中央工作经济会议以及《中国供给侧结构性改革研究述评》整理所得。

第一,优化生产结构。生产是深化供给侧结构性改革的重要方面,产业是生产中的载体。因此,优化生产结构的核心就是要优化产业结构,通过合理的产业结构带动生产结构的优化,实现供给侧结构性改革的目标。优化产业结构应集中使三大产业比例合理化,产业空间布局合理化,推进产业融合发展,以及大力发展实体经济,从而推动经济持续健康发展。一是优化三产比例。经济发展是由三大产业协同发力推动,而并非某一产业独立拉动。推动经济持续健康发展需要第

一、二、三产业保持合理比例，从而形成良性互动的产业结构。优化产业比例不仅是数字上比例合理化，而且还要求提升产业内部发展力量，即积极构建现代化农业、智能化工业以及新型服务协同发展的现代化产业结构。二是推进产业融合发展。产业融合发展是推动经济发展的新动能。优化产业结构不仅需要三大产业的比例合理化，而且还要求三大产业之间融合发展，从而形成推动经济发展的新动能，即推动农业与工业、服务业的融合发展。三是优化产业空间布局。产业空间布局合理化是实现生产资料最优配置的重要前提。在实践中坚持宜农则农、宜工则工、宜旅则旅等因地制宜的产业空间布局原则，从而推动经济持续健康发展。四是大力发展实体经济。实体经济是经济发展的重要命脉，推动产业结构优化必须"牢牢把握发展实体经济这一坚实基础，实行更加有利于实体经济发展的政策措施"[1]，从而为实体经济发展提供政策支持，进而推动经济持续健康发展。

第二，改善消费结构。消费不仅是撬动供给侧结构性改革的重要杠杆，还是推动国民经济高质量发展的重要抓手。[2] 消费结构的改善诱导产业结构的升级，从而解决供给与需求错位的问题。党和国家一直把扩大国内消费需求作为一项重要工作，尤其是新时代以来，面临消费"需求外溢"，消费能力严重外流的问题，党和国家更加把推动国内消费市场作为一项紧迫工作来抓。为了扩大国内消费需求，增强经济发展的"内生性"，需要进一步培育消费客群、推动消费转型、升级消费供应、优化消费环境、强化消费配套、完善消费制度，从而推动消费升级，进而推动经济增长。发挥消费在供给侧结构性改革中的重要作用，关键在于建立扩大消费需求的长效机制，充分释放居民的消费能力，尤其是增强居民国内的消费能力。刺激消费需求，扩大国内消费市场具体要做好以下几个方面的工作："加强政策引导，形成居民健康、持续的消费理念；努力提高低收入者的收入水平，扩大中等收入者比重；完善收入分配制度，缩小城乡间、区域间和行业间的收入差距；完善社会保障制度，降低居民消费过程中的不确定性，提高居民的现期消费和消费支出预期。"[3]

---

[1] 胡锦涛. 坚定不移沿着中国特色社会主义道路前进 为全面建成小康社会而奋斗——在中国共产党第十八次全国代表大会上的报告[M]. 北京：人民出版社，2012：22.
[2] 毛中根，谢迟，叶胥. 新时代中国新消费：理论内涵、发展特点与政策取向[J]. 经济学家，2020(9).
[3] 纪明. 需求结构演进逻辑及中国经济持续均衡增长[J]. 社会科学，2013(2).

第二节 推动人民民主不断扩大

"人民民主是我们党始终高扬的光辉旗帜。"[1]保障人民民主是马克思主义理论的价值旨归。马克思恩格斯批判了资本主义制度下的民主虚假性,提出要通过推翻资本主义统治,建立人民民主专政的国家,从而真正保障人民民主。改革开放以来,党不断总结社会主义民主发展实践中的正反两个方面的经验,不断推进政治体制改革,从而保障人民当家作主。民主是人民政治生活需要的重要组成部分,尤其是美好生活需要的不可或缺部分。因此,全面建成小康社会,"必须积极稳妥地推进政治体制改革,发展更加广泛、更加充分、更加健全的人民民主"[2],从而为全面建成小康社会提供政治保障以及更加有效地满足人民对政治的合理诉求。推动人民民主不断扩大的主要举措,如表3.2.1所示。

表3.2.1 推动人民民主不断扩大的主要举措

坚持和完善人民代表大会制度	坚持中国共产党的领导
	全面推进依法治国
	坚持民主集中制
	保证和发展人民当家作主
健全社会主义民主协商制度	推进政党协商
	推进人大协商
	推进政府协商
	推进政协协商
	推进人民团体协商
	推进基层协商
	推进社会组织协商

---

[1] 胡锦涛. 坚定不移沿着中国特色社会主义道路前进 为全面建成小康社会而奋斗——在中国共产党第十八次全国代表大会上的报告[M]. 北京:人民出版社,2012:25.
[2] 胡锦涛. 坚定不移沿着中国特色社会主义道路前进 为全面建成小康社会而奋斗——在中国共产党第十八次全国代表大会上的报告[M]. 北京:人民出版社,2012:25.

续表

完善基层民主制度	提升基层党组织的领导力
	健全企事业单位民主管理制度
	尊重广大人民群众的首创精神
全面推进依法治国	维护宪法权威
	深化行政执法体制改革
	确保依法独立公正行使审判权检察权
	健全司法权力运行机制
	完善人权司法保障制度
深化机构和行政体制改革	深化行政审批制度改革
	稳步推进大部门制改革
	优化行政层级和行政区划设置
	创新行政管理方式
健全权力运行制约与监督体系	形成科学有效的权力制约和协调机制
	加强反腐败体制机制创新和制度保障
	健全改进作风常态化制度
巩固和发展爱国统一战线	加强与民主党派和无党派人士的团结合作
	全面贯彻党的民族政策
	全面贯彻党的宗教工作方针
	加强与党外知识分子的联系
	构建亲清新型政商关系
	广泛团结联系海外侨胞和归侨侨眷

一、坚持和完善人民代表大会制度

"人民代表大会制度是坚持党的领导、人民当家作主、依法治国有机统一的根本制度安排,必须长期坚持、不断完善。"[1]人民代表大会制度是中国特色社会主义制度的重要组成部分,也是保证人民当家作主的根本政治制度。换言之,保证人民当家作主,加强人民当家作主的制度保障需要在实践中"支持和保证人民通

---

[1] 习近平. 决胜全面建成小康社会 夺取新时代中国特色社会主义伟大胜利——在中国共产党第十九次全国代表大会上的报告[M]. 北京:人民出版社,2017:37.

过人民代表大会行使国家权力"①。新时代坚持和完善人民代表大会制度,保障人民当家作主,需要做好以下几个方面的工作。

第一,坚持中国共产党的领导,夯实坚持和完善人民代表大会制度的领导基础。历史与实践已经有力地证明了,通过人民代表大会制度来确保人民当家作主,依然离不开中国共产党的领导。正如习近平总书记所说:"中国共产党的领导是中国特色社会主义最本质的特征。"②没有中国共产党的领导,人民当家作主的权利就难以实现。中国共产党领导人民推翻"三座大山",建立了人民民主专政的社会主义国家,确立了人民代表大会制度的国家政权的组织形式。中国共产党不仅领导中国人民创建了人民代表大会制度,而且还领导人民在社会主义民主发展的实践中不断完善,从而使其成为实现人民当家作主和国家繁荣强大的有效制度安排。③

第二,全面推进依法治国,夯实坚持和完善人民代表大会制度的法治保障。坚持和完善人民代表大会制度,要从法律层面给予保障。正如习近平总书记所说:"发展人民民主必须坚持依法治国、维护宪法法律权威,使民主制度化、法律化,使这种制度和法律不因领导人的改变而改变,不因领导人的看法和注意力的改变而改变。"④因此,坚持和完善人民代表大会制度,必须全面推进依法治国。而全面推进依法治国需要坚持依宪治国。宪法是国家的根本大法,在治国理政的实践中要自觉学习宪法,维护宪法权威。全面依法治国需要把法治理念贯彻到社会工作的各个方面与各个领域,从而实现国家各项工作法治化。

第三,坚持民主集中制,巩固坚持和完善人民代表大会制度的组织形式。民主集中制是新时代坚持和完善人民代表大会制度的重要组织形式⑤,正如习近平总书记所说:"民主集中制是中国国家组织形式和活动方式的基本原则。"⑥因此,坚持和完善人民代表大会制度,需要在实践中坚持民主集中制。通过坚持民主集中制既能保障人民的意志得到体现,又能保障国家决策的科学性。通过坚持民主集中制,既能维护党中央的权威,又能充分地发挥地方的主动性和积极性,从而保

---

① 习近平. 决胜全面建成小康社会 夺取新时代中国特色社会主义伟大胜利——在中国共产党第十九次全国代表大会上的报告[M]. 北京:人民出版社,2017:37.
② 习近平关于社会主义政治建设论述摘编[M]. 北京:中央文献出版社,2017:41.
③ 任宝玉. 论人民代表大会制度的特色与优势——与西方代议制的比较[J]. 社会主义研究,2017(5).
④ 习近平关于全面建成小康社会论述摘编[M]. 北京:中央文献出版社,2016:83-84.
⑤ 任宝玉. 论人民代表大会制度的特色与优势——与西方代议制的比较[J]. 社会主义研究,2017(5).
⑥ 习近平关于全面建成小康社会论述摘编[M]. 北京:中央文献出版社,2016:84-85.

证国家的各项事业高效推进与人民的民主权利得到最大保障。

第四,保证和发展人民当家作主,贯彻坚持和完善人民代表大会制度的价值旨归。坚持和完善人民代表大会制度的最终目的,就是要进一步保障人民当家作主的权利。正如习近平总书记所说:"人民当家作主是社会主义民主政治的本质和核心。"①因此,坚持和完善人民代表大会制度不能违背这个本质与核心。保障人民当家作主需要在实践中不断健全民主制度、丰富民主形式、拓宽民主渠道,从而形成多层次和宽领域渠道,进而保障公民有序参与政治生活。

二、健全社会主义民主协商制度

"协商民主是实现党的领导的重要方式,是我国社会主义民主政治的特有形式和独特优势。"②协商民主既能保障广大人民参与国家管理,也能加强党和人民群众的密切联系,从而促进决策的科学化与民主化。在社会主义民主协商发展历程中,我国的协商民主逐渐健全,由最初的政党协商、政协协商发展到新时代以政党协商、政协协商、人大协商以及政府协商为主的多元民主协商方式。③ 在现实生活中,协商民主在保障人民有序有效参与政治生活方面,依然起着十分重要的作用。健全新时代的社会主义民主协商,需要在实践中"统筹推进政党协商、人大协商、政府协商、政协协商、人民团体协商、基层协商以及社会组织协商"④。

第一,推进政党协商。政党协商是社会主义民主协商制度的重要组成部分,也是我国协商民主的重要内容和主要形式。⑤ 政党协商是指中国共产党与各民主党派基于共同的政治目标,就国家大政方针和重要事务,在作出决策之前和实施决策之中,进行平等直接的政治协商的重要民主形式。⑥ 推进政党协商,需要在坚持政党协商政治原则、制度原则以及价值原则的基础上⑦,不断强化政党协商的问题意识、加强政党建设、推动政党协商制度化、提升政党协商主体的协商能

---

① 习近平关于全面建成小康社会论述摘编[M]. 北京:中央文献出版社,2016:83.
② 习近平. 决胜全面建成小康社会 夺取新时代中国特色社会主义伟大胜利——在中国共产党第十九次全国代表大会上的报告[M]. 北京:人民出版社,2017:38.
③ 孙存良. 新中国70年协商民主建设的历程、经验和展望[J]. 新疆师范大学学报(哲学社会科学版),2020(5).
④ 习近平. 决胜全面建成小康社会 夺取新时代中国特色社会主义伟大胜利——在中国共产党第十九次全国代表大会上的报告[M]. 北京:人民出版社,2017:38.
⑤ 原宗丽. 新时代政党协商制度化发展研究[J]. 思想理论教育导刊,2020(5).
⑥ 陈家刚,等. 社会主义协商民主:制度与实践[M]. 北京:社会科学文献出版社,2019:66.
⑦ 陈家刚,等. 社会主义协商民主:制度与实践[M]. 北京:社会科学文献出版社,2019:76.

力以及推动政党协商延向基层①,从而真正有效地发挥政党协商在全面建成小康社会中的独特优势与作用。

第二,推进人大协商。人大协商是实现社会主义协商民主的一个重要渠道,也是彰显人民民主的重要途径。人大协商,就是把协商民主机制嵌入人大制度框架及人大具体工作中,同时还在人大工作的各个环节运用发挥人大协商的作用。具体是指在人大代表选举以及人大行使立法权、决定权、人事任免权、监督权等工作中引入和运用协商民主的机制。② 目前,我国的人大协商方式主要有以下三种:"一是面向社会公众尤其是利益相关方的听证会;二是听取以政协委员为主的社会各界意见的座谈会等,即狭义上的人大协商;三是主要在具有相应职权的人大机构内部的审议环节进行的讨论或辩论形式。"③

第三,推进政府协商。政府协商的内涵具有广义和狭义两个层面。从广义上来看,政府协商分为政府内部与政府外部协商两个方面,政府内部主要是指不同政府部门之间的协商,不同级别政府之间的协商,不同地区政府之间的协商,以及政府部门与非政府之间的协商;从狭义上来看,政府协商主要是指政府与社会公众之间的协商。④ 政府协商既是社会主义协商民主的具体表现形式,也是拓宽新时代我国协商民主形式的重要载体。推进政府协商,需要在实践中摒弃政治化与去行政化思维,坚持协商执政思维;需要构建协商型、民主型与沟通型服务政府;需要政府、社会以及企业,三者各司其职,各尽其责,互不越界。⑤ 具体来讲,就是需要从"增强政府协商意识、培养主体的协商能力、细化政府协商内容、完善政府协商的相关制度等方面入手,不断提升政府协商水平"⑥。

第四,推进政协协商。人民政协是我国协商民主的重要组成部分,在保障我国人民民主中,以及推动我国社会主义协商民主发展中都具有重要地位。人民政协协商就是指中国共产党依托人民政协组织,依法就事关国家改革发展稳定的重大问题,以及涉及人民群众切身利益的实际问题,在决策之前和决策实施之中,与民主党派进行平等、理性、充分的沟通和协商,从而凝聚共识。⑦ 推进政协协商需要"坚持社会主义的根本方向,坚持现代化的鲜明指向,完善有关法律规范,培育

---

① 陈家刚,等. 社会主义协商民主:制度与实践[M]. 北京:社会科学文献出版社,2019:83-86.
② 李蕊. 人大协商:内涵、理论与要素[J]. 经济社会体制比较,2018(4).
③ 李蕊. 人大协商:内涵、理论与要素[J]. 经济社会体制比较,2018(4).
④ 郭红军. 政府协商的基本内涵、现实障碍与优化路径[J]. 中州学刊,2020(1).
⑤ 曹延汹,张爱军. 政府协商及其实现路径[J]. 晋阳学刊,2015(6).
⑥ 郭红军. 政府协商的基本内涵、现实障碍与优化路径[J]. 中州学刊,2020(1).
⑦ 张丽琴. 政协协商:概念、特性与价值[J]. 经济社会体制比较,2018(4).

协商民主文化,加强人民政协协商民主建设"①。

第五,推进人民团体协商。人民团体协商是中国特色的民主协商方式之一,也是中国协商民主的重要组成部分。它既不同于人民政协的政治协商,又不同于基层的民主协商,而是以解决广大人民群众实际利益为主要协商内容的民间协商团体。② 推进人民团体协商应找准协商实践中的问题,具体可以从以下几个方面着手:进一步明晰人民团体协商民主的职能定位,进一步健全完善人民团体协商民主的机制渠道,进一步规范人民团体协商民主的程序和流程,从而逐步增强人民团体民主协商的意识和能力。③

第六,推进基层协商。基层协商在社会主义民主协商的各种形式中具有基础性的地位和功能,它不仅有效地实现了民主从观念到实践的转变,推动了基层民主的发展,而且还是社会主义协商民主建设的重要组成部分与有效实现形式。④基层协商主要是在乡镇、行政村以及城市社区等范围内,不同行为主体围绕涉及各方面利益的公共问题,通过广泛参与、协商对话的形式达成共识的民主形式。⑤深入推进基层协商,需要坚持以人民为中心,充分调动基层群众参与的积极性;需要不断健全完善制度建设,确保制度管用、有效、可持续;需要鼓励人民政协积极参与实践探索,推动主体多元化;需要加强基层组织建设,提升协商效果。⑥

第七,推进社会组织协商。社会协商是"以社会内部自主性的社会自治协商为基础,是国家与社会之间的双向运动与相互合作,是各方共同创造和共享社会秩序的一系列民主活动"⑦。社会组织协商是社会主义协商民主的重要补充,有利于推动协商民主的健康发展。推动社会组织协商需要坚持协商主体权利平等、行为自律的原则,协商客体包容的原则,协商过程有序的原则以及协商结果共享合作的原则⑧,从而保证社会组织协商有序健康发展。

---

① 刘学军.关于加强人民政协协商民主建设的几个问题[J].科学社会主义,2015(6).
② 刘冰,布成良.人民团体在中国协商民主中的作用[J].山东社会科学,2015(4).
③ 胡永保,刘世华.人民团体协商民主发展存在的问题及对策[J].天津行政学院学报,2016(5).
④ 方蕾,孟燕.新中国成立70年来基层协商民主发展的历史逻辑[J].中共中央党校(国家行政学院)学报,2019(5).
⑤ 陈家刚,等.社会主义协商民主:制度与实践[M].北京:社会科学文献出版社,2019:163.
⑥ 陈家刚,等.社会主义协商民主:制度与实践[M].北京:社会科学文献出版社,2019:172-174.
⑦ 陈家刚,等.社会主义协商民主:制度与实践[M].北京:社会科学文献出版社,2019:183.
⑧ 陈家刚,等.社会主义协商民主:制度与实践[M].北京:社会科学文献出版社,2019:185-186.

三、完善基层民主制度

基层民主制度是人民依法直接行使民主权利的重要方式,这要求在实践中进一步完善"群众自我管理、自我服务、自我教育、自我监督"的基层民主制度。改革开放以来,我国基层民主经历了建制度与法制化的发展过程。① 完善基层民主制度,需要在实践中不断健全以基层党组织领导的基层民主机制体制与组织形式。新时代完善基层民主制度需要处理好基层民主诸领域的内在关系、基层民主与基层社会发展诸目标之间的关系、基层民主与基层治理之间的关系、基层民主与基层党组织统一领导之间的关系以及基层民主与最广大人民群众根本利益之间的关系。②

第一,提升基层党组织的领导力。我国的基层民主发展实践已经有力地证明了,只有坚持党的领导,才能保持基层民主发展的正确方向,才能统筹基层民主的协调发展,才能解决基层民主发展过程的问题,才能为基层民主的健康、稳定、持续发展提供保障。③ 提升基层党组织的领导力需要以问题为导向,加强党的政治建设,增强基层党员的政治意识;选优配强基层党员队伍,发挥基层党组织的主体作用;扎实推进全面从严治党向基层延伸,净化基层党的政治生态。

第二,健全企事业单位民主管理制度。企事业单位民主是基层民主的重要组成部分,也是推进基层民主发展的重要抓手。职工代表大会是保障职工参与管理和监督的重要途径,也是实现企事业单位民主的重要载体。健全企事业单位民主制度的重点是完善职工代表大会制度,即在思想上形成职工代表大会是企事业民主管理模式的最优制度的思想共识,加强职工代表大会的企事业民主管理的法制化,健全职工代表大会自身日常管理制度,优化职工代表大会的人员构成,提升职工代表大会人员的综合素质等。④

第三,尊重广大人民群众的首创精神。基层民主归根到底是广大人民群众直接行使民主权利的重要方式,它的完善需要发挥广大人民群众的首创精神。我国的基层民主发展的历史已经鲜明地证明了,何时尊重了广大人民群众的首创精神,何时基层民主就会蓬勃发展。这要求从制度和政策上做出更加有利于汇聚广大人民群众智慧与凝聚广大人民群众力量的安排,从而更加有效地推动基层民主制度朝着更加有利于满足人民需要的方向发展。

---

① 佟德志.70 年基层民主建设的历史与逻辑[J].人民论坛,2019(27).
② 亓光.完善基层民主制度应注意的五种关系[J].毛泽东邓小平理论研究,2013(4).
③ 王圣诵,王兆刚,等.基层民主制度研究[M].北京:人民出版社,2012:24.
④ 王圣诵,王兆刚,等.基层民主制度研究[M].北京:人民出版社,2012:210-214.

四、全面推进依法治国

"全面推进依法治国,是全面建成小康社会和全面深化改革开放的重要保障。"①在波澜壮阔的 70 余年实践中,我国的依法治国方略逐渐确立。在改革开放之前,我国的法治并不完善,改革开放以后,我国的法治发展迎来了春天,并不断完善,最终确立了依法治国的方略。② 在全面建成小康社会的实践中,尤其是在决胜全面建成小康社会阶段,国际形势复杂多变,我们面对的矛盾风险挑战前所未有。依法治国在实现全面建成小康社会中地位更加突出、作用更大。全面推进依法治国,"必须坚持依法治国、依法执政、依法行政共同推进,坚持法治国家、法治政府、法治社会一体建设。深化司法体制改革,加快建设公正高效权威的社会主义司法制度,维护人民权益,让人民群众在每一个司法案件中都感受到公平正义"③。

第一,维护宪法权威。宪法是保证党和国家兴旺发达、长治久安的根本法,具有最高权威。"要建设法治国家,实现依法治国,首先要依宪治国。要实现依宪治国,就必须维护宪法权威,坚持宪法至上。"④要进一步健全宪法实施监督机制和程序,把全面贯彻实施宪法提高到一个新水平。新中国成立以来,我国的宪法随着实践而不断完善。新时代维护宪法需要建立健全全社会忠于、遵守、维护、运用宪法法律的制度;完善规范性文件、重大决策合法性审查机制;建立科学的法治建设指标体系和考核标准;健全法规、规章、规范性文件备案审查制度;健全社会普法教育机制,增强全民法治观念。⑤

第二,深化行政执法体制改革。整合执法主体,相对集中执法权,推进综合执法,着力解决权责交叉、多头执法问题,建立权责统一、权威高效的行政执法体制。减少行政执法层级,加强食品药品生产制作、安全生产、环境保护、劳动保障、海域海岛等重点领域的基层执法力量。理顺城管执法体制,提高执法和服务水平。完善行政执法程序,规范执法自由裁量权,加强对行政执法的监督,全面落实行政执法责任制和执法经费由财政保障制度,做到严格规范公正文明执法。完善行政执

---

① 习近平关于全面建成小康社会论述摘编[M].北京:中央文献出版社,2016:95.
② 于语和.依法治国方略的历史发展综述[J].天津行政学院学报,2015(1).
③ 中国共产党第十八届中央委员会第三次全体会议文件汇编[M].北京:人民出版社,2013:50.
④ 李建勇.构建法治中国必须维护宪法权威[J].上海大学学报(社会科学版),2015(1).
⑤ 中国共产党第十八届中央委员会第三次全体会议文件汇编[M].北京:人民出版社,2013:50-51.

法与刑事司法衔接机制。①

第三,确保依法独立公正行使审判权检察权。改革司法管理体制,推动省以下地方法院、检察院人财物统一管理,探索建立与行政区划适当分离的司法管辖制度,保证国家法律统一正确实施。建立符合职业特点的司法人员管理制度,健全法官、检察官、人民警察统一招录、有序交流、逐级遴选机制,完善司法人员分类管理制度,健全法官、检察官、人民警察职业保障制度。②

第四,健全司法权力运行机制。司法是依法治国的重要组成部分,推进依法治国,需要不断健全司法权力运行机制。完善司法权力运行机制主要从以下几个方面着手:优化司法职权配置,健全司法权力分工负责、互相配合、互相制约机制,加强和规范对司法活动的法律监督和社会监督。改革审判委员会制度,完善主审法官、合议庭办案责任制,让审理者裁判、由裁判者负责。明确各级法院职能定位,规范上下级法院审计监督关系。推进审判公开、检务公开,录制并保留全程庭审资料。增强法律文书说理性,推动公开法院生效裁判文书。严格规范减刑、假释、保外就医程序,强化监督制度。广泛实行人民陪审员、人民监督员制度,拓宽人民群众有序参与司法渠道。③

第五,完善人权司法保障制度。进一步规范查封、扣押、冻结、处理涉案财物的司法程序。健全错案防止、纠正、责任追究机制,严禁刑讯逼供、体罚虐待,严格实行非法证据排除规则。健全国家司法救助制度,完善法律援助制度。完善律师执业权利保障机制和违法违规执业惩戒制度,加强职业道德建设,发挥律师在依法维护公民和法人合法权益方面的重要作用。④

五、深化机构和行政体制改革

机构与行政体制改革是推动上层建筑适应经济基础的必然要求,也是进一步创造社会活力,释放改革红利的突破口,进而是全面建成小康社会的重要举措。深化机构和行政体制改革,需要"统筹考虑各类机构设置,科学配置党政部门及内设机构权力、明确职责。统筹使用各类编制资源,形成科学合理的管理体制,完善

---

① 中国共产党第十八届中央委员会第三次全体会议文件汇编[M]. 北京:人民出版社,2013:51.
② 中国共产党第十八届中央委员会第三次全体会议文件汇编[M]. 北京:人民出版社,2013:52.
③ 中国共产党第十八届中央委员会第三次全体会议文件汇编[M]. 北京:人民出版社,2013:52-53.
④ 中国共产党第十八届中央委员会第三次全体会议文件汇编[M]. 北京:人民出版社,2013:53.

国家机构组织法"①。深化机构和行政体制改革就是要不断转变政府职能,简政放权,创新监管方式,增强政府公信力和执行力,从而建设人民满意的服务型政府。这要求在实践中处理好政府与市场的关系、政府之间的关系、政府与社会的关系。②

第一,深化行政审批制度改革。"行政审批是最直观和最直接的管理模式,也是社会发展和基本国情在管理方式上最明显和最突出的映射。行政审批情况是衡量社会发展形态的重要标准。"③深化行政审批制度改革需要坚持问题导向、目标导向和成效导向,着力解决目前改革实践中存在的问题,把握改革的一般规律,创新行政审批体制机制,将改革纳入法治轨道,用法治思维和法治方式推动改革。即推动行政审批制度改革由控制数量向提升质量转变,坚持分类有序推进行政审批制度改革,坚持统筹谋划行政审批制度与政府机构改革,运用法治思维推进行政审批制度改革,建立健全行政审批制度改革的程序。④

第二,稳步推进大部门制改革。稳步推进大部门制改革是社会经济科学发展的重要体制性保障,也是全面建成小康社会的重要体制性保障。稳步推进大部门制改革,需要进一步解放思想,以更大的勇气和决心推进其改革的进行,从而健全部门职责体系。即在实践中需要提高对大部门制改革重要性的认识,增强改革的自觉性和坚定性;加强大部门制改革顶层设计,增强改革的系统性和整体性;深化大部门制改革理论研究,增强改革的前瞻性和指导性;强化大部门制改革法制建设,保障改革的持续性和稳定性;突出大部门制改革重点难点,增强改革的突破性和实质性。⑤

第三,优化行政层级和行政区划设置。优化行政层级和行政区划的设置可以有效推进国家治理体系和治理能力现代化,进一步推动经济社会的发展。优化行政层级和行政区划的设置需要坚持因地制宜的原则,结合本地实际情况进行有序推进;需要坚持尊重广大人民群众意愿的原则,切实考虑广大人民群众的心声;需要坚持推进经济发展的原则,把推动经济社会发展作为重要的考虑因素。

第四,创新行政管理方式。行政管理方式是提高政府公信力和执行力的重要途径,也是推进机构和行政体制改革的重要组成部分,更是推进国家治理体系和

---

① 习近平. 决胜全面建成小康社会 夺取新时代中国特色社会主义伟大胜利——在中国共产党第十九次全国代表大会上的报告[M]. 北京:人民出版社,2017:39.
② 石亚军. 深化机构和行政体制改革 推动国家治理体系创新[J]. 政法论坛,2018(2).
③ 江彩云. 我国行政审批制度改革的发展及特征[J]. 学术交流,2019(1).
④ 马怀德. 行政审批制度改革的成效、问题与建议[J]. 国家行政学院学报,2016(3).
⑤ 魏礼群. 积极稳妥推进大部门制改革[J]. 求是,2011(12).

治理能力现代化的重要途径。创新行政管理方式需要在实践中创新管理理念,牢牢树立为人民服务的理念;需要创新工作方法,牢牢把握密切联系群众的工作方式;需要创新管理载体,善于运用互联网、微信等新兴载体。

六、健全权力运行制约与监督体系

权力离开了监督就会出问题。保障权力的正确运行,不仅需要用制度管权,而且还需要保障人民的监督权。监督权是人民享有的重要民主权,行使监督权是人民有效有序参与政治生活的重要方式。因此,保障人民民主需要在实践中不断推进权力运行公开化、规范化,让人民监督权力,让权力在阳光下运行。①

第一,形成科学有效的权力制约和协调机制。科学有效的权力运行机制既要保障党中央的决策部署得到落实,又要充分发挥地方政府和广大人民的积极性与主动性。这要求不断完善党和国家领导体制,坚持民主集中制,充分发挥党的领导核心作用;规范各级党政主要领导干部职责权限,科学配置党政部门及内设机构权力和职能,明确职责定位和工作任务;加强和改进对主要领导干部行使权力的制约和监督,加强行政监察和审计监督;推行地方各级政府及其工作部门权力清单制度,依法公开权力运行流程;完善党务、政务和各领域办事公开制度,推进决策公开、管理公开、服务公开、结果公开。②

第二,加强反腐败体制机制创新和制度保障。权力缺乏监督在一定程度上可能滋生腐败,加强反腐力度可以推动权力的阳光运行。因此,保障权力在阳关下运行,需要加强反腐力度。创新反腐败体制机制和制度保障,可以从以下几个方面着手:一是改革党的纪律检查体制,健全反腐败领导体制和工作机制,改革和完善各级反腐败协调小组职能。落实党风廉政建设责任制,党委负主体责任,纪委负监督责任,制定实施切实可行的责任追究制度。二是推动党的纪律检查工作双重领导体制具体化、程序化、制度化,强化上级纪委对下级纪委的领导。全面落实中央纪委向中央一级党和国家机关派驻纪检机构,实行统一名称、统一管理。三是健全反腐倡廉法规制度体系,完善惩治和预防腐败、防控廉政风险、防止利益冲突、领导干部报告个人有关事项、任职回避等方面法律法规,推行新提任领导干部有关事项公开制度试点。健全民主监督、法律监督、舆论监督机制,运用和规范互

---

① 胡锦涛. 坚定不移沿着中国特色社会主义道路前进 为全面建成小康社会而奋斗——在中国共产党第十八次全国代表大会上的报告[M]. 北京:人民出版社,2012:28-29.
② 中国共产党第十八届中央委员会第三次全体会议文件汇编[M]. 北京:人民出版社,2013:54-55.

联网监督。①

第三,健全改进作风常态化制度。作风建设也是推进权力在阳光下运行的重要因素。中国共产党历来都十分重视党的作风建设,并且作风建设也取得了巨大的历史成效。新时代发挥作风建设在保障人民民主中的作用,需要健全改进作风建设常态化的制度。一是健全文风会风制度。文风会风是党的作风建设不可或缺的部分。需要在实践中改革会议公文制度,从中央做起带头减少会议、文件,着力改进会风文风。二是改革政绩考核机制。考核是工作的指挥棒,改进党的作风需要改革考核机制。尤其是要着力解决"形象工程""政绩工程"以及不作为、乱作为等问题。三是规范领导干部的生活作风。规范并严格执行领导干部工作生活保障制度,不准多处占用住房和办公用房,不准超标准配备办公用房和生活用房,不准违规配备公车,不准违规配备秘书,不准超规格警卫,不准超标准进行公务接待,严肃查处违反规定超标准享受待遇等问题。②

七、巩固和发展爱国统一战线

爱国统一战线既是凝聚各方面力量,促进政党关系、民族关系、宗教关系、阶层关系、海内外同胞关系和谐的重要载体,也是党的事业取得胜利的重要法宝,我们必须长期坚持,并不断巩固和发展爱国统一战线。巩固和发展爱国统一战线,"要高举爱国主义、社会主义旗帜,牢牢把握大团结大联合的主题,坚持一致性和多样性统一,找到最大公约数,画出最大同心圆"③。

第一,加强与民主党派和无党派人士的团结合作。实践已经证明,中国共产党领导的多党合作和政治协商制度是根植于中国土壤,适合中国国情的。坚持和完善中国共产党领导的多党合作和政治协商制度,更好体现这项制度的效能,需要将着力点放在发挥好民主党派和无党派人士的积极作用上;需要完善政党协商的内容和形式,建立健全知情和反馈机制,增加讨论交流的平台和机会,使协商对凝聚共识、优化决策起到作用;需要从制度上保障和完善参政议政、民主监督;需要支持民主党派加强思想、组织、制度,特别是领导班子建设,提高其政治把握能

---

① 中国共产党第十八届中央委员会第三次全体会议文件汇编[M].北京:人民出版社,2013:55-56.
② 中国共产党第十八届中央委员会第三次全体会议文件汇编[M].北京:人民出版社,2013:56-57.
③ 习近平.决胜全面建成小康社会 夺取新时代中国特色社会主义伟大胜利——在中国共产党第十九次全国代表大会上的报告[M].北京:人民出版社,2017:39-40.

力、参政议政能力、组织领导能力、合作共事能力、解决自身问题能力。①

第二,全面贯彻党的民族政策。民族政策是做好民族工作的指导,是解决民族问题的纲领,是凝聚与引领全国各族人民投身于全面建成小康社会的行动指南。② 新时代全面贯彻党的民族政策需要坚持和完善民族区域自治政策,保证各族人民行使当家作主的权利;需要继续深化民族团结教育,铸牢中华民族共同体意识;需要加强各民族之间的交流交融,推动共同团结奋斗、共同繁荣发展③;需要尊重少数民族的风俗习惯,弘扬与发展少数民族优秀文化,推动民族全面发展。

第三,全面贯彻党的宗教工作方针。宗教工作本质上是群众工作,要全面贯彻党的宗教信仰自由政策,依法管理宗教事务,坚持独立自主自办原则,积极引导宗教与社会主义社会相适应。其中,积极引导宗教与社会主义社会相适应,必须坚持中国化方向,必须提高宗教工作法治化水平,必须辩证看待宗教的社会作用,必须重视发挥宗教界人士作用,引导宗教努力为促进经济发展、社会和谐、文化繁荣、民族团结、祖国统一服务。④

第四,加强与党外知识分子的联系。党外知识分子工作,是统一战线的基础性、战略性工作。做好党外知识分子工作,需要增强责任意识、配强工作力量;需要改进工作方法,学会同党外知识分子打交道,特别是要增强做思想政治工作的本领;需要高度重视和做好新经济组织、新社会组织中的知识分子工作,引导他们发挥积极作用。⑤

第五,构建亲清新型政商关系。促进非公有制经济健康发展和非公有制经济人士健康成长,要坚持团结、服务、引导、教育的方针,一手抓鼓励支持,一手抓教育引导,关注他们的思想,关注他们的困难,有针对性地进行帮助引导,引导非公有制经济人士特别是年轻一代致富思源、富而思进,做到爱国、敬业、创新、守法、诚信、贡献。工商联是党和政府联系非公有制经济人士的桥梁和纽带,统战工作要向商会组织有效覆盖,发挥工商联对商会组织的指导、引导、服务职能,确保商

---

① 习近平在中央统战工作会议上强调巩固发展最广泛的爱国统一战线 为实现中国梦提供广泛力量支持[J]. 党建,2015(6).
② 李赟. 习近平对党的民族理论与政策的创新和发展[J]. 社会主义研究,2016(2).
③ 习近平. 决胜全面建成小康社会 夺取新时代中国特色社会主义伟大胜利——在中国共产党第十九次全国代表大会上的报告[M]. 北京:人民出版社,2017:40.
④ 习近平在中央统战工作会议上强调巩固发展最广泛的爱国统一战线 为实现中国梦提供广泛力量支持[J]. 党建,2015(6).
⑤ 习近平在中央统战工作会议上强调巩固发展最广泛的爱国统一战线 为实现中国梦提供广泛力量支持[J]. 党建,2015(6).

会发展的正确方向。①

第六,广泛团结联系海外侨胞和归侨侨眷。留学人员是人才队伍的重要组成部分,也是统战工作新的着力点。要坚持支持留学、鼓励回国、来去自由、发挥作用的方针,鼓励留学人员回国工作或以多种形式为国服务。② 要加强和改善对新媒体中的代表性人士的工作,建立经常性联系渠道,加强线上互动、线下沟通,引导他们在净化网络空间、弘扬主旋律等方面展现正能量。

第三节　推进社会主义文化强国建设

文化是一个国家和一个民族的血脉与灵魂,是广大人民的精神家园。全面建成小康社会,必须推动社会主义文化大发展大繁荣,兴起社会主义文化建设新高潮,提高国家文化软实力,发挥文化的价值的引领作用。换言之,没有高度的文化自信,没有文化的繁荣兴盛,就没有全面建成小康社会。中华人民共和国成立以来,党和国家一直都致力于探索具有中国特色的文化建设,文化建设也经历了自发阶段向文化自觉阶段的转变。③ 因此,实现全面建成小康社会的目标,需要走中国特色社会主义的文化发展道路,即"坚持为人民服务、为社会主义服务的方向,坚持百花齐放、百家争鸣的方针,坚持贴近实际、贴近生活、贴近群众的原则,"④增强全民族文化创造活力,建设社会主义文化强国。推进社会主义文化强国建设的主要举措,如表3.3.1所示。

表 3.3.1　推进社会主义文化强国建设的主要举措

加强社会主义核心价值体系建设	用中国特色社会主义理论体系武装头脑
	广泛开展理想信念教育
	大力弘扬中国精神
	培育和践行社会主义核心价值观

---

① 习近平在中央统战工作会议上强调巩固发展最广泛的爱国统一战线　为实现中国梦提供广泛力量支持[J]. 党建,2015(6).
② 习近平在中央统战工作会议上强调巩固发展最广泛的爱国统一战线　为实现中国梦提供广泛力量支持[J]. 党建,2015(6).
③ 冯鹏志. 新中国70年文化发展的历程与经验[J]. 理论视野,2019(10).
④ 胡锦涛. 坚定不移沿着中国特色社会主义道路前进　为全面建成小康社会而奋斗——在中国共产党第十八次全国代表大会上的报告[M]. 北京:人民出版社,2012:30-31.

续表

全面提高公民道德素质	推进公民道德建设工程
	开展道德领域突出问题专项教育与治理
	加强和改进思想政治工作
	深化群众性精神文明创建活动
	发挥家庭的教育作用
丰富人们精神文化生活	坚持以人民为中心的文艺创造导向
	推进文化惠民工程建设
	开展群众性文化活动
	净化网络空间环境
	开展全民健身运动
增强文化整体实力与竞争力	深化文化体制改革
	弘扬中华文化
	提升国家话语权
	发展新型文化业态
繁荣发展社会主义文艺	坚持以人民为中心的创作导向
	不断推出精品力作
	不断推动文艺创新
	加强文艺工作队伍建设
牢牢掌握意识形态工作领导权	坚持正确舆论导向
	加强互联网内容建设
	落实意识形态工作责任机制
	创新意识形态工作方式

一、加强社会主义核心价值体系建设

马克思主义创始人历来都十分重视思想文化的建设。马克思恩格斯注重向无产阶级与潜在的无产阶级宣讲无产阶级革命理论,从而保障无产阶级革命的顺利推进。列宁也是十分重视文化建设,他主张通过灌输的方式,使广大革命者掌握无产阶级革命理论,从而推进革命运动向前发展。历史上也有放弃思想文化建设导致社会主义革命失败的例子。苏联解体就是一个典型案例,它的解体是众多因素的结果,其中一个重要因素就是,放弃了思想文化的建设,尤其是抛弃了马克思主义在思想领域的指导地位。以苏联为鉴,推进中国特色社会主义事业建设,需要高度重视马克思主义的指导地位。中华民族历来都有自己独特的价值体系，中国共产党历来都十分重视核心价值体系的建设。无论是在革命年代干革命，还是在和平年代搞建设，中国共产党都是十分重视思想文化建设。概而言之，推进社会主义核心价值体系建设是国际共产主义运动史的镜鉴，是中国共产党干革命与搞建设的经验总结。

"社会主义核心价值体系集中体现着中国特色社会主义的本质要求，内含着坚持和发展中国特色社会主义不可或缺的精神元素和精神条件，是中国特色社会主义能够行稳致远的导航仪、推动力和稳定器。"[①]社会主义核心价值体系既是国家兴盛的灵魂，也是汇聚社会发展共识的"磁铁"。这要求"深入开展社会主义核心价值体系学习教育，用社会主义核心价值体系引领社会思潮、凝聚社会共识"[②]。全面建成小康社会既是"物质"的小康，更是"精神"的小康。因此，加强社会主义核心价值体系建设，可以更好地聚民心、凝民智，从而推动社会主义文化软实力显著增强，经济社会持续健康发展。学界关于社会主义核心价值体系的研究成果十分丰富，具体如表3.3.2所示。

表3.3.2　学界关于社会主义核心价值体系的主要研究

类别	主要内容
社会主义核心价值体系的基本内涵	社会核心价值体系，是指在社会生活中居于统治和引导地位的社会价值体系，它能够有效地制约非核心、非主导的社会价值体系作用的发挥，能够保障社会经济制度、政治制度、文化制度的稳定和发展。其主要具有主导性与包容性统一、抽象性与具体性统一、传统性与时代性统一、稳定性与变动性统一等四组特性
社会主义核心价值体系的主要内容	坚持马克思主义的指导思想；坚持中国特色社会主义共同理想；坚持以爱国主义为核心的民族精神和以改革创新为核心的时代精神；坚持社会主义荣辱观四个方面的内容
社会主义核心价值体系的重要意义	理论意义：社会主义核心价值体系的提出是中国共产党对马克思主义的价值理论、思想道德建设与精神文明建设理论的丰富和发展，是我们党建立在对社会主义价值观念系统认识和把握基础上的理论创新。 实践意义：有利于为建设和谐社会奠定精神基础；有利于解决人们理想迷失问题；有利于提高中国在当今世界的软实力和影响力

---

① 沈壮海. 坚持社会主义核心价值体系[J]. 国家教育行政学院学报,2018(9).
② 胡锦涛. 坚定不移沿着中国特色社会主义道路前进 为全面建成小康社会而奋斗——在中国共产党第十八次全国代表大会上的报告[M]. 北京：人民出版社,2012:31.

续表

类别	主要内容
社会主义核心价值体系的主要思路	建设社会主义核心价值体系的原则:体现社会主义的内在本质、符合中国特色社会主义建设和发展的客观要求,反映当代世界和人类社会发展的科学规律;坚持先进性与广泛性的统一原则、民族性与世界性的统一原则、稳定性与开放性的统一原则。 建设社会主义核心价值体系的基础:坚持中国特色社会主义基本经济制度,在大力发展社会生产力的基础上,全面推进政治建设、经济建设、文化建设、社会建设、生态建设的协调发展和全面进步,高度重视社会公正和社会公平制度建设,确保广大人民群众可以共享社会主义改革、建设和发展成果。 建设社会主义核心价值体系的关键:其理论与现实的实践获得社会成员的广泛认同,从而达到权威评价与民众评价相统一的理想状态。 建设社会主义核心价值体系的路径:加强理论研究,形成社会共识;搭建多元平台,建设有效载体;实施人文关怀,产生情感共鸣;谋划多元路径,形成内外合力

注:作者根据《近年来社会主义核心价值体系研究综述》和《社会主义核心价值体系研究综述》等学术论文整理所得。

第一,用中国特色社会主义理论体系武装头脑。中国特色社会主义理论体系是党和人民在中国特色社会主义实践中不断总结与提炼的科学理论体系,是科学性、实践性与人民性相统一的理论体系,是中国特色社会主义建设的指导思想。加强社会主义核心价值体系建设需要不断推进马克思主义中国化时代化大众化,不断用中国特色社会主义理论体系最新成果武装人民、教育人民;需要深入实施马克思主义理论研究和建设工程,建设哲学社会科学创新体系,为加强社会主义核心价值体系建设提供支撑保障;需要推动中国特色社会主义理论体系进教材进课堂进头脑,培育思想政治素质过硬的社会主义建设者。

第二,广泛开展理想信念教育。理想信念作为党和人民的精神之"钙",因此,开展理想信念教育是加强社会主义核心价值体系的重点任务,是把广大人民团结在中国特色社会主义伟大旗帜下的重要法宝。理想教育的核心在于教育引导党员和广大人民群众学习、贯彻党的基本理论、基本路线、基本纲领、基本经验,增强走中国特色社会主义道路、为党和人民事业不懈奋斗的自觉性和坚定性,进而做一个共产主义远大理想和中国特色社会主义共同理想的坚定信仰者。广泛开展理想信念教育需要坚持理论与实践相结合的原则,讲透理想教育的重要性;需要巧妙借助红色文化资源,丰富理想信念教育的内容;需要利用革命纪念馆和革命基地,丰富理想信念教育的载体。

第三,大力弘扬中国精神。弘扬中国精神主要弘扬民族精神与时代精神,即大力弘扬以爱国主义为核心的民族精神,以改革创新为核心的时代精神。爱国主义是把中华民族坚强团结在一起的精神力量,改革创新是鞭策我们在改革开放中与时俱进的精神力量。① 它们是凝心聚力的兴国之魂、强国之魄。总之,民族精神和时代精神是一个民族和国家生存和发展的精神支撑与精神动力,是国家发展凝聚力与向心力的源泉。全面建成小康社会需要它们来汇聚亿万人民的力量和激发亿万人民的创造性。

第四,培育和践行社会主义核心价值观。"社会主义核心价值观是当代中国精神的集中体现,凝结着全体人民共同的价值追求。"②培育和践行社会主义核心价值观是加强社会主义核心价值体系的重要组成部分,也是实现全面建成小康社会的重要精神动力源泉。培育和践行社会主义核心价值观需要立足中华优秀传统文化,充分挖掘中华优秀传统文化的内在价值;需要发挥教育引导的基础性作用,榜样的带头示范效应、学校教学的日常教育作用、发挥精神文化产品的感化作用;需要发挥政策导向作用,把培育和践行社会主义核心价值观融入中国特色社会主义的伟大建设实践之中。③

二、全面提高公民道德素质

公民道德素质建设不仅是提升人民生活质量的一个重要环节,而且是提高人民素质与促进人民全面发展的重要内容。随着改革开放的深入推进,中国特色社会主义事业发展取得了巨大进步,但同时也给人民观念和素质带来了一定的负面影响。这主要表现为公民更加追求个体利益,开始出现见利忘义、损公肥私、不讲诚信、欺骗欺诈、以权谋私、腐化堕落等问题;同时随着网络的普及化,网络空间的道德问题也逐渐凸现,如网络诈骗、网络文化低俗媚俗化等问题。④ 消除这些负面影响要求亟须加强公民道德素质建设。

全面提高公民道德素质既是社会主义道德建设的基本任务,也是全面建成小康社会的重要支撑保障。只有公民素质高,全面建成小康社会才会更有力量与希望。因此,全面建成小康社会需要不断提高人民的思想觉悟、道德水准以及文明素养,从而提高全社会的文明程度。全面提高公民道德素质需要通过道德建设工程、专项治理行动、群众性教育活动,以及在广大公民中进行思想政治教育等活

---

① 习近平关于全面建成小康社会论述摘编[M]. 北京:中央文献出版社,2016:103.
② 习近平. 决胜全面建成小康社会 夺取新时代中国特色社会主义伟大胜利——在中国共产党第十九次全国代表大会上的报告[M]. 北京:人民出版社,2017:42.
③ 王易,田雨晴. 习近平对培育和践行社会主义核心价值观的新贡献[J]. 马克思主义研究,2019(11).
④ 顾红亮. 公民道德素质建设:问题与方法[J]. 毛泽东邓小平理论研究,2002(1).

动,从而"引导人们树立正确的历史观、民族观、国家观、文化观"①。

第一,推进公民道德建设工程。公民道德工程建设是提高公民道德素质的重要保障。实施公民道德建设工程需要重点推进社会公德、职业道德、家庭美德以及个人品德等方面的建设,从而"弘扬真善美、贬斥假恶丑,引导人们自觉履行法定义务、社会责任、家庭责任,营造劳动光荣、创造伟大的社会氛围,培育知荣辱、讲正气、作奉献、促和谐的良好风尚"②。实施公民道德建设工程需要政府不断完善规章制度,从制度层面保障公民道德建设工程有序推进。实施公民道德素质建设工程需要充分发挥广大人民群众的主体性作用,从而保障公民道德建设工程的持续性。

第二,开展道德领域突出问题专项教育与治理。开展道德领域突出问题专项教育与治理是全面提高公民道德素质的重要抓手,通过抓重点,解决突出问题,有效提升全社会道德水平。尤其是在全社会开展"加强政务诚信、商务诚信、社会诚信和司法公信建设"③,从而着力提升公民道德水准、社会文明程度。开展道德领域突出问题的专项教育与治理需要坚持建设与引导相结合的原则;需要坚持惩戒与奖励相结合的原则;需要坚持政府主导与群众参与相结合的原则;需要坚持整体推进与分类指导相结合的原则。

第三,加强和改进思想政治工作。历史与现实已经有力地证明了,做好思想政治工作是提高公民道德素质的重要法宝。加强和改进思想政治工作需要在实际中陶冶情感、巩固信念以及磨炼意志。④ 加强和改进思想政治工作需要注重人文关怀,通过人文关怀的方式让广大人民群众改变对思想政治工作僵化教条的认识,让人民群众感受到思想政治工作是有温度的对话活动;需要加强心理疏导,让广大人民群众从心里认可社会主义核心价值观;需要培育自尊自信、理性平和且积极向上的社会形态,从而提升思想政治工作的有效性。

第四,深化群众性精神文明创建活动。精神文明活动是提升公民道德素质的有效途径。把提升公民道德素质融入精神文明创建活动之中,通过让群众参与实践活动,切实感受其魅力,增强人民群众的内心认可度。开展精神文明创建活动

---

① 习近平. 决胜全面建成小康社会 夺取新时代中国特色社会主义伟大胜利——在中国共产党第十九次全国代表大会上的报告[M]. 北京:人民出版社,2017:42-43.
② 胡锦涛. 坚定不移沿着中国特色社会主义道路前进 为全面建成小康社会而奋斗——在中国共产党第十八次全国代表大会上的报告[M]. 北京:人民出版社,2012:32.
③ 胡锦涛. 坚定不移沿着中国特色社会主义道路前进 为全面建成小康社会而奋斗——在中国共产党第十八次全国代表大会上的报告[M]. 北京:人民出版社,2012:32.
④ 韩华. 新时代思想政治工作的认识论视野[J]. 马克思主义理论学科研究,2018(4).

需要开展志愿服务活动,尤其是要以学习雷锋活动为抓手,推动志愿服务活动制度化。开展精神文明创建活动需要学习宣传道德模范常态化,通过道德模范的带头示范作用,吸引更多人参与到精神文明创建活动实践中,从而提升自身素质。

第五,发挥家庭的教育作用。家庭是提升公民道德素质的重要场所。正如习近平总书记所说:"家庭是社会的基本细胞,是人生的第一所学校。不论时代发生多大变化,不论生活格局发生多大变化,我们都要重视家庭建设,注重家庭、注重家教、注重家风。"①通过家庭教育潜移默化地提升公民道德素质,尤其是通过家庭家风的建设,营造和谐的家庭氛围,为提升家庭成员道德素质提供环境保障,从而提升社会整体道德素质。

三、丰富人们精神文化生活

马克思恩格斯十分注重精神文化消费,在《共产党宣言》中,他们就指出,随着资本主义的发展,人民的精神生产与精神消费也日益世界化。同时,他们在《德意志意识形态》中阐明了人的生活需要的重要性,指出只有满足了"吃喝住穿"等物质生活需要,才能从事其他活动;还指出,当物质生活需要得到满足后,会进行新的需要生产与满足,即精神生活需要。在中国特色社会主义事业建设的历程中,党和国家都十分重视满足人民的精神生活需要,提出物质文明和精神文明"两手抓"和"两手硬"的建设思路。这不仅保障了人民对精神文化生活的需要,而且还保障了中国特色社会主义建设的智力支撑。

社会主义文化建设需要坚持以满足人民对文化生活的需要为价值导向。丰富人民的精神文化生活是全面建成小康社会的重要内容,也是推动全面建成小康社会的重要精神动力。"精神文化是凝聚人心的纽带,直接关系到人民幸福。"②人民精神文化世界得到极大丰富,不仅可以鼓舞人心、激发斗志,还可以使人树立正确的价值观与更高的道德规范,从而在更大程度上提高人的幸福度。因此,需要通过丰富人们的精神文化生活,提升人们的幸福感,从而调动人们参与全面建成小康社会的积极性、主动性与创造性。

第一,坚持以人民为中心的文艺创造导向。文化作品是丰富人们精神文化生活的重要载体,不仅要创造出更多的文化产品,更要创造出适合广大人民消费与需要的文化产品。因此,丰富人们的精神文化生活,需要坚持以人民为中心的创作导向,提高文化产品质量,为人民提供更多更好的精神食粮。坚持以人民为中

---

① 习近平关于全面建成小康社会论述摘编[M].北京:中央文献出版社,2016:121.
② 刘洪森.民生建设要重视群众精神文化生活[J].前线,2013(8).

心的文艺创作导向需要生产符合大众消费口味的文化产品,从而让人民愿意消费;需要生产符合大众消费能力的文化产品,从而让人民消费得起;需要生产契合人民生活的文化产品,从而让人们乐意消费。

第二,推进文化惠民工程建设。文化工程建设是丰富人们精神文化生活的重要保障。提供文化工程建设,为广大人民提供更加健全的文化活动中心,尤其是通过加大对农村和欠发达地区的文化建设扶持力度,推动公共文化服务设施向农村延伸,从而为广大农村人民群众提供文化活动场所和基础设施。对于文化惠民工程建设,需要国家加大对其政策、资金等方面的扶持力度,从而保障稳定推进;需要吸引社会资金、技术等资源流入,从而充实资源保障;需要通过以工代赈吸引人民群众参与其中,从而保障工程有序推进。

第三,开展群众性文化活动。丰富人们的精神文化生活不仅需要文化产品与文化基础设施等硬件保障,还需要通过开展群众性文化活动,"引导群众在文化建设中自我表现、自我教育、自我服务"①,从而让广大人民群众在实践活动享受文化活动带来的快乐。开展群众性文化活动需要坚持政府组织与群众策划相结合的原则,从而保障活动的群众参与性;需要坚持正式性与通俗性相结合的原则,从而保障活动的趣味性。

第四,净化网络空间环境。网络是新时代群众文化生活的重要空间,需要不断净化网络空间,打造绿色健康的网络文化活动场所。通过"加强和改进网络内容建设,唱响网上主旋律。加强网络社会管理,推进网络规范有序运行。开展'扫黄打非',抵制低俗现象"②。这要求净化网络空间需要政府不断完善网络法律法规,从法律层面打击网络低俗化行为;需要政府执法部门严格执法,坚决打击网络犯罪行为;需要广大人民群众自觉抵制网络庸俗文化,自觉绿色上网。

第五,开展全民健身运动。丰富人们的精神文化生活不仅需要丰富的文化产品、健全的文化设施、多样的文化活动与绿色健康的文化空间,也需要广泛开展全面健身运动,推动群众体育与竞技体育全面发展。开展全民健身运动需要多层次的体育运动,从而满足不同群众对体育运动的需要;开展全民健身运动需要完善体育健身设施,从而为体育运动提供设施保障;开展全民健身运动需要多样的体育运动,从而满足不同人民群众的多样化需求;开展全民健身运动需要提升人民

---

① 胡锦涛. 坚定不移沿着中国特色社会主义道路前进 为全面建成小康社会而奋斗——在中国共产党第十八次全国代表大会上的报告[M]. 北京:人民出版社,2012:33.
② 胡锦涛. 坚定不移沿着中国特色社会主义道路前进 为全面建成小康社会而奋斗——在中国共产党第十八次全国代表大会上的报告[M]. 北京:人民出版社,2012:33.

群众的健身意识,从而夯实全民健身运动的实践主体基础。①

四、增强文化整体实力与竞争力

国家实力是一个国家的综合力,不仅包括经济、军事等硬实力,还包括影响力、号召力以及文化等软实力。文化软实力是一个国家综合国力的核心部分,尤其是在21世纪的国家竞争中,文化竞争力更是不可缺少的指标。"文化实力和竞争力是国家富强、民族振兴的重要标志。"②文化软实力的不断提升,不仅提升国家的文化综合国力,也会推动生产力的进一步解放和发展,提升国家的经济实力,从而全面夯实全面建成小康社会的基础。

但我国的文化实力与文化竞争力还是一块"短板"。这不仅不利于全面建成小康社会的成色,还会影响国家在国际上的竞争力。因此,无论是从当下的目标出发,还是从长远的战略考虑,都需要不断增强文化软实力与文化竞争力。增强文化整体实力与竞争力,总体来说,需要"坚持把社会效益放在首位、社会效益和经济效益相统一,推动文化事业全面繁荣、文化产业快速发展"③。

第一,深化文化体制改革。文化体制改革是增强文化实力和竞争力的重要举措,通过文化体制改革,推动文化事业和文化产业的发展,从而提升文化的综合实力和竞争力。④ 深化文化体制改革要坚持科学社会主义基本原则,"无论改什么、怎么改,导向不能改,阵地不能丢"⑤。这要求在实践中要坚持社会主义意识形态属性和文化产业的社会主义属性;要正确处理社会效益和经济效益的关系,坚持把社会效益放在首位,推进社会效益与经济效益相统一;始终坚持社会主义先进文化的前进方向。换言之,深化文化体制改革需要坚持社会主义原则、社会效益优先原则、人民导向原则,从而使文化沿着中国特色社会主义方向不断发展。

第二,弘扬中华文化。中华文化是增强文化实力与竞争力的根基,正如习近平总书记所说:"中华文化是我们提高国家文化软实力最深厚的源泉,是我们提高国家文化软实力的重要途径。"⑥传承和弘扬中华优秀传统文化,有助于提高民族

---

① 李颖川. 落实全民健身国家战略重在补短板[J]. 中国党政干部论坛,2016(6).
② 胡锦涛. 坚定不移沿着中国特色社会主义道路前进 为全面建成小康社会而奋斗——在中国共产党第十八次全国代表大会上的报告[M]. 北京:人民出版社,2012:33.
③ 胡锦涛. 坚定不移沿着中国特色社会主义道路前进 为全面建成小康社会而奋斗——在中国共产党第十八次全国代表大会上的报告[M]. 北京:人民出版社,2012:33.
④ 曹光章. 新一届党中央推进文化体制改革的新发展[J]. 毛泽东邓小平理论研究,2017(9).
⑤ 习近平关于全面建成小康社会论述摘编[M]. 北京:中央文献出版社,2016:107.
⑥ 习近平关于全面建成小康社会论述摘编[M]. 北京:中央文献出版社,2016:109.

凝聚力和向心力,从而汇集实现中华民族伟大复兴中国梦的磅礴力量;有助于坚定中国特色社会主义的共同理想信念,从而汇聚全面建成小康社会的共识;有助于提升国家文化软实力和扩大国际影响力、竞争力、号召力,从而维护国家意识形态安全。① 弘扬中华文化需要在实践中不断利用现代元素滋养传统文化,使其焕发时代生机;需要使用人民喜闻乐见,且人民能参与其中的方式,从而调动人民的积极性;需要坚持"引进来"与"走出去"相结合,让中国的优秀传统文化走出国门,融入世界;"要系统地梳理传统文化资源,让收藏在禁宫里的文物、陈列在广阔大地上的遗产、书写在古籍里的文字都活起来"②。换言之,弘扬中华文化需要推进中华文化时代化大众化国际化,从而赋予中华文化时代生命,焕发时代生机。

第三,提升国家话语权。国家在国际上的话语权是文化软实力的重要体现,正如习近平总书记所说:"国家话语权是国家文化软实力的重要组成部分。"③提升国家在国际上的话语权"要精心构建对外话语体系,发挥好新兴媒体作用,增强对外话语的创造力、感召力、公信力,讲好中国故事,传播好中国声音,阐释好中国特色"④。换言之,提升国家话语权需要"通过明确话语定位、提升话语质量、改进传播手段、开展'特色外交'、寻求联合'发声'、拓展话语平台"⑤等多方面路径展开。

第四,发展新型文化业态。文化产业是增强文化实力和竞争力的重要支撑。"新型文化业态的兴起和发展是文化产业结构调整和优化升级的先导,是促进文化产业成为经济发展支柱产业的推进器。"⑥发展文化新业态需要促进文化与科技相融合,从而推动文化产业朝向规模化、集约化、专业化方向发展,最终提升文化实力与竞争力;需要促进文化体制机制创新助推新型文化业态,利用国家政策支持新型文化业态,通过新型人才的培养与结聚唱响新型文化业态⑦;需要推动文化与旅游业相融合,形成文化新业态,从而提升文化产业的附加值。

---

① 李楠,王懂礼. 国家意识形态安全视域下中华优秀传统文化的传承和弘扬[J]. 思想理论教育导刊,2019(4).
② 习近平关于全面建成小康社会论述摘编[M]. 北京:中央文献出版社,2016:109.
③ 习近平关于全面建成小康社会论述摘编[M]. 北京:中央文献出版社,2016:109.
④ 习近平关于全面建成小康社会论述摘编[M]. 北京:中央文献出版社,2016:110.
⑤ 张新平,庄宏韬. 中国国际话语权:历程、挑战及提升策略[J]. 南开学报(哲学社会科学版),2017(6).
⑥ 王国平,刘凌云. 新型文化业态是文化产业结构优化升级的先导[J]. 求索,2013(7).
⑦ 王国平,刘凌云. 新型文化业态是文化产业结构优化升级的先导[J]. 求索,2013(7).

五、繁荣发展社会主义文艺

"文艺是民族精神的火炬,是时代前进的号角,最能代表一个民族的风貌,最能引领一个时代的风气。"①自古以来,中国就十分重视文艺功能,尤其是文艺的教化功能。例如,"诗言志""美刺说""兴观群怨""文以载道"等,所传达的都是文艺对人的思想精神所起到的潜移默化的作用。② 毛泽东同志系统论述了文艺的唯物史观,他对文艺与社会文化、经济、政治的关系及文艺价值作了系统的论述。③ 在中国特色社会主义事业建设的历程中,邓小平等国家领导人,也十分重视社会主义文艺的发展,从不同的方面采取了相应了举措,推动了社会主义文艺的发展。

文艺事业是中国特色社会主义伟大事业的重要组成部分,实现全面建成小康社会的目标离不开社会主义文艺事业的繁荣发展,需要社会主义文艺事业为全面建成小康社会提供价值引导力、文化凝聚力以及精神推动力。繁荣发展社会主义文艺,需要在实践中"坚持社会主义先进文化前进方向,全面贯彻'二为'方向和'双百'方针"④;需要坚持以人民为中心的创作导向;需要坚持以创作契合时代的精品力作为要求;需要加强文化工作队伍建设,从而推动社会主义文艺发展迈上新台阶。

第一,坚持以人民为中心的创作导向。"社会主义文艺是人民的文艺,必须坚持以人民为中心的创作导向,在深入生活、扎根人民中进行无愧于时代的文艺创作。"⑤坚持文艺的人民性是繁荣发展社会主义文艺的动力源泉,也是决定社会主义文艺事业命运与前途的关键。坚持以人民为中心的文艺创作导向需要坚持为人民书写、为人民抒情,从而满足人民对文艺的需要;需要坚持深入生活、扎根人民,从而为文艺创作提供源源不断的生活素材与创造力量;需要建立经得起人民检验的评价标准,从而保障文艺作品的持久生命力。

第二,不断推出精品力作。文艺作品的质量是繁荣发展社会主义文艺的重要保障,正如习近平总书记所说:"推动文艺繁荣发展,最根本的是要创作生产出无

---

① 中共中央关于繁荣发展社会主义文艺的意见[N]. 人民日报,2015-10-20.
② 丁国旗. 习近平有关文艺系列重要论述的方法论探讨——马克思主义文艺理论的中国化、时代化、大众化、具体化[J]. 当代文坛,2020(5).
③ 董学文. 毛泽东文艺思想的现实意义[J]. 求是,2004(1).
④ 中共中央关于繁荣发展社会主义文艺的意见[N]. 人民日报,2015-10-20.
⑤ 习近平. 决胜全面建成小康社会 夺取新时代中国特色社会主义伟大胜利——在中国共产党第十九次全国代表大会上的报告[M]. 北京:人民出版社,2017:43.

愧于我们这个伟大民族、伟大时代的优秀作品。"①如果没有彰显时代精神的优秀作品,其他文化作品无论搞得多么热闹、多么花哨,那也仅仅只是浮于表面的文章,是不能真正满足人民的精神文化生活需要,更不可能触及人的灵魂、引起人民思想共鸣的。因此,在文艺创作实践中需要严格把控质量关,"牢固树立精品意识,推出更多思想精深、艺术精湛、制作精良,体现时代文化成就、代表国家文化形象的文艺精品"②。

第三,不断推动文艺创新。创新是文艺发展的动力,繁荣发展社会主义文艺需要把创新精神贯穿于整个文艺创作的过程。推动文艺创新需要发扬学术民主、艺术民主,提升文艺的原创力;需要积极推动文艺创作生产方式的变革和进步,丰富创作手段,拓展艺术空间,不断增强艺术表现力、核心竞争力;需要积极吸收各国优秀文化成果,使文艺更加符合时代进步潮流,更好引领社会风尚。

第四,加强文化工作队伍建设。文艺工作队伍是文艺发展的重要推动力,繁荣发展社会主义文艺需要造就一批德艺双馨的名家大师,培育一批高水平创作人才。加强文化工作队伍的建设需要加强文艺工作队伍的思想建设,引导文艺工作者创作讲品位、讲格调、讲责任,抵制低俗、庸俗以及媚俗的作品;需要培养造就文艺领军人物和高素质文艺人才,造就大批人民喜爱的名家大师和民族文化代表人物;需要培育新的文艺组织和文艺群体工作,发挥好新的文艺组织和文艺群体在繁荣发展社会主义文艺中的积极作用。③

六、牢牢掌握意识形态工作领导权

"历史和现实反复证明,能否做好意识形态工作,事关党的前途命运,事关国家长治久安,事关民族凝聚力和向心力。"④在国际共产主义运动史上,苏联解体的一个重要原因就是其放弃意识形态工作的领导权,给西方资本主义制造了可乘之机,从意识形态领域疯狂发起没有硝烟的战争。因此,巩固党的群众基础和执政基础,我们不仅要提高群众的物质生活,还要掌握意识形态的领导权,尤其是必须坚持马克思主义在意识形态领域指导地位的根本制度不能动摇。

"意识形态决定文化前进方向和发展道路。"⑤推进社会文化强国建设,必须

---

① 习近平关于全面建成小康社会论述摘编[M].北京:中央文献出版社,2016:118-119.
② 中共中央关于繁荣发展社会主义文艺的意见[N].人民日报,2015-10-20.
③ 中共中央关于繁荣发展社会主义文艺的意见[N].人民日报,2015-10-20.
④ 习近平关于全面建成小康社会论述摘编[M].北京:中央文献出版社,2016:103.
⑤ 习近平.决胜全面建成小康社会 夺取新时代中国特色社会主义伟大胜利——在中国共产党第十九次全国代表大会上的报告[M].北京:人民出版社,2017:41.

牢牢把握意识形态工作领导权,必须推进马克思主义中国化时代化大众化,尤其是推进马克思主义大众化,建设具有强大凝聚力和引领力的社会主义意识形态,最终使全体人民在理想信念、价值理念、道德观念上紧紧团结在一起。掌握意识形态工作领导权主要做好以下几个方面的工作:

第一,坚持正确舆论导向。把握正确的舆论导向是牢牢掌握意识形态工作领导权的重要环节。只有舆论导向正确才会凝聚人心,汇聚力量,推动全面建成小康社会目标的实现。坚持正确的舆论导向需要高度重视传播手段建设和创新,从而扩大正确舆论的阵地[①];需要提高新闻的传播力、引导力、影响力以及公信力,从而把牢舆论的主动权;需要各级报刊与电视节目等把准内容的真实性,从而掌握舆论的方向盘。

第二,加强互联网内容建设。互联网是新时代意识形态斗争的重要阵地,加强互联网空间建设是牢牢掌握意识形态工作领导权的重要举措。只有主动占领互联网空间,才能进一步夯实意识形态工作领导权。加强互联网内容建设需要建立网络综合治理体系,推动网络空间治理法治化;需要营造清朗的网络空间,推动网络空间绿色化发展;需要提升广大网民的识别能力、保护能力等,推动网络空间主体化发展。

第三,落实意识形态工作责任机制。建立健全意识形态工作责任机制是牢牢把握意识形态工作领导权不可或缺的举措。[②] 通过落实意识形态工作责任机制,不断加强阵地建设和管理,区分政治原则问题、思想认识问题以及学术观点问题,从而旗帜鲜明地反对与抵制各种错误思想观点。落实意识形态工作责任机制需要传承党委主管意识形态的优良传统,从而压实意识形态工作责任的担子;需要用好考核法宝,从而保障意识形态工作责任的落实;需要发挥巡视利剑的作用,从而使外在保障意识形态工作得以真正落实。

第四,创新意识形态工作方式。与时俱进的工作方式是传播思想的重要载体。牢牢掌握意识形态工作领导权需要不断创新意识形态工作方式,从而提高话语艺术,解决技术技巧问题。创新意识形态工作方式需要坚持因人而异的工作方式,针对不同的群体,采取不同的工作方式;需要采取理论宣传与实践教学相结合的方式,从而提升工作效果;需要转换话语风格,利用形象生动、语言活泼的表达方式传递思想,便于人们接受与认可。

---

① 李春华.坚持正确舆论导向 大力发展文化生产力[J].贵州社会科学,2016(5).
② 胡洪彬.新时代意识形态工作问责制的构建与完善:一个整体性框架[J].毛泽东邓小平理论研究,2019(5).

第四节　推动人民生活水平全面提高

"为什么人的问题,是检验一个政党、一个政权性质的试金石。"①马克思主义政党一直都是为人民服务的党,它没有同人民群众相背离的利益。中国共产党在实践中,始终把满足人民的美好生活需要作为自己的奋斗目标。在新时代,"我们的人民热爱生活,期盼有更好的教育、更稳定的工作、更满意的收入、更可靠的社会保障、更高水平的医疗卫生服务、更舒适的居住条件、更优美的环境,期盼孩子们能成长得更好、工作得更好、生活得更好"②。只有不断满足人民对美好生活的向往,提高人民的生活水平的小康才能经得起历史的检验,获得人民的认可。提高人民的生活水平,有利于进一步激发人民的创造力,提升人民全面建成小康社会的信心,从而推动全面建成小康社会目标的实现。在提高人民生活水平的实践中,党和国家不断丰富其内容,从最初关注人民收入水平的物质层面到现在的教育质量、收入水平以及健康水平等综合层面。全面提高人民生活水平需要努力办好人民满意的教育、实现更高质量的就业、千方百计增加居民收入、加强社会保障体系建设、提高人民健康水平、加强和创新社会治理以及有效维护国家安全,具体如表3.4.1所示。

表3.4.1　推动人民生活水平全面提高的主要举措

努力办好人民满意的教育	推动教育事业协调发展
	促进教育公平发展
	加强教师队伍建设
	深化考试招生制度改革
推动实现更高质量的就业	千方百计创造就业机会
	引导劳动者转变就业观念
	加强职业技能培训
	完善就业服务体系

---

① 习近平.决胜全面建成小康社会 夺取新时代中国特色社会主义伟大胜利——在中国共产党第十九次全国代表大会上的报告[M].北京:人民出版社,2017:44-45.
② 习近平关于全面建成小康社会论述摘编[M].北京:中央文献出版社,2016:129.

续表

千方百计增加居民收入	坚持和完善分配制度
	深化工资制度改革
	健全再分配调节机制
	增加居民财产性收入
加强社会保障体系建设	建立统筹城乡的社会救助体系
	建立完善的社会服务体系
	构建多层次的保险体系
	建立符合中国国情的住房保障体系
提高人民健康水平	深化医药卫生体制改革
	健全医疗卫生服务体系
	保障食品药品安全
	开展爱国卫生运动
加强和创新社会治理	加强社会治理制度建设
	健全综合施策的治理体系
	坚守风险防范的治理底线

一、努力办好人民满意的教育

教育是民生保障的重要内容，更是彰显社会公正的重要方面。改革开放以来，党和国家始终把推动教育发展放在民生事业的重要位置，通过专项资金支持教育，提升教育水平；通过减免农村义务教育学杂费等，推动农村教育发展；通过优化教师工作队伍，提升教育队伍素质；扩大高校招生人数，使更多人享受高等教育等举措，促使我国的教育发展取得了巨大成就。

教育是民族复兴和社会进步的基础性工程，也是提高人民社会水平的重要组成部分。努力办好人民满意的教育，是实现全面建成小康社会的客观要求。人民满意的教育就是更加公平、更加高质量以及更加符合人的全面发展的教育。努力办好人民满意的教育需要"把教育事业放在优先位置，深化教育改革，加快教育现代化"[①]；需要全面贯彻党的教育方针，落实立德树人根本任务，培养德智体美全

---

① 习近平．决胜全面建成小康社会 夺取新时代中国特色社会主义伟大胜利——在中国共产党第十九次全国代表大会上的报告[M]．北京：人民出版社，2017：45．

面发展的社会主义建设者和接班人①;需要推动深化教育领域体制机制改革,教育事业公平发展;需要全面实施素质教育,推动人的全面发展。

第一,推动教育事业协调发展。推进各级各类教育协调发展是实现更高水平教育以及惠及全面教育的重要举措。教育协调发展主要是指各级各类教育之间、区域教育之间、城乡教育之间、学校之间的协调发展,加强学前教育、高中教育、职业教育、民办教育的协调发展。② 推动教育事业协调发展需要办好学前教育,均衡发展义务教育,提升中学办学水平,增强大学教育质量,实现学前教育与大中小学教育一体化发展;需要统筹好城市教育与乡村教育协调发展,从而推动教育朝着更加公平的方向发展;需要统筹好文化教育、育人教育以及体育教育的协调发展,从而培养德智体美全面发展的社会主义建设者。

第二,促进教育公平发展。教育公平是国家的基本教育政策,保障公民依法享有受教育的权利。③ 教育公平发展是人民对教育感到满意的重要指标。人民满意的教育,既在于基本公共教育服务的均等化,更在于受教育机会、公共教育资源配置机制、教育制度规则的公平化。④ 办好人民满意的教育,要"大力促进教育公平,合理配置教育资源,重点向农村、边远、贫困、民族地区倾斜,支持特殊教育,提高家庭经济困难学生资助水平,积极推动农民工子女平等接受教育,让每个孩子都能成为有用之才"⑤。这就需要在实践中不断制定保障教育公平发展的规则和标准,以及不断保障教育公平发展的政策,从而推动教育公平发展。⑥

第三,加强教师队伍建设。教师队伍素质的高低在一定程度上决定了教育水平的高低。办好人民满意的教育要求不断加强教师队伍建设,提升教师素质。加强教师队伍建设需要造就一批年龄结构、学历结构合理的教师队伍,从而保障教育高质量发展;需要造就一批业务精湛、教学能力高超的教师队伍;需要造就一批师德师风高尚的教师队伍;需要创新教师教育培养模式,深化教师管理制度改革,完善教师考核评价制度,提高教师的地位待遇。

第四,深化考试招生制度改革。"考试招生制度是国家基本教育制度"⑦,也

---

① 习近平. 决胜全面建成小康社会 夺取新时代中国特色社会主义伟大胜利——在中国共产党第十九次全国代表大会上的报告[M]. 北京:人民出版社,2017:45.
② 程斯辉,李汉学. 以五大发展理念引领教育事业新发展[J]. 教育研究,2017(6).
③ 刘世清,严凌燕. 把教育公平作为国家基本教育政策[J]. 中国教育学刊,2019(9).
④ 袁贵仁. 努力办好人民满意的教育[J]. 中国高等教育,2012(24).
⑤ 胡锦涛. 坚定不移沿着中国特色社会主义道路前进 为全面建成小康社会而奋斗——在中国共产党第十八次全国代表大会上的报告[M]. 北京:人民出版社,2012:35.
⑥ 杨银付. 努力办好人民满意教育的若干思考[J]. 教育研究,2013(1).
⑦ 习近平关于全面建成小康社会论述摘编[M]. 北京:中央文献出版社,2016:145.

是教育公平的重要制度保障,还是推动人全面发展的重要教育改革举措。目前,我国的教育招生考试制度整体上体现社会公正,符合中国国情。但依然存在一些问题,这要求进一步深化考试招生制度改革。深化考试招生制度改革,需要在实践中推动"形成分类考试、综合评价、多元录取的考试招生模式,健全促进公平、科学选才、监督有力的体制机制,构建衔接沟通各级各类教育、认可多种学习成果的终身学习立交桥①。但深化考试招生制度改革要在顶层设计的基础上,坚持试点先行,分类推进。

二、推动实现更高质量的就业

"就业是最大的民生"②,就业也是提升人民生活水平的重要保障。马克思恩格斯批判了资本主义社会的就业,他们指出资本主义社会的就业仅仅是资本家剥削劳动者的一种手段。他们从实现人自由而全面发展的目标出发,设想了未来人们的就业方式,这就为高质量就业指明了方向。改革开放以来,党和国家始终把提升就业质量作为重要工作来抓,就业质量得到改善。

保障民生与提高人民生活水平需要坚持就业优先发展战略和积极就业政策,实现更高质量和更加充分的就业。更高质量的就业主要指劳动者拥有"充分的就业机会、公平的就业环境、良好的就业能力、合理的就业结构、和谐的劳动关系,等等"③。推动高质量就业,需要进一步发展经济,创造更多的就业机会;需要不断引导就业者转变就业观念,适应社会就业需求;需要加强政府就业公共服务能力,为劳动者提供更加便捷的服务。

第一,千方百计创造就业机会。先就业、后择业是实现高质量就业的重要前提,实现更高质量的就业需要不断创造更多的就业机会,从而保障人民的就业与选择就业的机会。创造更多的就业机会需要把促进充分就业作为经济社会发展的优先目标,摆在优先位置,在制定国民经济发展规划、调整产业结构和产业布局时,优先考虑扩大就业规模、改善就业结构的产业;需要继续鼓励发展吸纳就业能力强的劳动密集型产业、中小企业、民营经济,大力发展知识密集型、技术密集型的战略性新兴产业,不断开发就业新领域;需要制定支持小微企业健康发展的政策措施,优化小微企业发展环境,稳定就业岗位。④

---

① 习近平关于全面建成小康社会论述摘编[M].北京:中央文献出版社,2016:145-146.
② 习近平.决胜全面建成小康社会 夺取新时代中国特色社会主义伟大胜利——在中国共产党第十九次全国代表大会上的报告[M].北京:人民出版社,2017:46.
③ 信长星.努力推动实现更高质量的就业[J].中国人口科学,2012(6).
④ 信长星.努力推动实现更高质量的就业[J].中国人口科学,2012(6).

第二,引导劳动者转变就业观念。观念是行动的先导,就业观念的转变是实现高质量就业的重要保障。因此,在实践中需要引导广大就业者转变就业观念。转变就业观念需要引导广大就业者树立"我要就业"的观念,积极主动地融入就业市场,提升自身综合素质,从而实现自我的充分就业;需要引导广大就业者选择深入西部、深入基层以及深入农村就业,从而实现自我价值与社会价值的统一;需要引导广大就业者树立自我创业的观念,从而创造更多的就业岗位。

第三,加强职业技能培训。提高职业技能是实现更高质量就业的重要保障。加强职业技能培训需要坚持以就业为导向,处理好市场需求、产业发展和企业需要的关系;需要统筹推动就业技能培训、岗位技能提升培训和创业培训,加快构建面向所有劳动者终身学习的职业培训体系;需要努力提高劳动者的职业素质和就业能力,缓解就业结构性矛盾,帮助劳动者实现更稳定的就业;需要大力加强高技能人才队伍建设,培养造就一支数量充足、技艺精湛的人才队伍。[①]

第四,完善就业服务体系。完善的就业服务体系是实现更高质量就业的后勤保障。完善就业服务体系需要健全完善失业保险体系,发挥其稳定就业市场的作用;需要健全完善就业信息发布体制,弥补信息不对称的缺陷;需要健全劳动者就业服务免费指导制度,提升劳动者的综合素质,增加劳动者的就业机会。

三、千方百计增加居民收入

生产决定消费,没有生产就没有消费。生产的最终目的是消费,没消费也就没有扩大的再生产。适当地扩大消费增长的幅度,甚至在短时间内,消费的增长快于生产的增长是必要的。这将有利于推动生产的发展,进而推动经济的增长。这表明增加居民的收入,尤其是增加中低收入人群的收入,十分必要。这不仅可以提升人民的生活水平,还有益于经济的发展。中国共产党历来都十分重视增加居民收入,尤其是改革开放以来,党和国家始终把增加居民收入作为一项重大的民生工作。通过提高居民收入在国民收入分配中的比重,提高劳动报酬在初次分配中的比重等举措,我国居民收入实现了快速增长。

居民收入是衡量人民生活水平的重要指标,整体上居民收入越高,人民的生活水平也越高,两者呈正相关关系。千方百计增加居民收入需要拓宽居民收入来源,实现经济发展成果由广大人民共享,这需要在实践中继续在坚持按劳分配的前提下,深化收入分配制度改革;需要实现居民收入增长和经济发展同步、劳动报酬增长和劳动生产率提高同步;需要完善劳动、资本、技术、管理、数据等要素按贡

---

① 信长星.努力推动实现更高质量的就业[J].中国人口科学,2012(6).

献参与分配的初次分配机制;需要加快健全以税收、社会保障、转移支付为主要手段的再分配调节机制;需要多渠道增加居民财产性收入。①

第一,坚持和完善分配制度。分配制度是增加居民收入的制度保障,必须坚持和完善分配制度,为增加居民收入提供制度保障。坚持和完善分配制度需要坚持按劳分配为主体、多种分配方式并存的中国特色社会主义的分配制度。这要求继续坚持按劳分配方式,不断提高劳动报酬在初次分配中的比重,实现居民收入随着经济发展而同步增长;不断完善分配方式,即不断完善劳动、资本、技术、管理、数据、土地等生产要素按贡献参与分配,提高居民收入在国民收入分配中的比重,实现居民收入不断增长。

第二,深化工资制度改革。工资制度改革是增加居民收入的重要途径,工资制度改革有利于提升从业者收入在所在单位分配中的比例。深化工资制度改革需要拓宽工资的组成部分,形成由基本工资、绩效工资、福利工资等多元工资形式组成的工资构成;需要综合考虑,既要考虑外部竞争,也要考虑内部公平,更要考虑薪酬的科学性,从而形成既能调动劳动者积极性,又能提高劳动者报酬的工资制度,实现用人单位与劳动者双赢。

第三,健全再分配调节机制。再分配调节机制是增加居民收入的重要补充方式。通过税收、社会保障、转移支付以及财政补贴等方式的再次分配,增加居民收入。需要更加侧重社会公平性,从而使更多居民的收入的增加;需要建立收益合理的共享机制,从而既提高居民收入,又推动经济社会持续健康发展。

第四,增加居民财产性收入。财产性收入是居民收入的重要组成部分,增加财产性收入也是提高居民收入的重要渠道。财产性收入主要是指居民通过对个人财产的占有权、使用权、处置权等权能的行使,从而获得相应的收益。② 具体来讲,主要是居民通过租赁、分红以及投资增值等方式获得的收益。增加居民财产性收入需要健全财产权保护的法律体系,从法律层面保障居民的财产性收入;需要推进增加居民财产性收入的制度创新,从制度层面保障居民财产性收入;需要拓展居民财产性投资渠道,从实践层面保障居民财产性收入。③

四、加强社会保障体系建设

社会保障不仅是促进社会和谐稳定的稳定器,还是增进人民福祉的保障网。

---

① 胡锦涛. 坚定不移沿着中国特色社会主义道路前进 为全面建成小康社会而奋斗——在中国共产党第十八次全国代表大会上的报告[M]. 北京:人民出版社,2012:36.
② 梁达. 多渠道提速居民财产性收入[J]. 宏观经济管理,2013(5).
③ 莫凡. 解读"多渠道增加居民财产性收入"[J]. 北京社会科学,2013(4).

中国共产党十分重视社会保障事业的建设。中华人民共和国成立以后,党和国家大力推进社会保障事业的发展。我国的社会保障事业大致经历了三个阶段,初创与调整阶段:在这个阶段主要实行的是集体保障,城乡有别的社会保障;停滞与恢复阶段:在这个阶段主要是企业保障,社会保障制度陷入停滞;探索与改革阶段:在这个阶段主要是着力构建多方保障与城乡一体化的社会保障体系。① 整体上,我国的社会保障体系逐渐完善,社会保障事业取得巨大成就。

"社会保障是保障人民生活、调节社会分配的一项基本制度"②。完善的社会保障体系是提高人民生活水平的重要保障。加强社会保障体系建设,需要"全面建成覆盖全民、城乡统筹、权责清晰、保障适度、可持续的多层次社会保障体系"③。全面建成多层次的社会保障体系是全面建成小康社会的重要依托。因此,全面建成多层次合理的社会保障体系需尽快使各项法定保障制度成熟、定型,以及加快建设非法定的其他层次的保障体系步伐,以充分调动市场主体与社会力量乃至家庭及个人的力量,从而不断壮大整个社会保障体系的物质基础。④

第一,建立统筹城乡的社会救助体系。社会救助是社会保障的重要组成部分,加强社会保障体系建设,需要不断完善社会救助体系,建立统筹城乡的社会救助体系。建立统筹城乡的社会救助体系需要不断完善相关的法律法规,从而保障社会救助体系有法可依、依法救助;需要完善社会救助体系的监督机制,从而规范社会救助行为,保障社会救助的公平性,实现社会救助资源合理配置;需要加大对乡村救助的政策扶持,通过政策引导更多社会救助资源向乡村倾斜,从而保障城乡救助体系均衡发展。

第二,建立完善的社会服务体系。完善社会服务体系是加强社会保障体系建设的应有之义,也是保障和改善民生的题中之义。建立完善的社会服务体系需要建立全国统一的社会保险公共服务平台,构建集医疗、救助、住房、工伤、失业等社会保障信息于一体的大系统,尤其是要尽快实现养老保险全国统筹,实现保险信息全国共享,实现资源最优配置;需要构建老有所依,弱有所扶的社会服务体系,尤其是需要健全农村留守儿童和妇女以及老年人的关爱服务体系,从而满足他们的个性化需求。

---

① 邓大松,李芸慧. 新中国70年社会保障事业发展基本历程与取向[J]. 改革,2019(9).
② 胡锦涛. 坚定不移沿着中国特色社会主义道路前进 为全面建成小康社会而奋斗——在中国共产党第十八次全国代表大会上的报告[M]. 北京:人民出版社,2012:36.
③ 习近平. 决胜全面建成小康社会 夺取新时代中国特色社会主义伟大胜利——在中国共产党第十九次全国代表大会上的报告[M]. 北京:人民出版社,2017:47.
④ 郑功成. 多层次社会保障体系建设:现状评估与政策思路[J]. 社会保障评论,2019(1).

第三,构建多层次的保险体系。保险体系是社会保障体系的核心组成部分,构建多层次的保险体系是加强社会保障体系的重要举措。构建多层次的保险体系需要建立城乡统一的居民基本医疗保险制度和大病保险制度;需要完善失业与工伤保险制度;需要完善城镇职工和城乡居民养老保险;需要建立完善的商业保险。

第四,建立符合中国国情的住房保障体系。住房保障是社会保障不可或缺的部分,建立符合中国国情的住房保障体系是加强社会保障体系建设的重要举措。建立符合中国国情的住房保障体系,需要"坚持房子是用来住的、不是用来炒的定位,加快建立多主体供给、多渠道保障、租购并举的住房制度,让全体人民住有所居"①。通过政府与市场相结合的方式以及建设保障性住房等多元举措,更好地满足广大人民的住房刚需。

五、提高人民健康水平

马克思主义经典作家十分关心人民的身体健康,他们通过批判资本主义社会的工作环境与医疗卫生制度,提出建立符合人自由全面发展的工作环境与医疗卫生制度。中国共产党十分重视人民的健康。中华人民共和国成立后,在血吸虫、天花、麻疹、鼠疫等危害人民健康的重大疫情下,党和国家组织开展了爱国卫生运动,通过社会动员、赤脚医生走家串户等举措,有效保障了人民的身体健康。尤其是改革开放以来,党和国家不断健全医疗卫生体系,为保障人民健康夯实了基础。

习近平总书记指出:"没有全民健康,就没有全面小康。"②在全面建成小康社会的实践中,不仅要抓好经济建设、政治建设、文化建设等方面,还要注重提升人民的健康水平。同时,人民健康也是民族昌盛和国家繁荣的重要指标,还是实现人全面发展的重要保障。因此,更需要在中国特色社会主义事业建设的实践中注重提升人民的健康水平。保障人民健康,提升人民健康水平需要不断完善国民健康政策,深化医药卫生体制改革,健全医疗卫生体系,保障食品药品安全,以及开展爱国卫生运动等。

第一,深化医药卫生体制改革。医药卫生体制改革事关人民健康福祉,是保障和改善民生的重要举措。深化医药卫生体制改革需要把人民立场作为根本立

---

① 习近平.决胜全面建成小康社会 夺取新时代中国特色社会主义伟大胜利——在中国共产党第十九次全国代表大会上的报告[M].北京:人民出版社,2017:47.
② 习近平关于全面建成小康社会论述摘编[M].北京:中央文献出版社,2016:147.

场[1],具体需要"全面建立中国特色基本医疗卫生制度、医疗保障制度和优质高效的医疗卫生服务体系,健全现代医院管理制度"[2]。深化医药卫生体制改革需要坚持促进公平和提高效率相结合,从而有效保障广大人民的身体健康;需要坚持政府主导与引入市场机制相结合,从而全面推进医药卫生事业的发展;需要坚持制度建设和体制机制创新相结合,从而建立惠及全民的医疗卫生制度;需要坚持让人民群众得实惠和调动医务人员积极性相结合,从而切实有效维护人民健康权益。[3]

第二,健全医疗卫生服务体系。医疗服务直接关系人民身体健康,完善的医疗卫生服务体系,有助于提升全民健康水平。健全医疗卫生服务体系需要构建防治相结合的现代医疗卫生服务体系,"要推动医疗卫生工作重心下移、医疗卫生资源下沉,推动城乡基本公共服务均等化,为群众提供安全有效方便价廉的公共卫生和基本医疗服务,真正解决好基层群众看病难、看病贵问题"[4]。健全医疗卫生服务体系需要推进分级就诊制度;需要完善药品供应保障体系;需要健全完善全民医保制度[5];需要推进中医事业发展;需要加快医疗服务信息化建设。

第三,保障食品药品安全。"食品药品安全关系每个人身体健康和生命安全。要用最严谨的标准、最严格的监管、最严厉的处罚、最严肃的问责,确保人民群众'舌尖上的安全'。"[6]保障食品药品安全需要加快相关安全标准制定,形成科学完善的食品药品安全治理体系,从而提升食品药品安全保障水平;需要坚持产管并重,建立覆盖生产加工到流通消费一体的监管制度,从而确保食品药品安全;需要着力解决违规使用抗生素、激素等药物的问题,从而确保食品药品安全。[7]

第四,开展爱国卫生运动。爱国卫生运动是预防疾病的重要方式,也是促进人民身心健康和提高人民健康水平的重要方式。开展爱国卫生运动需要加强组织体系建设,从而保障爱国卫生运动顺利开展;开展爱国卫生运动需要设计特色活动载体,从而提升人民的参与积极性;开展爱国卫生运动需要加强法治建设,从而保障爱国卫生事业健康发展。

---

[1] 陈维嘉. 把人民健康放在优先发展战略地位——习近平以人民为中心的卫生健康观探析[J]. 经济社会体制比较,2018(4).

[2] 习近平. 决胜全面建成小康社会 夺取新时代中国特色社会主义伟大胜利——在中国共产党第十九次全国代表大会上的报告[M]. 北京:人民出版社,2017:48.

[3] 李斌. 深化医药卫生体制改革[J]. 求是,2013(23).

[4] 习近平关于全面建成小康社会论述摘编[M]. 北京:中央文献出版社,2016:147.

[5] 李慧. 习近平关于卫生健康重要论述的研究[J]. 科学社会主义,2019(3).

[6] 习近平关于全面建成小康社会论述摘编[M]. 北京:中央文献出版社,2016:151.

[7] 习近平关于全面建成小康社会论述摘编[M]. 北京:中央文献出版社,2016:151.

六、加强和创新社会治理

社会治理是国家治理的重要组成部分。中华人民共和国成立以前,我国的社会治理主要依靠家族与国家相结合的治理方式。中华人民共和国成立以后,我国的社会治理方式发生了巨大的变革,大致经历了四个阶段,"革命型"社会治理阶段:在这个阶段主要通过基层社会的组织化建设与政治运动维护社会秩序,从而进一步改造了旧社会;"管控型"社会治理阶段:在这个阶段主要通过人民公社、单位制、街居制和户籍管理等方式来管控社会,形成了政社合一的社会治理模式;"管理型"社会治理阶段:随着改革的深入推进,社会治理也发生改革,在这个阶段主要通过基层社会管理体制改革、户籍制度改革以及社会治安改革等方式,形成了"党委领导、政府负责、社会协同、公众参与"的社会治理方针;"治理型"社会治理阶段:党的十八大以来,我国社会治理理念与方式发生了变革,形成了以"治理"为理念的社会治理方式。①

社会治理是保障和改善民生,满足人民美好生活需要的重要举措。加强和创新社会治理,需要坚持辩证法,把握好社会治理的度,既不能太死,也不能太松;需要"坚持系统治理、依法治理、综合治理、源头治理"②;需要"党委领导、政府负责、民主协商、社会协同、公众参与、法治保障、科技支撑的社会治理体系"③;需要提高社会治理社会化、法治化、智能化、专业化水平。总之,加强和创新社会治理需要坚持以人民为中心的发展理念,从广大人民最关心的现实利益问题出发,构建社会治理新格局,提升社会治理现代化水平。

第一,加强社会治理制度建设。社会治理制度是维护社会正常秩序的重要保障,因此,加强和创新社会治理需要加强社会治理制度建设。加强社会治理制度建设需要不断加强法治建设,推进科学立法、民主立法、依法立法,以良法促进发展、保障善治;需要加强德治建设,强化道德约束,规范社会行为,调节利益关系,协调社会关系,解决社会问题;需要引导公众用社会公德、职业道德、家庭美德、个人品德等道德规范修身律己,自觉履行法定义务、社会责任和家庭责任,自觉遵守和维护社会秩序;需要利用优秀传统文化,创新治理方式。④

---

① 朱涛. 新中国70年社会治理变迁与基本经验[J]. 北京工业大学学报(社会科学版),2019(4).
② 习近平关于全面建成小康社会论述摘编[M]. 北京:中央文献出版社,2016:139.
③ 中共中央关于坚持和完善中国特色社会主义制度 推进国家治理体系和治理能力现代化若干重大问题的决定[N]. 人民日报,2019-11-06.
④ 向春玲. 加强和创新社会治理的新思路与新举措[J]. 治理现代化研究,2018(3).

第二,健全综合施策的治理体系。加强和创新社会治理是一项庞大复杂的系统工程,这需要坚持问题导向、需求导向以及发展导向相结合,多方面采取措施,形成合力。健全综合施策的治理体系需要健全公共安全体系,完善安全生产责任制,坚决遏制重特大安全事故,提升防灾减灾救灾能力;需要加快社会治安防控体系建设,依法打击和惩治黄赌毒黑拐骗等违法犯罪活动,保护人民人身权、财产权、人格权;需要加强社会心理服务体系建设,培育自尊自信、理性平和、积极向上的社会心态;需要加强社区治理体系建设,推动社会治理重心向基层下移,发挥社会组织作用,实现政府治理和社会调节、居民自治良性互动。[1]

第三,坚守风险防范的治理底线。防范社会风险是社会治理的重要目标,因此,加强和创新社会治理需要坚守风险防范的治理底线,既要有防范风险的先手,也要有应对风险的高招。坚守风险防范的治理底线"要建立社会稳定评估机制,对重大的改革项目或涉及群众利益的事项,在形成决策以及实践过程中,对可能出现的影响社会稳定的风险因素,提前进行预测、分析和评估"[2];坚守风险防范的底线治理需要建立社会应对风险的化解机制,尤其是要正确及时妥善处理人民内部矛盾以及其他矛盾,从而最大限度地增加社会和谐因素。

第四,打造共建共治共享的社会治理新格局。社会是一个多元化的社会,有效的社会治理需要多元主体的参与。新时代的社会治理,不仅要求社会各类群体共同治理社会,还要求广大人民都能享有社会治理的成果,从而形成"人人有责、人人尽责、人人享有的社会治理共同体"[3]。社会治理共同体的精髓就是要打造"共建共治共享"的社会治理新格局。打造共建共治共享社会治理格局有利于实现国家长治久安,有利于人民安居乐业,以及有利于实现中华民族伟大复兴。构建共建共治共享的社会治理格局是一项系统工程,需要不断完善相关的法律法规,需要培育专业型组织与培养人才队伍,需要发挥互联网等现代科学技术的治理作用,需要推动社会发展的社会化、法治化、专业化与智能化。[4]

---

[1] 习近平.决胜全面建成小康社会 夺取新时代中国特色社会主义伟大胜利——在中国共产党第十九次全国代表大会上的报告[M].北京:人民出版社,2017:49.
[2] 郭海军.新时代加强和创新社会治理的科学思想和战略部署[J].科学社会主义,2018(3).
[3] 中共中央关于坚持和完善中国特色社会主义制度 推进国家治理体系和治理能力现代化若干重大问题的决定[N].人民日报,2019-11-06.
[4] 颜克高,任彬彬.共建共治共享社会治理格局:价值、结构与推进路径[J].湖北社会科学,2018(5).

第五节　推进生态文明建设

"建设生态文明,是关系人民福祉、关乎民族未来的长远大计。"[1]这表明保护生态环境不仅能够维护人与自然和谐共生的关系,而且还能够造福人民与推动民族健康发展。同时习近平总书记指出:"纵观世界发展史,保护生态环境就是保护生产力,改善生态环境就是发展生产力。"[2]这表明保护生态环境与发展生产力之间并不是相互矛盾的关系,而是相互促进的关系。换言之,推进生态文明建设是进一步解放和发展生产力的必然要求,解放和发展生产力是保护生态环境的必备条件。推进生态文明建设是满足广大人民群众对美好生态环境的需要,是全面建成小康社会的题中要义,是实现中华民族永续发展的根本大计。推进生态文明建设需要树立"敬畏自然、尊重自然、顺应自然、保护自然"[3]的生态文明理念;需要把生态建设融入经济建设、政治建设、文化建设以及社会建设之中,形成整体推进的建设系统。推进生态文明建设的主要举措,具体如表 3.5.1 所示。

表 3.5.1　推进生态文明建设的主要举措

解决突出生态环境问题	坚决打赢蓝天保卫战
	深入实施水污染防治行动计划
	全面落实土壤污染防治行动
	持续开展农村人居环境整治行动
优化国土空间开发格局	加快实施主体功能区战略
	大力建设海洋强国
	建立健全优化国土空间格局的体制机制
全面促进资源节约	狠抓节能减排降低消耗
	狠抓水资源节约利用
	狠抓矿产资源节约利用
	狠抓土地资源节约集约利用

---

[1] 胡锦涛.坚定不移沿着中国特色社会主义道路前进 为全面建成小康社会而奋斗——在中国共产党第十八次全国代表大会上的报告[M].北京:人民出版社,2012:39.
[2] 习近平关于全面建成小康社会论述摘编[M].北京:中央文献出版社,2016:163.
[3] 习近平.在纪念马克思诞辰 200 周年大会上的讲话[M].北京:人民出版社,2018:21.

续表

加大自然生态系统与环境保护力度	加强生态环境保护教育
	加强生态环境保护立法与执法
	加强生态环境保护投入
	加强生态文明制度建设
构建生态文明体系	构建生态文化体系
	构建生态经济体系
	构建目标责任体系
	构建生态文明制度体系
	构建生态安全体系

一、解决突出生态环境问题

随着工业革命的快速发展,人类改造自然的活动领域不断扩大,改造自然的活动能力不断增强。马克思恩格斯承认这使得人类社会的生产力得到了极大地发展,但也没否定由此带来的负面影响,他们也意识到了资本主义发展过程中带来的人与自然的不和谐。因此,他们不仅从理论上批判资本主义,还意识到要从实践层面去解决生态环境领域的突出问题。中华人民共和国成立以后,在经济社会发展的实践中,依然存在一些亟须解决的生态环境的问题。为此,党和国家采取了相应举措,尤其是改革开放以来,实行较为严格的生态保护制度,开始从制度层面去解决生态领域的突出问题。

生态环境问题是重要的民生问题,也是生态文明建设的重点领域。面对生态文明建设领域中的众多生态环境问题,需要坚持两点论与重点论相统一的方法论,着力解决好突出的生态环境问题,从而更加有效地推进生态文明建设,满足人民对美好生态环境的需要。"生态环境特别是大气、水、土壤污染严重,已成为全面建成小康社会的突出短板。"[1]实现全面建成小康社会的目标,必须解决生态环境突出问题,从而扭转环境恶化局面,满足人民对高质量环境的热切期盼。

第一,坚决打赢蓝天保卫战。"大气环境保护事关人民群众根本利益,事关经济持续健康发展,事关全面建成小康社会,事关实现中华民族伟大复兴中国梦。"[2]由此可见,大气环境的保护在满足人民美好需要、推动经济持续健康发展

---

[1] 习近平关于全面建成小康社会论述摘编[M].北京:中央文献出版社,2016:178.
[2] 十八大以来重要文献选编(上)[M].北京:中央文献出版社,2014:373.

以及实现"两个一百年"奋斗目标中起着十分重要的作用。因此,必须把打赢蓝天保卫战作为重中之重,从而基本消除重污染的天气,进而还老百姓蓝天白云、繁星闪烁的天空。① 坚决打赢蓝天保卫战需要通过优化产业结构、能源结构等举措,减少污染物的排放,从源头治理大气污染;需要健全法律法规,增强违规排放污染物的成本,从实践中治理大气污染;需要动员全民参与大气环境治理,从而形成大气环境治理大格局。

第二,深入实施水污染防治行动计划。水是生命之源,但"我国不仅存在资源型缺水、工程型缺水,而且污染型缺水也较严重"②,深入实施水污染整治行动计划,可以有效保障广大人民群众饮水安全和我国整体用水安全。加强水污染治理需要坚持系统思维,整体推进的策略,即坚持饮用水、地下水以及地表水污染治理协同推进。不断加强饮用水保护力度,通过全面排查饮用水水源地保护区、准保护区及上游地区的污染源,从而强力推进水源地环境整治和恢复,不断改善饮用水水质;需要积极修复地下水,划定地下水污染治理区、防控区和一般保护区,从而强化源头治理、末端修复;大力治理地表水,进一步提高生活污水的处理能力和工业污水的排放标准,对企业污水超标排放"零容忍",尤其是加强对重点水域、重点流域的综合治理。③

第三,全面落实土壤污染防治行动。"土壤是食品安全的第一道防线。"④保障广大人民群众的食品安全,需要实施土壤污染防治行动。加强土壤污染治理需要整体布局,重点突破。即需要企业生产者遵循严格的排污制度,严格执行高毒药品使用管理规定;需要农业生产者严格遵循农药、化肥、农膜的使用规范;需要严格把控企业准入标准,尤其是对土壤环境保护优先区域实行更加严格的环境准入标准,并禁止新建有色金属、化工医药、铅蓄电池制造等项目;需要加强重点区域土壤污染治理,尤其是对于人体健康有影响的污染地块要及时治理,并防止污染扩散;需要及时调整严重污染耕地用途,实现耕地自我恢复。⑤

第四,持续开展农村人居环境整治行动。"良好人居环境,是广大农民的殷切期盼,一些农村'脏乱差'的面貌必须加快改变。"⑥这要求进一步改善农村的环境,从而更好地满足广大农民对美好居住环境的需要。同时,"农村环境直接影响

---

① 坚决打好污染攻坚战 推动生态文明建设迈上新台阶[N]. 人民日报,2018-05-20.
② 十八大以来重要文献选编(上)[M]. 北京:中央文献出版社,2014:637.
③ 十八大以来重要文献选编(上)[M]. 北京:中央文献出版社,2014:637.
④ 十八大以来重要文献选编(上)[M]. 北京:中央文献出版社,2014:637.
⑤ 十八大以来重要文献选编(上)[M]. 北京:中央文献出版社,2014:637-638.
⑥ 习近平关于"三农"工作论述摘编[M]. 北京:中央文献出版社,2019:113-114.

米袋子、菜篮子、水缸子、城镇后花园"①。保障全国人民的食品安全与增强城镇发展的后劲,也需要进一步改善农村环境。因此,必须持续开展人居环境整治行动,从而营造更加美好的农村环境。改善农村环境需要聚焦农村生活垃圾处理、生活污水治理、村容村貌整治、厕所粪污治理、农村道路整治,以及加强村庄规划管理、完善建设和管护机制②,从而有效改善农村人居环境。

二、优化国土空间开发格局

马克思主义创始人也十分重视空间问题的研究,马克思主义经典文献中蕴含着十分丰富的空间思想。尤其是在《资本论》中蕴含着的空间要素理论:空间要素、流通领域的空间要素以及影响农产品生产和流通的空间要素,以及空间理论的三条原理:时空转化原理、不平衡空间发展原理以及商品交换的空间流通原理。③ 马克思的空间理论不仅启发了马克思主义者开创新马克思主义空间理论,而且对优化我国国土空间开发格局,尤其是新时代优化国土空间布局具有十分重要的理论指导意义。改革开放以来,中国共产党以马克思主义空间理论为指导,结合国情不断优化国土空间布局,形成了较为合理的国土开发利用格局。

抓好生态文明建设并不是虚无缥缈地推进,而是需要借助一定的载体。胡锦涛同志指出:"国土是生态文明建设的空间载体,必须珍惜每一寸国土。"④因此,推进生态文明建设,需要以国土为载体,优化国土空间开发格局。这需要国家层面的统筹规划,做好顶层设计;需要坚持"人口资源环境相均衡、经济社会生态效益相统一的原则"⑤;需要统筹考虑人口分布、经济布局、国土利用、生态环境保护等因素;需要科学布局生产空间、生活空间、生态空间,从而给自然留下更多修复空间。

第一,加快实施主体功能区战略。推进生态文明建设,需要落实主体功能区战略,有效发挥其作用。正如习近平总书记指出:"主体功能区战略,是加强生态环境保护的有效途径,必须坚定不移加快实施。"⑥实施主体功能区战略需要不断完善与其相关的法律法规和政策,并不断加强实施监督。重点需要实施严格的环

---

① 习近平关于"三农"工作论述摘编[M]. 北京:中央文献出版社,2019:116.
② 中办国办印发《农村人居环境整治三年行动方案》[N]. 人民日报,2018-02-06.
③ 林承园.《资本论》空间理论探析[J]. 政治经济学评论,2019(5).
④ 胡锦涛. 坚定不移沿着中国特色社会主义道路前进 为全面建成小康社会而奋斗——在中国共产党第十八次全国代表大会上的报告[M]. 北京:人民出版社,2012:39.
⑤ 习近平关于全面建成小康社会论述摘编[M]. 北京:中央文献出版社,2016:166.
⑥ 习近平关于全面建成小康社会论述摘编[M]. 北京:中央文献出版社,2016:166.

境功能区划;需要严格遵循"优化开发、重点开发、限制开发、禁止开发的主体功能定位";需要在陆地和海洋生态环境敏感区、脆弱区等重点生态保护区,划定并严守生态红线;需要构建科学合理的城镇化推进格局、农业发展格局、生态安全格局。①

第二,大力建设海洋强国。海洋是重要的资源阵地,也是国土空间的重要组成部分。这要求合理利用海洋空间,建设海洋强国。建设海洋强国需要以习近平总书记的重要讲话为指南,具体可以从以下几个方面着手:做好海洋空间规划,坚持开发与保护并举;提高海洋资源开发能力,从而奠定海洋经济发展的物质基础;保护海洋生态环境,建设人海和谐的美丽家园;发展海洋科学技术,推动海洋科技向创新引领型转变;增强海上综合实力,维护国家海洋权益和海上安全;加强务实合作,谋求互利共赢,体现大国担当。②

第三,建立健全优化国土空间格局的体制机制。优化国土空间格局不仅需要从实践层面加快实施主体功能区和建设海洋强国,还需要建立完善的体制机制,从而保障优化国土空间格局举措的顺利实施。建立健全优化国土空间格局的体制机制需要构建有利于国土空间开发的财政机制,通过财政的宏观调控,引导国土空间开发形成合理的格局;需要构建有利于国土空间合理开发的规划体制,通过政策调控,引导国土空间开发形成合理的格局;需要构建有利于国土空间合理开发的区际利益协调机制,通过协调各方利益,从而形成国土空间开发的合理格局;需要构建有利于国土空间合理开发的政绩考核机制,通过建立合理的政绩考核指标体系,从而引导国土空间开发格局朝向更加合理的方向发展。③

三、全面促进资源节约

"节约资源是保护生态环境的根本之策。"④保护生态环境不仅在于"保护",更在于"节约"。如果仅仅采取一些扬汤止沸的保护举措,是无法彻底解决生态环境问题的。面对大部分对生态环境造成破坏的做法:自对资源的过度开发、粗放型使用,我们需要采取釜底抽薪的办法,即必须从资源使用这个源头抓起。⑤

在保护生态环境的实践中,党和国家已经深刻认识到,经济社会的发展不能

---

① 习近平关于全面建成小康社会论述摘编[M]. 北京:中央文献出版社,2016:166.
② 王芳. 新时期海洋强国建设形势与任务研究[J]. 中国海洋大学学报(社会科学版),2020(5).
③ 汪阳红. 优化国土空间开发格局的体制机制研究[J]. 经济研究参考,2012(49).
④ 习近平关于全面建成小康社会论述摘编[M]. 北京:中央文献出版社,2016:167.
⑤ 习近平关于全面建成小康社会论述摘编[M]. 北京:中央文献出版社,2016:167.

以过度开发资源与粗放使用自然资源为代价,需要转变经济社会发展模式,并从政策制定、技术攻关以及制度监制等方面作出相应的安排。全面促进资源节约,需要转变资源利用方式,大力推广使用节约集约的资源利用方式;需要加强全生产流域的监督,降低生产资源的消耗强度;需要大力发展循环经济,提高资源的利用效率和经济效益。①

第一,狠抓节能减排降低消耗。节能减排是节约资源的重要途径。做好节能减排工作需要抓住重点,形成示范效应,即抓主要领域,盯重点企业,实施重大工程;需要制定各项标准和完善相关制度,尤其是需要加快完善重点行业、重点产品能效标准和污染物排放标准,推行能效领跑者制度,切实把能效提上去,把排放降下来;需要大力推进万家企业节能低碳行动和重点污染源治理行动,继续推进节能改造、节能技术产业化示范、城镇污水垃圾处理设施及配套管网建设等节能减排重点工程。②

第二,狠抓水资源节约利用。水资源浪费和利用率偏低是我国水资源紧张的重要原因,从而制约经济社会发展,影响全面建成小康社会的成色,因此,必须把节约水资源作为我国实施节约资源基本国策的重点项目之一。节约资源需要实施最严格的水资源管理制度,严把水资源开发利用控制、用水效率控制、水功能区限制纳污"三条红线",加快建设节水型社会;需要大力推进节水农业的发展,着力提高工业用水效率,重点推进高用水行业节水技术改造,加强城市节水工作;需要积极推进污水资源化处理,提高再生水利用水平。③

第三,狠抓矿产资源节约利用。矿产资源是经济发展的重要资源,目前我国的矿产资源利用率和回收率都低于国际先进水平,使得我国矿产资源浪费偏高。因此,推动经济社会持续健康发展需要节约矿产资源和提高矿产资源利用效率。提高矿产资源的利用率需要建立健全集勘探开发、选矿冶炼、废弃尾矿利用于一体的激励约束机制;需要引导各个环节的企业自觉节约利用矿产资源;需要进一步提高开采回采率、选矿回收率、综合利用率,提高废弃物的资源化水平。④

第四,狠抓土地资源节约集约利用。土地资源是经济社会发展不可或缺的资源,面对人均耕地资源紧张的情况,必须节约土地资源。节约土地资源需要必须按照控制总量、严控增量、盘活存量的原则,推进土地节约集约利用;需要坚持最

---

① 胡锦涛. 坚定不移沿着中国特色社会主义道路前进 为全面建成小康社会而奋斗——在中国共产党第十八次全国代表大会上的报告[M]. 北京:人民出版社,2012:40.
② 十八大以来重要文献选编(上)[M]. 北京:中央文献出版社,2014:635.
③ 十八大以来重要文献选编(上)[M]. 北京:中央文献出版社,2014:635-636.
④ 十八大以来重要文献选编(上)[M]. 北京:中央文献出版社,2014:636.

严格的耕地保护制度,严守18亿亩耕地红线和粮食安全底线;需要科学确定新增建设用地规模、结构和时序,健全用地标准,从严控制各类建设用地;需要进一步盘活存量建设用地,加大力度清理闲置土地;需要强化用地节地责任考核,切实做到节约每一寸土地。①

四、加大自然生态系统与环境保护力度

良好的生态环境也是人民美好生活需要的重要方面,保护生态环境就是满足人民对于美好生活的追求。"良好的生态环境是人和社会持续发展的根本基础。"②这表明生态环境对于人的全面发展和社会的持续健康发展都有着十分重要的作用,因此,必须要保护好生态环境。保护生态环境一直都是党和国家十分重视的工作,面对日益突出的生态环境问题,必须进一步加大自然生态系统和环境保护力度。

加大生态系统与环境的保护力度,总体上需要在实践中实施重大生态修复工程,从而构建起生态廊道和生物多样性保护网络;需要划定生态保护红线,从而构建起最严格的生态保护基线;需要开展国土绿化行动,大力推进荒漠化、石漠化、水土流失综合治理;需要完善天然林保护制度,扩大退耕还林还草的面积;需要严格保护耕地,扩大轮作休耕试点。③

第一,加强生态环境保护教育。理念是行动的先导,只有全社会树立起"绿水青山就是金山银山"的理念,才会形成保护生态环境的合力。因此,在实践中加大自然生态系统和环境保护力度,需要不断加强生态环境保护教育,形成生态环境保护意识。加强生态环境保护教育需要在学校中开展生态环境保护教育,通过学校教育使广大学生认识到保护生态环境的重要性;需要在企事业单位开展生态环境保护教育,通过短期的培训与长期理论学习,使企事业工作人员牢固树立绿色生产的理念;需要在社会上开展生态环境保护教育,通过理论宣讲、橱窗与横幅等方式宣传保护环境的重要性,使人民群众养成绿色生活的良好习惯。

第二,加强生态环境保护立法与执法。法律是保护生态环境的重要保障。加大自然生态系统和环境保护力度需要不断健全生态环境保护的法律,从而织密生态环境保护的法律保障网。运用法律法规保护生态环境重点在于生态环境保护

---

① 十八大以来重要文献选编(上)[M].北京:中央文献出版社,2014:636.
② 胡锦涛.坚定不移沿着中国特色社会主义道路前进 为全面建成小康社会而奋斗——在中国共产党第十八次全国代表大会上的报告[M].北京:人民出版社,2012:40.
③ 习近平.决胜全面建成小康社会 夺取新时代中国特色社会主义伟大胜利——在中国共产党第十九次全国代表大会上的报告[M].北京:人民出版社,2017:51-52.

有法可依,要不断完善生态环境保护的相关法律法规。运用法律法规保护生态环境难点在于向人民群众普及生态环境保护的法律法规,从而使人民群众自觉遵守相关法律法规。运用法律法规保护生态环境关键在于执法必严与违法必究,需要执法部门对违反生态环境保护法的行为采取零容忍的态度。

第三,加强生态环境保护投入。加大自然生态系统和环境的保护力度,不仅需要引导人民群众树立保护生态环境的理念,以及健全生态环境保护法律法规,并增强执法力度,而且需要加强对生态环境保护的相关投入,尤其是资金与技术的投入。加大自然生态系统和环境保护力度需要加强资金的投入,从而保障生态环境行动持久进行;需要加强科技的投入,通过研发利于保护生态环境的技术,增加生态环境保护的科技力量,提升生态环境保护的实践效果。[1]

第四,加强生态文明制度建设。保护生态环境离不开制度,只有筑牢生态保护的制度,才能推进生态文明建设迈上新台阶。正如习近平总书记所说:"只有实行最严密的制度、最严密的法治,才能为生态文明建设提供可靠保障。"[2]加强生态文明制度建设重点需要加强以下几个方面的制度建设。一是建立健全生态保护补偿制度。生态保护补偿制度是推进生态文明建设的助推器,也是加强生态文明制度建设的重中之重。通过科学界定生态保护者与受益者权利义务,从而构建起生态损害者赔偿、受益者付费、保护者得到合理补偿的体制机制。[3] 二是建立健全政绩考核制度。构建以绿色发展为导向的政绩考核指标体系,有利于调动各级政府推进生态文明建设的积极性和主动性。[4] 三是建立健全生态环境责任追究制度。生态环境责任追究制度是生态文明制度建设的重要组成部分。建立健全生态环境责任追究制度,"主要是对领导干部的责任追究制度"[5],尤其是建立终身责任追究制,把生态文明建设纳入各级领导干部考核的指标体系之中,并贯穿于其整个政治生涯之中,实行离岗不免责的责任制度。[6]

五、构建生态文明体系

生态文明建设是一项涉及面广的系统工程,需要坚持系统思维,从整体层面

---

[1] 陈明辉. 加大自然生态系统和环境保护力度的15条建议[J]. 重庆社会科学,2012(12).
[2] 习近平谈治国理政[M]. 北京:外文出版社,2014:210.
[3] 十八大以来重要文献选编(中)[M]. 北京:中央文献出版社,2016:498.
[4] 陈俊,张忠潮. 习近平生态文明思想:要义、价值、实践路径[J]. 中共天津市委党校学报,2016(6).
[5] 习近平关于全面建成小康社会论述摘编[M]. 北京:中央文献出版社,2016:169.
[6] 十八大以来重要文献选编(中)[M]. 北京:中央文献出版社,2016:499.

布局,构建完善的生态文明体系。生态文明体系是实现生态质量好转,人与自然和谐共生,助力全面建成小康社会的重要保障。构建生态文明体系需要构建起"文化—经济—责任—制度—安全"全面协同的体系,从而真正织密治理生态环境的保护网。构建生态文明体系,具体需要在实践中"加快建立健全以生态价值观念为准则的生态文化体系,以产业生态化和生态产业化为主体的生态经济体系,以改善生态环境质量为核心的目标责任体系,以治理体系和治理能力现代化为保障的生态文明制度体系,以生态系统良性循环和环境风险有效防控为重点的生态安全体系"①。

第一,构建生态文化体系。生态文明建设不仅要塑形更需要铸魂,需要从文化层面来引领生态文明建设。文化是民族的血脉,具有涵养、熏陶以及教化等作用。生态文化主要指人类在社会发展的实践中创造的反映人与自然关系的精神财富。生态文化是生态文明建设的灵魂,良好的生态文化体系包括人与自然和谐共生、共存、共荣的生态意识。构建生态文化体系,需要弘扬优秀的传统生态文化,从而推动中华生态智慧复兴;需要重新审视人与自然关系,从而构建生命哲学和环境伦理;需要辩证看待工业文化,从而培育生态意识和生态理念。② 总之,构建生态文明体系,就是构建生态价值观念,从而在全社会大力倡导人、自然、社会以及经济等生命共同体的观念,营造人人建立好生态、保护好生态、维护好生态的社会氛围。

第二,构建生态经济体系。生态建设与经济发展密不可分,没有良好生态作为基础,没有丰富的资源作为依托,经济发展难免成为无源之水;没有经济发展作为支撑,生态建设也同样会失去发展活力和动力。强大的经济实力是推进生态发展的雄厚物质基础,生态经济体系是新时代生态文明建设的重要保障。在构建生态经济体系的实践中,需要做到生态与产业相结合,从而实现经济效益与生态效益同步增长;需要做到绿色牵引与创新驱动相结合,从而实现产业结构的转型升级;需要做到发挥优势与彰显特色相结合,从而走出具有地域特色的产业发展道路;需要做到"有形的手"与"无形的手"相结合,从而推进产业发展的体制机制创新。③ 总之,构建生态经济体系就是要构建"以产业生态化和生态产业化为主体的生态经济体系",把产业的发展融入生态的修复、保护以及维护之中,把生态的建设融入产业的发展之中,从而使生态资源变成国民资产。

---

① 习近平谈治国理政(第三卷)[M]. 北京:外文出版社,2020:366.
② 刘永凌. 加快构建以生态价值观念为准则的生态文化体系[N]. 中国环境报,2020-08-28.
③ 宗长青. 构建生态经济体系重在"四个结合"[N]. 学习日报,2019-07-10.

第三,构建目标责任体系。党的十七大把生态文明建设写入党中央正式报告,标志着生态文明建设在社会主义现代化建设中的作用凸显,搞好生态文明建设显得更加紧迫。生态文明建设的重要基础和主要依靠路径,是明确责任主体,构建目标体系。构建生态目标责任体系重点在于构建政府为主导责任、企业为主体责任、社会组织和公众共同参与的责任体系,从而推进政府的责任由行政强制向文明倡导和监管服务转变,推进企业从不情愿履行社会责任向主动履行环境责任转变,推进社会组织和公众从不积极向关心和积极参与转变。① 总之,构建生态目标责任体系,重点就是构建"以改善生态环境质量为核心的目标责任体系"②,从而充分调动政府、企业、公众与社会投入生态建设的积极性。

第四,构建生态文明制度体系。生态文明建设不仅涉及生产方式与生活方式的变革,还涉及价值观念与思维方式的革新。因此,只有构建完整的生态文明制度体系,才能使生态文明建设具有可靠的保障。经过长期的努力,我国的生态文明制度建设取得一定的成效,但依然还有值得完善的地方。因此,构建生态文明体系,需要重点做好以下几个方面的工作:不断健全绿色高效决策制度;建立生态有价评估制度;完善生态环境监管制度;推行生态优先考核制度。③ 总之,保护生态环境必须依靠制度,构建生态文明制度体系,就是要构建"以治理体系和治理能力现代化为保障的生态文明制度体系"④,就是从治理入手,完善生态环境保护的制度。

第五,构建生态安全体系。生态文明建设的重要目标就是要保障生态安全,同时生态安全是国家安全体系的重要组成部分。这要求推进生态文明建设必须高度重视生态安全,积极构建生态安全体系,从而有效保障生态安全。构建生态安全体系,既需要构建生态系统内部的安全保障体系,也需要构建生态系统外部的安全保障体系;既需要构建生态系统内部的风险防范体系,也需要构建生态系统外部的风险防范体系。总之,构建生态安全体系,需要积极构建"以生态系统良性循环和环境风险有效防控为重点的生态安全体系"⑤。这要求在实践中树立战略思维和创新思维,维护生态系统的完整性、稳定性和功能性,确保生态系统的良性循环。

---

① 曹洪军,李昕. 中国生态文明建设的责任体系构建[J]. 暨南学报(哲学社会科学版),2020(7).
② 习近平出席全国生态环境保护大会并发表重要讲话[EB/OL]. 中华人民共和国中央人民政府,2018-05-19.
③ 张修玉. 努力构建生态文明制度体系[N]. 中国环境报,2015-07-14.
④ 习近平出席全国生态环境保护大会并发表重要讲话[EB/OL]. 中华人民共和国中央人民政府,2018-05-19.
⑤ 习近平出席全国生态环境保护大会并发表重要讲话[EB/OL]. 中华人民共和国中央人民政府,2018-05-19.

第四章

全面建成小康社会的主要成就

40 年来,我们始终坚持以经济建设为中心,不断解放和发展社会生产力,我国国内生产总值由 3679 亿元增长到 2017 年的 82.7 万亿元,年均实际增长 9.5%,远高于同期世界经济 2.9%左右的年均增速。我国国内生产总值占世界生产总值的比重由改革开放之初的 1.8%上升到 15.2%,多年来对世界经济增长贡献率超过 30%。我国货物进出口总额从 206 亿美元增长到超过 4 万亿美元,累计使用外商直接投资超过 2 万亿美元,对外投资总额达到 1.9 万亿美元。我国主要农产品产量跃居世界前列,建立了全世界最完整的现代工业体系,科技创新和重大工程捷报频传。我国基础设施建设成就显著,信息畅通,公路成网,铁路密布,高坝矗立,西气东输,南水北调,高铁飞驰,巨轮远航,飞机翱翔,天堑变通途。现在,我国是世界第二大经济体、制造业第一大国、货物贸易第一大国、商品消费第二大国、外资流入第二大国,我国外汇储备连续多年位居世界第一,中国人民在富起来、强起来的征程上迈出了决定性的步伐!

——习近平

今天,在中国共产党领导下,我们开辟了中国特色社会主义道路,形成了中国特色社会主义理论体系,建立了中国特色社会主义制度,发展了中国特色社会主义文化,推动中国特色社会主义进入了新时代。中国人民拥有了前所未有的道路自信、理论自信、制度自信、文化自信,中华民族伟大复兴展现出前所未有的光明前景!

——习近平

中华民族的复兴是为中国人民谋幸福,也将为世界和平和人类进步作出更大贡献。

——习近平

在新中国成立 70 多年的发展历程上、在改革开放 40 多年的发展实践上,我国实现了2020年全面建成小康社会的奋斗目标。全面建成小康社会的成就重大、成效突出,主要表现在,在国内而言:创造了中国式发展奇迹、开创了中国特色社会主义新境界;在国际而言:为世界发展贡献了中国智慧。

第一节 创造中国式发展奇迹

"五位一体"是党的十八报告首次提出的,即经济建设、政治建设、文化建设、社会建设、生态文明建设。"五位一体"作为建设中国特色社会主义的总体布局,并不是凭空捏造的创新理论,而是中国共产党在领导人民进行中国特色社会主义建设的伟大实践中,认识不断深化、理论不断创新的结果。党的十二大报告提出了"两个文明",即物质文明和精神文明,形成了"两位一体";党的十五大报告在党的十二大以来实践的基础上,提出"政治建设",形成了"三位一体";党的十七大报告在党的十五大以来建设的基础上,提出"社会建设",形成了"四位一体";之后,党的十八大报告提出"生态文明建设"。至此,"五位一体"形成。"五位一体"是我们党在进行中国特色社会主义建设中形成的总体布局,这为全面建成小康社会目标提供了强有力的保障。

一、经济建设取得重大成就

经济建设是党的中心工作,是实现国家繁荣、促进民生改善的根基,能为全面建成小康社会打下扎实的物质基础。我们党一直以来高度重视经济建设,并且在领导全国人民进行中国特色社会主义建设中,经济建设取得了重大成就。经济建设成就的取得,是有计划、分阶段实现的。为了整个国民经济的现代化过程将取得重大进展、人民的物质文化生活可以达到小康水平,党的十二大报告确定了我国经济建设的战略目标,即"在不断提高经济效益的前提下,力争使全国工农业的年总产值翻两番,即由一九八〇年的七千一百亿元增加到二〇〇〇年的二万八千亿元左右"[1]。经过20年的发展,我国经济建设取得了历史性成就,正如党的十六大报告指出:"二〇〇一年,我国国内生产总值达到九万五千九百三十三亿元,比一九八九年增长近两倍,年均增长百分之九点三,经济总量已居世界第六位。人民生活总体上实现了由温饱到小康的历史性跨越。"[2]并指出了全面建设小康

---

[1] 十二大以来重要文献选编(上)[M]. 北京:中央文献出版社,2011:11-12.
[2] 十六大以来重要文献选编(上)[M]. 北京:中央文献出版社,2011:5.

社会在经济建设方面的目标,即"国内生产总值到二〇二〇年力争比二〇〇〇年翻两番"①。党的十七大报告在此基础上对我国经济发展提出了新的更高要求,即"实现人均国内生产总值到二〇二〇年比二〇〇〇年翻两番"②,确保到2020年实现全面建成小康社会的奋斗目标。从党的十六大到党的十八大,经过10年的努力发展,我国经济取得了新的历史性成就,正如党的十八大报告指出:"我国经济总量从世界第六位跃升到第二位。"③之后,经过5年的快速发展,党的十九大报告指出:"经济保持中高速增长,在世界主要国家中名列前茅,国内生产总值从五十四万亿元增长到八十万亿元,稳居世界第二,对世界经济增长贡献率超过百分之三十。"④从历次党代会的报告中可见,我国经济建设取得了重大成就,并为我国全面建成小康社会奠定了坚实、雄厚的物质基础。

党的十二大以来,我国在经济建设方面取得的成就,非常重大,同时又实属不易。因为,我们不仅要完成既定的国内经济增长目标,还要在应对国内突发事件、自然灾害等不可预料情况中发展,必须克服重重困难;不仅要保持稳定的国际经济增长贡献,还要在应对国际金融危机、局部动荡等复杂形势中前进,必须战胜众多挑战。我国在经济建设方面取得的重大成就主要表现为:

其一,经济总量大幅增加。全面小康社会的演进历程,就是我国经济快速发展的历程,我国经济的快速发展、规模的不断扩大、地位的逐渐提高、贡献的逐步突出是其最显著的成就,最终实现了从"被开除球籍"的危险到"世界经济的新引擎"地位的转变。就我国经济总量而言,"1978年我国经济总量仅有3678.7亿元,1986年就突破了1万亿元,1995年突破5万亿元,2006年突破20万亿元,2008年突破30万亿元,2012年突破50万亿元,2014年突破60万亿元,2016年突破70万亿元,2017年突破80万亿元,2018年突破90万亿元,2019年接近100万亿元"(如表4.1.1所示)⑤。就我国经济的国际地位而言,"2000年超越意大利居第6位,2005年超越法国居第5位,2006年超越英国居第4位,2007年超越德国居第3位",⑥2009年超越日本至今,一直稳居世界第2位。

---

① 十六大以来重要文献选编(上)[M]. 北京:中央文献出版社,2011:15.
② 十七大以来重要文献选编(上)[M]. 北京:中央文献出版社,2009:15.
③ 十八大以来重要文献选编(上)[M]. 北京:中央文献出版社,2014:5.
④ 习近平. 决胜全面建成小康社会 夺取新时代中国特色社会主义伟大胜利——在中国共产党第十九次全国代表大会上的报告[N]. 人民日报,2017-10-28.
⑤ 詹成付. 全面小康社会的演进、实践成果及深刻启示[J]. 红旗文稿,2020(4).
⑥ 詹成付. 全面小康社会的演进、实践成果及深刻启示[J]. 红旗文稿,2020(4).

<<< 第四章　全面建成小康社会的主要成就

表 4.1.1　1978—2019 年我国经济总量增长情况

年份	经济总量(亿元)
1978	3678.7
1986	18774
1995	57733
2006	209407
2008	300670
2012	519322
2014	636463
2016	744127
2017	827122
2018	900309
2019	990865

注:图中数据为作者根据国家统计局公报历年数据整理而得。

其二,粮食产量稳步增产。我国粮食产量逐年增产,不仅解决了人们的温饱问题,还实现了从"吃得饱"到"吃得好"、"好吃的"到"吃健康"的转变,极大地满足了人们的各层次物质需求(如表 4.1.2 所示)。

表 4.1.2　1978—2019 年我国粮食产量情况

年份	粮食产量(万吨)
1978	30475
2012	58957
2013	60194
2014	60710
2015	62144
2016	61624
2017	61791
2018	65789
2019	66384.34

注:图中数据为作者根据国家统计局公报历年数据整理而得。

其三,科技研发成果丰硕。我国经济建设的重大成就、经济实力的不断增强,

115

为科技研发奠定了雄厚的物质基础、科技成果问世提供了充足的保障条件。尤其是党的十八大以来,我国的大飞机、复兴号等重大科技成果相继问世,实现了"天上飞、地面跑、海下潜"各方面科技的发展、创新,充分地展示了我国超强的经济实力、科技实力(如表4.1.3所示)。

表4.1.3 2012—2019年我国科技创新成就

年份	典型成就
2012	神舟九号、航空母舰"辽宁舰"
2013	蛟龙号深潜超7000米
2014	"Y两优900"
2015	暗物质探测卫星发射升空
2016	"中国天眼""墨子号"、神舟十一号、天宫二号
2017	C919大型客机、量子计算机、港珠澳大桥、复兴号
2018	嫦娥四号探测器成功发射、国产大型水陆两栖飞机水上首飞
2019	嫦娥四号第一次登陆月球背面、雪龙2号首航南极、北京大兴国际机场

其四,对外贸易不断攀升。根据国家统计局数据显示:1978年我国进出口贸易总额为355亿元,比1977年增长33%[1];到2012年时我国全年货物进出口总额达到38668亿美元,比2011年增长6.2%[2];之后到2019年时,我国货物进出口总额达到315505亿元,较2018年增长3.4%。[3](如表4.1.4所示)

表4.1.4 1978—2019年我国对外贸易情况

年份	贸易总额
1978	355亿元
1979	455亿元
1980	563亿元
1981	735.5亿元
1983	860.1亿元
1984	1201.2亿元

---

[1] 1978年国民经济计划执行结果的公报[EB/OL].国家统计局,1979-06-27.
[2] 2012年国民经济和社会发展统计公报[EB/OL].国家统计局,2013-02-22.
[3] 国家统计局.中华人民共和国2019年国民经济和社会发展统计公报[N].人民日报,2020-02-29.

续表

年份	贸易总额
2012	38668 亿美元
2017	277923 亿元
2018	305050 亿元
2019	315505 亿元

注：图中数据为作者根据国家统计局公报历年数据整理而得。

二、政治建设迈出重大步伐

我们党历来高度重视人民民主，以实现和发展人民民主为己任。党的十五大报告首次提出了"政治建设"，即"在中国共产党领导下，在人民当家作主的基础上，依法治国，发展社会主义民主政治。这就要坚持和完善工人阶级领导的、以工农联盟为基础的人民民主专政；坚持和完善人民代表大会制度和共产党领导的多党合作、政治协商制度以及民族区域自治制度；发展民主，健全法制，建设社会主义法治国家。实现社会安定，政府廉洁高效，全国各族人民团结和睦，生动活泼的政治局面"[1]。党的十六大报告进一步强调了政治建设的重要性，指出："发展社会主义民主政治，建设社会主义政治文明，是全面建设小康社会的重要目标。"[2]在此发展的基础上，党的十七大报告提出了实现全面建设小康社会奋斗目标在政治建设方面的新要求，强调"扩大社会主义民主，更好保障人民权益和社会公平正义。公民政治参与有序扩大。依法治国基本方略深入落实，全社会法制观念进一步增强，法治政府建设取得新成效。基层民主制度更加完善。政府提供基本公共服务能力显著增强"[3]。党的十八大以来，我们党在十六大、十七大确立的全面建设小康社会目标的基础上，根据"人民民主不断扩大"新的目标要求，努力发展民主政治、加快进行政治建设，正如党的十九大报告指出我国民主法治建设迈出重大步伐，即"积极发展社会主义民主政治，推进全面依法治国，党的领导、人民当家作主、依法治国有机统一的制度建设全面加强，党的领导体制机制不断完善，社会主义民主不断发展，党内民主更加广泛，社会主义协商民主全面展开……国家监察体制改革试点取得实效，行政体制改革、司法体制改革、权力运行制约和监督体

---

[1] 十五大以来重要文献选编（上）[M].北京：中央文献出版社，2011：16.
[2] 十六大以来重要文献选编（上）[M].北京：中央文献出版社，2011：24.
[3] 十七大以来重要文献选编（上）[M].北京：中央文献出版社，2009：15.

系建设有效实施"①。

在如期实现全面建成小康社会奋斗目标之际,我国实现了民主制度更加完善、民主形式更加丰富、民主权力充分保障的伟大目标,可谓是政治建设迈出了重大步伐、取得了重大成就、展现了重大成效。我国政治建设迈出重大步伐主要体现在以下主要方面:

其一,落实全面从严治党。中国共产党是中国特色社会主义事业的坚强领导核心,怀揣和肩负着"为中国人民谋幸福,为中华民族谋复兴"②的初心与使命。因此,坚持党的集中统一领导,为全面建成小康社会提供政治保障,也是全面建成小康社会的基本经验。与此同时,中国共产党也需要不断加强自身建设,正如习近平总书记指出"打铁还需自身硬"③,以此来不断提高我们党执政水平的能力、服务人民的能力,从而巩固执政基础。为此,我们党就必须不断加强党的自身建设,坚持党要管党,并且必须是从严治党。我们党历来高度重视党的建设,在反腐倡廉方面取得了重大成效。尤其是党的十八大以来,我们党以空前的力度、坚定的决心,坚持"无禁区、全覆盖、零容忍,坚定不移'打虎'、'拍蝇'、'猎狐'"的原则和态度,在反腐上取得令人瞩目的成果,例如:周永康、徐才厚等一批"大老虎"被打。党的十八大以来至2017年6月,我国"共立案审查中管干部280多人、厅局级干部8600多人、县处级干部6.6万人"④。党的十九大以来,我国反腐力度仍然没有放松,保持高压状态,2017年我国查处中管干部18人、省管干部221人;2018年我国查处中管干部23人、省管干部354人,较2017年分别增加5人、133人;2019年我国查处中管干部20人、省管干部408人,其中省管干部较2018年增加54人⑤。(如图4.1.1所示)

---

① 习近平. 决胜全面建成小康社会 夺取新时代中国特色社会主义伟大胜利——在中国共产党第十九次全国代表大会上的报告[N]. 人民日报,2017-10-28.
② 习近平. 决胜全面建成小康社会 夺取新时代中国特色社会主义伟大胜利——在中国共产党第十九次全国代表大会上的报告[N]. 人民日报,2017-10-28.
③ 十八大以来重要文献选编(上)[M]. 北京:中央文献出版社,2014:70.
④ 坚决打赢反腐败这场正义之战——党的十八大以来反腐败斗争成就述评[N]. 人民日报,2017-09-18.
⑤ 中央纪委国家监委网站通报执纪审查中管干部20人省管干部408人 2019年反腐败"成绩单"亮眼[EB/OL]. 人民网,2020-01-03.

图 4.1.1　2017 年到 2019 年我国反腐成效

注：图中数据为经作者根据人民网相关信息整理而得。

其二，全面实施依法治国战略。法治是"国家治理体系和治理能力的重要依托"[1]。全面实施依法治国战略，是全面建成小康社会的内在要求，也为全面建成小康社会提供法治保障。全面实施依法治国战略，是我国政治建设中的重大举措，也是我国政治建设中的重大成就，因为其可以有效地促进司法公平正义，从而保障人民安居乐业，正如习近平总书记指出："努力让人民群众在每一个司法案件中都能感受到公平正义，决不能让不公正的审判伤害人民群众感情、损害人民群众权益。"[2]于是，党的十八以来我国一些重大冤假错案陆续得到重审纠正，例如：2013 年 3 月 26 日，浙江的张氏叔侄被宣告无罪；2014 年 12 月 5 日，内蒙古的呼格吉勒图经再审被判无罪；2016 年 12 月 2 日，河北的聂树斌被改判无罪；2020 年 8 月 4 日，江西的张玉环被宣告无罪。此外，《中国法院的司法改革（2013—2018）》白皮书指出，2013 年以来人民法院通过审判监督程序纠正重大刑事冤假错案 46 起，2014 年至 2018 年，各级人民法院共依法宣告 4868 名被告人无罪。[3]

其三，深化党和国家机构改革。深化党和国家机构改革，是上层建筑适应经济基础客观规律的必然要求，是为了更好地促进社会良性发展。深化党和国家机

---

[1]　习近平．习近平总书记系列重要讲话读本[M]．北京：学习出版社，2014：49．
[2]　习近平．在首都各界纪念现行宪法公布施行 30 周年大会上的讲话[N]．人民日报，2012-12-05．
[3]　最高人民法院．中国法院的司法改革（2013—2018）[M]．北京：人民法院出版社，2019：21．

构改革,有利于"健全党的领导体系、政府治理体系、武装力量体系、群团工作体系,系统性增强党的领导力、政府执行力、武装力量战斗力、群团组织活力"①。为了更好遵循社会发展规律、适应社会发展形势、满足社会发展需求,从1982年至今,我国国务院机构一共进行了8次改革,分别是在1982年、1988年、1993年、1998年、2003年、2008年、2013年、2018年。其中,1982年,国务院所属部委由52个裁并为42个;1988年,国务院部委由原来的45个减为41个;1993年,国务院原有组成部门由42个调整为41个;1998年,国务院组成部门由40个精简为29个;2003年,除国务院办公厅外,国务院设置组成部门28个;2008年,除国务院办公厅外,国务院设置组成部门27个;2013年,除国务院办公厅外,国务院设置组成部门25个;2018年,国务院机构改革后正部级机构减少8个,副部级机构减少7个,除国务院办公厅外,国务院设置组成部门26个(如表4.1.5-4.1.6所示)。②

表4.1.5 1982—2018年国务院机构改革情况

年份	组成部门(个)
1982	42
1988	41
1993	41
1998	29
2003	28
2008	27
2013	25
2018	26

注:图中数据为作者根据《人民日报》相关信息整理而得。

---

① 习近平在深化党和国家机构改革总结会议上强调 巩固党和国家机构改革成果 推进国家治理体系和治理能力现代化[N]. 人民日报,2019-07-06.
② 图解:历次国务院机构改革[N]. 人民日报,2018-03-17.

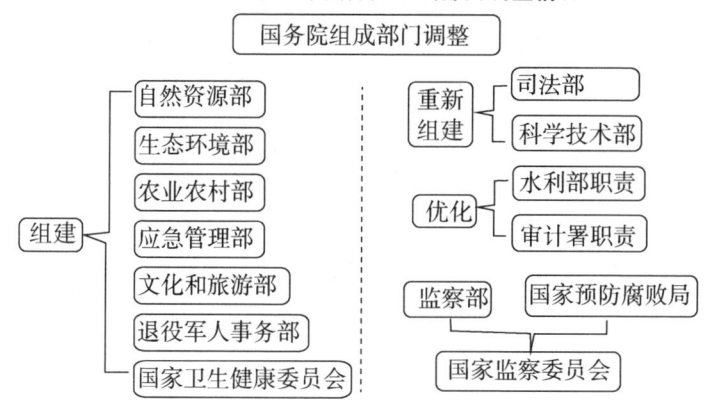

表 4.1.6　2018 年国务院组成部门调整情况

```
                    国务院组成部门调整
         ┌──────────────────┬──────────────────┐
         │                                     │
      组建                                  重新组建 ─── 司法部
         ├── 自然资源部                              └── 科学技术部
         ├── 生态环境部
         ├── 农业农村部                      优化 ─── 水利部职责
         ├── 应急管理部                          └── 审计署职责
         ├── 文化和旅游部
         ├── 退役军人事务部                  监察部 ─── 国家预防腐败局
         └── 国家卫生健康委员会                      └── 国家监察委员会
```

三、文化建设取得重大进展

我们党历来高度重视文化建设、高度认可文化作用,并将其作为建设社会主义的一个战略方针问题。党的十二大报告提出了"努力建设高度的社会主义精神文明"①的目标,并指出"社会主义精神文明的建设大体可以分为文化建设和思想建设两个方面。这两方面又是互相渗透和互相促进的"②。经过 5 年的努力奋斗,我国社会主义精神文明建设有了重要进展,正如党的十三大报告指出:"理想教育、道德教育和法制教育,在全社会范围内广泛展开。教育、科学、文化、艺术、新闻、出版、卫生、体育事业欣欣向荣。九年制义务教育正在逐步实施。"③精神文明建设在经济建设、改革开放中扮演着重要的角色,可以为其提供强大的精神动力和智力支持。为此,党的十四大报告指出要"坚持两手抓,两手都要硬,把社会主义精神文明建设提高到新水平"④。随后,党的十五大报告强调了"建设有中国特色社会主义的文化,就是以马克思主义为指导,以培育有理想、有道德、有文化、有纪律的公民为目标,发展面向现代化、面向世界、面向未来的,民族的科学的大众的社会主义文化"⑤。在此基础上,我们党的十六大报告提出了全面建设小康社会在文化建设方面的新目标,即"全民族的思想道德素质、科学文化素质和健康素质明显提高,形成比较完善的现代国民教育体系、科技和文化创新体系、全民健身和医疗卫生体系。人民享有接受良好教育的机会,基本普及高中阶段教育,消

---

① 十二大以来重要文献选编(上)[M].北京:中央文献出版社,2011:21.
② 十二大以来重要文献选编(上)[M].北京:中央文献出版社,2011:24.
③ 十三大以来重要文献选编(上)[M].北京:中央文献出版社,1991:7.
④ 十四大以来重要文献选编(上)[M].北京:中央文献出版社,2011:26.
⑤ 十五大以来重要文献选编(上)[M].北京:中央文献出版社,2011:16.

除文盲。形成全民学习、终身学习的学习型社会,促进人的全面发展"①。党的十六大以来的5年,我国开创了中国特色社会主义事业新局面,文化建设也开创了新境界,正如党的十七大报告指出的我国文化建设的成就——"社会主义核心价值体系建设扎实推进,马克思主义理论研究和建设工程成效明显。思想道德建设广泛开展,全社会文明程度进一步提高。文化体制改革取得重要进展,文化事业和文化产业快速发展,人民精神文化生活更加丰富。全民健身和竞技体育取得新成绩"②。并且党的十七大报告提出了实现全面建设小康社会奋斗目标在文化建设方面的更新要求,即"加强文化建设,明显提高全民族文明素质"③。党的十八大报告在党的十七大发展的基础上,再次提出了全面建成小康社会在文化建设方面的新目标,即"文化软实力显著增强。社会主义核心价值体系深入人心,公民文明素质和社会文明程度明显提高。文化产品更加丰富,公共文化服务体系基本建成,文化产业成为国民经济支柱性产业,中华文化走出去迈出更大步伐,社会主义文化强国建设基础更加坚实"④。经过多年的发展和大量的努力,我国文化建设取得了重大进展,正如党的十九大报告中指出"党的理论创新全面推进,马克思主义在意识形态领域的指导地位更加鲜明……国家文化软实力和中华文化影响力大幅提升,全党全社会思想上的团结统一更加巩固"⑤。

  社会主义精神文明,是中国特色社会主义的重要特征,也是社会主义制度优越性的重要表现。全面小康,不仅是经济的小康,满足人们物质上的需求;也是文化的繁荣,满足人们精神上的需求。正如习近平总书记指出:"人民的需求是多方面的……满足人民日益增长的精神文化需求,必须抓好文化建设,增加社会的精神文化财富。"⑥如果没有精神力量的支撑、文化财富的发展,那就没有全面小康社会的建成。全面建成小康社会,我国在文化建设方面取得的重大成就主要体现在以下方面:

  其一,公共文化服务不断提升。为了更好地满足人民群众学习的需要、保障人民群众文化的权益,不断提供优质的读书服务、丰富人们的精神世界,我国的公共图书馆面积、数量、图书藏量及美术馆、艺术表演场馆、博物馆数量不断增加。

---

① 十六大以来重要文献选编(上)[M]. 北京:中央文献出版社,2011:15.
② 十七大以来重要文献选编(上)[M]. 北京:中央文献出版社,2009:3.
③ 十七大以来重要文献选编(上)[M]. 北京:中央文献出版社,2009:15.
④ 十八大以来重要文献选编(上)[M]. 北京:中央文献出版社,2014:14.
⑤ 习近平. 决胜全面建成小康社会 夺取新时代中国特色社会主义伟大胜利——在中国共产党第十九次全国代表大会上的报告[N]. 人民日报,2017-10-28.
⑥ 十八大以来重要文献选编(中)[M]. 北京:中央文献出版社,2016:127.

公共文化服务的不断提升,极大地满足了人民群众在精神文化方面的需求(如表4.1.7所示)。

表4.1.7 1978—2019年我国公共图书馆数量情况

年份	数量(个)
1978	1256
2012	3076
2017	3166
2019	3196

注:图中数据为作者根据文化和旅游发展统计公报历年数据整理而得。

其二,文化产品数量不断增加。习近平总书记指出"以人民为中心,就是要把满足人民精神文化需求作为文艺和文艺工作的出发点和落脚点……把人民作为文艺审美的鉴赏家和评判者"①。丰富的精神世界需要多样的文化产品来保障、来完成。我国的文化产品,不仅实现了形式的日益多样、数量的逐渐增加,而且实现了内容的不断丰富、质量的不断提升。此处以故事影片为例(如表4.1.8所示)。

表4.1.8 1978—2019年我国故事影片数量情况

年份	数量(部)
1978	46
2012	745
2017	798
2019	850

注:图中数据为作者根据国民经济和社会发展统计公报历年数据整理而得。

其三,对传统文化的大力传承。习近平总书记指出:"中华优秀传统文化中很多思想理念和道德规范,不论过去还是现在,都有其永不褪色的价值。"②文化建设所取得的成就,与对中华优秀传统文化的传承与保护是分不开的。根据文化和旅游发展统计公报,就非物质文化遗产来说,我国不断增加保护机构和从业人员的数量(如表4.1.9-4.1.10所示)。

---

① 十八大以来重要文献选编(中)[M].北京:中央文献出版社,2016:127.
② 十八大以来重要文献选编(中)[M].北京:中央文献出版社,2016:136.

表 4.1.9　2012—2019 年我国非物质文化遗产保护机构数量情况

年份	数量(个)
2012	1391
2017	2466
2019	2453

注:图中数据为作者根据文化和旅游发展统计公报历年数据整理而得。

表 4.1.10　2012—2019 年我国非物质文化遗产从业人员数量情况

年份	数量(个)
2012	10842
2017	17235
2019	17032

注:图中数据为作者根据文化和旅游发展统计公报历年数据整理而得。

四、社会建设取得重大进步

"加强社会建设既是社会和谐与稳定的重要保证,也是为实现全面建成小康社会营造的良好社会环境,其重点是不断提高社会治理的科学化水平和全面提高人民生活水平。"[1]党的十七大报告首次提出"社会建设",并强调了实现全面建设小康社会奋斗目标在社会建设方面的新要求,即"加快发展社会事业,全面改善人民生活。现代国民教育体系更加完善,终身教育体系基本形成,全民受教育程度和创新人才培养水平明显提高。社会就业更加充分。覆盖城乡居民的社会保障体系基本建立,人人享有基本生活保障。合理有序的收入分配格局基本形成,中等收入者占多数,绝对贫困现象基本消除。人人享有基本医疗卫生服务。社会管理体系更加健全"[2]。经过 5 年的努力发展,我国在社会建设方面取得新进步,正如党的十八大报告强调:"基本公共服务水平和均等化程度明显提高。教育事业迅速发展,城乡免费义务教育全面实现。社会保障体系建设成效显著,城乡基本养老保险制度全面建立,新型社会救助体系基本形成。全民医保基本实现,城乡基本医疗卫生制度初步建立。保障性住房建设加快推进。加强和创新社会管理,社会保持和谐稳定。"[3]并且,党的十八大报告在党的十七大确立的全面建设小康

---

[1] 谢强,蔡晓良. 全面建成小康社会的路径探析[J]. 邓小平研究,2017(6).
[2] 十七大以来重要文献选编(上)[M]. 北京:中央文献出版社,2009:16.
[3] 十八大以来重要文献选编(上)[M]. 北京:中央文献出版社,2014:3.

社会目标的基础上,在社会建设方面提出了新的要求,即"人民生活水平全面提高。基本公共服务均等化总体实现。全民受教育程度和创新人才培养水平明显提高,进入人才强国和人力资源强国行列,教育现代化基本实现。就业更加充分。收入分配差距缩小,中等收入群体持续扩大,扶贫对象大幅减少。社会保障全民覆盖,人人享有基本医疗卫生服务,住房保障体系基本形成,社会和谐稳定"[1]。经过多年的努力发展,我国人民生活不断改善,党的十九大报告指出:"脱贫攻坚战取得决定性进展,六千多万贫困人口稳定脱贫,贫困发生率从百分之十点二下降到百分之四以下。教育事业全面发展,中西部和农村教育明显加强。就业状况持续改善,城镇新增就业年均一千三百万人以上。城乡居民收入增速超过经济增速,中等收入群体持续扩大。覆盖城乡居民的社会保障体系基本建立,人民健康和医疗卫生水平大幅提高,保障性住房建设稳步推进。社会治理体系更加完善,社会大局保持稳定,国家安全全面加强。"[2]

加强社会建设,就是要不断发展社会生产力、调整社会生产关系,不断通过改革发展所取得的成果来逐步惠及人民、改善民生,不断来满足人民对美好生活的需求、向往,为促进人的全面自由发展而奠定基础。我国在社会建设方面取得的重大进步,主要表现如下:

其一,努力办好人民满意的教育。"教育是民族兴旺和社会发展的基石,不仅决定着民族的今天,而且事关着国家的未来。"[3]努力让每个孩子都能公平地接受有质量的教育,既是社会建设的基本内容,也是全面建成小康社会的重要方面。在中国共产党高度重视、正确领导下,我国教育事业得到快速发展,办学条件不断改善、入学人数不断扩大、经费投入不断增加、教育资源不断充实、教育质量不断提高。根据教育部教育事业发展统计公报,以 2017—2019 年为例:2017 年,就学校而言,我国共有 51.38 万所学校,比 2016 年增加 2105 所,增长 0.41%;就学生而言,我国共有 2.70 亿在校生,比 2016 年增加 545.54 万人,增长 2.06%;就教师而言,我国共有 1626.89 万专任教师,比 2016 年增加 48.72 万人,增长 3.09%。[4] 2018 年,就学校而言,我国共有 51.88 万所学校,比 2017 年增加 5017 所,增长 0.98%;就学生而言,我国共有 2.76 亿在校生,比 2017 年增加 539.40 万人,增长 2.00%;就教师而言,我国共有 1672.85 万专任教师,比 2017 年增加 45.96 万人,

---

[1] 十八大以来重要文献选编(上)[M].北京:中央文献出版社,2014:14.
[2] 习近平.决胜全面建成小康社会 夺取新时代中国特色社会主义伟大胜利——在中国共产党第十九次全国代表大会上的报告[N].人民日报,2017-10-28.
[3] 谢强,蔡晓良.全面建成小康社会的路径探析[J].邓小平研究,2017(6).
[4] 2017 年全国教育事业发展统计公报[EB/OL].中华人民共和国教育部,2018-07-19.

增长 2.83%。① 2019 年,就学校而言,我国共有 53.01 万所学校,比 2018 年增加 1.13 万所,增长 2.17%;就学生而言,我国共有 2.82 亿在校生,比 2018 年增加 660.62 万人,增长 2.40%;就教师而言,我国共有 1732.03 万专任教师,比 2018 年增加 59.18 万人,增长 3.54%。② 以教育经费投入为例,投入也不断增加,就 2017—2018 年而言,"2017 年,全国教育经费总投入为 42562.01 亿元,比上年的 38888.39 亿元增长 9.45%"③;"2018 年,全国教育经费总投入为 46143.00 亿元,比上年的 42562.01 亿元增长 8.41%"④。(如表 4.1.11 所示)

表 4.1.11 2017—2019 年我国在校学生人数情况

年份	数量(亿人)
2017	2.7
2018	2.76
2019	2.82

注:图中数据为作者根据历年全国教育事业发展统计公报数据整理而得。

其二,医疗保障不断健全。健康,是人全面发展的内在要求,也是全面建成小康社会的重要条件。我们党一直以来高度重视人民健康,始终把人民健康放在重要位置,正如习近平总书记指出"没有全民健康,就没有全面小康"⑤,并且"推进健康中国建设,是我们党对人民的郑重承诺"⑥。为此,我国医疗保障不断健全,主要包括覆盖范围不断扩大、参保人数不断增加、报销比例不断提高,极大地、有力地保障了人民健康。根据国家医疗保障局统计数据,以 2018 年、2019 年为例,我国参加全国基本医保人数均在 130000 万以上,参保率稳定在 95% 以上(如表 4.1.12 所示)。

---

① 2018 年全国教育事业发展统计公报[EB/OL]. 中华人民共和国教育部,2019-07-24.
② 2019 年全国教育事业发展统计公报[EB/OL]. 中华人民共和国教育部,2020-05-20.
③ 2017 年全国教育经费执行情况统计公告[EB/OL]. 教育部,2018-10-08.
④ 2018 年全国教育经费执行情况统计公告[EB/OL]. 教育部,2019-10-10.
⑤ 习近平在全国卫生与健康大会上强调 把人民健康放在优先发展战略地位 努力全方位全周期保障人民健康[N]. 人民日报,2016-08-21.
⑥ 习近平在全国卫生与健康大会上强调 把人民健康放在优先发展战略地位 努力全方位全周期保障人民健康[N]. 人民日报,2016-08-21.

表 4.1.12　2018—2019 年我国基本医保参保人数情况

年份	数量(万人)
2018	134459
2019	135407

注:图中数据为作者根据历年全国医疗保障事业发展统计公报数据整理而得。

其三,就业规模不断扩大、就业人数稳步增加。就业是民生之本。全面小康是人们的就业条件得到改善、就业质量得到提高、就业规模得到扩大、就业才能得到施展的小康。尤其是党的十八大以来,我国就业人数稳步增加,人们的就业问题得到充分解决,实现了各显其能、各得其所的美好愿望,为全面小康社会的建成奠定了扎实的民生基础。根据人力资源和社会保障局事业发展统计公报,以 2012—2019 年为例(如表 4.1.13 所示),可以看出我国就业人数实现了稳步增长。

表 4.1.13　2012—2019 年我国就业人数情况

年份	数量(万人)
2012	76704
2013	76977
2014	77253
2015	77451
2016	77603
2017	77640
2018	77586
2019	77471

注:图中数据为作者根据历年中华人民共和国人力资源和社会保障局事业发展统计公报整理而得。

其四,决战决胜脱贫攻坚。贫困问题,是全面小康的最大短板、重要障碍。实现全面建成小康社会,必须打赢脱贫攻坚战。为此,在中国共产党坚强领导下,我国先后制定系列扶贫政策、实施系列扶贫计划,尤其是党的十八大以来,习近平总书记高度重视农村贫困人口脱贫、贫困县摘帽,反复强调"小康不小康,关键看老乡"[1],并实施精准扶贫、精准脱贫策略,加大扶贫力度、创新扶贫方式,让我国在脱贫攻坚

---

[1]　十八大以来重要文献选编(上)[M].北京:中央文献出版社,2014:658.

领域实现了前所未有的跨越、取得了举世瞩目的成就。①（如图4.1.12—4.1.13所示）

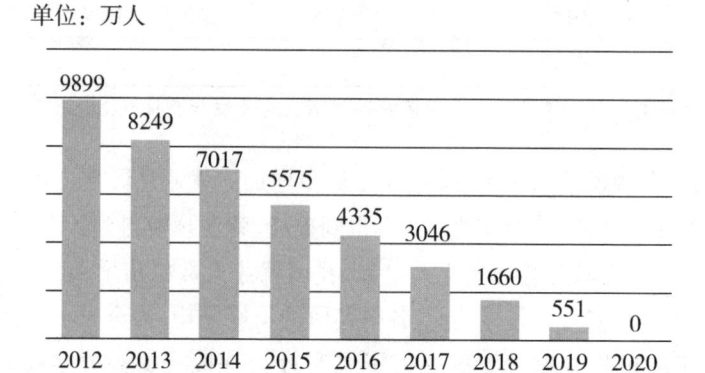

单位：万人

图 4.1.12　2012—2019 年我国农村贫困人数情况

注：数据为作者根据国家统计年鉴(2020)与《人类减贫的中国实践》白皮书相关数据整理而得。

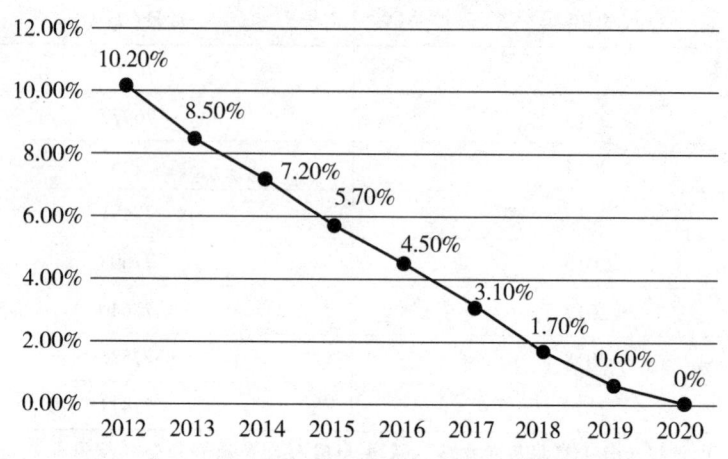

图 4.1.13　2012—2019 年我国农村贫困发生率变化情况

注：数据为作者根据国家统计年鉴(2020)与《人类减贫的中国实践》白皮书相关数据整理而得。

五、生态文明建设取得重大成效

恩格斯曾指出："我们不要过分陶醉于我们人类对自然界的胜利，对于每一次这样的胜利，自然界都对我们进行报复。"②为此，党的十八大报告首次提出"生态

---

① 方晓丹.2019 年全国农村贫困人口减少 1109 万人[EB/OL].人民网,2020-01-23.
② 马克思恩格斯文集(第九卷)[M].北京:人民出版社,2009:559-560.

128

文明建设",将"生态文明建设"融入经济建设、政治建设、文化建设、社会建设各方面和全过程,形成"五位一体",并强调了在党的十六大、十七大报告确立的全面建设小康社会目标的基础上,在"资源节约型、环境友好型社会建设取得重大进展"①。

我们党的领导人早就注意到了资源枯竭的现实性及节约的重要性、生态破坏的危害性及保护的迫切性,并且给予环境保护、生态建设高度的重视。党的十六大报告就提出了全面建设小康社会在环境保护方面的目标,"可持续发展能力不断增强,生态环境得到改善,资源利用效率显著提高,促进人与自然的和谐,推动整个社会走上生产发展、生活富裕、生态良好的文明发展道路"②。党的十七大报告在党的十六大以来5年发展的基础上,提出了实现全面建设小康社会奋斗目标在环境保护方面的新要求,即"建设生态文明,基本形成节约能源资源和保护生态环境的产业结构、增长方式、消费模式。循环经济形成较大规模,可再生能源比重显著上升。主要污染物排放得到有效控制,生态环境质量明显改善。生态文明观念在全社会牢固树立"③。党的十八大以来,以习近平同志为核心的党中央深刻把握人类发展规律、总结历史发展经验,高度注重环境资源保护、高度重视生态文明建设,并把生态文明建设纳入社会主义现代化建设的总体布局,正如习近平总书记指出:"我们要坚持节约资源和保护环境的基本国策,像保护眼睛一样保护生态环境,像对待生命一样对待生态环境,推动形成绿色发展方式和生活方式,协同推进人民富裕、国家强盛、中国美丽。"④党的十八以来的5年,我国在生态文明建设方面付出了艰辛的努力,也取得了重大的成效,正如党的十九报告指出:"全党全国贯彻绿色发展理念的自觉性和主动性显著增强,忽视生态环境保护的状况明显改变……重大生态保护和修复工程进展顺利,森林覆盖率持续提高。生态环境治理明显加强,环境状况得到改善。引导应对气候变化国际合作,成为全球生态文明建设的重要参与者、贡献者、引领者。"⑤

我国在生态文明建设取得的重大成效,主要以以下几方面为例:

其一,就大气方面而言。以空气质量为例,我国空气质量明显提高。根据《2019中国生态环境状况公报》显示:2019年全国337个地级及以上城市,平均优

---

① 十八大以来重要文献选编(上)[M].北京:中央文献出版社,2014:14.
② 十六大以来重要文献选编(上)[M].北京:中央文献出版社,2011:15.
③ 十七大以来重要文献选编(上)[M].北京:中央文献出版社,2009:16.
④ 习近平谈治国理政(第二卷)[M].北京:外文出版社,2017:209-210.
⑤ 习近平.决胜全面建成小康社会 夺取新时代中国特色社会主义伟大胜利——在中国共产党第十九次全国代表大会上的报告[N].人民日报,2017-10-28.

良天数比例为82%,其中的16个城市优良天数比例为100%,199个城市优良天数比例在80%—100%,106个城市优良天数比例在50%—80%。此外,337个城市累计发生严重污染452天,较2018年减少183天。①(如图4.1.14所示)

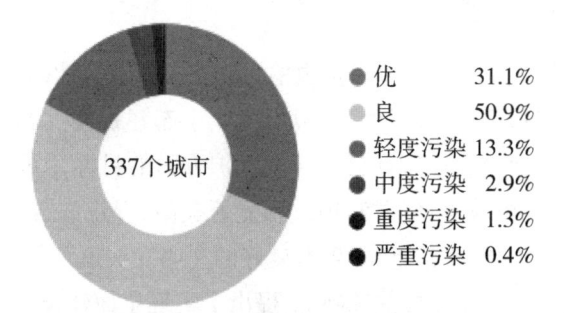

图4.1.14　2019年我国空气质量情况

注:图片来源于《2019中国生态环境状况公报》。

其二,就淡水方面而言。以全国地表水为例,我国地表水质明显变好。根据《2019中国生态环境状况公报》显示:2019年,全国地表水监测的1931个水质断面(点位)中,Ⅰ—Ⅲ类水质断面(点位)占74.9%,较2018年上升3.9个百分点;劣Ⅴ类占3.4%,较2018年下降3.3个百分点。以全国湖泊(水库)为例,2019年开展水质监测的110个重要湖泊(水库)中,Ⅰ—Ⅲ类湖泊(水库)占69.1%,较2018年上升2.4个百分点;劣Ⅴ类占7.3%,较2018年下降0.8个百分点。②(如图4.1.15所示)

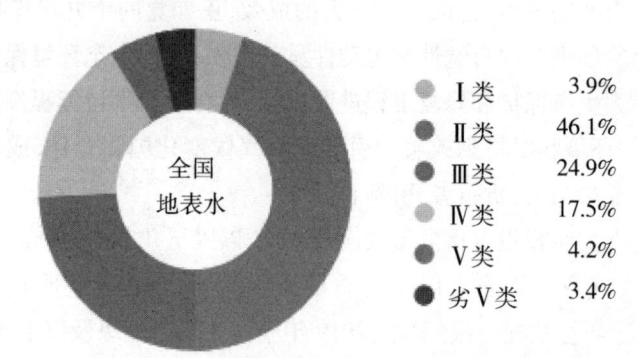

图4.1.15　2019年我国地表水总体水质情况

注:图片来源于《2019中国生态环境状况公报》。

---

① 2019中国生态环境状况公报[EB/OL].中华人民共和国生态环境部,2020-06-02.
② 2019中国生态环境状况公报[EB/OL].中华人民共和国生态环境部,2020-06-02.

其三,就环保法制方面而言。习近平总书记指出:"只有实行最严格的制度、最严密的法治,才能为生态文明建设提供可靠保障。"①尤其是党的十八大以来,我国在生态环保法制建设方面不断健全、不断完善,"环境保护法、大气污染防治法、水污染防治法、环境影响评价法、环境保护税法、核安全法等多部法律完成制修订,土壤污染防治法进入全国人大常委会立法审议程序"②,此外还有《资源税法》已于2019年9月1日实施、"长江保护"首次立法、《中华人民共和国森林法》已于2020年7月1日实施。这些法律制度的制定、出台,对保护环境、防治污染、促进发展起到了重要的作用。

其四,就垃圾分类而言。党的十八以来,我国在生态文明建设方面采取了重大措施、进行了各种创新,垃圾分类就属于其中之一。进行垃圾分类,有利于把有用的资源循环利用、有助于提高人们的资源节约意识,从而有利于减少对资源的浪费、环境的破坏,对于环境保护能起到很好的作用。我国上海已于2019年7月1日正式实行垃圾分类,属于我国最早实行垃圾分类的城市。

其五,就生态环保与经济效益双赢而言。浙江湖州是习近平首次提出"绿水青山就是金山银山"科学论断之地。15年来(2005—2020年),湖州广大干部群众在习近平同志的谆谆教诲下,始终牢记"绿水青山就是金山银山"理念、坚定践行"绿水青山就是金山银山"理念,坚持不懈地推进生态环保建设、坚定不移地走绿色发展道路,依托青山绿水、蓝天白云来大力发展乡村旅游。2019年该市乡村旅游的经营总收入达到123.3亿元,农村居民人均可支配收入近3.5万元③,实现了生态环保与经济效益的双赢。

第二节　开创中国特色社会主义新境界

习近平总书记指出:"中国特色社会主义是改革开放以来党的全部理论和实践的主题。"④在中国共产党正确领导下,在全国各族人民团结奋斗中,中国特色

---

① 中共中央宣传部. 习近平系列重要讲话读本(2014年版)[M]. 北京:人民出版社,2014: 210.
② 李干杰. 十八大以来我国生态环境保护实现五个"前所未有"[EB/OL]. 人民网,2017-10-23.
③ 李中文,窦瀚洋. 浙江湖州坚持以绿水青山就是金山银山理念引领高质量发展 江南生态美 绿意最动人[N]. 人民日报,2020-08-15.
④ 习近平. 决胜全面建成小康社会 夺取新时代中国特色社会主义伟大胜利——在中国共产党第十九次全国代表大会上的报告[N]. 人民日报,2017-10-28.

社会主义事业取得了巨大的发展成就,正如习近平总书记指出:"在中国共产党领导下,我们开辟了中国特色社会主义道路,形成了中国特色社会主义理论体系,建立了中国特色社会主义制度,发展了中国特色社会主义文化,推动中国特色社会主义进入了新时代。"①为此,我们要坚定道路自信、理论自信、制度自信、文化自信。

一、开辟了中国特色社会主义道路,坚定了道路自信

马克思曾指出:"人们自己创造自己的历史,但是他们并不是随心所欲地创造,并不是在他们自己选定的条件下创造,而是在直接碰到的、既定的、从过去承继下来的条件下创造。"②中国特色社会主义道路并不是从天而降、无中生有,更不是照抄照搬、东拼西凑,而是在中国共产党领导全国各族人民坚持把马克思主义基本原理同我国具体实际和时代特征相结合的接力探索中、接续奋斗中成功开辟的。

1840年爆发的鸦片战争打开了中国的大门。从此,中国人民就经历了战乱频仍、山河破碎,过着颠沛流离、饥寒交迫的生活;国步艰难,中华民族陷入了内忧外患的境地,沦为半殖民地半封建社会。为了国家独立、民族复兴,无数仁人志士前赴后继、顽强抗争,采取了各式各样的措施、进行了各式各样的探索,例如:以洪秀全为主要代表的农民阶级进行了太平天国运动探索、以李鸿章为主要代表的地主阶级进行了洋务运动探索、以康有为为主要代表的资产阶级维新派进行了戊戌变法探索、以孙中山为主要代表的资产阶级革命派进行了辛亥革命探索。一次次探索,一次次失败,又一次次奋起,无论是实施实业救国,还是推行君主立宪,都终究没能找到发展中华民族正确的道路、改变中国人民悲惨的命运。随后,十月革命一声炮响,给中国送来了马克思列宁主义。在马克思列宁主义与中国工人运动的结合中,中国共产党于1921年应运而生。从此,中国革命运动就有了主心骨、领头雁。

中国共产党作为马克思主义政党,是坚定的马克思主义信仰者,从成立之日起,就把实现共产主义作为自己的奋斗目标,肩负着为人民谋幸福、为民族谋复兴的历史使命。为了实现这个目标,我们党高举马克思主义旗帜、坚持马克思主义指导,并创造性地把马克思主义基本原理与中国革命具体实际相结合,走出了一条具有中国特色的革命道路,推翻了压在中国人民头上的帝国主义、官僚资本主

---

① 习近平. 在纪念五四运动100周年大会上的讲话[N]. 人民日报,2019-05-01.
② 马克思恩格斯选集(第一卷)[M]. 北京:人民出版社,2012:669.

义、封建主义"三座大山",最终取得了革命的胜利,建立了中华人民共和国。中华人民共和国的成立,让中国人民的民族独立、人民解放愿望得以实现,并为在中华人民共和国建立社会主义制度、进行社会主义建设扫清了障碍,为实现国家富强、人民幸福进而实现中华民族伟大复兴的中国梦奠定了基础。

中华人民共和国成立后,以毛泽东同志为核心的党的第一代中央领导集体,领导全国各族人民建立、巩固了国家新政权,创造性地实现从新民主主义到社会主义的转变,完成社会主义"三大改造",确立社会主义基本制度,并且进行社会主义建设,其中取得的积极成果为新的历史时期开创中国特色社会主义提供了宝贵经验、理论准备、物质基础。党的十一届三中全会以后,以邓小平同志为核心的党的第二代中央领导集体,重新确立了解放思想、实事求是的思想路线,他紧紧抓住"什么是社会主义、怎样建设社会主义"这个基本问题,明确地提出了"走自己的道路,建设有中国特色的社会主义"的伟大号召,领导我们党在中华人民共和国成立以来的革命和建设实践的基础上,成功地走出了一条中国特色社会主义新道路。党的十三届四中全会以来,以江泽民同志为核心的党的第三代中央领导集体,"在国内外形势十分复杂、世界社会主义出现严重曲折的严峻考验面前,捍卫了中国特色社会主义"[1],成功把中国特色社会主义推向21世纪。党的十六大以后,以胡锦涛同志为主要代表的中国共产党人,在全面建设小康社会进程中形成中国特色社会主义事业总体布局,成功在新的历史起点上坚持和发展了中国特色社会主义。党的十八大以来,以习近平同志为核心的党中央团结带领全国各族人民,紧紧围绕实现"两个一百年"奋斗目标和中华民族伟大复兴的中国梦,续写了中国特色社会主义事业的新篇章。

实践证明,中国特色社会主义道路,是中国共产党带领中国人民历经千辛万苦、付出巨大代价开辟出来的。而中国特色社会主义道路,就是在中国共产党领导下,立足基本国情,既坚持以经济建设为中心,又全面推进"五位一体"(即经济建设、政治建设、文化建设、社会建设、生态文明建设)以及其他各方面建设,这表明中国特色社会主义道路始终坚持社会主义发展是全面的发展,不是经济的"一枝独秀",而是经济、政治、社会、文化、生态等的"百花齐放";既坚持四项基本原则(即坚持社会主义道路、人民民主专政、共产党的领导、马列主义、毛泽东思想),又坚持改革开放,这体现我国选择中国特色社会主义道路的逻辑起点、拓展中国特色社会主义道路的动力源泉;既不断解放和发展社会生产力,又逐步实现全体人民共同富裕、促进人的全面发展,这表明中国特色社会主义道路始终坚持马克思

---

[1] 习近平. 在庆祝改革开放40周年大会上的讲话[N]. 人民日报,2018-12-19.

主义观点,强调生产力的重要性,坚持把解放和发展生产力作为根本任务,并且按照马克思、恩格斯对未来社会的构想"共产主义社会将彻底消除阶级之间、城乡之间、脑力劳动和体力劳动之间的对立和差别,各尽所能、按需分配,每个人自由而全面的发展"①而努力前行。这条道路既坚持了科学社会主义的基本原则,又结合了我国实际和时代特征,既不是完全继承"传统的"道路,也不是完全照抄"外来的"道路,更不是完全套用"西化的"道路,而是我们结合国情"独创的"道路。

  方向决定道路、道路决定命运。中国特色社会主义道路的开辟,成功地解决了我国近代以来面临的"挨打""挨饿""挨骂"的问题,真正地实现了我国人民从站起来、富起来到强起来的伟大转变。改革开放之初,我国存在人口多、底子薄、资源少等问题。要想在这样的条件下实现"小康"目标,必须闯出一条全新的道路、开辟一条正确的道路,而不能走上改旗易帜的邪路、封闭僵化的老路。改革开放40多年的实践证明:中国共产党领导中国人民探索出来的中国特色社会主义道路,是一条对内求发展的道路、全面建成小康社会的正确道路,只有坚持走中国特色社会主义道路才能实现全面建成小康社会的目标。在国内,下面以经济建设方面和摆脱贫困方面取得的巨大成就为例:就经济方面而言,1978年我国改革开放之初的国内生产总值只有3679亿元、人均国内生产总值只有385元②;到2019年,我国国内生产总值达到990865亿元、人均国内生产总值达到70892元,其中国内生产总值稳居世界第2位、人均国内生产总值首次突破1万美元大关③,实现了经济建设方面翻天覆地的巨变。就脱贫方面而言,1978年我国改革开放之初国内贫困人口数是7.7亿人、贫困率为97.5%④,到2019年末我国贫困人口数为551万人、贫困率为0.6%⑤,改革开放40多年的时间我国成功走出一条中国特色社会主义减贫道路,让我国贫困人口数减少7.6亿,并且能在2020年实现绝对贫困人口全部脱贫目标,创造了人类减贫史上的中国奇迹。实践证明,我国成功开辟的中国特色社会主义道路,为我国全面建成小康社会奠定了最为坚实的基础,是实

---

① 黄一兵.坚定中国特色社会主义道路自信——庆祝中华人民共和国成立68周年[EB/OL].人民网,2017-09-30.

② "数"说历史性跨越:从统计数据看40年中国经济社会发展成就[EB/OL].光明网,2018-08-28.

③ 国家统计局.中华人民共和国2019年国民经济和社会发展统计公报[N].人民日报,2020-02-29.

④ 顾仲阳.农村贫困发生率从1978年的97.5%降至2018年的1.7% 中国创造了人类减贫史奇迹[N].人民日报,2019-06-13.

⑤ 陆娅楠.全国农村贫困人口去年减少1109万人 贫困发生率降至0.6%,贫困地区农村居民人均可支配收入11567元[N].人民日报,2020-01-25.

现我国社会主义现代化的必由之路、创造人民美好生活的必由之路。所以,正如习近平总书记指出:"现在,我们比历史上任何时期都更接近中华民族伟大复兴的目标,比历史上任何时期都更有信心、有能力实现这个目标。"[①]与此同时,在国际上,中国特色社会主义道路是一条对外促和平、谋发展的道路。中国是世界上最大的发展中国家,中国发展取得的巨大成就对世界而言是巨大红利,尤其是党的十八大以来习近平总书记提出的构建"人类命运共同体"倡议,以无可辩驳的事实证明我国开辟的中国特色社会主义道路为世界的发展提供了发展经验、创造了发展条件、贡献了发展理念。实践证明,中国特色社会主义道路以"共有""共享""共赢"理念代替了"独占""独有""独霸"思维,以"睦邻""安邻""富邻"政策摒弃了"剥削""掠夺""扩张"模式,让"中国威胁论""中国崩溃论""中国侵略论"等国际舆论不攻自破。

回看走过的路,中国特色社会主义道路是历史和人民的选择,实现了近代以来中华民族从衰到盛、由弱到强的转折;比较别人的路,中国特色社会主义道路行得通、很顺畅,破解了很多发展难题、取得了重大发展成就;远眺前行的路,中国特色社会主义道路能够引领中国走向繁荣富强、实现民族伟大复兴的梦想。

二、完善了中国特色社会主义理论体系,坚定了理论自信

恩格斯指出:"一个民族要想站在科学的最高峰,就一刻也不能没有理论思维。"[②]实现全面建成小康社会目标、实现中华民族伟大复兴梦想,同样也离不开科学理论的指导。在马克思主义理论的指导下,中国共产党将马克思主义基本原理与中国具体实际相结合,在马克思主义中国化的过程中形成了包括邓小平理论、"三个代表"重要思想、科学发展观、习近平新时代中国特色社会主义思想在内的中国特色社会主义理论体系。习近平总书记在党的十九大报告中指出,"中国特色社会主义理论体系是指导党和人民实现中华民族伟大复兴的正确理论"[③]。

邓小平理论作为中国特色社会主义理论体系的开篇之作,邓小平对其的创立做出了独创性、历史性的贡献。"邓小平理论"这一概念正式提出于1997年党的十五大,并且被确立为党的指导思想、写入党章。邓小平理论形成的时代背景是,和平与发展成为时代主题;形成的历史根据是,社会主义建设的经验教训;形成的现实依据是,改革开放和现代化建设的实践。邓小平理论根据马克思主义的基本

---

① 十八大以来重要文献选编(上)[M]. 北京:中央文献出版社,2014:83.
② 马克思恩格斯选集(第三卷)[M]. 北京:人民出版社,2012:875.
③ 习近平. 决胜全面建成小康社会 夺取新时代中国特色社会主义伟大胜利——在中国共产党第十九次全国代表大会上的报告[N]. 人民日报,2017-10-28.

原理和社会主义的实践经验，对"什么是社会主义、怎样建设社会主义"这个问题进行了不懈的探索、作出了科学的回答。邓小平理论的主要内容包括：解放思想、实事求是的思想路线，这是邓小平理论的活的灵魂、精髓，有力地推动了、保证了改革开放的顺利进行；社会主义初级阶段理论，我国处于社会主义初级阶段，这是对我国基本国情的科学判断，揭示了当代中国的历史方位，指明了建设中国特色社会主义的总依据；党的基本路线，规定了党在社会主义初级阶段的奋斗目标、基本途径、根本任务、政治保证、发展动力、外部条件、领导力量、依靠力量、根本立足点；社会主义的根本任务是发展生产力；"三步走"的发展战略，为我国基本实现现代化明确了发展方向、展现了美好前景、提供了行动指南；改革开放理论，改革是社会主义制度的自我完善和发展，以实现中国的社会主义现代化；社会主义市场经济理论，强调社会主义也可以搞市场经济；"两手抓，两手都要硬"，这是我国社会主义现代化建设的一个根本方针；"一国两制"，是对马克思主义国家学说的创造性发展；中国问题的关键在于党，要加强党的建设。邓小平理论是马克思主义基本原理与中国具体实际和时代特征相结合的产物，也是对马克思主义、毛泽东思想的继承和发展，更是我国改革开放和社会主义现代化建设的科学指南。邓小平理论的贡献，不仅改变了中国人民的历史命运，而且改变了世界的历史进程。

"三个代表"重要思想，是中国特色社会主义理论体系的接续发展、重要组成部分。在2002年召开的党的十六大将其确立为党的指导思想、写入党章。"三个代表"重要思想，形成于对冷战结束后国际局势的科学判断、对党的历史方位和总结历史经验的科学判断、在建设中国特色社会主义伟大实践的基础上。"三个代表"重要思想在继承马克思主义、毛泽东思想、邓小平理论的基础上，创造性地回答了"建设什么样的党、怎样建设党"的基本问题，深化了对中国特色社会主义的认识，体现鲜明的时代内容、具有鲜明的时代特征。"三个代表"重要思想的核心观点是：始终代表中国先进生产力的发展要求、中国先进文化的前进方向、中国最广大人民的根本利益，这坚持了马克思主义执政党必须高度重视解放和发展生产力的观点、强调了发展先进文化的重大作用、继承了马克思主义群众观。"三个代表"重要思想的主要内容包括：发展是党执政兴国的第一要务，发展既包括先进生产力的发展，也包括先进文化的发展，通过发展来推动社会全面进步和促进人的全面发展，通过发展来实现全面建设小康社会的宏伟目标和中华民族的伟大复兴；建立社会主义市场经济体制，要坚持社会主义基本经济制度、完善分配制度，发挥市场机制和国家宏观调控作用，建立和完善社会保障体系；全面建设小康社会，是立足于我国基本国情而提出来的，这继承并发展了邓小平关于分阶段、有步骤地实现现代化的战略思想；建设社会主义政治文明，是全面建设小康社会的重要目标,进一步促进了中国特色社会主义理论和实践的成熟与完善;推进党的建设新的伟大工程,坚持党要管党、从严治党的方针,让党始终保持先进性、纯洁性,始终充满创造力、凝聚力。在"三个代表"重要思想的指导下,以江泽民为主要代表的中国共产党人,从容应对来自各方面的困难和挑战,进一步推进了中国特色社会主义事业的全面发展。

科学发展观,是中国特色社会主义理论体系的接续发展、重要组成部分。在2007年召开的党的十七大将其写入党章、在2012年召开的党的十八大中将其确立为党的指导思想。科学发展观形成于我们党在深刻把握我国基本国情和新的阶段性特征,深入总结改革开放以来特别是党的十六大以来的实践经验,深刻分析国际形势、顺应世界发展趋势、借鉴国外发展经验的基础上。科学发展观创造性地回答了"实现什么样的发展、怎样发展"的重大问题,进一步丰富和发展了马克思主义对发展问题的认识。科学发展观的科学内涵是:"第一要义是发展、核心是以人为本、基本要求是全面协调可持续、根本方法是统筹兼顾"①,这强调了发展的重大意义、发展的根本目的,是化解制约我国发展因素的有效方式、实现我国科学发展的基本途径。科学发展观的主要内容有:加快转变经济发展方式,这是针对我国原有经济发展方式弊端日益显现而言的,即要激发发展新活力、增强发展新动力、构建发展新体系、培育发展新优势;发展社会主义民主政治,即要坚持党的领导、人民当家作主、依法治国的有机统一,坚持适合我国国情的根本政治制度、基本政治制度;推进社会主义文化强国建设,即要树立高度的文化自觉、文化自信,要坚持"二为"(为人民服务,为社会主义服务)的方向、坚持"二百"(百花齐放、百家争鸣)的方针、坚持"三贴近"(贴近实际、贴近生活、贴近群众)的原则;构建社会主义和谐社会,这是对社会主义本质认识的深化,涉及人、社会、自然的整体和谐;推进生态文明建设,这是对自然规律及人与自然关系再认识的重要成果,有助于破解资源环境瓶颈对我国发展形成的制约难题;全面提高党的建设科学化水平,因为新形势下党面临"四种考验"("执政考验、改革开放考验、市场经济考验、外部环境考验"②)、存在"四种危险"("精神懈怠危险、能力不足危险、脱离群众危险、消极腐败危险"③),因此加强党的建设显得更为繁重、迫切。在科学发展观的指导下,我国战胜了一系列重大挑战,取得了一系列重大成就,成功把中国特色社会主义推进到新的发展阶段。

---

① 十七大以来重要文献选编(上)[M].北京:中央文献出版社,2009:11-12.
② 十八大以来重要文献选编(上)[M].北京:中央文献出版社,2014:38.
③ 十八大以来重要文献选编(上)[M].北京:中央文献出版社,2014:38-39.

习近平新时代中国特色社会主义思想,是马克思主义中国化的最新成果,是中国特色社会主义理论体系的重要组成部分。2017年召开的党的十九大将其确立为党的指导思想、写入党章。习近平新时代中国特色社会主义思想在马克思主义、毛泽东思想、邓小平理论、"三个代表"重要思想、科学发展观的指导下,创造性地回答了"新时代坚持和发展什么样的中国特色社会主义、怎样坚持和发展中国特色社会主义"的重大问题。习近平新时代中国特色社会主义思想,形成于中国特色社会主义进入新时代的时代背景,其核心要义是坚持和发展中国特色社会主义,主要内容是党的十九大报告概括的"八个明确"。同时,"十四个坚持"是其重要组成部分,即坚持党对一切工作的领导,强调了党的领导地位;坚持以人民为中心,强调了人民的主体地位;坚持全面深化改革,强调了全面改革的目的;坚持新发展理念,强调了发展的原则;坚持人民当家作主,强调了我国民主政治的发展要求;坚持全面依法治国,强调了中国特色社会主义的重要保障;坚持社会主义核心价值体系,强调了发展文化的重大意义;坚持在发展中保障和改善民生,强调了发展的根本目的;坚持人与自然和谐共生,强调了生态环境的保护;坚持总体国家安全观,强调了国家主权、安全、发展利益的维护;坚持党对人民军队的绝对领导,强调了实现中国梦的战略支撑;坚持"一国两制"和推进祖国统一,强调了实现中国梦的必然要求;坚持推动构建人类命运共同体,强调了我国对世界的重大贡献;坚持全面从严治党,强调了我们党自身建设的严格要求。它们共同体现了习近平新时代中国特色社会主义思想理论与实践的统一。习近平新时代中国特色社会主义思想,开辟了马克思主义发展的新境界、写出了马克思主义发展的新版本、做出了马克思主义发展的新贡献,是实现中华民族伟大复兴的行动指南、应对全球性挑战和问题的中国方案。

三、确立了中国特色社会主义制度,坚定了制度自信

党的十一届三中全会以来,邓小平高度重视制度建设,并鲜明地指出制度建设的重要性,他强调"制度问题更带有根本性、全局性、稳定性和长期性"①,制度建设"关系到党和国家是否改变颜色,必须引起全党的高度重视"②。1992年1月,邓小平在南方谈话中再次指出:"恐怕再有三十年的时间,我们才会在各方面形成一整套更加成熟、更加定型的制度。在这个制度下的方针、政策,也将更加定

---

① 邓小平文选(第二卷)[M].北京:人民出版社,1994:333.
② 邓小平文选(第二卷)[M].北京:人民出版社,1994:333.

型化。"①党的十八大报告指出："中国特色社会主义制度，就是人民代表大会制度的根本政治制度，中国共产党领导的多党合作和政治协商制度、民族区域自治制度以及基层群众自治制度等基本政治制度，中国特色社会主义法律体系，公有制为主体、多种所有制经济共同发展的基本经济制度，以及建立在这些制度基础上的经济体制、政治体制、文化体制、社会体制等各项具体制度。"②确立的中国特色社会主义制度，既包括根本制度，又包括基本制度，也包括重要制度，是党和人民在长期实践探索中形成的科学制度体系，正如习近平总书记指出："中国特色社会主义制度是当代中国发展进步的根本制度保障。"③

2019年10月召开的党的十九届四中全会，是在我们党的历史上，第一次专门用中央全会来研究国家制度和国家治理问题并作出决定的会议，"深刻回答新时代我国制度建设坚持和巩固什么、完善和发展什么的重大问题"④，并鲜明地指出了中国特色社会主义制度主要具有13个方面的显著优势，这样更坚定了我们的制度自信。

全面建成小康社会的过程，既是确立中国特色社会主义制度的过程，也是中国特色社会主义制度发挥作用的过程。在党的统一领导下，我国确立了全面建成小康社会的奋斗目标、实现战略、阶段任务；在人民主体地位下，我们形成了全面建成小康社会的价值旨归、检验标准、力量智慧；在社会主义集中力量办大事的优势下，我们形成了全面建成小康社会强大合力去补短板，坚决打赢脱贫攻坚战。此处，我们仅以人民主体地位为例：

2020年初，一场突如其来的新冠肺炎疫情席卷全国各地，打破了以往春节的欢乐氛围，打乱了人们正常的出行计划。在中国共产党坚强有力的领导下，中国开启了全面战疫、形成了全民战疫，在这场没有硝烟的战场上人人都是参战员、主力军，没有旁观者、局外人。在这场疫情防控中，坚持党对一切工作的领导、坚持以人民为中心、发挥集中力量办大事等的中国特色社会主义制度优势得到了充分地彰显、生动地体现，正如2020年全国"两会"期间，习近平总书记在参加内蒙古代表团审议时强调："在重大疫情面前，我们一开始就鲜明提出把人民生命安全和身体健康放在第一位。在全国范围调集最优秀的医生、最先进的设备、最急需的资源，全力以赴投入疫病救治，救治费用全部由国家承担。人民至上、生命至上，

---

① 邓小平文选(第三卷)[M].北京:人民出版社,1993:372.
② 十八大以来重要文献选编(上)[M].北京:中央文献出版社,2014:10.
③ 习近平.决胜全面建成小康社会 夺取新时代中国特色社会主义伟大胜利——在中国共产党第十九次全国代表大会上的报告[N].人民日报,2017-10-28.
④ 习近平.在全国政协新年茶话会上的讲话[N].人民日报,2020-01-01.

保护人民生命安全和身体健康可以不惜一切代价。"①我们党在任何时候都把群众利益放在第一位,这是我们党作为马克思主义政党区别于其他政党的显著标志。人民至上,体现在坚守人民立场、重视人民力量、增强人民信心等方面,这贯穿着疫情防控的始终,是中国抗疫斗争最醒目的价值导向、我国制度优势的充分显现。

其一,坚守人民立场,彰显人民性意蕴。人民性,是马克思主义最鲜明的品格。"马克思主义第一次站在人民的立场探求人类自由解放的道路,以科学的理论为最终建立一个没有压迫、没有剥削、人人平等、人人自由的理想社会指明了方向。"②中国共产党作为马克思主义政党,将马克思主义作为指导思想,"就要学习和实践马克思主义关于坚守人民立场的思想"③,始终把人民立场作为根本立场,把为人民谋幸福作为根本使命,坚持全心全意为人民服务的根本宗旨。新冠肺炎疫情发生以来,以习近平同志为核心的党中央坚守人民立场、坚持人民至上,"始终把人民群众生命安全和身体健康放在第一位"④。习近平总书记亲自部署、亲自指挥,作出明确指示、提出明确要求,中央政治局常委会多次召开会议进行专题研究,在中国共产党坚强领导下坚持全国一盘棋,全国形成了全面动员、全面部署、全面加强疫情防控工作的局面,正如习近平总书记强调:"疫情就是命令,防控就是责任。"⑤各级党组织和广大党员干部牢记人民利益高于一切、生命安全重于泰山,坚决认真贯彻落实党中央决策部署,把疫情防控工作作为当前最重要的工作来抓,以更顽强的意志、更果断的措施,按照"不漏一户、不漏一人"的原则开展全覆盖、拉网式排查,做到"四应"(即应查尽查、应收尽收、应检尽检、应治尽治)和"四率"(即"努力提高收治率和治愈率、降低感染率和病死率"⑥)。同时,为了防止部分党员干部重视不够、作风不实,把主要精力放在费尽心机"争名利"、招摇过市"出成绩"上,习近平总书记还特意强调,"对作风飘浮、敷衍塞责、推诿扯皮

---

① 习近平在参加内蒙古代表团审议时强调 坚持人民至上 不断造福人民 把以人民为中心的发展思想落实到各项决策部署和实际工作之中[N]. 人民日报,2020-05-23.
② 习近平在纪念马克思诞辰 200 周年大会上的讲话[N]. 人民日报,2018-05-05.
③ 习近平在纪念马克思诞辰 200 周年大会上的讲话[N]. 人民日报,2018-05-05.
④ 中共中央政治局常务委员会召开会议 研究加强新型冠状病毒感染的肺炎疫情防控工作 中共中央总书记习近平主持会议[N]. 人民日报,2020-02-04.
⑤ 中共中央政治局常务委员会召开会议 研究新型冠状病毒感染的肺炎疫情防控工作 中共中央总书记习近平主持会议[N]. 人民日报,2020-01-26.
⑥ 中共中央政治局常务委员会召开会议 研究加强新型冠状病毒感染的肺炎疫情防控工作 中共中央总书记习近平主持会议[N]. 人民日报,2020-02-04.

的,要严肃问责"①。没有硝烟的疫情防控,既是一次大战,也是一次大考。中国共产党人不忘初心、牢记使命,及时发声指导、掌握疫情、采取行动,做到守土有责、守土担责、守土尽责,在大战中践行了为民的初心使命,在大考中交出了民本的合格答卷。

其二,重视人民力量,诠释人民性意蕴。人民群众观是马克思主义的基本观点。"马克思恩格斯在批判唯心史观、创立唯物史观的过程中逐步形成了人民群众观。"②马克思恩格斯的唯物史观认为,人民群众是历史的创造者,是社会物质财富和精神财富的创造者,是社会变革的决定力量。中国共产党自成立以来就高举马克思主义大旗,把马克思主义理论与中国具体实践相结合,在实践中坚持群众观点、贯彻群众路线。面对疫情,习近平总书记强调:"要广泛动员群众、组织群众、凝聚群众,全面落实联防联控措施,构筑群防群治的严密防线。"③疫情防控是一场人民战争,没有谁是旁观者、无关人,需要广泛发动群众、紧紧依靠群众。英雄的武汉人民没有被吓到、被压垮,而是顾大局、识大体,主动选择"留守"、自觉居家"安静",克服了很多困难、做出了很大牺牲,"封一座城、护一国人",担起了该担的责任;广大医务人员秉承救死扶伤的天职、秉持生命无价的信仰,用无数封请战书、无数个红手印诠释着医者仁心的崇高精神,他们视病房如战场、视病人如亲人,夜以继日、连续奋战,同时间赛跑、与病魔较量,正如习近平总书记指出:"广大医务人员是最美的天使,是新时代最可爱的人!他们的名字和功绩,国家不会忘记,人民不会忘记,历史不会忘记,将永远铭刻在共和国的丰碑上"④;数千名最平凡、最朴实的建设者从除夕夜开始,放弃与家人的团聚、选择用赤诚去战疫,为了给患者赢得更多时间、让患者得到更好救治,他们洒下汗水、沾满灰尘,不分昼夜地奋战在武汉火神山、雷神山医院工地,用10天的时间保质保量地完成了艰巨的任务,向全世界展示了中国速度、中国效率;无数生产和服务抗疫产品的企业员工放弃春节休假,加班加点生产口罩、防护服、酒精、消毒液等;无数志愿者冒着风险、不求回报地做宣传、测体温、当搬运、守关卡等,"世上没有从天而降的英雄,只有挺身而出的凡人"⑤,正是重视人民智慧、依靠人民力量,打响了疫情防控的人

---

① 习近平在北京市调研指导新型冠状病毒肺炎疫情防控工作时强调 以更坚定的信心更顽强的意志更果断的措施 坚决打赢疫情防控的人民战争总体战阻击战[N]. 人民日报,2020-02-11.
② 蔡晓良,谢强. 论习近平的人民主体思想[J]. 思想理论教育导刊,2017(4).
③ 习近平. 在统筹推进新冠肺炎疫情防控和经济社会发展工作部署会议上的讲话[N]. 人民日报,2020-02-24.
④ 习近平. 在全国抗击新冠肺炎疫情表彰大会上的讲话[N]. 人民日报,2020-09-09.
⑤ 习近平. 在全国抗击新冠肺炎疫情表彰大会上的讲话[N]. 人民日报,2020-09-09.

民战争,我们才完全有信心、有能力地打赢这场疫情防控阻击战。

其三,增强人民信心,升华人民性意蕴。辩证唯物主义认为意识对物质具有能动的反作用,这种反作用就包括意识对人体生理功能具有控制和调节作用,简言之为一个人的精神是否愉悦、心情是否舒畅,对于他的健康状况有重要的影响。面对来势汹汹的新冠肺炎疫情,有些人出现了以焦虑症状为主的心理问题,具体表现为心神不安、坐卧不宁、难以入眠。为此,就急需提高人民对于疫情的认识、增强人民战胜疫情的信心,在引导人民增强信心、坚定信心中打赢疫情防控阻击战。首先,我国深入宣传党中央针对疫情的决策部署,"营造万众一心阻击疫情的舆论氛围,凝聚起众志成城、共克时艰的强大正能量"①,展现中国人民团结一心、同舟共济的精神风貌,讲述抗疫一线感人事迹、讲好中国抗击疫情故事,突显一方有难、八方支援的制度优势,讲清楚只是暂时封城,绝不是一座孤城;讲清楚只是隔离病毒,绝不是隔离爱心。同时,教育引导人民群众提升自我防护意识、增强自我保护能力,自觉做到"两不两勤"(即不串门、不聚会,勤洗手、勤通风)。其次,"互联网时代众声喧哗,网上一些信息真假难辨"②,存在着各种各样的传言乃至谣言,一些不实信息会扰乱社会秩序、造成群众恐慌。"恐惧源于未知,战胜恐惧最好的办法是确保信息公开透明。"③为此,我国加强网络媒体管控,落实主体责任、主管责任、监管责任,通过电视、微博、抖音等传播媒介,本着负责任的态度及时准确、公开透明发布权威的防疫消息、抗疫成效,增强及时性、针对性、专业性,主动回应各方关切,引导人民不信谣、不传谣、不造谣。最后,我国做好人民生活必需品供应工作。"手中有粮、心中不慌",确保居民生活必需品的正常供应,才能更好稳定民心、温暖民心、凝聚民心,才能更好维护社会稳定、保证社会秩序、促进社会发展。同时,也要"依法严厉打击利用疫情哄抬物价、囤积居奇、趁火打劫等扰乱社会秩序的违法犯罪行为"④。

---

① 习近平在北京市调研指导新型冠状病毒肺炎疫情防控工作时强调 以更坚定的信心更顽强的意志更果断的措施 坚决打赢疫情防控的人民战争总体战阻击战[N].人民日报,2020-02-11.
② 侯波.增强及时性、针对性和专业性 引导群众正确理性看待疫情[N].人民日报,2020-02-21.
③ 新华社评论员:以公开透明安民心强信心——论坚决打赢疫情防控阻击战[EB/OL].新华网,2020-01-28.
④ 中共中央政治局常务委员会召开会议 研究加强新型冠状病毒感染的肺炎疫情防控工作 中共中央总书记习近平主持会议[N].人民日报,2020-02-04.

四、发展了中国特色社会主义文化,坚定了文化自信

邓小平指出:"我们要在建设高度物质文明的同时,提高全民族的科学文化水平,发展高尚的丰富多彩的文化生活,建设高度的社会主义精神文明。"①改革开放以来,我们党团结带领全国各族人民坚定不移走中国特色社会主义道路,发展中国特色社会主义文化。中国特色社会主义文化,生成于中国特色社会主义的伟大实践中,也发展于中国特色社会主义的伟大实践中。

党的十五大报告指出:"建设有中国特色社会主义的文化,就是以马克思主义为指导,以培育有理想、有道德、有文化、有纪律的公民为目标,发展面向现代化、面向世界、面向未来的,民族的科学的大众的社会主义文化。"②经济政治决定文化,随着中国特色社会主义实践的深入发展,中国特色社会主义文化的科学内涵也在不断丰富与完善。习近平总书记在党的十九大报告中指出:"中国特色社会主义文化,源自于中华民族五千多年文明历史所孕育的中华优秀传统文化,熔铸于党领导人民在革命、建设、改革中创造的革命文化和社会主义先进文化,植根于中国特色社会主义伟大实践。"③并且,习近平总书记还高度肯定了中国特色社会主义文化的重要作用,他指出:"中国特色社会主义文化是激励全党全国各族人民奋勇前进的强大精神力量。"④

其一,在弘扬中华优秀传统文化的基础上,发展了中国特色社会主义文化。"文化是一个民族区别于其他民族的特殊标志,是民族的血脉根基,是民族共有的精神家园。"⑤中华优秀传统文化,形成于中华民族5000多年历史的发展进程中,体现着悠久灿烂、博大精深的特征,是中华民族集体智慧的结晶、精神追求的展现。中华优秀传统文化不仅体现在唐诗、宋词等传统文学中,而且还体现在少林、武当等中华武术中;不仅包括闻名于世的"四大发明",而且也包含世所熟知的传统节日;不仅有传统思想,而且还有传统风俗。中国优秀传统文化中的讲仁爱、重民本、和为贵等思想,在丰富人们的精神世界、指导人们的实践活动中具有重要的时代价值,正如习近平总书记指出:"中国优秀传统文化的丰富哲学思想、人文精

---

① 邓小平文选(第二卷)[M]. 北京:人民出版社,1994:208.
② 十五大以来重要文献选编(上)[M]. 北京:中央文献出版社,2011:16.
③ 习近平. 决胜全面建成小康社会 夺取新时代中国特色社会主义伟大胜利——在中国共产党第十九次全国代表大会上的报告[N]. 人民日报,2017-10-28.
④ 习近平. 决胜全面建成小康社会 夺取新时代中国特色社会主义伟大胜利——在中国共产党第十九次全国代表大会上的报告[N]. 人民日报,2017-10-28.
⑤ 谢强,蔡晓良. 论中国特色社会主义文化自信[J]. 山东行政学院学报,2017(5).

神、教化思想、道德理念等,可以为人们认识和改造世界提供有益启迪,可以为治国理政提供有益启示,也可以为道德建设提供有益启发。"①我们党历来高度重视中华优秀传统文化的重要性、充分肯定中华优秀传统文化的价值性,邓小平曾指出"四大发明对世界文明的进步起了伟大作用"②,江泽民曾指出"中华民族的优秀文化传统……我们都要继承和发扬"③,胡锦涛曾强调"中华文化是中华民族生生不息、团结奋进的不竭动力"④。党的十八大以来,习近平总书记在多个场合、多次讲话中强调了中华优秀传统文化的重要地位、重大价值,并且还多次强调了对中华优秀传统文化的继承弘扬、创新发展。由此可见,发展中国特色社会主义文化,离不开对中华优秀传统文化的弘扬与传承。因为,中华优秀的传统文化是中国特色社会主义文化的根与源,弘扬了中华优秀传统文化,也就发展了中国特色社会主义文化。如此,不仅丰富了中华优秀传统文化的时代内涵,也促进了中华优秀传统文化的创新发展,更是丰富了中国特色社会主义文化的科学内涵,坚定了中国特色社会主义文化自信。

其二,在坚持马克思主义指导的基础上,发展了中国特色社会主义文化。习近平总书记强调:"马克思给我们留下的最有价值、最具影响力的精神财富,就是以他名字命名的科学理论——马克思主义。"⑤中国共产党作为马克思主义执政党,历届领导人高度重视马克思主义、真诚信仰马克思主义、坚定传播马克思主义,始终高举马克思主义大旗、坚持马克思主义指导、巩固马克思主义地位。邓小平同志曾强调:"必须坚持马克思主义,对马克思主义的信仰是我们的精神动力。"⑥之后,江泽民曾指出"建设有中国特色社会主义文化,就是以马克思主义为指导"⑦,胡锦涛也认为"把改革开放和现代化建设继续推向前进,就必须进一步高扬马克思主义理论的伟大旗帜"⑧。然后,党的十八大以来,习近平总书记多次强调要巩固马克思主义的指导地位、学习马克思主义的科学理论,并指出:"马克

---

① 习近平. 在纪念孔子诞辰 2565 周年国际学术研讨会暨国际儒学联合会第五届会员大会开幕会上的讲话[N]. 人民日报,2017-09-25.
② 邓小平文选(第二卷)[M]. 北京:人民出版社,1994:90.
③ 江泽民. 在庆祝中国共产党成立八十周年大会上的讲话[N]. 人民日报海外版,2001-07-02.
④ 胡锦涛. 高举中国特色社会主义伟大旗帜,为夺取全面建设小康社会新胜利而奋斗[N]. 新华日报,2007-10-16.
⑤ 习近平. 在纪念马克思诞辰 200 周年大会上的讲话[N]. 人民日报,2018-05-05.
⑥ 中共十三届四中全会以来历次全国代表大会中央全会重要文献选编[M]. 北京:中央文献出版社,2002:383.
⑦ 十五大以来重要文献选编[M]. 北京:人民出版社,2000:19.
⑧ 张学森. 关系党和国家事业发展的战略任务[N]. 人民日报,2004-05-13.

思主义哲学……依然是指导我们共产党人前进的强大思想武器。"①坚持马克思主义指导,就是要学习马克思主义科学真理、坚持马克思主义基本立场、运用马克思主义基本观点,将马克思主义基本原理与中国具体实际相结合。具体而言,我们进行社会主义文化建设,发展中国特色社会主义文化,就是要在坚持马克思主义指导下,将马克思主义文化理论运用到发展中国特色社会主义文化的实际中。在马克思主义指导下,发展中国特色社会主义文化,是我们文化建设的基础,也是我们文化发展的保障。因为,坚持马克思主义指导发展中国特色社会主义文化,能确保中国特色社会主义文化的发展方向不转变、不逆向,性质不改变、不褪色,能确保中国特色社会主义文化始终是社会主义文化,而不是其他什么主义的文化;能确保中国特色社会主义文化始终是为人民服务的文化,而不是为其他人服务的文化。同时,只有"姓马"和"信马",我们的中国特色社会主义文化才能充满生机和活力、发展和繁荣,才能实现我们的文化强国目标。

其三,在坚持党领导一切的基础上,发展了中国特色社会主义文化。习近平总书记指出:"坚持党的全面领导,是国家和民族兴旺发达的根本所在,是全国各族人民幸福安康的根本所在。"②中国共产党从成立之日起,就主动担当、自觉肩负着民族复兴的历史使命,当然,实现民族复兴目标就需要加强文化建设、促进文化发展、建成文化强国等因素的支撑。而全面建成小康社会是实现民族复兴的阶段性目标,也是取得的阶段性胜利。全面小康,是包括文化建设在内的小康,也是包括发展中国特色社会主义文化在内的小康,更是包括中国共产党领导全国人民进行中国特色社会主义文化建设在内的小康。全面小康社会的建成,也体现在中国特色社会主义文化的发展上。我们党的历届领导人高度强调文化的作用、重视文化的建设,这为中国特色社会主义文化的发展提供了前提条件、创造了良好环境,邓小平同志在改革开放时期就提出:"不加强精神文明的建设,物质文明的建设也要受破坏,走弯路。"③随后,江泽民强调:"中国特色社会主义的经济、政治、文化,是有机统一、不可分割的整体。"④党的十六大以来,胡锦涛指出:"全党同志要深刻认识文化建设的战略意义。"⑤党的十八大以来,习近平总书记更是强调:

---

① 中共中央宣传部. 习近平总书记系列重要讲话读本[M]. 北京:人民出版社,2016:278-279.
② 习近平. 在纪念中国人民抗日战争暨世界反法西斯战争胜利75周年座谈会上的讲话[N]. 人民日报,2020-09-04.
③ 邓小平文选(第三卷)[M]. 北京:人民出版社,1993:144.
④ 江泽民文选(第一卷)[M]. 北京:人民出版社,2006:161.
⑤ 十六大以来重要文献选编(上)[M]. 北京:中央文献出版社,2005:29.

"兴文化,就是要坚持中国特色社会主义文化发展道路"①。由此可见,坚持中国共产党的领导,为中国特色社会主义文化的发展提供了政治保障,也为中国特色社会主义文化的发展指明了前进方向。正是在中国共产党的科学领导下,我国通过大力发展教育事业、加强精神文明建设、弘扬优秀传统文化、继承红色革命文化、发展社会先进文化、培育社会主义核心价值观等形式,不断提升中华文化的感染力、号召力、影响力。于是,中国特色社会主义文化才有了科学理论的指导、长期实践的沃土,才能彰显着内涵的丰富、形式的多样,才能体现着稳步的发展、逐渐的繁荣,这一切都是在中国共产党坚强领导下实现的。

第三节　为世界发展贡献中国智慧

2020年全面建成小康社会,实现了我们党对人民许下的庄严承诺。与此同时,也让我们中华民族实现了从改革开放时的富起来到进入新时代的强起来的伟大飞跃,我们再也不用面临贫穷时的"挨饿"、失语时的"挨骂"的被动局面。这一切成就的取得,更进一步增强了我国的综合国力、提高了我国的国际地位,也为讲好我国的国际故事、传播我国的国际形象创造了有利的条件,让"中国之治"与"西方之乱"形成了鲜明的对比。正如党的十九大报告指出:"中国特色社会主义进入新时代,意味着近代以来久经磨难的中华民族迎来了从站起来、富起来到强起来的伟大飞跃,迎来了实现中华民族伟大复兴的光明前景;意味着科学社会主义在二十一世纪的中国焕发出强大生机活力,在世界上高高举起了中国特色社会主义伟大旗帜;意味着中国特色社会主义道路、理论、制度、文化不断发展,拓展了发展中国家走向现代化的途径,给世界上那些既希望加快发展又希望保持自身独立性的国家和民族提供了全新选择,为解决人类问题贡献了中国智慧和中国方案。"②

一、为世界现代化进程提供中国方案

社会主义运动经历了"三从"的历程,即从空想到科学、从理论到实践、从一国到多国的转变。172年前发表的《共产党宣言》,是科学社会主义的第一个纲领性

---

① 习近平在全国宣传思想工作会议上强调 举旗帜聚民心育新人兴文化展形象 更好完成新形势下宣传思想工作使命任务[N]. 人民日报,2018-08-23.
② 习近平. 决胜全面建成小康社会 夺取新时代中国特色社会主义伟大胜利——在中国共产党第十九次全国代表大会上的报告[N]. 人民日报,2017-10-28.

文献,实现了社会主义从空想到科学的转变,并且"为无产阶级推翻资产阶级统治、解放全人类锻造了锐利的武器"①。在马克思主义理论的指导下,随着世界社会主义运动从西方移到东方,列宁领导了十月革命并取得了胜利,随后进行了社会主义实践,实现了社会主义从理想到现实的转变。在十月革命的影响下,中国共产党诞生了,并带领中国人民取得了新民主主义革命的最终胜利。中华人民共和国成立后,我们党对社会主义进行了探索和实践,并成功开创和发展了中国特色社会主义。然而,20世纪80年代末90年代初,东欧剧变、苏联解体使世界社会主义发展陷入低潮。中国共产党人在吸取教训、总结经验的基础上,把马克思主义基本原理同中国改革开放的具体实际相结合,团结带领全国人民进行建设中国特色社会主义新的伟大实践。尤其是党的十八大以来,在以习近平同志为核心的党中央的坚强领导下,在坚持科学社会主义基本原则的同时,并赋予其鲜明的时代内涵,使我国实现了从赶上时代到引领时代、从世界边缘到舞台中央的伟大跨越。如期全面建成小康社会,是中国特色社会主义的成功实践,使科学社会主义在中国大地上焕发强大生机。同时,也对"实现什么样的现代化、怎样实现现代化"这一世界性难题作出了科学的回答,为世界提供现代化方案。

其一,探索适合本国的发展道路是现代化的必然选择。一个国家最终选择什么样的道路来实现现代化,归根结底要看这条道路是否符合这个国家的具体实际、能否解决这个国家实现现代化面临的突出问题。历史表明,"这些年许多照搬照抄西方现代化模式的国家,有的陷入了'中等收入陷阱'而停滞不前,有的沦为了附庸国家而深受其害,有的在'华盛顿共识''结构性调整计划'的引诱下招致破产,有的因为'颜色革命'而发生政治动荡和国家分裂"②。为此,这就要求一个国家要想实现现代化,就必须考虑本国具体的实际需要,结合本国的历史、经济、政治、文化等因素来探索、开辟适合本国发展的独特道路,正如习近平总书记指出:"鞋子合不合脚,自己穿了才知道。"③中国特色社会主义现代化道路,秉持兼容并蓄的态度、坚持独立自主的立场,在吸收、消化的基础上转化、创新,探索出了符合中国具体实际的独一无二版、量身定造版道路。中国特色社会主义现代化道路,虽是从历史走向当代,但不是简单延续我国历史文化的母版;虽是从经典汲取智慧,但不是简单套用马克思主义经典作家设想的模板;虽是从苏东开创新路,但不是其他国家社会主义实践的再版;虽是从西方借鉴经验,但不是国外现代化发

---

① 许耀桐.马克思恩格斯创立科学社会主义[J].科学社会主义,2013(5).
② 杨晓慧.习近平新时代中国特色社会主义思想的世界意义[J].中国高校社会科学,2020(4).
③ 十八大以来重要文献选编(上)[M].北京:中央文献出版社,2014:260.

展的翻版①。全面建成小康社会的实践证明,中国特色社会主义道路符合了中国具体的国情、解决了中国面临的问题、促进了中国全面的发展,是行得通、真管用、效果好的、合适的、正确的、科学的道路。找到一条合适的、正确的、科学的道路不容易,为此,我们必须"既不走封闭僵化的老路、也不走改旗易帜的邪路"②,而是必须探索适合中国现代化发展的道路、坚定不移走中国特色社会主义道路。

其二,坚持以人民为中心是现代化的根本价值取向。"任何国家走向现代化都需要回答和解决好'为什么人'的价值取向问题。"③马克思、恩格斯高度重视人民群众的主体地位,其丰富的人民群众观对于我们实现现代化中坚持"为什么人"的价值取向具有重要的实践指导意义。中国共产党作为马克思主义政党,始终坚持马克思主义人民群众观,在中国特色社会主义现代化建设进程中始终把人民群众放在心上,始终坚持人民群众主体地位。在社会主义现代化建设中,邓小平高度认可人民群众无穷的力量与无尽的智慧,他强调:"调动了基层和人民的积极性,四个现代化才真正有希望。"④江泽民在继承马克思主义人民群众观的基础上创造性地指出:"我们要在发展社会主义社会物质文明和精神文明的基础上,不断推进人的全面发展。"⑤胡锦涛更是强调了"作为领导干部必须牢记我们手中的权力是人民赋予的,只能用来为人民谋利益,而绝不能用来为自己谋私利,要始终为人民掌好权、用好权"⑥。党的十八大以来,以习近平同志为核心的党中央高度重视人民群众主体地位,始终践行"全心全意为人民服务"的执政宗旨,在"为了谁""依靠谁""服务谁"中坚持着人民群众观,正如习近平总书记指出:"人民对美好生活的向往,就是我们的奋斗目标。"⑦为此,党的十八大以来,我国坚持"以人民为中心"的发展理念,在践行群众路线中尊重人民主体地位;在推进依法治国中保障人民根本权益;在加大扶贫开发力度中实现人民共同富裕;在贯彻五大发展理念中促进人的全面发展等⑧。正是因为我们党看到了人民群众的智慧、依靠了人民群众的力量,坚持了"以人民为中心"的根本价值取向,全面小康社会才会如期

---

① 颜晓峰. 以科学的态度对待科学 以真理的精神追求真理——访天津大学马克思主义学院院长颜晓峰教授[J]. 马克思主义研究,2020(5).
② 十八大以来重要文献选编(上)[M]. 北京:中央文献出版社,2014:9.
③ 杨晓慧. 习近平新时代中国特色社会主义思想的世界意义[J]. 中国高校社会科学,2020(4).
④ 邓小平文选(第三卷)[M]. 北京:人民出版社,1993:180.
⑤ 江泽民文选(第三卷)[M]. 北京:人民出版社,2006:294.
⑥ 十六大以来重要文献选编(中)[M]. 北京:中央文献出版社,2006:624.
⑦ 十八大以来重要文献选编(上)[M]. 北京:中央文献出版社,2014:70.
⑧ 蔡晓良,谢强. 论习近平的人民主体思想[J]. 思想理论教育导刊,2017(4).

建成,才会为现代化建设奠定深厚的基础。

其三,坚持党的集中统一领导是现代化的政治保证。任何国家走向现代化都需要有领头雁、掌舵人等这样坚强有力的领导核心,因为这是一个国家实现现代化的政治保证。如果一个国家或者民族,没有集中统一领导,就会出现群龙无首、各自为政的局面,就会形成错误的思潮、决策,国家的现代化进程就必定会受到阻碍,更有甚者会中断。党的十九大报告指出:"中国特色社会主义最本质的特征是中国共产党领导,中国特色社会主义制度的最大优势是中国共产党领导,党是最高政治领导力量。"[1]"历史已经并将继续证明,没有中国共产党的领导,民族复兴必然是空想。"[2]在中国共产党的坚强领导下,我们坚持用党的创新理论武装头脑,做到"理论创新每前进一步,理论武装就要跟进一步"[3],并制定科学、合理、可行的战略目标。党的十二大提出要在20世纪末使人民生活达到小康水平;党的十三大确立了"三步走"的战略目标;党的十四大将人民生活由温饱进入小康作为当时的主要任务;党的十五大将"三步走"战略更具体化了;党的十六大提出了更高水平的小康社会目标;党的十七大提出了全面建设小康社会的新要求;党的十八大提出了全面建成小康社会的新目标;党的十九大在新的历史起点上,提出了"两步走"战略目标。中国共产党人"一茬接着一茬干、一棒接着一棒跑"[4],让中国的现代化目标一步步取得成效、一步步变成现实,正如习近平总书记指出:"正是因为始终坚持党的集中统一领导,我们才能实现伟大历史转折、开启改革开放新时期和中华民族伟大复兴新征程,才能成功应对一系列重大风险挑战、克服无数艰难险阻,才能有力应变局、平风波、战洪水、防非典、抗地震、化危机。"[5]正是因为坚持党的集中统一领导,在中国共产党的正确带领下,我国现代化建设才能顺利进行,才能硕果累累。

二、为世界减贫事业贡献中国智慧

我国全面小康社会的建成、现代化建设成功的实践证明,中国的发展道路是正确的、发展理念是科学的、发展成效是显著的,其成功的发展为世界的发展贡献

---

[1] 习近平.决胜全面建成小康社会 夺取新时代中国特色社会主义伟大胜利——在中国共产党第十九次全国代表大会上的报告[N].人民日报,2017-10-28.

[2] 习近平.决胜全面建成小康社会 夺取新时代中国特色社会主义伟大胜利——在中国共产党第十九次全国代表大会上的报告[N].人民日报,2017-10-28.

[3] 习近平.在"不忘初心、牢记使命"主题教育总结大会上的讲话[N].人民日报,2020-01-09.

[4] 十八大以来重要文献选编(中)[M].北京:中央文献出版社,2016:832.

[5] 习近平.在庆祝改革开放40周年大会上的讲话[N].人民日报,2018-12-19.

了中国智慧、提供了中国方案。此处仅以我国的"精准扶贫"战略为例。

贫困问题,一直困扰着全世界的人民,阻碍着全世界的发展。因此,摆脱贫困就成了全世界人民的共同心声、美好愿望。我国发展深受贫困问题影响,同时我国历来对贫困问题高度重视,历届领导人采取了各种有效的措施来治理贫困问题。1978年之前,我国采取救济式扶贫;1978—2012年,我国采取开发式扶贫;党的十八大以来,以习近平同志为核心的党中央站在全面建成小康社会的战略高度,十分重视扶贫开发工作,提出了精准扶贫思想,其中,核心内容为"五个一批""六个精准"。"五个一批",即发展生产脱贫一批、易地搬迁脱贫一批、生态补偿脱贫一批、发展教育脱贫一批、社会保障兜底一批。"六个精准",即"扶持对象精准、项目安排精准、资金使用精准、措施到户精准、因村派人精准、脱贫成效精准"①。于是,党的十八大以来,我国每年减贫人数都在 1000 万以上,全国减贫人数累计超过 9000 万人,"截至 2019 年末,全国农村贫困人口从 2012 年末的 9899 万人减少至 551 万人,累计减少 9348 万人;贫困发生率从 2012 年的 10.2%下降至 0.6%,累计下降 9.6 个百分点"②。2020 年我国完成脱贫攻坚任务,意味着消除了困扰中华民族千百年来的绝对贫困问题,意味着我国"提前 10 年实现联合国 2030 年可持续发展议程的减贫目标"③。我国脱贫攻坚取得的巨大成就,创造了世界减贫的奇迹、书写了人类发展的传奇,这对我国发展和世界的发展都具有重大意义,正如联合国秘书长古特雷斯指出,"精准扶贫方略是帮助贫困人口、实现 2030 年可持续发展议程设定的宏伟目标的唯一途径,中国的经验可以为其他发展中国家提供有益借鉴。"④

三、倡导构建人类命运共同体

党的十八大以来,中国特色社会主义进入了新时代,我国发展也站到了新起点,这意味着中国特色社会主义道路的发展越来越宽广、中国特色社会主义理论的发展越来越丰富、中国特色社会主义制度的发展越来越完善、中国特色社会主义文化的发展越来越繁荣。因此,我国有信心,也有能力为世界提供更好的发展

---

① 习近平.携手消除贫困 促进共同发展——在2015减贫与发展高层论坛的主旨演讲[N].人民日报,2015-10-17.
② 陆娅楠.全国农村贫困人口去年减少1109万人 贫困发生率降至0.6%,贫困地区农村居民人均可支配收入11567元[N].人民日报,2020-01-25.
③ 习近平在决战决胜脱贫攻坚座谈会上强调坚决克服新冠肺炎疫情影响 坚决夺取脱贫攻坚战全面胜利 汪洋主持[N].人民日报,2020-03-07.
④ 习近平.在决战决胜脱贫攻坚座谈会上的讲话[N].人民日报,2020-03-07.

性方案、做出更大的建设性贡献。

随着"世界多极化、经济全球化、社会信息化、文化多样化深入发展"[1],世界日益成为一个你中有我、我中有你的共同体。与此同时,各种传统与非传统安全问题层出不穷,各种社会政治思潮激荡交锋,对国际秩序和人类生存带来极大威胁与严峻挑战。面对"世界怎么了,我们怎么办"的时代之问和世界之问,习近平总书记着眼于人类社会发展、世界前途命运的思考中,在继承马克思主义唯物史观的基础上,创造性地提出了构建人类命运共同体思想,他强调:"当今世界,各国相互依存、休戚与共。我们要继承和弘扬联合国宪章的宗旨和原则,构建以合作共赢为核心的新型国际关系,打造人类命运共同体。"[2]

人类命运共同体思想,是习近平新时代中国特色社会主义思想的重要构成部分,是一个有科学内涵、意义深远的思想体系,正如习近平总书记指出:"人类命运共同体,顾名思义,就是每个民族、每个国家的前途命运都紧紧联系在一起,应该风雨同舟,荣辱与共,努力把我们生于斯、长于斯的这个星球建成一个和睦的大家庭,把世界各国人民对美好生活的向往变成现实。"[3]其核心就是要"建设持久和平、普遍安全、共同繁荣、开放包容、清洁美丽的世界"[4]。这"五个世界"建设的新理念,涉及政治、安全、经济、文化、生态领域,是一个完整统一的有机整体,具体地阐释了人类命运共同体的科学内涵、主要内容。构建人类命运共同体,需要构建伙伴关系对话协商,这是其实现的主要途径;需要实现共同安全,这是其实现的重要保障;需要坚持合作共赢,这是其实现的基本原则;需要促进文明交流,这是其实现的牢固纽带;需要推动可持续发展,这是其实现的必要条件。[5] 与此同时,构建人类命运共同体是一项系统性、复杂性工程,关键在于人类共同的主体性实践活动。从实践形态来看,构建人类命运共同体要以多元化共同体为实践形态,即要以发展共同体为动力、以利益共同体为基础、以行动共同体为保障、以网络空间命运共同体为技术支撑、以海洋命运共同体为自然屏障,将全球最突出、最关切的五个领域有机统一起来,共同汇聚成构建人类命运共同体的巨大动力与合力;从

---

[1] 习近平. 决胜全面建成小康社会 夺取新时代中国特色社会主义伟大胜利——在中国共产党第十九次全国代表大会上的报告[N]. 人民日报,2017-10-28.

[2] 习近平谈治国理政(第二卷)[M]. 北京:外文出版社,2017:522.

[3] 习近平. 携手建设更加美好的世界——在中国共产党与世界政党高层对话会上的主旨讲话[N]. 人民日报,2017-12-02.

[4] 习近平. 决胜全面建成小康社会 夺取新时代中国特色社会主义伟大胜利——在中国共产党第十九次全国代表大会上的报告[N]. 人民日报,2017-10-28.

[5] 石云霞. 习近平人类命运共同体思想科学体系研究[J]. 中国特色社会主义研究,2018(2).

外交布局来看,构建人类命运共同体要发展全球伙伴关系,即"从我国周边起步,以发展中国家为依托,凝聚我国周边、广大发展中国家以及发达资本主义国家的力量,充分利用国际组织和多边机制的协调与配合,先打造本地区命运共同体、周边命运共同体,最终致力于打造全人类命运共同体"①。其中,立足周边是构建人类命运共同体的起点,面向广大发展中国家是构建人类命运共同体的重点,努力改善与发展同发达资本主义国家的合作竞争关系是构建人类命运共同体的关键,各种区域组织、国际组织以及多边机制之间相互协调与配合是构建人类命运共同体的重要平台。② 2020年全球抗疫实践充分证明了构建人类命运共同体理念的极端重要性、非常迫切性、科学正确性。唯有各国团结合作、命运与共,才是战胜疫情最有杀伤力、最有效果的武器。

构建人类命运共同体作为一项具有鲜明中国特色、中国气派、中国风貌的智慧、制度、方案,它的提出不仅具有重大理论价值,也具有重大实践意义。其一,人类命运共同体是对马克思共同体思想的创新发展,对于坚持唯物史观、发展唯物史观具有重要的理论价值。其二,构建人类命运共同体,对我国现实而言,为我国民族复兴创造了新条件、提供了新动力、赢得了新支持;对国际社会而言,为处理国际问题、应对国际挑战、化解国际纠纷指明了发展方向。同时,也彰显了中国作为负责任大国的气度与担当,为世界的发展发出了中国声音、贡献了中国智慧、提供了中国方案。

---

① 蔡晓良,蒋雪梅. 人类命运共同体思想是对马克思共同体思想的继承与发展[J]. 知与行,2020(1).
② 蔡晓良,蒋雪梅. 人类命运共同体思想是对马克思共同体思想的继承与发展[J]. 知与行,2020(1).

第五章

全面建成小康社会的基本经验

不坚持社会主义,不改革开放,不发展经济,不改善人民生活,只能是死路一条。

——邓小平

我们党担负着团结带领人民全面建成小康社会、推进社会主义现代化、实现中华民族伟大复兴的重任。党坚强有力,党同人民保持血肉联系,国家就繁荣稳定,人民就幸福安康。

——习近平

改革开放是决定当代中国命运的关键一招,也是决定实现"两个一百年"奋斗目标、实现中华民族伟大复兴的关键一招。

——习近平

马克思主义始终是我们党和国家的指导思想,是我们认识世界、把握规律、追求真理、改造世界的强大思想武器。

——习近平

中国共产党不断加强和改善集中统一领导、不断发挥和增强社会主义制度优势,通过始终坚持全面深化改革的发展思想和扩大对外开放的基本国策,将马克思主义的科学方法论贯彻于循序渐进地探索现代化道路的全过程,在决胜全面建成小康社会的伟大实践中积累了一系列重要经验。

第一节　不断加强和改善党的集中统一领导

"中国特色社会主义最本质的特征是中国共产党领导,中国特色社会主义制度的最大优势是中国共产党领导。"[1]在全面建成小康社会的伟大实践进程中,中

---

[1] 习近平新时代中国特色主义思想学习纲要[M]. 北京:人民出版社,2019:68.

国共产党始终处在总揽全局、协调各方的地位，始终坚持为人民服务的初心使命和集中统一领导的鲜明优势，通过加强政治领导、强化思想引领、完善组织制度、优化作风纪律，团结带领全国人民决胜全面建成小康社会，书写出中华民族伟大复兴的壮丽篇章。

一、加强政治领导，凝聚奋斗共识

党的全面领导首先是政治领导，执政党的旗帜、前进道路和发展方向决定了一个国家和民族的前途与命运。"旗帜鲜明讲政治"是中国共产党作为坚定的马克思主义政党之根本要求①，也是保持全党全国在政治、思想和行动方面团结统一的题中之义。我们党强大的政治领导力体现为"崇高的政治理想、坚定的政治信念和百折不挠的革命意志，能够在各种风险考验中保持清醒头脑和政治定力"②，为领导全国各族人民决胜全面建成小康社会、社会主义现代化强国凝聚了奋斗共识。

无论是革命时期推翻"三座大山"压迫剥削的万里长征、改革时期"拨乱反正"对外开放的艰难探索，还是新时代实现中华民族伟大复兴中国梦的"新长征"，都要求我们党作为坚强有力的领导核心来统筹推进经济社会的各项工作。在改革开放之初，邓小平就反复强调作为立国之本的四项基本原则，其首要的一条就是要坚持党的领导，这是不能够动摇的，而党的十八大以来，以习近平同志为核心的党中央又坚定地将党的政治建设摆在首位。决胜全面建成小康社会是社会主义现代化建设进程的重要节点，但新冠疫情的突然爆发造成国内经济的下行压力加大、国际发展的不利因素增加，使得打赢脱贫攻坚战、实现"十三五"规划圆满收官、完成第一个百年奋斗目标的形势更为严峻复杂。习近平指出，"新冠肺炎疫情虽然给经济运行带来明显影响，但我国经济有巨大的韧性和潜力，长期向好的趋势不会改变"③。党在疫情防控的领导工作中彰显了突出的向心力和凝聚力，各级党组织和共产党员坚决维护"两个核心"、牢固树立"四个意识"、坚定服从党的集中统一领导、坚决贯彻执行党的方针政策，在思想上和行动上实现了"全党服从中央"的紧密团结，为疫情防控常态化下统筹经济社会发展提供了坚强的政治保证。

面对国际国内发展环境的各类风险和挑战，只有坚定维护党的政治领导、坚

---

① 习近平关于"不忘初心、牢记使命"论述摘编[M]. 北京：中央文献出版社，2019：112.
② 丁俊萍. 坚持和完善党的领导制度体系应深刻把握的若干关系[J]. 理论探索，2020(2).
③ 中共中央政治局召开会议 研究新冠肺炎疫情防控工作 部署统筹做好疫情防控和经济社会发展工作中共中央总书记习近平主持会议[N]. 人民日报，2020-02-22.

持发挥党的战略定力,通过把准政治方针、涵养政治生态、防范政治风险来确保决胜全面建成小康社会的正确方向,才能避免走封闭僵化的"老路"和改旗易帜的"邪路",进而凝聚全党全国人民的奋斗共识,向着"两个一百年"的奋斗目标和中华民族伟大复兴的中国梦奋勇前进。

二、强化思想引领,巩固理论武装

"掌握思想教育,是团结全党进行伟大政治斗争的中心环节"①,理想信念是共产党人的精神之"钙",而理想信念的坚定来自思想理论的坚定。只有与时俱进地将马克思主义的立场、观点和方法贯彻到全面建成小康社会的路线方针政策中去,才能始终保持党在思想上和理论上的纯洁性与先进性、提高党的凝聚力和战斗力。而中国共产党坚定的思想引领力正表现为"坚持马克思主义与中国实际相结合,不断推进理论创新,用马克思主义中国化最新理论成果武装全党、教育人民、指导工作"②。

从"小康社会"概念的提出到决胜"全面建成小康社会",中国共产党在推进中国特色社会主义现代化的实践中不断完善和发展中国特色社会主义理论体系。无论是邓小平理论、"三个代表"重要思想、科学发展观还是习近平新时代中国特色社会主义思想,都在坚持科学社会主义基本原则基础上注入了鲜明的时代特征和中国特色,是扎根中国大地、符合中国实际的独创性重大理论观点,是坚持和发展中国特色社会主义、推进全面建成小康社会的根本指导方针。而作为以共产主义远大理想和中国特色社会主义共同理想凝聚起来的马克思主义政党,党在全面建成小康社会过程中既推动着理论创新,也不断强化理想信念教育。从"讲学习、讲政治、讲正气"的党性党风教育、保持共产党员先进性教育活动、党的群众路线教育实践活动、再到"三严三实"专题教育、"两学一做"学习教育和"不忘初心、牢记使命"主题教育,我们党始终坚持马克思主义在意识形态领域的指导地位,不断地巩固着各级党组织和共产党员的思想理论武装。

通过统一思想、坚定意志,马克思主义"它的科学性和真理性在中国得到了充分检验,它的人民性和实践性在中国得到了充分贯彻,它的开放性和时代性在中国得到了充分彰显"③。全面建成小康社会的成效证明,中国共产党之所以能够团结带领全国各族人民坚定不移地奋斗,一个重要的原因就是"我们党始终重视

---

① 十五大以来重要文献选编(中)[M].北京:人民出版社,2001:1036.
② 丁俊萍.坚持和完善党的领导制度体系应深刻把握的若干关系[J].理论探索,2020(2).
③ 习近平新时代中国特色社会主义思想学习纲要[M].北京:人民出版社,2019:36.

思想建党、理论强党,坚持用科学理论武装广大党员、干部的头脑"①,从而将党的理论创新成果成功转化为推进新时代中国特色社会主义伟大事业的实践力量。

三、完善组织制度,提升执政本领

"党的力量来自组织。党的全面领导、党的全部工作要靠党的坚强组织体系去实现"②,党的组织力量是强化党的政治领导力和思想引领力的保障。加强和改进党对全面建成小康社会的集中统一领导,不仅要靠中央指引正确的政治方向、贯彻科学的思想理论,更要依托党民主集中、上行下效的严密组织体系,这样各级党组织与党员群体才能高效地凝聚为团结统一的整体,成为有力地支撑起全面建成小康社会的坚固脊梁。

中国共产党在我国长期的革命、建设和改革实践中与时俱进地制定和坚持了符合党情国情的正确组织路线,并在领导人民群众取得全面建成小康社会的决定性胜利进程中不断加强自身的组织建设。一方面,就党的组织制度及体系建设而言,党逐渐形成和完善了以民主集中制为核心的一系列党的组织制度体系,从中央和国家机关的"最初一公里"、地方党委的"中间段"再到基层党组织的"最后一公里",都在党中央的集中统一领导下保证了政令的上行下效和步调统一。面对统筹推进新冠肺炎疫情防控和经济社会发展的双重考验,各级党组织和广大党员、干部坚决贯彻落实习近平总书记重要指示精神和党中央决策部署,自觉践行初心使命,勇于担当、攻坚克难、无私奉献,充分展现出新时代共产党人的政治本色,"集中力量办大事"的组织优势与西方分权体制下的低效政治形成了鲜明对比。

另一方面,就党的组织队伍与人才建设而言,中国共产党牢牢抓住了领导干部这个"关键少数",将从严治吏作为全面从严治党的重要抓手。毛泽东在革命时期就指出"政治路线确定之后,干部就是决定的因素"③,邓小平也强调"党要管党,一管党员,二管干部。对执政党来说,党要管党,最关键的是干部问题,因为许多党员都在当大大小小的干部"④。党的十八大以来,以习近平同志为核心的党中央突出强调从严治吏问题,提出:"党要管党,首先是管好干部;从严治党,关键

---

① 习近平关于"不忘初心、牢记使命"论述摘编[M]. 北京:中央文献出版社,2019:48.
② 习近平. 在全国组织工作会议上的讲话[M]. 北京:人民出版社,2018:11.
③ 毛泽东选集(第二卷)[M]. 北京:人民出版社,1991:526.
④ 邓小平文选(第一卷)[M]. 北京:人民出版社,1994:328.

是从严治吏。"①通过始终坚持"党管干部"原则、坚持"德才兼备,以德为先"的选人用人标准、贯彻落实"八项规定"、深入推进"三严三实"教育实践活动,我们党在培养和提拔忠诚干净担当的高素质人才的同时,充分发挥了共产党员在带领群众全面建成小康社会中的先锋模范作用。

四、优化作风纪律,筑牢群众基础

"群众路线是党的根本政治路线、根本组织路线和根本工作路线。党在长期奋斗中形成的密切联系群众的优势,使党具有非凡的群众组织力和社会号召力。"②带领十几亿人民全面建成小康社会的艰巨任务要求我们党在保持政治过硬的同时也要本领高强,而"加强作风建设,必须紧紧围绕保持党同人民群众的血肉联系,增强群众观念和群众感情,不断厚植党执政的群众基础"③。只有不断地加强党的作风建设、净化党内政治生态,提升党举旗定向、谋篇布局、制定政策和促进改革的执政本领,才能强化党对全党全社会的强大号召力和动员力,进而凝聚全党全社会的奋斗力量、筑牢党的执政基础,保障党始终成为中国特色社会主义伟大事业的坚强核心和有力舵手。

马克思主义政党的鲜明特点之一就是从生死存亡的高度来重视党风问题。从中华人民共和国成立以来尤其是改革开放以来,中国共产党秉承着坚定的自我革命精神,在应对"四大风险"及"四大考验"的进程中不断改进作风建设、强化纪律制度。从"三反""五反"到"八个坚持、八个反对",从党风党性教育到制度性反腐,我们党坚决贯彻落实群众路线这一根本工作路线,以"打虎""猎狐""拍蝇"的零容忍态度严厉惩治腐败现象,以优良廉洁的党风有效地凝聚党与人民群众的向心力。而党的十八大以来,以习近平同志为核心的党中央坚决贯彻落实"八项规定"、常抓严整"四风"问题,更是树立了纪律建设与作风建设相互支撑推进的标杆。

经济发展新常态下各种矛盾风险集聚,加上新冠肺炎疫情影响的叠加,统筹经济社会发展的难度加大。面对决战脱贫攻坚、决胜全面建成小康社会的艰巨任务,中共中央出台了《关于持续解决困扰基层的形式主义问题 为决胜全面建成小康社会提供坚强作风保证的通知》,通过充分调动广大党员、干部干事创业的积极

---

① 习近平. 建设宏大高素质干部队伍 确保党始终成为坚强领导核心[N]. 人民日报,2013-06-30.
② 丁俊萍. 坚持和完善党的领导制度体系应深刻把握的若干关系[J]. 理论探索,2020(2).
③ 习近平. 决胜全面建成小康社会 夺取新时代中国特色社会主义伟大胜利——在中国共产党第十九次全国代表大会上的报告[M]. 北京:人民出版社,2017:66.

性、主动性、创造性,为在危机中育新机、于变局中开新局凝聚了全社会决战决胜全面建成小康社会的磅礴力量。

第二节 不断发挥和强化社会主义制度优势

"我们的制度将一天天完善起来,它将吸收我们可以从世界各国吸收的进步因素,成为世界上最好的制度。这是资本主义所绝对不可能做到的。"[1]中国共产党在领导全国各族人民全面建成小康社会的进程中,不断地发挥和增强着中国特色社会主义制度的优势。通过始终坚定以人民为中心的价值立场、不断完善以公有制为主体的经济制度、坚持贯彻民主集中制的组织制度、充分发挥集中力量办大事的社会动员力量,党和国家在积极应对各种矛盾、风险与挑战的同时,与时俱进地完善和发展着中国特色社会主义制度,推动中华民族实现了从命运扭转到繁荣昌盛的历史性飞跃。

一、以人民为中心的价值立场优势

马克思主义群众史观将人民群众视为历史的"剧中人"和"剧作者",而中国共产党人在领导中国的革命、建设及改革的进程中,也始终不渝地将"全心全意为人民服务"作为自己的宗旨,并坚持贯彻和不断发扬群众路线。"为什么人的问题,是检验一个政党、一个政权性质的试金石。"[2]满足人民对美好生活的向往和追求作为我们党和国家矢志不渝的奋斗目标,体现出鲜明的马克思主义价值立场。全面小康是惠及中国十几亿人民的小康,党领导全国各族人民全面建成小康社会、推进改革开放和社会主义现代化建设的成效,最终都要看人民是否得到了改革实惠、人民生活是否得到了实际改善。而中国特色社会主义制度及国家治理的体系立足于发展为了人民、依靠人民且成果由人民共享的价值立场,在"保障维护好发展好全体人民的根本利益,使改革发展成果更多更公平惠及全体人民,实现全体人民共同富裕"[3]等方面显示出鲜明的优势。

其一,聚焦民生短板问题,建成为了人民的小康社会。由于"发展不全面的问

---

[1] 三中全会以来重要文献选编(上)[M]. 北京:人民出版社,1982:528.
[2] 习近平. 决胜全面建成小康社会 夺取新时代中国特色社会主义伟大胜利——在中国共产党第十九次全国代表大会上的报告[M]. 北京:人民出版社,2017:44-45.
[3] 胡鞍钢. 充分发挥中国制度优势[J]. 学术界,2020(2).

题很大程度上也表现在不同社会群体民生保障方面"①,因此以人民为中心的价值立场优势首先体现为改善民生。中华人民共和国成立以来,党和国家在推行改革开放、促进经济快速发展的同时不断保障和改善民生,实现了从"解决温饱"到"总体小康"再到"全面小康"的历史性跨越,人民生活质量得到显著提升。改革开放以来,我国就业总量增幅明显,大众创业、万众创新的深入推进也使得众多新兴就业岗位不断涌现;居民收入水平和消费水平显著提升,收入来源和收入结构日益多元化;社保体系日益完善,总体实现全民医保;全国文化产业、医疗卫生机构和体育设施建设也在蹄疾步稳地深化发展。其二,调节社会利益格局,建成人民共享的小康社会。"让广大人民群众共享改革发展成果,是社会主义的本质要求,是社会主义制度优越性的集中体现。"②人民群众作为全面小康社会的建设者,也是中国特色社会主义事业发展成就的享有者,而这种共享是覆盖全部人口、区域和领域的共同享有。党在领导全体人民全面建成小康社会的实践中,始终贯彻落实新发展理念,实现了政治、经济、文化、社会、生态文明五位一体的统筹发展,与此同时协调着城乡区域的发展进程,使得新型城镇化稳步推进、乡村振兴战略成果初显。

二、以公有制为主体的资源配置优势

社会主义基本经济制度具有马克思主义关于未来社会设想的理论支撑、符合新时代经济高质量发展的现实需求③,"既体现了社会主义制度优越性,又同我国社会主义初级阶段社会生产力发展水平相适应,是党和人民的伟大创造"④。以公有制为主体、多种所有制经济共同发展的所有制结构是中国特色社会主义基本经济制度的首要特征,与之相适应的产品分配制度和资源配置方式有效地规避了传统计划经济体制的弊端,也从根本上克服了资本主义经济制度的内在缺陷,能够在促进生产要素高效流动的同时保持宏观经济的稳定运行。面对国内经济下行压力较大、世界经济明显衰退和国际形势动荡不稳的复杂局面,以公有制为主体的资源配置优势的发挥,是落实"六稳""六保"任务、决战决胜脱贫攻坚、实现全面建成小康社会的胜利的关键。

其一,坚持公有制主体地位的所有制结构是激发各类市场主体的活力和创造

---

① 习近平关于全面建成小康社会论述摘编[M]. 北京:中央文献出版社,2016:13.
② 习近平扶贫论述摘编[M]. 北京:中央文献出版社,2018:9.
③ 蒋永穆,卢洋. 坚持和完善社会主义基本经济制度[J]. 学习与探索,2020(6).
④ 中共中央关于坚持和完善中国特色社会主义制度 推进国家治理体系和治理能力现代化若干重大问题的决定[M]. 北京:人民出版社,2019:18.

力、进一步解放和发展社会生产力的制度基础。我国的社会主义性质决定了公有制的主体地位和国有经济的主导地位,而改革开放以来中国逐渐建立起了世界上最大体量和规模的国有经济。2020年《财富》杂志发布的世界500强企业排行榜显示,我国企业一共上榜133家,其中60.2%为国有企业,而前五强中的二、三、四位均为中国国有企业。[1] 国有经济在科技创新、基础设施和国防安全等方面的突出成就"实现了国有资产迅速增值,积累了大量财富,这是全体人民的共同财富,是社会主义市场经济重要基础"[2]。而与此同时,非公有制经济在推动科技创新、增加就业岗位等方面也发挥了重要作用。其二,坚持按劳分配为主体、多种分配方式并存的分配制度是逐步实现共同富裕的重要途径。按劳分配坚持了科学社会主义的基本原则,允许和鼓励资本、土地、知识、技术、管理等其他生产要素参与分配的方式,有助于调动各方力量参与全面建成小康社会的积极性;而由政府转移支付、社会保障等方式进行的再分配调节,则有助于维护社会公平。随着整体收入的快速稳步增长,人们的收入差距也在不断缩小,2019年我国城乡居民人均可支配收入的倍差为2.64,较2012年下降0.24。[3] 其三,完善社会主义市场经济体制是协调政府和市场的关系、激发全面小康社会活力的有力支撑。而"强调要发挥市场在资源配置中的决定性作用,也强调要更好发挥政府作用,从而实现'有效的市场'与'有为的政府'有机统一"[4],又是将国家宏观调控与尊重市场运行规律有机结合,防范化解全面建成小康社会的金融风险,实现我国经济顺利转型发展的重要依托。

三、民主集中制原则的组织执行优势

人民民主是社会主义的生命,"必须始终坚持民主集中制的组织原则和活动准则"[5]。作为宪法规定的"国家组织形式和活动方式的基本原则"[6]以及中国共产党的根本组织原则,民主集中制贯穿于我国治国理政的全过程,是群众路线的鲜活表现。由于"党的领导、人民当家作主和依法治国的统一性,是社会主义民主

---

[1] 中国经济网.48家央企32家地方国企上榜2020世界500强[EB/OL].新浪网,2020-08-12.
[2] 胡鞍钢.充分发挥中国制度优势[J].学术界,2020(2).
[3] 中华人民共和国2019年国民经济和社会发展统计公报[EB/OL].国家统计局网站,2020-02-28.
[4] 李民圣.为什么说中国特色社会主义制度具有明显制度优势[J].红旗文稿,2019(4).
[5] 中华人民共和国第十三届全国人民代表大会第二次会议文件汇编[M].北京:人民出版社,2019:200.
[6] 习近平关于社会主义政治建设论述摘编[M].北京:中央文献出版社,2017:43-44.

政治的重要优势"①,因此在民主集中制原则下坚持党的集中统一领导、坚持人民的主体地位、建设依法有序的政治环境,使社会主义民主更加制度化、规范化、法治化,是克服资本主义制度"见物不见人"、政治腐败和组织低效的弊病,决胜全面建成小康社会的坚实政治基础。

第一,坚持党的集中统一领导,保障政治执行的稳定有序。中国共产党的领导作为中国特色社会主义制度的最大优势,也是我国在全面建成小康社会的历史进程中应对各种复杂形势和风险挑战的坚强核心。党始终坚持以人民为中心的发展思想、贯彻群众路线的工作方法,通过维护党中央的集中统一领导、保障党员的民主权利,保证了党的意志与行动的团结一致。在新冠肺炎疫情发生后,以习近平同志为核心的党中央成立应对疫情工作领导小组,各级党组织和广大党员在防控疫情的第一线充分发挥着战斗堡垒作用,极大地彰显了民主集中制的执行效率优势。第二,坚持人民当家作主,促进人民主体的广泛参与。我国的国家权力来源于人民,党领导人民在全面建成小康社会的伟大实践中依托人民代表大会制度,满足了人民充分参与国家政治生活的诉求。中国特色的政党制度即中国共产党领导的多党合作和政治协商制度,保障了各民主党派参政议政的权利,提升了国家重大发展决策的效率和科学化、民主化程度,也摆脱了西方议会制度中多元利益集团博弈的困扰。而实行民族区域自治制度和基层群众自治制度,保障了不同群体进行自我管理的权利,则有力地维护了国家统一和社会稳定,是社会主义民主广泛性和真实性的生动体现。第三,坚持全面依法治国,提升治国理政的治理效能。作为"四个全面"战略布局的重要组成部分,全面依法治国是决胜全面建成小康社会的重要方略,体现着"运用法治思维和法治方式深化改革、推动发展、化解矛盾、维护稳定、应对风险"的治理智慧②。在改革开放之初,邓小平就提出"为了保障人民民主,必须健全法制"③;改革开放40余年来,党和国家将全面从严治党和全面依法治国共同纳入中国特色社会主义法治体系的建设中,坚持依法治国、依法执政、依法行政的协同推进,不断扩大法律覆盖领域。突如其来的新冠肺炎疫情暴露了我国公共卫生领域的短板,但一系列关于公共卫生的法律规定出台,进一步筑牢了守护公共卫生、保障人民健康的法治屏障。④

---

① 十五大以来重要文献选编(下)[M].北京:人民出版社,2003:2416.
② 邵彦敏,陶卓睿.在疫情大考中彰显中国特色社会主义制度优势——吉林大学马克思主义学院博士生导师邵彦敏教授访谈[J].社会科学家,2020(6).
③ 十六大以来重要文献选编(上)[M].北京:中央文献出版社,2005:554.
④ 肖贵清,车宗凯."大考"彰显中国特色社会主义制度优势——学习习近平总书记关于防控新冠肺炎疫情系列重要讲话精神[J].马克思主义研究,2020(5).

四、集中力量办大事的社会动员优势

"衡量一个国家的制度是否成功、是否优越,一个重要方面就是看其在重大风险挑战面前,能不能号令四面、组织八方共同应对"①,"中国特色社会主义的制度优势就是能够集中力量办大事"②。统一思想才能统一行动,中国共产党始终旗帜鲜明地坚持马克思主义在意识形态领域的指导地位,凝聚了全党全国实现全面建成小康社会的奋斗共识。而这种"全国一盘棋"优势的表现,正是集全党全国各族人民之力,抓住经济社会发展中的主要矛盾、重点难点和关键问题,通过强大的社会动员和高效的资源整合完成既定的发展规划、应对突发的风险挑战。

从中华人民共和国成立初期"一穷二白"的经济状态到如今建立起比较独立和完整的国民经济体系,"集中力量办大事"的社会动员优势首先在一个又一个"五年规划"当中不断地彰显。随着经济、社会、科技、生态等多个领域的完善发展,从"两弹一星"、载人航天,到三峡大坝、西气东输、南水北调、三北防护林体系以及高速铁路、"蛟龙"入海、港珠澳大桥等一系列基础性重大工程的不断推进,实现全面建成小康社会、完成第一个百年奋斗目标的物质基础得到了巩固。精准扶贫、精准脱贫等战略性重要目标的胜利达成,也是全党全社会"集中力量办大事"的生动体现。通过政府、市场和社会协同帮扶,构建完善专项、行业和社会"三位一体"大扶贫格局,以及创新强化外部帮扶力量与激发内生脱贫动力相结合的机制,我国顺利地打赢了脱贫攻坚战、兜住了全面小康的民生底线。而全国一盘棋、"集中力量办大事"更是我们取得新冠肺炎疫情防控工作重大成果的根本依靠。通过党中央的果断决策和统筹协调,我国牢固构筑起联防联控的社区治理机制③、迅速调度数万名医护工作者和大批紧缺医疗物资、十余天便落成火神山和雷神山等医院,用三个月左右的时间便取得了武汉及湖北保卫战的决定性成果。这极大地"彰显了中国共产党领导和我国社会主义制度的显著政治优势,体现了改革开放以来我国日益增强的综合国力,展现了全党全军全国各族人民同舟共济、众志成城的强大力量"④。这种举国性强大的资源整合和贯彻执行的社会动

---

① 习近平. 在全国抗击新冠肺炎疫情表彰大会上的讲话[N]. 人民日报,2020-09-09.
② 石仲泉. 全面建成小康社会:一个重要战略布局的理论和实践[J]. 毛泽东邓小平理论研究,2020(4).
③ 刘润秋. 抗疫"中国经验"的一大亮点 疫情防控社区治理机制的探索、反思与优化[J]. 人民论坛,2020(15).
④ 习近平. 构建起强大的公共卫生体系,为维护人民健康提供有力保障[J]. 求是,2020(18).

员能力,正是党和国家在全面建成小康社会中得以集中力量攻坚克难的制度性支撑。

五、始终与时俱进的自我完善优势

"中国特色社会主义制度是当代中国发展进步的根本制度保障,是具有鲜明中国特色、明显制度优势、强大自我完善能力的先进制度。"①社会制度作为调节各种利益关系和矛盾冲突的机制总和,其组成结构和具体模式也与不同国家和地区的历史文化背景和经济社会发展状态息息相关,因此完全照搬其他国家或地区的社会制度注定不能成功。而我国社会主义制度在全面建成小康社会进程中彰显出鲜明优势的一个重要原因,就在于我们始终坚持从中国实际国情出发,坚定社会主义方向和制度自信,通过吸取借鉴国内外社会制度建设正反两方面的经验教训、与时俱进地进行自我调整和完善,形成了富有中国特色的社会制度体系。

其一,坚定社会主义制度自信,随经济社会发展而自我完善。尽管中国特色社会主义制度是符合国情、切实有效的体系,但也不是尽善尽美的,"我们要坚决破除一切妨碍发展的体制机制障碍和利益固化藩篱,加快形成系统完备、科学规范、运行有效的制度体系,推动中国特色社会主义制度更加成熟更加定型"②。社会主义制度不是一成不变的固定模板,"而应当和任何其他社会制度一样,把它看成是经常变化和改革的社会"③。中国共产党在领导全国各族人民建成全面小康社会的过程中没有固守经典文本的个别结论,而是坚定社会主义方向、立足中国实际,稳扎稳打逐步推进社会主义制度的建立、丰富和完善发展,为解放和发展生产力、维护人民群众利益,维护民族团结和国家统一等提供了制度保障。而以党的全面领导制度为统领,由各方面的根本制度、基本制度和重要制度为四梁八柱,覆盖国家和社会生活各个领域的系统性国家制度与治理体系,正是科学社会主义基本原则在中国特色社会主义制度上的鲜明体现。

其二,坚持与时俱进博采众长,随时代潮流方向而自我完善。"我们的制度将一天天完善起来,它将吸收我们可以从世界各国吸收的进步因素,成为世界上最好的制度。这是资本主义所绝对不可能做到的。"④党的十九届四中全会总结出了中国特色社会主义制度的 13 个显著优势,而其优势形成的一个重要支撑正是"这个制度从来不排斥任何有利于中国发展进步的他国国家治理经验,而是博采

---

① 习近平谈治国理政(第二卷)[M].北京:外文出版社,2017:26.
② 习近平在庆祝改革开放 40 周年大会上的讲话[M].北京:人民出版社,2018:30.
③ 马克思恩格斯文集(第十卷)[M].北京:人民出版社,2009:588.
④ 三中全会以来重要文献选编(上)[M].北京:人民出版社,1982:528.

众长,坚持以我为主、为我所用,去其糟粕、取其精华,能够在自我完善和发展中长期保持和不断增强自己的优越性"①。坚定制度自信不等于盲目制度自负,在全面建成小康社会的过程中,我们党和国家始终保持着宽广的国际视野和开放包容的态度,根据实际国情扬弃各种优秀的制度文明成果。从社会主义与市场经济的有机结合到全面推进依法治国,我们坚持以人民群众的满意度为制度创新成效的衡量标准,不断完善和发展着全面小康社会的制度保障,向世界展示出国家制度的选择性和现代化道路的多样性。

第三节 始终坚持全面深化改革的发展思路

"改革开放是决定当代中国命运的关键一招,也是决定实现'两个一百年'奋斗目标、实现中华民族伟大复兴的关键一招"②,作为党的一次伟大觉醒,改革开放直接推动着中国特色社会主义事业的伟大实践。从实行改革开放到全面深化改革,中国共产党以勇于自我革命的精神牢牢把握住改革的社会主义方向,始终坚持以人民为中心的改革基点和以问题为导向的改革重点,在坚定瞄准国家治理体系与治理能力现代化的改革指向前提下,于全面建成小康社会的变局和危机中不断开拓着新局面和新机遇。

一、坚定中国特色社会主义的改革方向

方向的选择决定了党和国家事业的前途命运,是推进全面深化改革的首要问题,而中国共产党领导下的改革开放有特定的方向、立场和原则,即"在中国特色社会主义道路上不断前进的改革,既不走封闭僵化的老路,也不走改旗易帜的邪路"③。改革开放作为中国特色社会主义事业的逻辑起点,也是解放和发展生产力的重要法宝;而进一步全面深化改革、不断推动中国特色社会主义制度的完善与发展,则是全面建成小康社会乃至实现社会主义现代化的必然途径。只有坚持"以我为主"、拒绝"邯郸学步",从我国经济社会发展的实际情况出发高举改革的社会主义旗帜,才能在国内外各种风险考验中保持制度优势、取得全面建成小康社会的决定性胜利。

---

① 何毅亭.论中国特色社会主义制度[M].北京:人民出版社,2020:5-6.
② 习近平关于全面深化改革论述摘编[M].北京:中央文献出版社,2014:30.
③ 习近平关于全面深化改革论述摘编[M].北京:中央文献出版社,2014:14.

从实行改革开放到推进全面深化改革,我们党吸收借鉴了东欧社会主义国家"改革"的经验教训,始终不渝地坚持着中国特色社会主义的改革方向。1985年邓小平在会见外宾的时候提出了"社会主义四个现代化"的概念,尤其强调"在改革中坚持社会主义方向,这是一个很重要的问题"①,要坚持在社会主义原则的前提下实行对内建设和对外开放。而在1992年的南方谈话中他进一步指出:"不坚持社会主义,不改革开放,不发展经济,不改善人民生活,只能是死路一条。"②随着我国经济发展进入"新常态",改革也进入了攻坚克难的新阶段,习近平反复强调:"改革开放是一场深刻革命,必须坚持正确方向,沿着正确道路推进。"③在庆祝改革开放40周年大会上,他又提出必须"牢牢把握改革开放的前进方向"④,要在全面深化改革、破除利益固化藩篱的实践中始终保持头脑清醒,防止在根本性和关键性问题上犯颠覆性错误。而在全面建成小康社会的实践进程中,我们党领导人民坚决打赢了脱贫攻坚战,以"精准扶贫""精准脱贫"的改革实践为"共同富裕"这一社会主义重要原则作出了鲜明的时代注解。

二、坚持以人民为中心的改革立场

"全面深化改革必须以促进社会公平正义、增进人民福祉为出发点和落脚点。"⑤全面建成小康社会要求覆盖所有人群、区域和领域,尤其要聚焦于民生领域的突出矛盾和短板问题,积极回应和精准对接广大人民群众的改革期待和利益诉求,通过以人民为中心的改革来进一步维护和增强中国特色社会主义制度的优越性。而以人民为中心的发展思想作为我们党全心全意为人民服务之宗旨的实践体现,"指明了全面深化改革的根本立场、前进方向、关键依托和评判标准,为全面深化改革提供了基本遵循"⑥。

其一,全面深化改革需要人民群众的积极参与。我国改革开放40年的重要经验之一"就是强调必须坚持以人为本,尊重人民主体地位,发挥群众首创精神,紧紧依靠人民推动改革"⑦。人民群众作为人类社会历史的实际创造者,也是我国推行改革开放和全面深化改革的主体力量,邓小平指出"改革中的许许多多的

---

① 邓小平文选(第三卷)[M]. 北京:人民出版社,1993:138.
② 邓小平文选(第三卷)[M]. 北京:人民出版社,1993:370.
③ 习近平关于全面深化改革论述摘编[M]. 北京:中央文献出版社,2014:14.
④ 习近平. 在庆祝改革开放40周年大会上的讲话[M]. 北京:人民出版社,2018:28.
⑤ 习近平关于全面深化改革论述摘编[M]. 北京:中央文献出版社,2014:96.
⑥ 王高贺. 以人民为中心:全面深化改革的基本遵循[J]. 人民论坛,2019(22).
⑦ 十八大以来重要文献选编(上)[M]. 北京:中央文献出版社,2014:554.

东西,都是由群众在实践中提出来的"①。无论是从农村起步的家庭联产承包责任制的改革,还是城市中国有企业的艰难转型,无一不是广大群众积极探索和创新创造的经验集成,习近平在提升改革决策科学性的方面也尤其强调"要广泛听取群众意见和建议,及时总结群众创造的新鲜经验,充分调动群众推进改革的积极性、主动性、创造性,把最广大人民智慧和力量凝聚到改革上来"②。其二,全面深化改革的发展成果必须由人民群众共同享有。全面深化改革要助力全面建成小康社会目标的实现,其出发点和立足点正是为人民群众谋利益,"改革发展搞得成功不成功,最终的判断标准是人民是不是共同享受到了改革发展成果"③。中国共产党在推进全面深化改革的过程中始终聚焦于群众最关心最直接最现实的利益问题,通过实行积极的就业政策,完善广覆盖可持续也更加公平的社会保障制度,推动医疗服务改革解决"看病难""看病贵"问题,促进城乡教育一体化发展,坚决打赢脱贫攻坚战等一系列有力举措,在决胜全面建成小康社会的实践中不断地满足着人民群众对美好生活的向往与追求。

三、坚持以问题为导向的改革重点

"改革是由问题倒逼而产生,又在不断解决问题中而深化。"④问题是时代的声音,从推动改革开放到推进全面深化改革,中国共产党始终瞄准社会主要矛盾和改革发展进程中的突出问题和关键节点,带领全国人民实现了经济快速发展和社会长期稳定的"两大奇迹"。而要完成决战决胜脱贫攻坚与全面建成小康社会的重大历史任务,"必须发挥好改革的突破和先导作用,依靠改革应对变局、开拓新局,坚持目标引领和问题导向"⑤,将防范和化解各种风险挑战、解决实践中存在的突出问题作为改革重点。

从改革开放之初到全面建成小康社会、开启全面建设社会主义现代化国家的新征程,中国共产党紧紧依靠改革来应对变局和开拓新局,与时俱进地解决改革进程中的新情况和新问题。全面深化改革要兼顾全面,但重点是找到改革的突破

---

① 邓小平建设有中国特色社会主义论述专题摘编(新编本)[M].北京:中央文献出版社,1995:45.
② 习近平谈治国理政[M].北京:外文出版社,2014:98.
③ 习近平关于社会主义社会建设论述摘编[M].北京:中央文献出版社,2017:35.
④ 十八大以来重要文献选编(上)[M].北京:中央文献出版社,2014:497.
⑤ 习近平主持召开中央全面深化改革委员会第十四次会议强调 依靠改革应对变局开拓新局 扭住关键鼓励探索突出实效 李克强、王沪宁出席[N].人民日报,2020-07-01.

口、牵住重点环节和关键问题的"牛鼻子","这些突破口既是改革重点,也是改革对象"①。邓小平从解放思想入手,首先打通了改革开放的思想堵点,同时强调四项基本原则,划清了改革开放必须坚守的底线红线。党的十八大以来,中央将全面深化改革纳入以全面建成小康社会为目标的"四个全面"战略布局,以全面发力、多点突破的形式不断构建和完善国家改革领域的主体架构。在将经济体制改革作为全面深化改革全局之重点的同时,又将处理好政府与市场的关系作为深化经济体制改革的核心来抓;在全面推进政治、文化、社会、生态文明、党的建设等方面的体制改革时,又各自侧重于抓改革要务和关键环节。全面建成小康社会是"两个一百年"奋斗目标的关键节点,面对的国内外发展形势和风险挑战更加复杂多变。党和国家继续将全面深化改革作为克敌制胜的重要法宝,在统筹推进新冠肺炎疫情防控工作和经济社会发展工作的同时,不断地改革完善各项制度体系、推动构建新发展格局。习近平指出,"要善于运用改革思维和改革办法,统筹考虑短期应对和中长期发展,既要在战略上布好局,也要在关键处落好子"②,以改革这一关键一招继续推动发展全局的系统性深层次变革。

四、坚定治理体系与治理能力现代化的改革指向

"坚持把完善和发展中国特色社会主义制度,推进国家治理体系和治理能力现代化作为全面深化改革的总目标。"③全面深化改革既要统筹推进小康社会全方位各领域的系统性改革,更要关注体制机制变革后的制度集成效果,明确改革的最终目标指向。通过全面深化改革促进我国各方面制度更加成熟和定型,推动党和国家的各项事务治理工作日益法制化、规范化和程序化,体现了坚持中国特色社会主义根本制度和释放体制机制活力的辩证统一,而"两者的相互促进和相互确证,恰恰是中国特色社会主义制度发展的辩证规律"④。

作为一项长期且艰巨的事业,改革开放永远处在进行时。1992年邓小平的南方谈话指出:"恐怕再有三十年的时间,我们才会在各方面形成一整套更加成熟、更加定型的制度。"⑤自党的十八届三中全会提出全面深化改革的总目标之后,十

---

① 朱孔军.新时代全面深化改革的多维思考[J].华南师范大学学报(社会科学版),2020(3).
② 习近平主持召开中央全面深化改革委员会第十五次会议强调 推动更深层次改革实行更高水平开放 为构建新发展格局提供强大动力[N].人民日报,2020-09-02.
③ 习近平关于全面深化改革论述摘编[M].北京:中央文献出版社,2014:23.
④ 王浦劬.全面准确深入把握全面深化改革的总目标[J].中国高校社会科学,2014(1).
⑤ 邓小平文选(第三卷)[M].北京:人民出版社,1993:372.

九届四中全会又对改革的理论和实践成果进行了制度层面的总结。经过改革开放40余年的继承、创新和发展,我国取得了全面建成小康社会的决定性胜利,使得各方面根本、基本和重要制度更加成熟和定型,鲜明地彰显了"中国之制"的强大生命力。而随着国家发展进入新阶段,全面深化改革的任务目标也呈现新变化,习近平强调:"新时代谋划全面深化改革,必须以坚持和完善中国特色社会主义制度、推进国家治理体系和治理能力现代化为主轴。"①国家现代化的过程实际是"用现代化要素改造传统要素和传统要素不断现代化的过程"②,其核心正是实现制度的现代化。而全面深化改革作为推动制度现代化的根本动力③,一以贯之地坚定中国特色社会主义制度的改革框架,从我国历史文化传统和经济社会条件的实际情况出发、在坚定制度自信的基础上,持续推进各方面具体机制的完善发展。

第四节　始终坚持扩大对外开放的基本国策

"开放是国家繁荣发展的必由之路。"④在经济全球化潮流之下,世界各国经济社会发展的联系日益密切,推进"以国内大循环为主体、国内国际双循环相互促进的新发展格局"⑤,促进我国和世界各国的互联互通、优势互补与融合发展,是建设现代化经济体系、决胜全面建成小康社会的必然选择。我国在把握世界发展大势的基础上以对外开放促进改革发展,通过树立积极主动的对外开放理念,部署更大范围、更宽领域、更高层次的对外开放格局,构建互利共赢的对外开放经济体制,更加深入地参与建设全球治理体系,为实现"两个一百年"奋斗目标和中华民族伟大复兴的中国梦奠定了坚实基础。

一、树立积极主动的对外开放理念

理念是行动的先导。改革开放作为决定当代中国命运的"关键一招",只有以

---

① 中国共产党第十九届中央委员会第四次全体会议文件汇编[M].北京:人民出版社,2019:74.
② 胡鞍钢.治理现代化的实质是制度现代化——如何理解全面深化改革的总目标[J].人民论坛,2013(11).
③ 包心鉴.以制度现代化推进国家治理现代化[J].中共福建省委党校学报,2014(1).
④ 十八大以来重要文献选编(中)[M].北京:中央文献出版社,2016:792.
⑤ 习近平在经济社会领域专家座谈会上的讲话[N].人民日报,2020-08-25.

正确理念为指引才能不走封闭僵化的"老路"和改旗易帜的"邪路",保证始终沿着中国特色社会主义的道路和方向前进。党领导全国人民在全面建成小康社会的进程中准确把握了经济全球化趋势和我国对外开放诉求,通过解放思想、以开放促进改革发展、推动构建人类命运共同体,树立起积极主动的对外开放理念。

其一,坚持解放思想、实事求是。习近平指出,"一个国家对外开放,必须首先推进人的对外开放,特别是人才的对外开放。如果人思想禁锢、心胸封闭,那就不可能有真正的对外开放"①。我们党和国家在改革开放之初就确立了解放思想、实事求是的正确思想路线,以"开眼看世界"的方式自发向发达经济体学习、缩小国内各方面与世界先进水平的差距。通过突破社会主义与市场经济关系的认识、厘清"政府"与"市场"的作用范围,我国在扩大对外开放、深化"入世"程度的过程中使得主动开放理念深入人心。其二,坚持开放与改革相互促进、协同发展。"不断扩大对外开放、提高对外开放水平,以开放促改革、促发展,是我国发展不断取得新成就的重要法宝。"②改革开放伊始,农村家庭联产承包责任制改革、城市经济体制改革等推动了剩余劳动力的转移和市场经济的发展。而在"三来一补"、引进外资和发展外贸到加入WTO、加速融入国际市场的过程中,我国对外开放的广度和深度也在不断拓展。对外开放为全面深化改革带来了物质条件支持和外部经验借鉴,而深化供给侧结构性改革又为进一步扩大开放提供了体制机制支持和内在推动力量。在改革与开放的相辅相成下,我国经济总量不断扩大、综合国力由弱变强,2019年我国国内生产总值已稳居世界第二位。其三,积极推动构建人类命运共同体。面对全球经济发展的下行趋势,部分西方国家贸易保护主义和单边主义抬头,"逆全球化"思潮越发明显。在明晰和平与发展的时代主题基础上,以习近平同志为核心的党中央秉承"世界大同,天下一家"的历史底蕴,坚守"协和万邦""和实生物"的文化精神,提出构建"你中有我、我中有你"的人类命运共同体理念。这一理念承载着中国对建设"持久和平、普遍安全、共同繁荣、开放包容、清洁美丽"世界的期待,展现出我国奉行互利共赢开放战略的大国担当,得到了国际社会的广泛认可与支持。

二、构筑全方位多元化的对外开放格局

"过去40年中国经济发展是在开放条件下取得的,未来中国经济实现高质量

---

① 习近平在同外国专家座谈时强调中国要永远做一个学习大国[N].人民日报,2014-05-24.

② 习近平关于社会主义经济建设论述摘编[M].北京:中央文献出版社,2017:291.

发展也必须在更加开放条件下进行。"①通过对外开放参与国际经济的大循环,中国经济的国际地位实现了很大程度的提升。而随着经济发展进入新常态,对外开放的侧重点和整体格局也要进行相应调整,才能进一步提高开放的发展质量和内外联动性。通过在"更大范围、更宽领域、更深层次"上提高开放型经济水平,全面小康社会逐渐构筑出一个全方位多元化的开放格局。

其一,由点到面,扩大开放范围。就对内区域的开放范围而言,我国先是于改革开放初期在深圳等四个经济特区设置试点,再逐步开放大连等14个沿海港口城市、长江三角洲等多个沿海经济开发区,并连续增设海南岛经济特区以及上海浦东新区等特殊发展区域。通过从沿海起步,稳妥有序推进沿江、内陆、沿边的开放步伐,我国逐渐形成"陆海内外联动、东西双向互济"的开放布局。就对外区域的开放范围而言,在继续巩固与发达国家既有经贸关系的基础上,我国通过"一带一路"倡议和自由贸易试验区建设,积极扩大与广大发展中国家的多方合作与利益交汇点,使得对外开放的空间布局更加平衡。其二,优化进出口结构,拓宽开放领域。我国开放型经济的布局由传统的制造业逐步向先进制造业、高端服务业等领域扩展,贸易结构更加均衡和全面、新业态与新模式不断丰富发展。从对外货物贸易来看,我国出口商品由改革开放之初的以轻纺产品等劳动密集型工业制品为主,逐渐转向以机电产品等资金技术密集型产品为主,整体出口质量与效益不断优化。从对外服务贸易来看,我国2019年服务出口总额占服务进出口总额的比重达到36.1%②,服务业日渐成为深化对外开放、发展对外贸易的新动力。其三,坚持"引进来"与"走出去"并重,深化开放层次。习近平指出,我们坚持对外开放的基本国策,就要"敞开大门搞建设,从大规模引进来到大踏步走出去"③。就"引进来"而言,为满足人民对国外优质商品的消费需求、促使国外放宽对华的技术与产品出口限制,我国不断降低进口关税。2018年在上海举办的首届中国国际进口博览会,更是表明了中国向世界主动开放市场的态度。就"走出去"而言,随着综合国力持续加强,我国对外投资合作不断实现新突破,实现了从零到遍及全球190多个国家和地区的飞跃,有效改善了东道国的基础设施条件。④

---

① 习近平谈治国理政(第三卷)[M]. 北京:外文出版社,2020:200-201.
② 国家统计局.中华人民共和国2019年国民经济和社会发展统计公报[N].人民日报,2020-02-29.
③ 习近平出席2016年二十国集团工商峰会开幕式并发表主旨演讲[N]. 人民日报,2016-09-04.
④ 对外经贸开启新征程 全面开放构建新格局——新中国成立70周年经济社会发展成就系列报告之二十二[EB/OL]. 国家统计局,2019-08-27.

三、构建互利共赢的对外开放体制

随着全球新技术新产业的不断涌现,国际贸易投资的业态和模式也在不断地创新发展,从而对国际经济贸易的规则和模式的更新提出了要求。加快构建和完善互利共赢的对外开放体制、改善营商环境和创新环境,是我国主动适应国际贸易投资新规则、进一步融入世界经济、扩大对外开放、助力全面建成小康社会的重要支撑。

其一,以稳定的国内政治环境为构建基础。我国在构建对外开放体制、深化改革开放进程中能够始终坚持正确的政治方向,原因就在于"把党的基本路线作为党和国家的生命线,始终坚持把以经济建设为中心同四项基本原则、改革开放这两个基本点统一于中国特色社会主义伟大实践"①。作为最大的发展中国家,我国始终坚持中国共产党的领导,通过拥护党中央正确决策的权威、支持地方在贯彻开放决策中的自主性,在保持政治环境稳定的基础上形成了丰富多样的开放型经济发展模式。其二,以优良的国内营商环境为构建关键。过去我国对外开放、吸收利用外资的主要优势是关税和土地等方面的优惠政策,为了适应建设高水平开放型经济体系的要求,我国又对外贸制度和规则进行创新。通过打造公正透明的外贸相关法律政策体系,实现外资的准入前国民待遇加负面清单管理制度,全面推进国际贸易单一窗口、一站式作业和一体化通关,国内营商环境的规范化、法治化和便利化程度得到不断提升。而在加强金融监管的前提下,我国自2018年7月起逐渐放宽了主流金融行业的外资股比,并提出要在2021年取消金融领域所有的外资股比限制。其三,以自由贸易区建设与"一带一路"倡议为支撑平台。"中国一贯主张建设开放透明、互利共赢的区域自由贸易安排,而不是搞排他性、碎片化的小圈子。"②无论是自由贸易试验区、自由贸易港还是"一带一路"倡议,都是我国对外开放体制由政策性转向制度性建设的重要表现,是在更高层次上适应商品、人才、资金等要素的全球化流动趋势,以更大诚意去谋求多边战略互信、互利共赢、融合发展的重要依托和必然选择。

四、倡导共商共建共享的全球治理体系

经济全球化是不可逆转的历史大趋势,也是世界各国互学互鉴、互利共赢的纽带和桥梁。随之而来的发展中国家和新兴市场国家的群体性崛起,也使得国际

---

① 习近平关于全面深化改革论述摘编[M].北京:中央文献出版社,2014:14.
② 习近平关于社会主义经济建设论述摘编[M].北京:中央文献出版社,2017:310-311.

力量对比变化日益频繁和显著。而打破零和博弈与冷战思维的桎梏、推动全球治理体系的变革与完善,便成为推动新一轮全球化深入发展、为我国全面建成小康社会提供更加公正合理的国际机制环境的必由之路。

其一,积极参与全球经济治理,坚决维护国家发展利益。全球经济治理体系和规则是世界各国以经济实力进行博弈的结果,其格局变化直观反映了不同国家和地区的利益诉求。全面建成小康社会最根本和最紧迫的任务还是进一步解放和发展社会生产力,这就要求我国从国际经济贸易规则的学习者、遵循者转变为参与者、引领者,在经济全球化中发挥优势、夺得发展的主动权。习近平提出了全球经济治理的几个重点,即要共同构建"公正高效的全球金融治理格局""开放透明的全球贸易和投资治理格局"以及"包容联动的全球发展治理格局"。[1] 通过加强宏观经济政策的国际协调、支持发展中国家平等参与全球经济治理、推动多边贸易谈判进程和多个领域的国际规则制定,我国在积极引导和自觉落实全球经济发展议程的过程中,实现了本国人民全面小康和全人类福祉的共同增进。其二,推动构建以合作共赢为核心的新型国际关系。"全面小康"是爱好和平、"以和为贵"的小康社会,在扩大对外开放的进程中始终坚持走和平发展道路,也是完善和发展中国特色社会主义的必然选择。自中华人民共和国成立以来,党带领全国人民在实现全面小康的过程中,既通过维护世界和平发展自己,又通过自身发展维护世界和平,有力地驳斥了"中国威胁论"和"国强必霸"的强权思维。我国积极主动地展现负责任大国的担当,始终不渝地推进国际关系民主化、奉行多边主义,通过中非合作论坛、"一带一路"国际合作高峰论坛等平台,为处于"地球边缘"的国家提供了公平参与全球治理的机会。通过致力于政治解决国际和地区热点问题,同世界共同应对恐怖主义、网络安全、新冠疫情等全球性挑战。中国全面建成小康社会的卓越成效也有效弘扬了共商共建共享的全球治理新理念。

第五节　不断探索循序渐进式的发展道路

"我们党在不同历史时期,总是根据人民意愿和事业发展需要,提出富有感召力的奋斗目标,团结带领人民为之奋斗。"[2]从改革开放之初的"小康之家"设想,到党的十九大将"决胜全面建成小康社会"作为大会主题,"全面建成小康社会"

---

[1] 习近平关于社会主义经济建设论述摘编[M].北京:中央文献出版社,2017:304.
[2] 习近平关于全面建成小康社会论述摘编[M].北京:中央文献出版社,2016:3.

经历了一个循序渐进的"钉钉子"式发展过程。它遵循了从"两步走"到"三步走"的发展目标、调试了从"总体小康"到"全面小康"的发展标准、贯彻了从"全面建设"到"全面建成"的发展要求、衔接了"两个一百年"的发展阶段,其内涵的不断丰富和定位的逐步提升是我国经济社会发展的阶段性战略前后对接和有序递进的生动体现。

一、遵循从"两步走"到"三步走"发展目标

"小康社会"最初是作为中国式现代化的概念而提出的。1979年12月,邓小平对在华访问的日本首相大平正芳表示,中国四个现代化概念的表现是"小康之家"①,1984年他又再次强调"小康社会"就是"中国式的现代化"。② 对于如何达到小康社会水平、实现社会主义现代化目标,党的十二大提出了今后20年的"两步走"战略部署,而邓小平在1985年全国科技工作会议上又提出消灭贫困的"两步走"发展战略,即第一步于20世纪末达到"不穷不富,日子比较好过"的小康水平,第二步用三五十年达到比较富裕的"在经济上接近发达国家"的水平。③

为使发展战略的阶段性目标更加清晰,1987年邓小平进一步将"两步走"的提法细化为"三步走"战略,即第一步使国民生产总值在80年代翻一番、第二步于20世纪末让中国由贫困到小康、第三步于21世纪中叶达到中等发达国家的水平。④ 党的十三大正式将实施"三步走"战略上升为经济建设的战略部署,党的十四大则明确要通过"三步走"战略基本实现社会主义现代化的发展目标。在1997年我国提前实现人均国民生产总值翻两番、基本完成"三步走"的前两步任务基础上,党的十五大又将"三步走"的第三步战略目标细化为"新三步走"战略,并正式提出"两个一百年"的奋斗目标,即第一步在新世纪头十年使国民生产总值再翻一番、第二步到建党一百年使国民经济和社会制度更加发展完善、第三步到建国一百年建成富强民主文明的社会主义国家。⑤ 随着"新三步走"战略前期目标的如期实现,党的十九大又着重对2020年到21世纪中叶之间的阶段作了"两个十五年"的战略安排,在全面建成小康社会的基础上向基本实现社会主义现代化、建成

---

① 邓小平文选(第二卷)[M].北京:人民出版社,1994:356.
② 邓小平文选(第三卷)[M].北京:人民出版社,1993:53-54.
③ 邓小平文选(第三卷)[M].北京:人民出版社,1993:109.
④ 邓小平文选(第三卷)[M].北京:人民出版社,1993:226.
⑤ 十五大以来重要文献选编(上)[M].北京:人民出版社,2000:4.

社会主义现代化强国而努力奋斗。①

从"小康之家"到"小康社会"的概念演变、从"两步走"战略部署到"三步走"发展战略、从"新三步走"战略安排再到"两个一百年"奋斗目标,党领导下的全面建成小康社会的步骤日益明确、路径日益清晰、规划日益完备。

二、调试从"总体小康"到"全面小康"的发展水平

"小康"水平的标准和内涵不是一成不变的。1985年邓小平在全国科技工作会议上提出"达到小康水平就是不穷不富,日子比较好过的水平"②,此时还主要从经济收入的层面认识"小康"。而1990年党的十三届七中全会认为,小康水平应该在使人民生活达到温饱的基础上进一步提高其生活质量,这"既包括物质生活的改善,也包括精神生活的充实;既包括居民个人消费水平的提高,也包括社会福利和劳动环境的改善"③。为进一步细化小康水平的衡量尺度,1994年国家计委和国家统计局联合向国务院呈交了《全国人民生活小康水平的基本标准》,1996年国家统计局和农业部又联合研究制定了《全国农村小康生活水平的基本标准》。在"三步走"发展战略的指引下,我国的小康建设不断取得新成就。2000年党的十五届五中全会指出:"我们已经实现了现代化建设的前两步战略目标,经济和社会全面发展,人民生活总体上达到了小康水平。"④

但就建设社会主义现代化强国的目标要求而言,这一阶段的小康仅仅是"总体小康"。2002年党的十六大指出,目前的小康是"低水平的、不全面的、发展不平衡的小康"⑤,社会主要矛盾没有发生变化,我国经济社会发展水平总体落后于发达国家的状态也不容忽视。因此"全面建设惠及十几亿人口的更高水平的小康社会",达到"经济更加发展、民主更加健全、科教更加进步、文化更加繁荣、社会更加和谐、人民生活更加殷实"的"全面小康"状态⑥,便成了我国到2020年要实现的奋斗目标。

从经济发展到社会发展、从物质生活水平提高到精神文化素质提升,不断调试从"总体小康"到"全面小康"的发展水平,是党坚持以人民为中心的发展思想、

---

① 习近平.决胜全面建成小康社会 夺取新时代中国特色社会主义伟大胜利——在中国共产党第十九次全国代表大会上的报告[M].北京:人民出版社,2017:27-29.
② 邓小平文选(第三卷)[M].北京:人民出版社,1993:109.
③ 十三大以来重要文献选编(中)[M].北京:人民出版社,1991:1401.
④ 十五大以来重要文献选编(中)[M].北京:人民出版社,2001:1369.
⑤ 十六大以来重要文献选编(上)[M].北京:中央文献出版社,2005:14.
⑥ 十六大以来重要文献选编(上)[M].北京:中央文献出版社,2005:14.

不断深化对小康社会内涵认识的直接体现。

三、贯彻从"全面建设"到"全面建成"的发展要求

"在中国这样一个十多亿人口的国度里,进入和建设小康社会,是一件有伟大意义的事情。"①"全面小康"的战略构想在提出之后,也经历了一个从"全面建设"到"全面建成",发展要求不断提高的过程。2000年10月党的十五届五中全会明确了从21世纪开始,我国要进入"全面建设小康社会、加快推进社会主义现代化"②的阶段定位。党的十六大正式提出"全面建设小康社会"的概念,认为其是"实现现代化建设第三步战略目标必经的承上启下的发展阶段"③,并要求在党的十五大提出的2010年、建党一百年和中华人民共和国成立一百年发展目标的基础上,实现中国特色社会主义经济、政治、文化的全面发展。随着全面建设小康社会的稳步推进,党的十七大针对中国特色社会主义的政治、经济、文化、社会建设的基本纲领,提出了全面建设小康社会奋斗目标的新要求,并对2020年全面建成小康社会的美好前景作出描绘。继党的十八大明确将"全面建成小康社会"作为大会主题之后,"十三五"规划进一步提出了全面建成小康社会新的目标要求。而党的十九大立足于全面建成小康社会的决胜期,强调要打好三大攻坚战,统筹推进经济、政治、文化、社会、生态文明建设及各项重要战略,"使全面建成小康社会得到人民认可、经得起历史检验"④。

就"全面建设小康社会"到"全面建成小康社会"的战略布局和奋斗目标而言,小康社会的内涵在不断丰富,发展要求也在不断具体化。从战略布局来看,由"三位一体""四位一体"再到如今"五位一体"的发展总布局,我国小康社会的内涵架构日益丰富完善。从奋斗目标来看,小康社会的经济总量标准实现了从单纯的国内生产总值到囊括城乡居民人均收入比的完善,民生改善要求从提升水平到更加注重质量,文化建设也从注重国内价值观到重视国际软实力等。这些阶段性奋斗目标及其具体要求的内在衔接,顺应了中国特色社会主义事业的总体布局的发展要求。

---

① 十五大以来重要文献选编(上)[M].北京:人民出版社,2000:50.
② 十五大以来重要文献选编(中)[M].北京:人民出版社,2001:1369.
③ 十六大以来重要文献选编(上)[M].北京:中央文献出版社,2005:15.
④ 习近平.决胜全面建成小康社会 夺取新时代中国特色社会主义伟大胜利——在中国共产党第十九次全国代表大会上的报告[M].北京:人民出版社,2017:27-28.

四、衔接"两个一百年"的发展阶段

中国共产党始终把建设一个强大的社会主义现代化国家作为改革发展的目标,并在全面建成小康社会的进程中不断探索和完善现代化战略布局。继邓小平将小康社会作为中国式现代化概念提出之后,党的十四大针对"三步走"发展战略的第三步目标,初步提出到建党一百周年"在各方面形成一整套更加成熟更加定型的制度"、建国一百周年"基本实现社会主义现代化"的发展构想。① 党的十五大根据世纪之交我国发展的阶段性特点,形成了"新三步走"的战略部署,并正式提出"两个一百年"的奋斗目标,即中国共产党成立一百年时"使国民经济更加发展,各项制度更加完善"、新中国成立一百年时"基本实现现代化,建成富强民主文明的社会主义国家"。② 党的十八大根据我国经济社会发展的实际情况,提出要在党的十六大、十七大确立的全面建设小康社会目标的基础上努力接续奋斗,争取在中国共产党成立一百年时"全面建成小康社会"、在新中国成立一百年时"建成富强民主文明和谐的社会主义现代化国家"。③ 党的十九大则立足于中国特色社会主义新时代的历史方位和"两个一百年"奋斗目标的历史交汇期,在综合分析国际国内发展形势基础上,将决胜全面建成小康社会、实现第一个百年奋斗目标后的社会主义现代化强国建设又分为两个渐进的阶段。

"全面建成小康社会"是"实现中华民族伟大复兴中国梦的关键一步"④。作为中国社会主义现代化发展战略的关键阶段,它直接关系着"两个一百年"奋斗目标能否如期实现,也直接影响着人民对党,以及对中国特色社会主义道路、理论、制度和文化的信心。随着全面建成小康社会的胜利推进,中国特色社会主义现代化目标的内涵也实现了"富强民主文明和谐美丽"的丰富发展。

第六节 始终贯彻马克思主义的科学方法论

理念是行动的先导、思维是理念的前提,只有坚持科学思维的指导才能形成正确理念,进而保证行动有效。全面建成小康社会作为"三步走"发展战略的重要步骤,也是"两个一百年"奋斗目标承上启下的关键环节,面临着各种复杂艰巨的

---

① 十四大以来重要文献选编(上)[M]. 北京:人民出版社,1996:47.
② 十五大以来重要文献选编(上)[M]. 北京:人民出版社,2000:4.
③ 十八大以来重要文献选编(上)[M]. 北京:中央文献出版社,2014:13.
④ 习近平关于全面建成小康社会论述摘编[M]. 北京:中央文献出版社,2016:4.

困难和挑战。我们党立足"百年未有之大变局"的国际国内环境,以辩证唯物主义与历史唯物主义的科学方法论为理念指引,在清楚认识和准确把握发展的新机遇和新挑战基础上,从战略高度坚定了全面小康深化改革的方向,坚持统筹兼顾、聚焦主要矛盾、坚守底线思维,领导全国各族人民取得了全面建成小康社会的决定性胜利。

一、加强战略定力,坚定改革方向

"战略问题是一个政党、一个国家的根本性问题。"[1]全面建成小康社会作为党和国家现阶段的战略目标和实现中华民族伟大复兴中国梦的关键一步,必须在历史长河和全球格局中保持定力,坚定中国特色社会主义的道路和方向。中国共产党以强大的战略定力和高效的领导部署,确保了全面建成小康社会目标的如期实现。

其一,立足"四个全面"战略布局和国际国内双循环格局。党的十八大以来提出并形成的"四个全面"是以全面深化改革为发展动力、以全面依法治国为秩序保证、以全面从严治党强化领导核心,服务于全面建成小康社会这一目标的战略布局。中国共产党通过自我革命、解决妨碍全面建成小康社会的作风纪律问题,为全面建成小康社会提供了政治保障;全面深化改革和全面依法治国则作为"鸟之两翼、车之双轮",为推动全面建成小康社会目标实现提供了社会合力和法治保障。与此同时,党作出了我国处于重要战略机遇期的正确判断,在统筹新冠肺炎疫情防控和经济社会发展的过程中,主动把握疫情催生的新业态和产业升级机遇,并进一步推动构建以国内大循环为主体、国内国际双循环相互促进的新发展格局,为全面建成小康社会争取了良好的国际国内发展环境。

其二,坚定全面建成小康社会的社会主义方向。"当代中国的伟大社会变革,不是简单延续我国历史文化的母版,不是简单套用马克思主义经典作家设想的模板,不是其他国家社会主义实践的再版,也不是国外现代化发展的翻版。"[2]从中国式现代化道路的小康设想,到"三步走"的战略部署、"两个一百年"的奋斗目标,再到决胜全面建成小康社会,我们党牢牢把握着社会主义的前进方向。通过防范化解各类重大风险、增强应对复杂矛盾挑战的战略定力,既不走传统计划经济的封闭僵化的"老路",也不走照搬西方现代化的改旗易帜的"邪路",保障了全

---

[1] 习近平关于协调推进"四个全面"战略布局论述摘编[M]. 北京:中央文献出版社,2015:9.

[2] 习近平谈治国理政(第二卷)[M]. 北京:外文出版社,2017:344.

面建成小康社会的胜利进度。而面对全面建成小康社会之后路该怎么走的重要问题,以习近平同志为核心的党中央又提出"激励全党全国各族人民为实现第二个百年奋斗目标而努力,踏上建设社会主义现代化国家新征程,让中华民族以更加昂扬的姿态屹立于世界民族之林"①的任务,再次为中华民族伟大复兴的中国梦画出了社会主义的路线图和方向标。

二、坚持统筹兼顾,协调发展全局

"全面建成小康社会,强调的不仅是'小康',而且更重要的也是更难做到的是'全面'。'小康'讲的是发展水平,'全面'讲的是发展的平衡性、协调性、可持续性。"②决胜全面建成小康社会是一项系统性、综合性的工程,牵涉的区域领域和利益关系十分复杂,必须做到统筹兼顾、综合平衡。中国共产党在全面深化改革中始终注重各项工作的系统、整体和协同性,通过加强总体谋划、统筹改革任务,契合了全面建成小康社会的全局和长远利益诉求。

其一,在横向上统筹不同人口、区域和领域的发展要求。基于幅员辽阔、地区发展差异较大的国情,全面建成小康社会不可能是同一水平和标准的小康。按照习近平对全面小康社会提出的"三个覆盖"的顶层设计,党和国家以平衡、协调和可持续的发展方式,在经济、政治、文化、社会以及生态文明等多个领域全面展开工作,实现了经济高质量发展与国家治理体系和治理能力现代化的同步推进。与此同时通过协调东中西部和城乡之间的发展布局,实施以多中心带动城市群发展、走新型城镇化道路、构建社会协作的大扶贫格局和实施乡村振兴等战略,保障了各区域、各民族尤其是农村和贫困地区的人民共同享有改革发展的成果。

其二,在纵向上兼顾当前与长远、中央和地方的发展规划。中国共产党将全面小康作为国家发展战略承上启下的重要一环,十分注重小康社会高质量发展的可持续性。从十八届三中全会对全面深化改革的顶层设计,到十九届四中全会对改革发展成果的制度集成;从建立疫情防控和经济社会发展工作中长期协调机制,再到十九届五中全会对2035年目标的整体谋划,我们党通过上层制度设计的不断完善来调整经济社会发展的长期规划。在全面建成小康社会的实践进程中,我们党将中央的整体把控、正确决策和地方尤其是基层的坚决贯彻、主动创新有机结合,通过持续解决困扰基层的形式主义问题、纠正各种消极不良的工作作风,协同调动了中央与地方的双重积极性,保证了全面建成小康社会进度的稳步推进

---

① 习近平谈治国理政(第二卷)[M]. 北京:外文出版社,2017:63.
② 习近平关于全面建成小康社会论述摘编[M]. 北京:中央文献出版社,2016:12.

及圆满完成。

三、强化问题导向,聚焦主要矛盾

问题是时代的声音,也是矛盾的现实表现。辩证唯物主义强调主要矛盾和矛盾的主要方面在事物发展中的决定和主导作用,"我们既要讲两点论,又要讲重点论,没有主次,不加区别,眉毛胡子一把抓,是做不好工作的"[1]。问题意识是中国共产党自成立以来就形成的一种重要的思维方式,而根据外部发展环境的变化,因时、因地制宜地提出针对性的策略,也是党对马克思主义科学方法论的灵活运用。全面建成小康社会涉及经济社会发展的多个领域和环节,中国共产党始终坚持问题导向、抓住战略重点,在保证各个方面协调推进的同时,通过紧扣重点工作和关键问题带动了决胜全面建成小康社会的全局。

第一,聚焦社会主要矛盾的变化,满足人民对美好生活的期待。中国共产党始终将民生问题作为小康社会的底线任务,带领全国各族人民取得了从解决温饱到"总体小康"的重大进步。中国特色社会主义进入新时代,我国社会主要矛盾已经转化为人民日益增长的美好生活需要和不平衡不充分的发展之间的矛盾,由此人民对美好生活的期待和追求也对全面建成小康社会的质量提出了更高的要求。党和国家坚持以人民为中心的发展思想,在疫情防控常态化下协调国际国内两个大循环的发展格局,通过做好"六稳""六保"工作,抓好应急管理、防汛救灾和恢复生产等环节,真抓实干地保障和改善民生,使全面建成小康社会的成效得到了人民认同、经受住了历史检验。

第二,突破重点问题和关键环节,坚决打赢三大攻坚战。战略重点是发展问题的"衣领子"和"牛鼻子",只有坚持问题导向、化解制约全面小康的矛盾,才能顺利推进全面建成小康社会。首先,"全面建成小康社会,实现社会主义现代化,实现中华民族伟大复兴,最根本最紧迫的任务还是进一步解放和发展社会生产力"[2]。中国共产党始终将经济建设作为兴国之要和防范化解重大风险的物质基础,通过坚持社会主义市场经济的改革方向、处理好政府与市场的关系、推进供给侧结构性改革,在激活市场主体活力、优化经济发展体制机制、防范化解金融风险的同时促进了共同富裕。其次,"小康不小康,关键看老乡"[3]。党和国家将打赢

---

[1] 习近平关于全面建成小康社会论述摘编[M]. 北京:中央文献出版社,2016:195.
[2] 习近平关于协调推进"四个全面"战略布局论述摘编[M]. 北京:中央文献出版社,2015:33.
[3] 习近平关于协调推进"四个全面"战略布局论述摘编[M]. 北京:中央文献出版社,2015:36.

脱贫攻坚战视为全面建成小康社会的基本标志和底线任务,通过精准扶贫、精准脱贫的"五个一批"工程与构建全社会协作的大扶贫格局,确保了脱贫攻坚任务的如期完成。最后,"生态环境破坏和污染不仅影响经济社会可持续发展,而且对人民群众健康的影响已经成为一个突出的民生问题"①。党的十八大以来,以习近平同志为核心的党中央把生态文明建设作为统筹推进"五位一体"总体布局和协调推进"四个全面"战略布局的重要内容,摒弃"先污染、后治理"的老路,践行"绿水青山就是金山银山"的理念,团结带领人民坚决打赢了蓝天碧水净土保卫战,为全面建成小康社会提供了生态环境支撑。

四、坚守底线思维,强调稳中求进

全面建成小康社会的决胜期也是"两个一百年"奋斗目标的历史交汇点,改革发展稳定各项任务的繁重艰巨,新冠疫情的突然爆发以及世界经济形势的错综复杂要求我们强化风险意识、稳住发展大局。习近平多次强调"要善于运用'底线思维'的方法,凡事从坏处准备,努力争取最好的结果,这样才能有备无患、遇事不慌,牢牢把握主动权"②。中国共产党始终贯彻稳中求进的工作总基调、积极应对经济社会各种可能的风险挑战,通过深刻认识和科学把握世情国情党情、强化各项工作的底线思维,实现了在危机中育新机、于变局中开新局的高质量发展。

其一,强化底线思维,着力防范和化解各类重大风险。凡事预则立、不预则废。底线思维不是消极防范、无所作为,而是在警惕颠覆性错误、确保最小战略利益的同时,审慎地前瞻和防范各类风险挑战、积极争取战略主动权,将守住最低利益点和争取最大期望值有机结合。在全面建成小康社会的伟大实践中,中国共产党对外坚决维护国家的主权、安全、发展利益,对内筑牢经济社会各方面的法律红线和权责底线。在民生建设方面,党始终以促进社会公平正义、增进民生福祉为出发点,守住了幼有所育、学有所教、劳有所得、病有所医、老有所养、住有所居、弱有所扶的"七有"底线,以及农村贫困人口"两不愁、三保障"的底线,通过织牢民生兜底的安全网保障了社会和谐稳定的大局。而在生态文明方面,党和国家提出"树立底线思维,设定并严守资源消耗上限、环境质量底线、生态保护红线,将各类开发活动限制在资源环境承载能力之内"③,通过严守耕地保护红线、划定生态文明建设的责任红线、打好污染防治攻坚战,以高度的责任担当促进了经济社会生

---

① 习近平谈治国理政(第二卷)[M].北京:外文出版社,2017:392.
② 习近平总书记系列重要讲话读本(2016年版)[M].北京:人民出版社,2016:288.
③ 十八大以来重要文献选编(中)[M].北京:中央文献出版社,2016:497.

态效益的有机统一。

其二,坚持稳中求进,保障经济快速发展与社会长期稳定。"稳中求进工作总基调是我们治国理政的重要原则,也是做好经济工作的方法论"[①],"稳"是基础和前提,"进"是目标和方向,二者是辩证统一的。在决胜全面建成小康社会的关键阶段,既不能消极懈怠、踟蹰不前,也不能急于求成、大干快上,要尊重经济社会发展规律、协调工作节奏和力度,做到稳扎稳打、善作善成。面对新冠肺炎疫情对全面建成小康社会进度的冲击,中国共产党在常态化疫情防控前提下继续坚持了稳中求进的工作总基调。通过统筹疫情防控和经济社会发展,扎实做好"六稳"工作、全面落实"六保"任务,立足扩大内需这个战略基点,我们顺利促进了国内外发展格局的良性循环,为全面建成小康社会、谋划"十四五"时期发展布局打下了坚实基础。

---

① 习近平关于社会主义经济建设论述摘编[M].北京:中央文献出版社,2017:322.

第六章

以经济建设为中心 筑牢小康社会之基

> 社会主义的本质,是解放生产力,发展生产力,消灭剥削,消除两极分化,最终达到共同富裕。
>
> ——邓小平
>
> 发展是基础,经济不发展,一切都无从谈起。
>
> ——习近平

生产力决定生产关系,经济基础决定上层建筑。社会主义的本质是解放生产力、发展生产力。坚持以经济建设为中心是全面建成小康社会的基础和前提。只有不断地解放和发展生产力,始终将经济发展放在各项事业发展的首要位置,才能保证小康社会建设朝着正确的方向前进,确保小康社会最终的实现。

第一节 改革开放以来经济建设的历程

1976年10月,"文化大革命"结束后,中国处于一个历史转折的关键时刻。长达十年的"文化大革命"给党和国家造成了严重的损失,人民的生活遭受巨大的挫折。如何彻底扭转动乱之后的严重局势,中国又该何去何从?党、国家和人民面临着艰难的选择。百废待兴之际,党和国家作出了改革开放的重大决定。40多年来的改革主要经历了四个阶段,第一个阶段是1978—1985年,以农村改革为中心的改革开放起步阶段;第二个阶段是1985—1992年,以城市改革为中心的改革全面展开阶段;第三个阶段是1992—2012年,以建立社会主义市场经济体制为主线的改革深入发展阶段;第四个阶段是党的十八大至今,改革开放全面深化新阶段。

一、以农村改革为中心的改革开放起步阶段

中国的改革首先是从农村开始的。邓小平明确指出:"农村人口占我国人口

的百分之八十,农村不稳定,整个政治局势就不稳定,农民没有摆脱贫困,就是我国没有摆脱贫困。"①中华人民共和国成立初期,为了快速恢复经济发展,我国照搬照抄苏联模式,形成了高度集中的计划经济体制,在农业上集中表现为农产品统购统销制度和人民公社体制。这种传统的计划经济体制弊端明显,对"三农"发展造成了严重影响:一是片面强调计划的作用,忽视价值规律的作用,挫伤农民生产积极性,造成农业较之重工业明显落后。在1953—1978年,工业平均年递增11.4%,而农业同期增长速度只有2.7%。② 二是农民收入增长缓慢、生活水平低下。到20世纪70年代末期,中国农村仍然存在大约为2.5亿不能维持温饱的绝对贫困人口,按现在贫困地区的定义,当时的中国可以被定义为贫困落后地区的地方比比皆是。1952—1978年,农民家庭人均纯收入从57元增长到133.6元,在26年间增加数额仅76.6元,年均增长不足3元。农民消费水平偏低,到1978年农民年平均消费仅132元。③ 三是城乡差距大。1978年家计调查得到的数据显示,农民平均每人纯收入134元,城市职工每人得到的平均工资是614元,大约是农民收入的4.6倍。从城乡储蓄存款年底余额看,1953年城镇储蓄12.2亿元,此时农村社员储蓄仅0.1亿元。④ 因此,农村改革的任务最为艰巨,但同时,农民要求改革的愿望最为迫切,改革的动力最强。1978年,十一届三中全会召开,会上对传统计划经济体制的弊端进行了总结反思,确定以经济建设为中心的工作重点,并作出了实行改革开放的历史决策,农村成了改革开放的突破点。

家庭联产承包责任制改革打响了改革的第一枪。土地改革是农村改革的核心。1978年冬,为了改变当时的贫苦困境,解决温饱问题,安徽省凤阳县小岗村18户家庭齐聚一堂,共同按上鲜红手印,立誓实行"大包干",此举使小岗村绝处逢生,仅一年便顺利越过温饱线,不仅如此,粮食产量和人民收入都大幅度提高。随后,"包产到户、包干到户"迅速在全国普及,遍地开花。到1983年底,按全国基本核算单位589万个、农户18523.2万户,实行"包干到户"的比例分别达到了97.8%、94.5%。⑤ 家庭联产承包责任制的形式经历了从改革初期的"包产到组"为主要形式的试探性改革,再到"包产到户",随着改革推进,"包干到户"成了家

---

① 邓小平文选(第三卷)[M].北京:人民出版社,1993:237.
② 郑新立,徐伟,綦鲁明.从计划到市场:中国计划投资体制改革40年[M].广州:广东经济出版社,2017:11.
③ 中国统计年鉴(1983)[M].北京:国统计出版社,1983:483.
④ 中国统计年鉴(1983)[M].北京:中国统计出版社,1983:454.
⑤ 张海荣.包产到户责任制的历史变迁[J].河北师范大学学报(哲学社会科学版),2004(2).

庭联产承包责任制的主要形式。家庭联产承包责任制的实施不仅推动了农业现代化的发展,还极大地解放了农村生产力,提高了农民的生产积极性。

除了家庭联产承包责任制改革,这一阶段还进行了城市改革的探索,国有企业改革上扩大试点企业的自主权,财税体制上突破性地实行第一步利改税,流通体制上进行部分工业品价格改革,开放政策上邓小平开创性地提出试验性特区政策,试办经济特区、开放沿海城市。在改革的第一阶段,在经济、政治等方面均进行了试验性改革,尤其是农村家庭联产承包责任制的确立,快速改变了农村经济面貌,使农业生产蓬勃发展起来,提高了农民生活水平。

二、以城市改革为中心的改革全面展开阶段

农村改革的顺利推行,为城市改革打下了基础、提供了经验。家庭联产承包责任制的全面推行,调动了农民生产积极性;农产品价格逐步放开,农村经济得到了迅速的发展,乡镇企业异军突起,民营经济迎来春天;加上经济特区的建立和沿海港口城市开放,市场调节范围扩大,效果显著,倒逼城市地区进行改革。1984年10月,中共十二届三中全会通过《中共中央关于经济体制改革的决定》(以下简称《决定》),对十一届三中全会以来经济体制改革的经验进行了总结,并对改革的一系列重大理论和实践问题进行了初步阐述,突破性地提出"所有权同经营权可以适当分开",破除把全民所有同国家机构直接经营企业混为一谈的传统观念桎梏;突破性提出我国社会主义经济是"公有制基础上的有计划的商品经济",走出把计划经济同商品经济对立起来的传统观念束缚。此外,《决定》在如何增强企业活力、促进社会主义商品经济发展、实行政企职责分开等重大问题上作出了部署。由此,改革开放进入以城市改革为中心的全面展开阶段。

增强企业活力是经济体制改革的中心环节。原有的经济体制形成与生产力发展要求不相适应的僵化模式,这种模式造成政企职责不分,国家对企业管得过多过死,违背了价值规律,企业丧失了自主权,造成了企业吃国家"大锅饭"、职工吃企业"大锅饭"的局面,压抑了企业和职工的积极性与创造性。[1] 因此这个阶段改革的主要内容和思路是扩大企业自主权,实现政企分开、所有权同经营权分开。对于到底应该实行什么样的经济体制,学者们给出了不同的思路。以孙冶方为代表的学者,主张坚持计划经济体制,但应该给企业更大的自主权,即"改良的苏联模式"[2]。这种想法于20世纪70年代末首先在四川省进行了实践,随后在全国铺

---

[1] 中共中央关于经济体制改革的决定[M]. 北京:人民出版社,1984:8.
[2] 吴敬琏. 中国经济改革三十年历程的制度思考[J]. 新华文摘,2009(1).

展开来,但并未达到如期效果,即企业效率并没有明显提高,反而增加了通货膨胀压力、财政赤字不断扩大,最终流产。以于光远为代表的学者对东欧原社会主义国家改革经济学的成果进行了系统的总结,汲取经验,一时在中国改革界掀起了南斯拉夫热、匈牙利热等,但这种观点依然局限在兰格-布鲁斯的"市场社会主义"模式之下。随着匈牙利等国的经济改革陷入困境,这种模式在中国的热度逐渐退减。① 20世纪80年代初,随着改革的持续、深入推进,我国通过不断摸索,明确了改革目标,在十二届三中全会的《决定》中提出要建设"社会主义有计划的商品经济",提出要快速实现人民的富裕幸福,"必须调动一切积极因素,在国家政策和计划的指导下,实行国家、集体、个人一起上的方针",鼓励不同所有制经济合作发展,还指出小型国有企业可以"租"或者"包"给集体或劳动者个人经营。② 1987年,在中共十三大上指出,"社会主义有计划的商品经济"的运行机制应该是"国家调节市场,市场引导企业",国家应该运用经济、法律和必要的行政手段,为企业发展创造良好的经济和社会环境,"以此引导企业正确地进行经营决策"。③

  这一阶段农村改革、财税体制改革和对外开放也不断推进。农村改革方面,家庭联产承包责任制进一步完善,着力进行农产品流通体制改革。1985年中共中央、国务院发布的一号文件以"改革统购派购制度、调整产业结构"为重点课题,明确指出要进行农产品流通体制改革,逐步取消统购派购,除个别品种外,国家对农产品实行合同定购和市场收购,从而形成"双轨制"价格体制。④ 财税体制改革也取得新的进展,1985年新的财政管理体制在"分灶吃饭"的基础上更进了一步,实行"划分税种,核定收支,分级包干"的体制。在两步"利改税"和工商税收制度改革之后,新开征了一些税种,逐渐告别单一税制向流转税、所得税以及其他税制相配合的复合税制的转变。⑤ 对外开放方面,1985年2月,长江三角洲、珠江三角洲和闽东南地区被设为沿海经济开放区。1988年初,开放区又扩大到山东半岛、河北、广西等许多沿海地区的市、县、镇。1988年4月,海南省被设为最大的经济特区对外开放。我国十分重视对外开放,并积极想融入世界这个大圈,于是在1986年7月正式提出恢复中国关贸总协定缔约国地位的要求,并进行"复关"谈判(后转为加入WTO的谈判)。⑥ 经过十多年的改革,我国经济体制发生了巨大变化,

---

① 吴敬琏. 中国经济改革三十年历程的制度思考[J]. 新华文摘, 2009(1).
② 中共中央关于经济体制改革的决定[M]. 北京:人民出版社, 1984:33.
③ 中共中央文献研究室. 十三大以来重要文献选编(上)[M]. 北京:人民出版社, 1991:27.
④ 档案君. "一号文件"指引中国乡村振兴之路[EB/OL]. 光明网, 2018-01-15.
⑤ 杨名声. 我国经济体制改革历程及其历史经验[J]. 当代中国史研究, 1999(2).
⑥ 杨圣明. 中国经济体制改革的历程[J]. 百年潮, 2004(3).

初步形成了以公有制为主体的多种经济成分共同发展的格局,农村经济体制改革深入推进,国有企业放权让利,经营机制逐步转换,经济建设和人民生活都跨上新台阶。

三、以建立社会主义市场经济体制为主线的改革深入发展阶段

1992年,邓小平"南方谈话"掀起了新一轮改革开放的高潮,中国的经济体制改革进入了新的历史阶段。改革推进期间,政界、学界在计划与市场的关系上,存在着一定分歧。有人认为,计划应该起主导作用。比如,孙冶方指出,"在社会主义社会,要以计划经济(或计划调节)为主,以市场调节为辅"①。杨瑜也持这种观点,他认为,"农产品价格形成机制应遵循'计划调节为主,市场调节为辅'"的原则。② 有人对"市场经济"进行了大肆批判,他们认为我国的商品经济和资本主义世界的商品经济存在落差,搞市场经济就"势必在不等价交换中使我国成为剥削掠夺的对象,沦为帝国主义的附庸,破坏国民经济的协调发展"③。还有人将市场问题同基本制度联系起来,争论姓"资"还是姓"社"的问题,他们认为"计划经济和市场调节相结合,不是要改变社会主义市场经济的性质,更不能用市场经济来取代计划经济","社会主义经济的总体是计划经济,而不是市场经济。这和资本主义国家以生产资料私有制为基础的市场经济是截然不同的",进而指出,如果采用市场经济,就是把两种制度趋同化,实质也就是要取消社会主义。④ 为了回答中国能否搞市场经济,消除社会疑虑,确定我国经济体制改革应该建立一个怎样的目标模式,邓小平1992年在南方谈话中厘清资本主义与市场经济的关系,提出了将社会主义与市场经济相结合的伟大构想。邓小平指出,改革的性质判断,"应该要看是否有利于发展社会主义社会的生产力,是否有利于增强社会主义国家的综合国力,是否有利于提高人民的生活水平",也就是符合"三个有利于"的,那就是社会主义性质的。⑤ 在市场与计划的关系方面,他指出,"计划多一点还是市场多一点,不是社会主义与资本主义的本质区别。计划经济不等于社会主义,资本主义也有计划,市场经济不等于资本主义,社会主义也有市场。计划和市场都是经济手段"⑥,他进一步指出社会主义的本质是"解放生产力,发展生产力,消灭剥

---

① 孙冶方. 社会主义经济的若干理论问题[M]. 北京:人民出版社,1984:217.
② 杨喻. 农产品价格改革与货币环境研究[J]. 农业经济问题,1991(1).
③ 加年丰. 是有计划商品经济还是市场经济[J]. 经济问题,1989(12).
④ 方明. 趋同论的实质是要取消社会主义[J]. 广西商专学报,1990(4).
⑤ 邓小平文选(第三卷)[M]. 北京:人民出版社,1993:372.
⑥ 邓小平文选(第三卷)[M]. 北京:人民出版社,1993:373.

削,消除两极分化,最终达到共同富裕"①。1992年10月12日,党的十四大报告中明确提出我国经济体制改革的目标,即"建立社会主义市场经济体制"。

这个阶段的改革是按照中共十四届三中全会所通过的《关于建立社会主义市场经济体制若干问题的决定》绘制的基本框架而进行的。该决定改革的主要环节包括:"坚持以公有制为主体、多种经济成分共同发展的方针,进一步转换国有企业经营机制,建立适应市场经济要求,产权清晰、权责明确、政企分开、管理科学的现代企业制度;建立全国统一开放的市场体系,实行城乡市场紧密结合,国内市场与国际市场相互衔接,促进资源的优化配置;转变政府管理经济的职能,建立以间接手段为主的完善的宏观调控体系,保证国民经济的健康运行;建立以按劳分配为主体,效率优先、兼顾公平的收入分配制度,鼓励一部分地区一部分人先富起来,走共同富裕的道路;建立多层次的社会保障制度,为城乡居民提供同我国国情相适应的社会保障,促进经济发展和社会稳定。"②在此框架下,以建设社会主义市场经济体制为主线,我国进行了全方位、多层次的综合性改革。第一,国有企业股份制改革。改革开放以来,国企改革基本都是围绕着放权让利进行的,十四届三中全会《决定》通过后,国企改革的目标确定为建立现代企业制度,主要是公司化改革、股份制改革和产权改革,使企业建立起自主经营、自负盈亏的法人制度。1994年国家经贸委发布实施主题为《万千百十、转轨建制》的规划,"万千百十"分别是:对一万户国有大中型企业真正落实14项经营自主权、对一千户重点骨干企业的国有资产进行监管、对一百户不同类的国有大中型企业进行建立现代企业制度的试点、在十个城市或地区进行减轻企业负担,提高自有流动资金比重的试点。③ 1999年,第十五届三中全会发布了《中共中央关于国有企业改革和发展重大问题的决定》,从战略上对国有经济布局进行调整,进行战略重组。到2001年底,经过一系列改革之后,我国基本建立起现代企业制度的框架,截至2001年底,除个体户外,90%以上新建立的企业为股份制企业,70%以上的老企业改为股份制企业,纯国有企业和私营企业已经不断减少。④ 第二,财税改革稳步推进。1993年12月15日,国务院发布《关于实行分税制财政管理体制的决定》,规定于1994年1月1日正式执行,开启"分税制"改革序幕。"分税制"改革按税种划分中央和地方的收入,各级政府按收入安排支出,实现中央与地方各级政府之间财力分配

---

① 邓小平文选(第三卷)[M]. 北京:人民出版社,1993:373.
② 中共中央关于建立社会主义市场经济体制若干问题的决定[M]. 北京:人民出版社,1993:3.
③ 杨圣明. 中国经济体制改革的历程[J]. 百年潮,2004(3).
④ 杨圣明. 中国经济体制改革的历程[J]. 百年潮,2004(3).

的重新划分。"分税制"改革有效提高了中央财政宏观调控能力。第三,对外开放层次提高。1992年,开放芜湖、九江、武汉、岳阳、黄石、重庆六个沿江城市和三峡库区,规定其与沿海城市享受同等政策。到1995年,我国已经形成了东北、西北、西南三大开放带,开放城镇和边境经济合作区达到了13个、各类一类口岸共62个。[1] 2001年11月,中国终于结束15年的艰苦谈判,正式加入世界贸易组织(Wold Trade Organization,简称 WTO),这使得中国的对外开放进入新时期,从双边开放走向多边开放。2008年国际金融危机之后,我国主要面临如何提升对外开放水平及质量的难题,转变传统经济增长方式。

四、改革开放全面深化新阶段

2012年11月8日,党的十八大在北京召开,会上通过了《坚定不移沿着中国特色社会主义道路前进,为全面建成小康社会而奋斗》的报告,我国进入新时代。党的十八大是我国进入全面建成小康社会决定性阶段召开的一次十分重要的大会,这次会议确定了全面建成小康社会和全面深化改革开放的目标。30多年的改革虽然成效显著,但仍然存在不少的问题,主要有:发展不平衡、不协调、不可持续问题突出,科技创新能力不强,产业结构不合理,农业基础依然比较薄弱,改革开放的深化和经济发展方式转变的任务艰巨,居民收入分配差距较大,尤其是城乡居民收入差距较大问题突出。[2] 党的十八大报告指出,面对全面建成小康社会的艰巨任务,必须坚持以经济建设为中心,强调"发展仍是解决我国所有问题的关键",必须加快完善社会主义市场经济体制和加快转变经济发展方式。[3] 十八届三中全会通过了《中共中央关于全面深化改革若干重大问题的决定》,该决定指出,"全面深化改革的总目标是完善和发展中国特色社会主义制度,推进国家治理体系和治理能力现代化",同时决定强调,"经济体制改革是全面深化改革的重点,核心问题是处理好政府和市场的关系,使市场在资源配置中起决定性作用和更好发挥政府作用"。

前一轮改革着力解决低效率、增强竞争性的问题,这一轮改革既要重效率又要讲公平、既要讲竞争性又要注重增强凝聚力;前一轮改革突出市场化和企业效

---

[1] 孙玉琴. 中国对外开放史(第三卷)[M]. 北京:对外经济贸易大学出版社,2012:288.
[2] 中共中央文献研究室. 十八大以来重要文献选编(上)[M]. 北京:中央文献出版社,2014:4.
[3] 中共中央文献研究室. 十八大以来重要文献选编(上)[M]. 北京:中央文献出版社,2014:15.

率,这一轮改革在市场化基础上更好发挥政府作用、突出政府效率。① 这个阶段的改革包括五个主要内容:一是深化所有制改革,坚持和完善基本经济制度。一方面,不断巩固和发展公有制经济,加快国有企业改革。总体上来说,通过一系列改革,国有企业与市场经济已经相融,但这个阶段不断深化国企改革,能够促使国有企业功能定位更加明确,突出社会责任,国企垄断逐步打破,实行以政企分开、政资分开、特许经营、政府监管为主的改革,建立现代企业制度;另一方面,鼓励和支持中小民营企业的发展,促进非公有制经济发展壮大。二是深化财税体制改革,健全财权事权匹配制度,优化转移支付结构,完善预算管理制度。三是深化金融体制改革,构建和完善层次清晰、组织有序的现代金融市场体系。四是深化收入分配体制改革。过去30多年的改革采取的是一部分人先富起来的策略,打破"铁饭碗"和吃"大锅饭"的局面,激发人民生产积极性,在促进经济发展的同时,造成了收入差距扩大的问题,尤其是城乡居民收入差距过大。因此,在这一阶段改革中,不仅要重视效率的提升,更要注重保障公平,政府应该加强监管,保持宏观经济稳定,加强和优化公共服务,保障公平竞争,促进共同富裕。② 坚持按劳分配为主体,多种分配方式并存的分配方式,健全以税收、社会保障、转移支付为手段的再分配机制。五是深化土地、户籍制度改革,实现改革综合配套。③ 党的十八大以来,我国的改革开放全面深化,坚持稳中求进的总基调,紧紧围绕加快转变经济发展方式的主线,强化创新驱动,采取一系列措施调结构、促改革、稳增长、保就业、控通胀、防风险,使得中国经济呈现持续稳定发展的新趋势。④

第二节 经济建设的主要举措

中华人民共和国成立以来,党中央迎难而上、知难而进,坚定不移推进改革开放,夯基垒台、立柱架梁,坚持公有制为主体、多种所有制经济共同发展;坚持以按劳分配为主体、多种分配方式并存;坚持社会主义市场经济体制;坚持完善科技创

---

① 洪银兴. 论新阶段的全面深化改革[J]. 南京大学学报(哲学·人文科学·社会科学), 2015,52(4).
② 洪银兴. 论新阶段的全面深化改革[J]. 南京大学学报(哲学·人文科学·社会科学), 2015,52(4)
③ 张占斌,杜庆昊. 我国经济体制改革的历程、影响与新时代改革的新方位[J]. 行政管理改革,2018(11).
④ 中共中央宣传部理论局,中共中央宣传部. 世界社会主义五百年[M]. 北京:党建读物出版社,2014:222.

新体制机制;坚持建设更高水平开放型经济体制。

一、坚持公有制为主体、多种所有制共同发展

改革开放以来,我国始终坚持以公有制为主体、多种所有制共同发展,并对我国所有制结构不断进行调整和完善。主要包括两个大方面的内容:一是毫不动摇巩固和发展公有制经济;二是毫不动摇鼓励、支持、引导非公有制经济发展。

第一,毫不动摇巩固和发展公有制经济。中华人民共和国成立之初,我国实行的是国营经济领导下的合作社经济、公私合营经济、私人资本主义经济、个体经济等五种成分并存的所有制结构。1956年,生产资料所有制社会主义改造完成之后,我国采取了单一的公有制经济形式来巩固人民民主专政的政治制度。改革开放以来,党中央领导人或是中央有关文件,强调公有制为主体、重视国有经济的发展壮大,我国宪法也将公有制规定为我国社会主义经济制度的基础,"国家保障国有经济的巩固和发展"①,一以贯之。坚持以公有制为主体,是消灭剥削,最终达到共同富裕的必要条件和前提。② 随着市场化推进,非公有制经济不断发展,对公有制为主体的理解也发生了变化,党的十五大报告中提出公有制的主体地位不能仅用量来衡量,应该从量和质的统一上来看待,在量上要使公有资产在社会总资产中占优势,在质上要使国有经济控制国民经济命脉,对经济发展起主导作用。1978年以来,四川省开始进行一些国营企业的扩大企业自主权试点工作,但存在大量国有企业难以转换经营机制,难以适应市场化取向的发展,一度陷入困境。1995年末,国有经济亏损面超过40%,1996年上半年情况并没有好转,国有经济亏损面仍然在继续扩大。③ 1997年,党和政府狠抓国有企业扭转盈亏,帮助企业脱困,到2000年大多数国有大中型骨干企业建立起现代企业制度,国有工商企业发展迅速,税收和利润实现同步增长。④ 党的十八大以来,国有经济改革取得很大进展,截至2017年底,国有企业资产总额达160.5万亿元,上缴税费总额是全国财政收入的四分之一,工业增加值占全国GDP的五分之一。⑤ 2018年,我国国有企业资产总额为210.4万亿元,利润总额33877.7亿元,进入世界500强的中国企

---

① 卫兴华,胡若痴. 社会主义初级阶段基本经济制度的形成、成就与问题[J]. 中共福建省委党校学报,2009(9).
② 杨运杰. 如何从理论和实践上坚持和完善公有制为主体[J]. 山西财经大学学报,1999(5).
③ 杨运杰. 如何从理论和实践上坚持和完善公有制为主体[J]. 山西财经大学学报,1999(5).
④ 张卓元:中国经济改革的两条主线[J]. 经济研究信息,2018(11).
⑤ 国企民企,携手迈向高质量发展[N]. 人民日报,2018-02-07.

业共 71 家。①

　　第二,毫不动摇鼓励、支持、引导非公有制经济发展。包括恢复和发展个体私营经济、引入和发展外资经济。社会主义改造完成之后,我国实行单一的公有制经济,使得经济资源配置效率低下,对国民经济发展造成损害。早在改革开放以前,我国就对多样化的生产关系形式进行了探索。陈云在中共八大的发言中讲到"在工商业经营方面,国家经营和集体经营是工商业的主体,但是附有一定数量的个体经营,这个个体经营是国家经营和集体经营的补充",表明单一的公有制经济不利于经济社会发展。② 针对 20 世纪 60 年代初安徽等地农民自发搞"包产到户"的行为,邓小平指出,"生产关系究竟以什么形式最好,恐怕要采取这样一种态度,就是哪种形式在哪个地方能够比较容易比较快地恢复和发展农业生产,就采取哪种形式;群众愿意采取哪种形式,就应该采取哪种形式",这表明,应该以能否促进生产力发展为标准来确定生产关系形式。③ 改革开放后,打破了公有制的单一所有制格局,1980 年 8 月,中共中央在《进一步做好城镇劳动就业工作》的文件中指出:"宪法明确规定,允许个体劳动者从事法律许可范围内的、不剥削他人的个体劳动,这种个体经济是社会主义公有制经济的不可缺少的补充,在今后一个相当长的历史时期都将发挥积极作用,应当适当发展,有关部门对个体经济要积极予以支持,不得刁难、歧视,一切守法的个体劳动者,应当受到社会的尊重。"④ 1981 年 7 月颁布了《国务院关于城镇非农业个体经济若干政策性规定》的文件,使得城乡个体工商户迅速发展起来,但还没有政策性规定明确私营经济发展方向。1987 年 1 月,中央颁布的《把农村改革引向深入》指出,为扩大经营规模,雇工超过了七个人限度的私人企业,"应当允许存在",并表示,"在一个较长时期内,个体经济和小量私人企业的存在是不可避免的",肯定了私人企业的合法性。⑤ 1987 年 10 月,党的十三大报告对私人企业的性质和作用作了明确规定,指出"私营经济是存在雇佣劳动关系的经济成分",有学者认为,这里虽然没有明确指出它是资本主义性质的经济成分,但"在马克思主义经济学中,凡存在资本与雇佣劳动

---

① 周跃辉. 坚持公有制为主体、多种所有制经济共同发展和按劳分配为主体、多种分配方式并存[J]. 党课参考,2019(22).
② 彭海堂. 公有制实现形式的探索历程[J]. 社会主义研究,2004(5).
③ 邓小平文选(第一卷)[M]. 北京:人民出版社,1994:323.
④ 张卓元:中国经济改革的两条主线[J]. 经济研究信息,2018(11)
⑤ 卫兴华,胡若痴. 社会主义初级阶段基本经济制度的形成、成就与问题[J]. 中共福建省委党校学报,2009(9).

关系的经济,就是资本主义经济"①。随着党和政府鼓励个体经济发展的各项政策出台,城乡个体经济快速发展起来,小商品生产恢复,商品流通活跃起来,1992年社会主义市场经济体制改革目标确立之后,私营经济也得到了较大发展。

改革开放以来,我国社会主义现代化建设取得了举世瞩目的伟大成就,经济快速发展,人民生活水平不断提高,综合国力不断增强。这些成就的取得证明了以公有制为主体、多种所有制经济共同发展的基本经济制度是正确的选择,坚持和完善社会主义初级阶段的基本经济制度,是完善我国社会主义市场经济体制的关键,是发展中国特色社会主义伟大事业的关键,也是决胜全面建成小康社会的关键。

二、坚持按劳分配为主体、多种分配方式并存

坚持按劳分配为主体、多种分配方式并存作为社会主义基本经济制度的重要内容,是保持经济长期稳定发展的重要基础,也是使改革惠及全体人民最直接的方式。改革开放以来,我国对收入分配问题给予了高度重视,持续深入推进收入分配制度改革,坚持按劳分配为主体、多种分配方式并存。主要包括两个大方向的内容:一是始终坚持按劳分配为主体原则;二是不断完善按要素分配的体制机制。

第一,坚持按劳分配为主体。改革开放以前,我国传统计划经济体制下,构建起来的分配制度更多体现的是平均主义。改革开放以后,我们对按劳分配的认识加深,并致力于使按劳分配在实践中体现真正的含义,即列宁所说的多劳多得,少劳少得,不劳动者不得食②,而不是停留在名义上表面上。1978年3月,邓小平曾指出:"我们一定要坚持按劳分配的社会主义原则。按劳分配就是按劳动的数量和质量进行分配。根据这个原则,评定职工工资级别时,主要是看他的劳动好坏、技术高低、贡献大小。"③在改革开放期间,推进各项改革的一个共同目标就是调动广大劳动者的积极性。改革首先在农村突破,农村经济体制改革,建立起家庭联产承包责任制,贯彻了按劳分配的基本原则,有效地将农民收入同劳动投入多少和质量好坏相挂钩,极大地激发了劳动者的生产积极性和创造性。国有企业改革放权让利、建立现代企业制度,也是如此,通过坚持按劳分配,将经济利益转化

---

① 卫兴华,胡若痴.社会主义初级阶段基本经济制度的形成、成就与问题[J].中共福建省委党校学报,2009(9).
② 胡乃武,罗欢镇.社会主义初级阶段的个人收入分配[J].教学与研究,1988(6).
③ 邓小平文选(第二卷)[M].北京:人民出版社,1994:101.

为生产动力,促进生产力发展。

第二,不断完善按要素分配的体制机制。随着非公有制经济的发展和壮大,分配方式不断朝着多样化发展,生产资料也成为收入分配的依据,资本、技术、土地、知识产权等生产要素都可以参与分配。1987年10月,党的十三大报告中正式提出:"我们必须坚持的原则是,以按劳分配为主体,其他分配方式为补充。"[1]在报告中承认了债权利息、股份分红、企业经营者风险补偿、雇佣劳动带来的非劳动收入等收入的合法性。十四届三中全会上提出"个人收入分配要坚持以按劳分配为主体、多种分配方式并存的制度,体现效率优先、兼顾公平的原则"[2]。党的十五大对收入分配的阐述更为科学和具体,提出"把按劳分配和按生产要素分配结合起来","允许和鼓励资本、技术等生产要素参与收益分配"。[3] 党的十六大和十七大都强调生产要素按照贡献大小参与分配。党的十九大报告指出:"坚持按劳分配原则,完善按要素分配的体制机制。"[4]在社会主义市场经济体制建立过程中,我国采取的分配方式不断多元化,市场要素的报酬贡献更加突出,改革开放以来收入分配制度的轨迹也是按劳分配和按生产要素分配相结合的探索路径。

分配制度不仅是实现共同富裕的制度安排,更是最终实现共同富裕的制度保障。长期以来,我国坚持以按劳分配为主体、多种分配方式并存的分配制度,是以共同富裕为导向的,展示出中国特色社会主义的制度优势。改革开放以来,分配方式的不断调整完善,使全体人民在共建共享中有更多的获得感,提升了广大劳动群众的生产积极性,促进了国民经济的快速发展。

三、坚持完善社会主义市场经济体制

中国的改革开放是以市场化为取向的,改革开放的过程也是社会主义市场经济体制建立和不断完善的过程。中国的社会主义市场经济体制改革主要有两个大的方面:一是持续深入推进市场化改革;二是不断完善政府作用。

第一,持续深入推进市场化改革。市场化改革是围绕着市场对资源配置起决定性作用,完善市场和市场机制,建立良好的市场秩序进行的[5],主要内容包括价

---

[1] 中共中央文献研究室.十三大以来重要文献选编(上)[M].北京:人民出版社,1991:32.
[2] 中共中央关于建立社会主义市场经济体制若干问题的决定[M].北京:人民出版社,1993:19.
[3] 中共中央文献研究室.十五大以来重要文献选编(上)[M].北京:人民出版社,2000:685.
[4] 中国共产党第十九次全国代表大会文件汇编[M].北京:人民出版社,2017:37.
[5] 洪银兴.40年经济改革逻辑和政治经济学领域的重大突破[J].经济研究参考,2018(72).

格改革和构建现代市场体系。一方面,价格改革常走在各项改革前列。1985年起,中国开启以放开价格为主的价格改革,逐步放开农产品和工业品价格,相继取消各种票证。到2008年,各类商品和生产资料销售额、农产品收购总额绝大部分都是市场调节价格,比重达95%以上,各种服务价格也大部分放开,表明商品和服务价格基本已经实现了市场化。① 随着改革不断深入,价格改革的重点也转向资源产品和生产要素价格的市场化上,矿产品包括煤炭、石油、天然气、电力、铁矿石等,以及劳动力、资金、土地等生产要素价格市场化改革逐步取得进展,市场调节比例大幅提高。到2016年,由市场调节的商品和服务价格已经达到97%以上,只剩下不到3%的商品和服务价格由政府定价,且限定在十八届三中全会决定中所说的"重要公用事业、公益性服务、网络型自然垄断环节"②。另一方面,现代市场体系建设加快。在价格改革的推动下,全国各类市场蓬勃发展,从改革之初部分放开价格实行双轨制,到1991年生产资料价格并轨,工业生产资料市场运行步入正常轨道。1990年12月上海证券交易所和深圳证券交易所先后成立,标志着中国资本市场建立,生产要素市场改革取得初步成效。2013年十八届三中全会上提出市场在资源配置中起决定作用,力图深化市场化改革,使社会主义市场经济体制更加成熟完善。同时,会上决定进行商事制度改革,营商环境改善,市场主体活力被激发,2013年平均每天新设企业6900家,改革后2014年平均每天新设企业1万家,2015年1.2万家,2016年1.5万家,2017年1.66万家。③

第二,不断完善政府作用。改革开放过程中,政府作用不断完善,减少行政审批,进行放管服改革,完善宏观调控体系,推进国家治理能力现代化。1985年9月2日,"巴山"号游轮从重庆驶往武汉,行程六天。在游轮上召开的"宏观经济管理国际研讨会",后被称为"巴山轮会议"。会议强调:改革开放微观经济放活,政府对宏观经济的管理应该从直接管理和计划管理转变为间接管理,减少行政手段,多用经济手段和法律手段;此外,宏观经济管理体制改革应该与同期国企改革、价格改革、市场体系建设等相配合。④ 党的十五大报告中明确指出宏观调控的主要任务即保持经济总量平衡、抑制通货膨胀、促进重大经济结构优化实现经济稳定增长。十八届三中全会对宏观调控的主要任务更加深化,指出:"宏观调控的主要任务是保持经济总量平衡,促进重大经济结构协调和生产力布局优化,减缓经济

---

① 刘慣超.我国整体改革中的价格改革[J].中国物价,2012(8).
② 张卓元.中国经济改革的两条主线[J].经济研究信息,2018(11).
③ 张卓元,房汉廷,程锦锥.市场决定的历史突破——中国市场发育与现代市场体系建设40年[M].广州:广东经济出版社,2017:18.
④ 张卓元:中国经济改革的两条主线[J].经济研究信息,2018(11).

<<< 第六章 以经济建设为中心 筑牢小康社会之基

周期波动影响,防范区域性、系统性风险,稳定市场预期,实现经济持续健康发展。"①之后,政府在推进审批制度改革和放管服改革方面下大功夫,更多投入社会服务、市场监管工作,保证社会主义市场经济健康有序运行。

社会主义市场经济体制改革不仅关系到经济发展,还势必影响到政治、文化、社会、生态文明和党的建设等各个领域。随着社会主义市场经济体制改革的推进,各方面体制改革协同跟上,中国经济发展方方面面、各个环节都能不断适应经济发展提出的新要求。经过40多年的努力,我国经济发展成效显著,实现了从站起来、富起来到强起来的飞跃,足以证明坚持社会主义市场经济改革的方向是正确的,是必须坚持的。

四、坚持完善科技创新体制机制

科学技术是第一生产力。在我国改革开放的实践中一直重视科技创新对社会主义建设的作用,坚持完善科技创新体制机制。

一是思想上的拨乱反正。1978年3月,邓小平在全国科学大会上提出"科学技术是生产力""知识分子是工人阶级的一部分""四个现代化的关键是科学技术现代化"等重要论断,进行了知识分子问题上的拨乱反正,重新把知识分子作为工人阶级的一部分,提出要尊重知识和科学,为科技体制改革奠定了思想基础。1985年开始,科技体制改革的目标是使科学技术成果迅速广泛地运用于生产中,使科学技术人员的作用得到充分发挥,大大解放了科学技术生产力。② 1988年,邓小平进一步指出,"科学技术是第一生产力"③,将科技放在解放和发展生产力的首要位置,彰显其在经济发展过程中的关键作用,在改革开放进程中具有里程碑意义。

二是加快建立国家创新体系。此后的改革中,我国坚持推动科技进步,实施科教兴国战略加快建立际创新体系。特别是党的十六大以来,中央作出增强自主创新能力、建设创新型国家的重大战略决策,制定实施了科技规划纲要,科技投入持续快速增长,积极推进国家创新体系建设,取得了大批科技创新成果,使我国的科技创新能力明显提升。2012年,为充分发挥科技对经济社会发展的支撑引领作用,出台了《中共中央 国务院关于深化科技体制改革加快国家创新体系建设的意

---

① 中国共产党第十八届中央委员会第三次全体会议文件汇编[M].北京:人民出版社,2013:33.
② 夏清华,黄剑.科技体制改革的市场化导向及其商业逻辑[J].学习与实践,2020(2).
③ 邓小平文选(第三卷)[M].北京:人民出版社,1993:274.

195

见》，改革以来首次正式提出全面深化科技体制改革。该意见指出，深化科技体制改革、加快国家创新体系建设的主要目标是："到2020年，基本建成适应社会主义市场经济体制、符合科技发展规律的中国特色国家创新体系；原始创新能力明显提高，集成创新、引进消化吸收再创新能力大幅增强，关键领域科学研究实现原创性重大突破，战略性高技术领域技术研发实现跨越式发展，若干领域创新成果进入世界前列；创新环境更加优化，创新效益大幅提高，创新人才竞相涌现，全民科学素质普遍提高，科技支撑引领经济社会发展的能力大幅提升，进入创新型国家行列。"①

三是强化企业作为技术创新的主体地位。党的十九大报告中强调："深化科技体制改革，建立以企业为主体、市场为导向、产学研深度融合的技术创新体系，加强对中小企业创新的支持。"②2019年中央经济工作会议中指出，"加快提升企业技术创新能力，发挥国有企业在技术创新中的积极作用，健全鼓励支持基础研究、原始创新的体制机制，完善科技人才发现、培养、激励机制"③。

四是完善科研政策体系。科技体制改革推动简政放权，建立现代科研体系，推进科研事业单位企业制转型进程，逐步形成完善的科技政策体系，从计划式、定向支持政策向市场化、普惠式创新政策体系转变。2019年，习近平总书记在两院院士大会上强调，全面深化科技体制改革，必须"破除一切制约科技创新的思想障碍和制度藩篱"，并在主持召开中央财经委员会第二次会议时指出，"要加快转变政府职能，改革重大科技项目立项和组织实施方式，强化成果导向，精简科研项目管理流程，给予科研单位和科研人员更多自主权"④。

改革开放必须坚持推进科技创新体制机制不断完善，才能进一步解放和发展生产力，提高我国科研技术水平，壮大科技队伍，在新一轮科技革命中获得主动权。

五、坚持建设更高水平开放型经济体制

对外开放是发展的不竭动力。改革为开放创造了体制基础和内在条件，开放又推动了改革的深入发展。在改革进程中，我国坚定不移扩大对外开放，优化开放战略布局。

---

① 中共中央文献研究室．十七大以来重要文献选编（下）[M]．北京：中央文献出版社，2013：1051．
② 中国共产党第十九次全国代表大会文件汇编[M]．北京：人民出版社，2017：25．
③ 夏清华，黄剑．科技体制改革的市场化导向及其商业逻辑[J]．学习与实践，2020（2）．
④ 习近平主持召开中央财经委员会第二次会议[EB/OL]．中国政府网，2018-07-13．

第一,坚定不移扩大对外开放。20世纪70年代后期,邓小平结合当时国际局势和中国内外环境,作出了和平与发展是时代主题的科学论断,指出:"现在的世界是开放的世界",他认为"中国长期处于停滞和落后状态的一个重要原因是闭关自守。经验证明,关起门来搞建设是不能成功的,中国的发展离不开世界"。在这样的认识下,中国作出了改革开放的历史抉择,不断扩大开放领域,加大开放力度,不断完善对外开放政策,不断加强对外开放机制建设。① 从经济特区的建立到开放沿海、沿江、沿边、内陆地区,从引进外资到鼓励对外投资,从敞开国门到加入世界贸易组织,中国坚定不移走对外开放道路,提高对外开放水平,积极参与全球治理和区域合作。十八大以来,中国进入新时代,更加强调对外开放的重要性,习近平总书记多次在不同场合宣示改革开放的决心。2014年12月5日,习近平总书记在中共中央政治局第十九次集体学习时强调,"不断扩大对外开放、提高对外开放水平,以开放促改革、促发展,是我国发展不断取得新成就的重要法宝。开放带来进步,封闭导致落后,这已为世界和我国发展实践所证明"。2016年9月3日,他在二十国集团工商峰会开幕式上的主旨演讲中明确指出:"在新的起点上,我们将坚定不移扩大对外开放,实现更广互利共赢。奉行互利共赢的开放战略,不断创造更全面、更深入、更多元的对外开放格局,是中国的战略选择。中国对外开放不会停滞,更不会走回头路。"2018年4月10日,在博鳌亚洲论坛2018年年会开幕式上习近平再次强调:"中国开放的大门不会关闭,只会越开越大。"

第二,优化开放战略布局。对外开放进程中,我国不断优化开放战略布局,将"引进来"和"走出去"相结合,积极融入全球一体化,加快推进区域一体化。改革开放之初,我国为出口创汇,实行"引进来"的开放战略,鼓励吸引和借鉴国外的先进技术及管理经验,扩大对外的经济技术交流。1997年,党的十五大提出中国要加入全球化浪潮中,发挥自身优势吸引外商投资。到2000年,我国才提出应该将"引进来"与"走出去"相结合,增加中国的国际话语权,转变发展方式,扩大对外投资,提高本土企业的国际竞争力。另外,十八届三中全会以来,以习近平同志为核心的党中央领导集体领导我们融入国际社会并走向世界舞台。2013年,习近平总书记发出"一带一路"倡议,并全力推进"一带一路"建设。同时,我国为构建人类命运共同体做出不懈努力,积极融入世界,参与中国与世界的双向互动。

改革开放以来,中国坚持建设更高水平开放型经济体制,实现更大范围、更高水平、更新方式、更具影响、更有效益的对外开放。在不断扩大开放的同时,不断扩大对世界的影响。

---

① 于洪君. 对外开放是中国与世界融合发展的不竭动力[J]. 前线,2018(9).

第三节　经济建设取得的成效

改革开放40多年来,我们党不忘初心、牢记使命,团结带领全国各族人民战胜了一个又一个艰难险阻,创造了一个又一个彪炳史册的人间奇迹,中华民族迎来了从站起来、富起来到强起来的伟大飞跃,我国主要经济指标明显增长、主要产品供给居世界前列、基础设施建设成效显著、世界经济地位不断提升。

一、主要经济指标明显增长

改革开放以来,在国际形式复杂多变,国际竞争压力不断加大的情况下,我国经济社会发展经受住了各种挑战,取得了举世瞩目的成就,GDP总量不断攀升,人民生活水平提高,财政收入稳步增加,对外贸易飞速发展。

第一,GDP总量不断攀升。改革开放以来,我国国内生产总值大幅提高。从改革不同阶段来看:1978年GDP总量为3678.7亿元,到1985年第一阶段改革完成后,GDP总量达到9098.9亿元,8年共增长5402.2亿元,平均每年增长677.525亿元。第二阶段改革完成后,1992年GDP总量达27194.5亿元,8年增长18095.6亿元,平均每年增长2261.95亿元。第三阶段改革完成后,2012年GDP总量达到538580元,21年增长511385.5亿元,每年增长24351.69亿元。第四阶段改革截至2019年,国内生产总值达990865.1亿元,8年增加452285.1亿元,平均每年增加56535.64亿元。从改革总历程看,1978—2019年的42年期间,GDP总量增加987186.4亿元,平均每年增加23504.43亿元。改革开放40多年来,GDP总量不断攀升,党的十八大以来经济增长速度最快,实现了经济总量连续跨越70万亿元、80万亿元和90万亿元大关,2019年更是达到99万亿元。[①] 图6.3.1为1978—2019年中国国内生产总值和国内生产总值增长率,经济总量呈持续上升趋势。

第二,人民生活水平提高。改革开放以来,人民生活水平显著提高,主要表现为城乡居民人均可支配收入提高。1978年城镇居民家庭人均可支配收入343.4元,农村居民家庭人均纯收入133.6元。到2019年,全国居民人均可支配收入达到30732.85元,其中,城镇居民人均可支配收入42358.80元,农村居民人均可支配收入达到16020.67元。人民生活改善还表现为恩格尔系数降低,恩格尔系数

---

① 国家统计局.中国统计年鉴[M].北京:中国统计出版社,2020:56-57.

是衡量人民生活水平好坏的重要指标,表现为人们在食物上的消费占总消费的比重。1978年城镇居民家庭恩格尔系数为57.5,农村居民家庭恩格尔系数为67.7%。到2018年,城镇居民恩格尔系数下降到27.7%,农村居民恩格尔系数下降到30.1%。图6.3.2为1978—2019年城乡居民人均可支配收入。

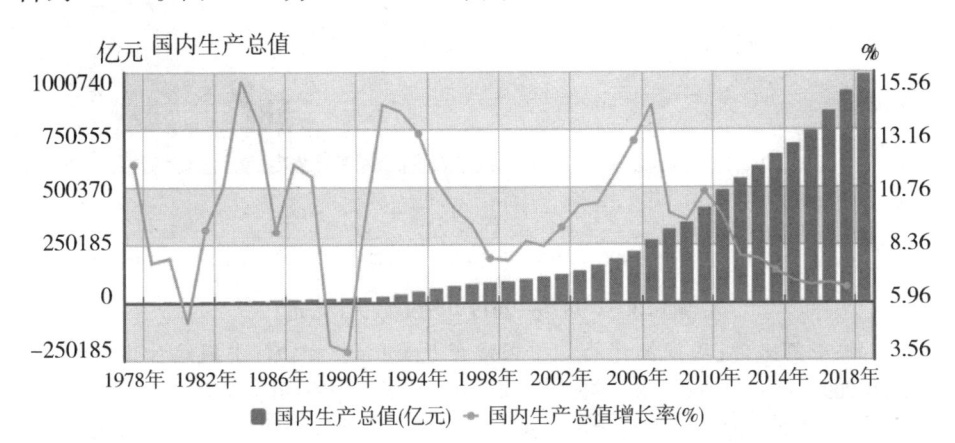

图6.3.1　1978—2019年中国国内生产总值和国内生产总值增长率

注:数据来源:国家统计局.中国统计年鉴[M].北京:中国统计出版社,2020:56-57.

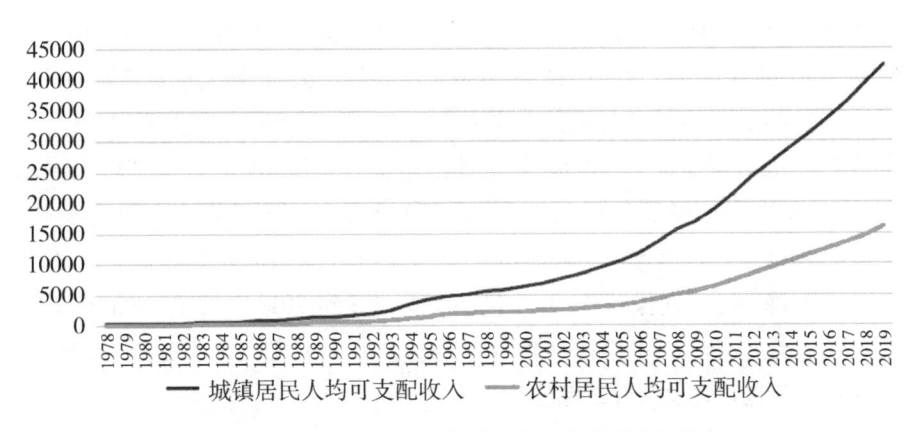

图6.3.2　1978—2019年城乡居民人均可支配收入

注:数据来源:国家统计局.中国统计年鉴[M].北京:中国统计出版社,2020:173,176.

第三,财政收入稳步增加。1978年中国财政收入1132.26亿元,1999年我国财政收入突破1万亿元,2011年突破10万亿元,2019年我国财政收入达到19万亿元。1978—2019年我国财政收入增加了189249.97亿元,年均增长率为13.78%。随着财政收入的增加,政府调节经济运行的能力也会提升,为经济社会

良好发展提供资金保障。(见图6.3.3)

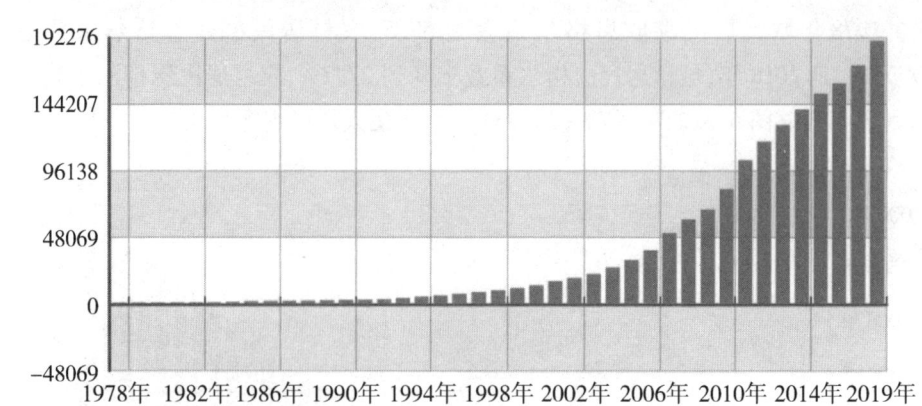

图 6.3.3 1978—2019 年财政收入(亿元)

注:数据来源:国家统计局.中国统计年鉴[M].北京:中国统计出版社,2020:209.

第四,对外贸易发展迅速,进出口总额持续增长。改革开放以来,我国外贸经济逐步发展壮大,进出口总额持续攀升。1978年进出口总额为355.04亿元,到2019年进出口总额增加到315504.75亿元,其中2019年出口总额为172342.34亿元,进口总额为143162.41亿元。外汇储备大幅增加。1978年我国外汇储备为1.67亿美元,随着对外开放不断推进,开放力度持续加大,长期大量贸易顺差积累使得外汇储备增多;1996年外汇储备为1050.29亿美元,突破千亿美元;2001年加入世贸组织后,外汇储备飞速增加,年末外汇储备为2121.65亿美元;2006年突破2万亿美元大关,外汇储备10663.44亿美元;2009年突破两万亿美元;2011年突破3万亿美元;2014年外汇储备达38430.18亿美元,创下中国最高外汇储备记录,之后虽然有所下降,但一直保持在3万亿美元以上;到2019年我国外汇储备达31079.24亿美元,连续14年稳居世界第一。图6.3.4、图6.3.5分别为1978—2019年出口与进口总值和外汇储备。[①]

---

① 对外经贸跨越发展 开放水平全面提升——改革开放40年经济社会发展成就系列报告之三[EB/OL].国家统计局,2018-08-30.

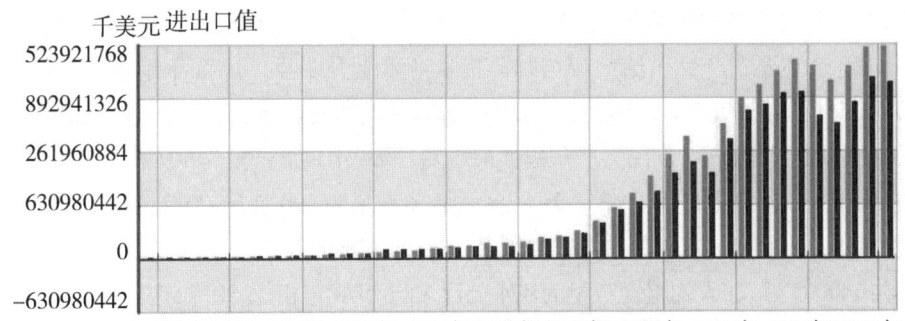

图 6.3.4　1978—2019 年出口与进口总值(千美元)

注:数据来源:国家统计局.中国统计年鉴[M].北京:中国统计出版社,2020:335.

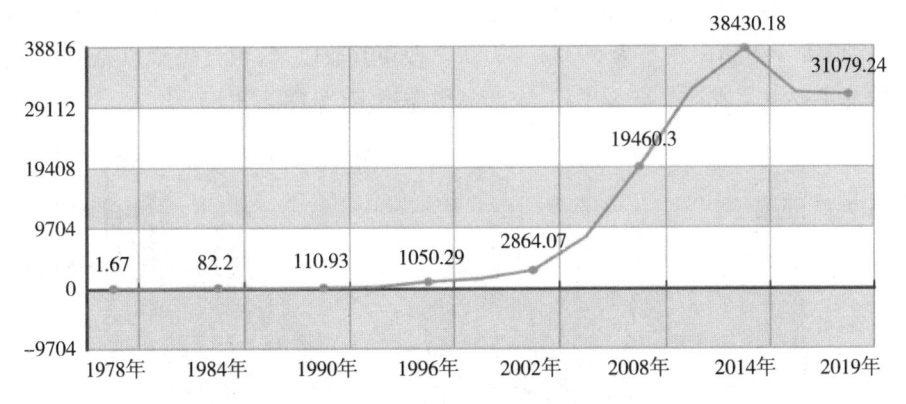

图 6.3.5　1978—2019 年我国外汇储备(亿美元)

注:数据来源:国家统计局.中国统计年鉴[M].北京:中国统计出版社,2020:588.

二、主要产品供给在世界前列

改革开放以来,我国从新起点到了新时代,我国主要农产品产量跃居世界前列,建立了全世界最完整的现代工业体系。①

(一)农产品有效供给

农产品有效供给得到保障事关国家长治久安。改革开放以来,党和政府为确保重要农产品供给不出问题做了不懈努力,并取得了明显成效,主要农产品供给

---

① 习近平.在庆祝改革开放40周年大会上的讲话[EB/OL].共产党员网,2018-12-18.

大幅增加,农业结构持续优化。

第一,主要农产品供给大幅增加。粮食产量上升明显。1978年粮食总产量为30476.50万吨,1978年末总人口为96259万人,人均粮食产量为319公斤。实行家庭联产承包责任制以后,农民生产积极性被激发,1984年粮食产量为40730.50万吨,突破4亿吨,年末总人口为104357万人,人均粮食产量为390公斤;2012年粮食产量突破6亿吨,此后连续7年都在6亿吨以上;2019年粮食产量66384.34万吨,年末总人口共140005万人,人均粮食产量为474公斤。与1978年相比,2019年粮食总产量增加35907.84万吨,人均粮食产量增加155公斤(见图6.3.6)。棉油糖产量平稳增长。1978年棉花产量216.7万吨,油料产量521.79万吨,糖料产量2381.87万吨。2019年粮食产量588.9万吨,油料产量3492.98万吨,糖料产量12169.06万吨(见图6.3.7)。生猪出栏量稳定上升。猪粮安天下,抓生猪生产和粮食生产一样重要,生猪稳定保供对于社会稳定发展有着重要作用。2005年生猪出栏量为60367.4万头,2018年生猪出栏量为69382.4万头。改革开放以来,粮食供给量充裕,粮棉油糖等主要大宗农产品产量平稳,农产品供需稳定(见图6.3.8)。①

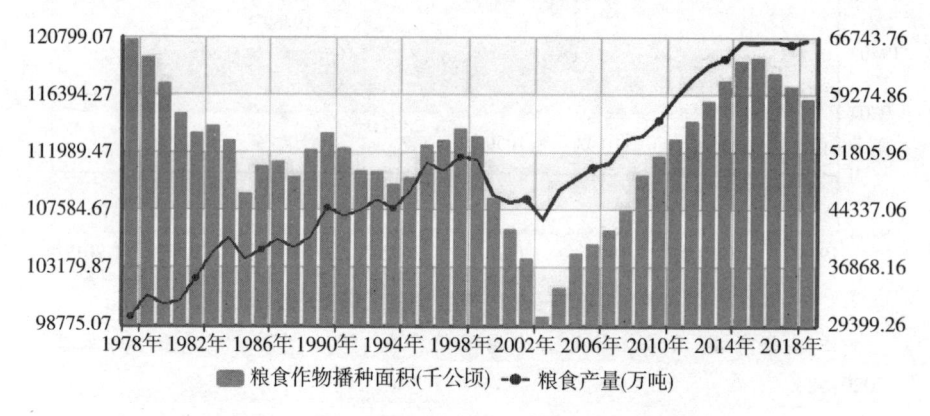

图6.3.6 1978—2019年粮食作物播种面积和粮食产量

注:数据来源:国家统计局. 中国统计年鉴[M]. 北京:中国统计出版社,2020:376.

---

① 国家统计局. 中国统计年鉴[M]. 北京:中国统计出版社,2020:387-389.

第六章 以经济建设为中心 筑牢小康社会之基

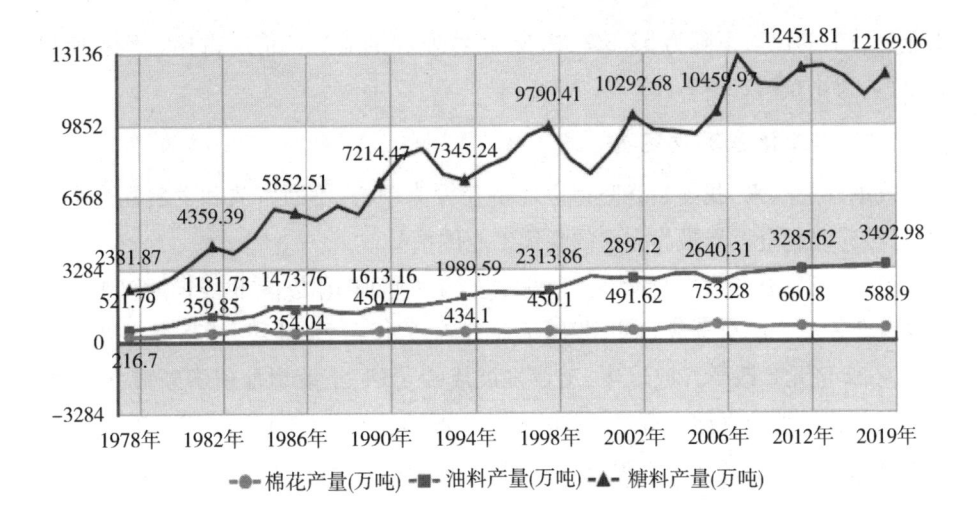

图 6.3.7　1978—2019 年棉油糖产量

注：数据来源：国家统计局．中国统计年鉴[M]．北京：中国统计出版社，2020：387-389．

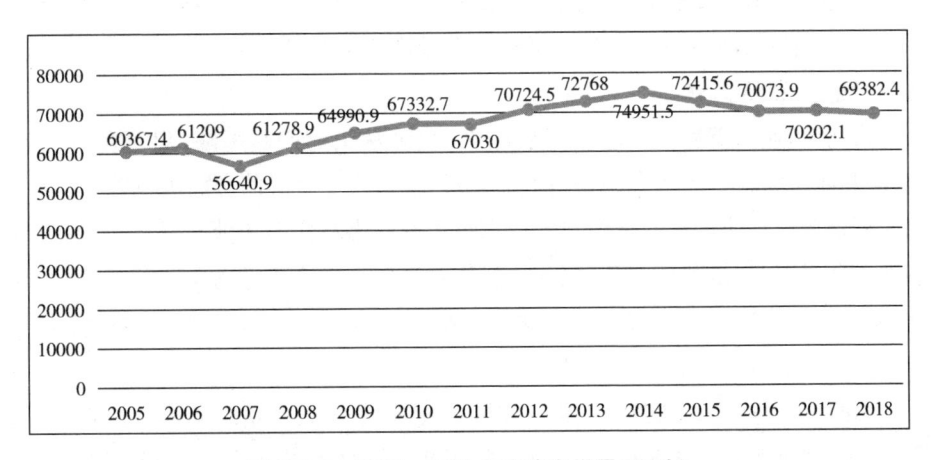

图 6.3.8　2005—2018 年肉猪出栏量（万头）

注：数据来源：国家统计局．中国统计年鉴[M]．北京：中国统计出版社，2020：394-395．

第二，农业产业结构持续调整优化。改革开放以来，我国农业产业结构持续调整，从长期以来的以粮食生产为主的种植业经济转向多种经营和农林牧渔全面发展的新型农业产业结构。1978 年，我国农业总产值占农林牧渔四业总产值的比重达 80%，林业、畜牧业和渔业所占比重很小，分别为 3.4%、15.0% 和 1.6%，可见，在改革开放之初，种植业占主导地位。到 2019 年，我国农业总产值占农林牧

203

渔业总产值的比重下降为53.3%,林业、畜牧业和渔业总产值所占比重均有所提升,分别为4.6%、26.7%、10.1%。①

(二)工业体系逐步完善

改革开放以来,我国始终坚持以经济建设为中心,不断解放和发展社会生产力,已经建立起全世界最为完整的现代工业体系。

第一,工业总产值不断攀升。工业是立国之本,强国之基,我国长期以来十分重视工业发展。改革开放之初,我国工业基础还处于薄弱阶段,1978年工业增加值仅1622亿元。改革开放以来,工业发展成绩斐然,工业增加值不断攀升,1992年我国工业增加值突破1万亿元,2007年突破10万亿元,2012年突破20万亿元,2018年突破30万亿元,到2019年工业增加值达到317109亿元,是1978年的195倍。②

第二,主要工业产品产量较快增长。改革开放以来,主要工业产品产量极大丰富。2019年,我国纱产量达2892万吨,比1998年增长4.34倍;化学纤维5953万吨,增长10.67倍,原煤、发电量等能源产品产量2019年比1998年分别增长了1.89、5.43倍;乙烯、粗钢、水泥等原材料产品产量分别增长4.44、7.62、3.38倍,汽车产量达2553万辆。③

第三,工业门类齐全。改革开放以来,我国从工业产品短缺,到现在门类齐全,产业体系完整。2018年,我国的制造业增加值占全世界的份额达到28%以上,成为驱动全球工业增长的重要引擎。在世界500多种主要工业产品当中,有220多种产自中国,产量占全球第一。我国目前已拥有41个工业大类、207个工业中类、666个工业小类,形成了独立完整的现代工业体系,是全世界唯一拥有联合国产业分类当中全部工业门类的国家。

第四,工业产业结构持续优化。改革开放以来,尤其是党的十八大以来,我国积极推进传统产业优化升级,近年来供给侧结构性改革成效显著,2013—2015年,我国淘汰落后炼铁产能4800万吨、炼钢5700万吨、电解铝110万吨。工业产业结构向中高端迈进。高端装备制造业快速增长,2019年,高技术制造业、装备制造业

---

① 国家统计局.中国统计年鉴[M].北京:中国统计出版社,2020:378.
② 农村改革书写辉煌历史 乡村振兴擘画宏伟蓝图——改革开放40年经济社会发展成就系列报告之二十[EB/OL].国家统计局,2018-09-18.
③ 农村改革书写辉煌历史 乡村振兴擘画宏伟蓝图——改革开放40年经济社会发展成就系列报告之二十[EB/OL].国家统计局,2018-09-18.

增加值分别比上年增长13.4%、11.3%。①

三、基础设施建设成就显著

改革开放以来,我国基础设施在大规模投资和建设下得到了明显加强,邮电通信、交通运输形成了纵横交错覆盖全国的网络体系,水利设施显著加强。

第一,信息通信和邮政业实现跨越式发展。改革开放以来,我国信息通信和邮政业实现了跨越式发展,逐渐建成了覆盖全国、通达世界、技术先进、业务全面的国家信息通信基础网络。1978年,全国邮电局所仅有4.96万个,邮路总长度486.3282万公里,每个邮电局所平均服务面积194平方公里。改革开放以来,邮政行业基本形成了航空、铁路、公路多种运输形式综合利用,连接城乡、覆盖全国、通达世界的现代邮政网络,全国总体上实现了乡乡设所、村村通邮,邮政收寄和投递能力大幅提升。到2017年末,邮路总长度938.47万公里、邮政营业网点27.80万处,分别是1978年的1.9倍和5.6倍,年均分别增长1.7%和4.5%。到2019年,邮路总长度1222.7万公里,1978年邮电业务总量为34.09亿元,到2015年增加到28425亿元,增长速度之快令人瞩目(见图6.3.9)。通信网络覆盖全国。改革开放40多年,我国通信业投资规模逐年加大,通信网络规模容量成倍扩张,已建成包括光纤、数字微波、卫星、程控交换、移动通信、数据通信等覆盖全国、通达世界的公用电信网。到2017年末,我国固定长途电话交换机容量达到602.6万路端,局用交换机容量18414.0万门,分别是1978年的3235倍和45.4倍,年均分别增长23.0%和10.3%;移动电话交换机容量由1990年的5.1万户猛增至2017年的242185.8万户,年均增速高达49.0%;光缆线路长度由1997年的55.7万公里增至2017年的3747.4万公里,年均增长23.4%;互联网上网人数从1997年的62万人,增加到90359万人,2002年互联网普及率仅4.6%,到2018年互联网普及率已经达到了59.6%。移动电话从无到有,2019年移动电话普及率为114.38(部/百人)。通信技术不断突破创新。改革开放以来,我国通信技术高速发展,在固网通信和移动通信等领域不断创新,很多技术实现从空白到领先的跨越式发展。光通信方面,光纤宽带加快普及,光纤入户已成为城市家庭"标配",光纤接入(FTTH/O)用户总数达到2.94亿户;移动通信领域,我国经历了1G空白、2G跟随、3G突破、4G同步、5G引领的崛起历程。中国自主研发的4G技术标准TD-LTE被国际电联确定为4G国际标准之一,我国4G网络覆盖不断深入,速率持续

---

① 农村改革书写辉煌历史 乡村振兴擘画宏伟蓝图——改革开放40年经济社会发展成就系列报告之二十[EB/OL]. 国家统计局,2018-09-18.

提升,已建成全球规模最大的4G网络。到2017年末,4G用户总数达到9.97亿户,4G用户在全部移动电话用户中的占比已达到70.3%。5G时代无论是标准制定还是实验进程我国都走在世界前列。

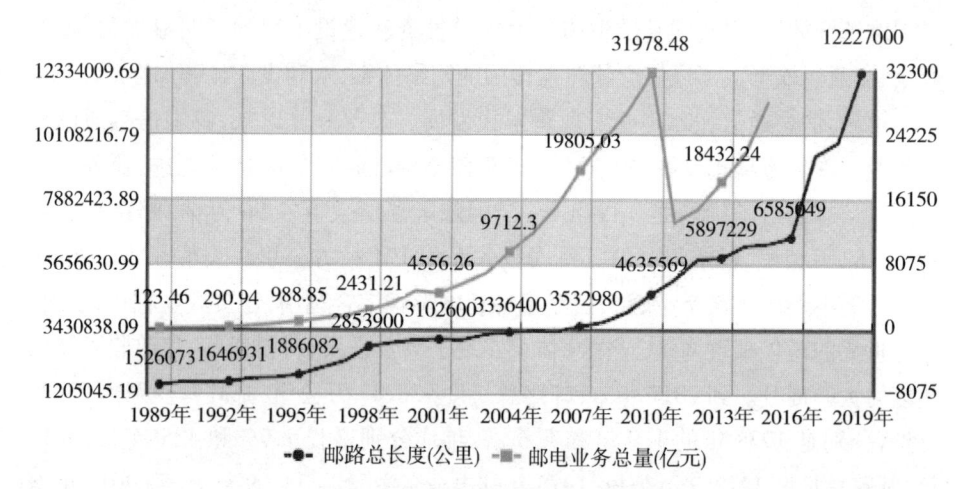

图 6.3.9　1989—2019 年邮路总长度和邮电业务总量

注:数据来源:国家统计局. 中国统计年鉴[M]. 北京:中国统计出版社,2020:542-547.

第二,交通运输设施水平显著提高,高铁线路铺开成网。改革开放初期,我国铁路营业里程只有5.17万公里,普遍运行的绿皮车平均时速不到40公里,铁路运输能力严重落后。改革开放以来,我国铁路运输网络不断扩张,尤其是2008年京津高铁的开通运营标志着我国铁路开始迈入高铁时代,高铁建设突飞猛进。1978年我国铁路营业里程为5.17万公里,2019年增加到13.98万公里。高速公路建设飞速发展。改革开放后,国家持续加大公路基础设施建设投资力度,公路总里程迅猛增长,公路运输网络通达度显著提高。公路里程由1978年的89.02万公里,增加到501.25万公里。民航建设加速推进。改革开放以来,我国航空运输基础设施建设提质增速,民航机场体系渐具规模,航线网络覆盖率大幅提高,航空运输保障能力快速提升。定期航班航线里程2019年比1978年增加了9333300公里;2019年民用航班飞行机场有137个,比1984年增加了49个。油气管网日趋完善。随着改革开放后西气东输、中缅油气管道等一系列大型管道工程建成投产,我国连通海外、覆盖全国、横跨东西、纵贯南北、区域管网紧密跟进的油气骨干管网格局初步形成,管道输油输气能力大幅提升。2019年管道输油(气)里程是1978年的15.25倍。港口面貌焕然一新。1978年,我国港口生产用码头泊位数仅有735个,其中万吨级以上泊位数133个。20世纪90年代以来,我国在加快港口建设的同时,开始注重现代深水化、大型化、专业化码头的建设。2018年主要港口主要货物吞吐量是1979年的43.39倍(见表6.3.1)。①

表6.3.1　1978—2019年交通运输设施发展情况

年份	铁路营业里程（万公里）	公路里程（万公里）	定期航班航线里程（公里）	民用航班飞行机场数（个）	管道输油(气)里程（万公里）	主要港口主要货物吞吐量（万吨）
1978	5.17	89.02	148900	/	0.83	/
1979	5.3	87.58	160000	/	0.91	21257
1980	5.33	88.83	195300	/	0.87	21731
1981	5.39	89.75	218241	/	0.97	21931
1982	5.33	90.7	232700	/	1.04	23764
1983	5.46	91.51	229100	/	1.08	24952
1984	5.48	92.67	260200	88	1.1	27549
1985	5.52	94.24	277200	82	1.17	31154
1986	5.58	96.28	323125	84	1.3	37937
1987	5.6	98.22	389100	83	1.38	40604
1988	5.62	99.96	373800	96	1.43	45587
1989	5.7	101.43	471900	88	1.51	49025
1990	5.79	102.83	506762	94	1.59	48321
1991	5.78	104.11	559100	96	1.62	53220
1992	5.81	105.67	836600	98	1.59	60380
1993	5.86	108.35	960800	113	1.64	67835
1994	5.9	111.78	1045600	127	1.68	74370
1995	6.24	115.7	1129000	139	1.72	80166
1996	6.49	118.58	1166500	142	1.93	85152
1997	6.6	122.64	1425000	141	2.04	90822
1998	6.64	127.85	1505800	143	2.31	92237

---

① 交通运输网络跨越式发展　邮电通信能力显著提升——改革开放40年经济社会发展成就系列报告之十三[EB/OL]. 国家统计局,2018-09-11.

续表

年份	铁路营业里程（万公里）	公路里程（万公里）	定期航班航线里程（公里）	民用航班飞行机场数（个）	管道输油（气）里程（万公里）	主要港口主要货物吞吐量（万吨）
1999	6.74	135.17	1522200	142	2.49	105162
2000	6.87	167.98	1502887	139	2.47	125603
2001	7.01	169.8	1553596	143	2.76	142634
2002	7.19	176.52	1637700	141	2.98	166628
2003	7.3	180.98	1749500	126	3.26	201126
2004	7.44	187.07	2049400	133	3.82	246074
2005	7.54	334.52	1998500	135	4.4	292777
2006	7.71	345.7	2113505	142	4.81	342191
2007	7.8	358.37	2342961	148	5.45	388200
2008	7.97	373.02	2461840	152	5.83	429599
2009	8.55	386.08	2345085	165	6.91	475481
2010	9.12	400.82	2765147	175	7.85	548358
2011	9.32	410.64	3490571	178	8.33	616292
2012	9.76	423.75	3280114	180	9.16	665245
2013	10.31	435.62	4106000	190	9.85	729098
2014	11.18	446.39	4637214	200	10.57	769557
2015	12.1	457.73	5317230	206	10.87	784578
2016	12.4	469.63	6348144	216	11.34	810933
2017	12.7	477.35	7483033	228	11.93	865464
2018	13.17	484.65	8379833	133	12.23	922392
2019	13.98	501.25	9482200	137	12.66	/

注：数据来源：国家统计局.中国统计年鉴[M].北京：中国统计出版社,2020:513.

第三，农村电力和农田水利建设不断加强。改革开放以来，我国农村基础设施条件极大改善，防洪、防涝、抵御自然灾害的能力明显增强。南水北调工程建设稳步推进，截至 2020 年 6 月 3 日，南水北调中线一期工程已经安全输水 2000 天，累计向北输水 300 亿立方米，使沿线 6000 万人口受益。耕地灌溉面积不断增加，从 1990 年 47403.1 千公顷，增加到 2018 年 68271.6 千公顷。农村电力发展迅速，农村水电站装机容量从1990年428.8万千瓦增加到2018年8043.5万千瓦(见表6.3.2)。

表6.3.2 农村电力与水利建设情况

指标	1990	1995	2000	2016	2017	2018	2018年为2017年百分比
装机容量（万千瓦）	428.8	519.5	698.5	7791.1	7927	8043.5	101.5
发电量（亿千瓦时）	/	134.1	205	2682.2	2477.2	2345.6	94.7
农村用电情况（亿千瓦时）	844.5	1655.7	2421.3	9238.3	9524.4	9358.5	98.3
耕地灌溉面积（千公顷）	47403.1	49281.2	53820.3	67140.6	67815.6	68271.6	100.7

注:数据来源于国家统计局.中国统计年鉴[M].北京:中国统计出版社,2020:381.

四、世界经济地位不断提升

改革开放以来,我国经济社会发生了翻天覆地的历史性变化,主要经济社会指标占世界的比重大幅提高,居世界的位次不断前移,国际地位显著提升,国际影响力显著增强。

第一,经济增速明显高于世界平均水平。1979—2012年,我国经济年均增长率达到9.9%,比同期世界经济平均增长率高7个百分点。2013—2019年,我国经济年均增长率接近7.0%,明显高于世界同期2.9%的平均增长率。从贡献率来看,2008—2016年对世界经济增长的年均贡献率超过20%,2017—2019年中国对世界经济增长的贡献率都在30%左右,居世界第一位。(见表6.3.3)

表 6.3.3　1978—2017 年世界主要国家和地区经济增长率比较

年份 国家	1978	1990	2000	2010	2015	2016	2017	1979—2017年平均增速
世界	4.0	3.0	4.4	4.3	2.8	2.5	3.0	2.9
高收入国家	4.2	3.3	4.0	2.9	2.3	1.7	/	2.4①
中等收入国家	3.1	2.1	5.6	7.5	3.8	4.0	/	4.2①
低收入国家	2.3	0.5	1.9	6.5	4.7	4.2	/	3.5②
中国	11.7	3.9	8.5	10.6	6.9	6.7	6.9	9.5
美国	5.6	1.9	4.1	2.5	2.9	1.5	2.3	2.6
欧元区	3.1	3.6	3.9	2.1	2.1	1.8	2.4	1.9
日本	5.3	5.6	2.8	4.2	1.2	1.0	1.7	2.1
韩国	10.8	9.8	8.9	6.5	2.8	2.8	/	6.2①
墨西哥	9.0	5.1	5.3	5.1	2.7	2.3	1.9	2.8
巴西	3.2	-3.1	4.1	7.5	-3.8	-3.6	1.0	2.5
俄罗斯	/	-3.0	10.0	4.5	-2.8	-0.2	1.7	0.5③
印度	5.7	5.5	3.8	10.3	8.0	7.1	6.7	6.0
南非	3.0	-0.3	4.2	3.0	1.3	0.3	0.8	2.3

注：①为 1979—2016 年平均增速，②为 1983—2016 年平均增速，③为 1990—2017 年平均增速。

数据来源：国际地位显著提高 国际影响力明显增强——改革开放 40 年经济社会发展成就系列报告之十九[EB/OL]. 国家统计局，2018-09-17.

第二，主要总量指标居世界前列。我国是世界第二大经济体。1978 年 GDP 总量为 3678.7 亿元，在世界主要国家中位居第十位，人均国民总收入仅 190 美元，位居全世界最不发达的低收入国家行列。2010 年我国超越日本成为世界第二大经济体，并在此后稳居世界第二位。占世界经济总量比重持续提升，从 2012 年的 11.4%，到 2018 年我国 GDP 占世界总量增加到 15.9%。同时，我国是制造业第一大国。1990 年，我国制造业在全球所占比重仅 2.7%，位居世界第九位；到 2010 年，在全球占比提高到 19.8%，跃居世界第一，并至今稳居第一位。现代基础设施建设领跑世界，截至 2018 年底，我国铁路营业里程达到 13.2 万公里，其中高铁营业里程达 3.0 万公里，占世界高铁总里程的 2/3，居世界第一位；公路通车总里程 484.7 万公里，其中高速公路 14.3 万公里，位列世界第一。

第七章

打赢脱贫攻坚战　托起小康社会之底

贫穷不是社会主义,社会主义要消灭贫穷。

——邓小平

小康不小康,关键看老乡,关键看脱贫攻坚工作做得怎么样。全面小康路上一个也不能少。

——习近平

扶贫开发贵在精准,重在精准,成败之举在于精准。

——习近平

打赢脱贫攻坚战是全面建成小康社会的底线任务。为完成这一底线任务,中国付出了超常的努力,也收获了不寻常的成就。改革开放以来,党领导的农村减贫事业纵深推进,始终坚持以人民为中心实现脱贫致富,对象从普惠到特惠,主体从单一到多元①,减贫成效卓著,交出了一份令世界惊叹的答卷。

第一节　改革开放以来脱贫攻坚的演进历程

中国共产党自成立之初,便开始为国家独立、民族富强、人民幸福而不懈奋斗。以毛泽东同志为主要代表的中国共产党人领导中国人民推翻旧制度,建立新制度,创造整体脱贫的制度基础。然而,消灭贫困的制度根源并不能消灭贫困本身,中华人民共和国成立及社会主义制度确立后,贫困依然存在。并且此时的贫困呈现出普遍贫困与特殊贫困交织的特点。一方面,中国共产党提出工业化和合作化反贫困的战略构想,通过发展生产力和变革生产关系缓解普遍贫困;另一方面,初步建立起一套社会救济制度,保障社会性弱势群体、灾害性弱势群体、生理性弱势群体等特殊困难群体的最低生活需求。但由于对社会主义建设缺乏经验,

---

① 蒋永穆,江玮,万腾. 中国特色减贫思想:演进主线与动力机制[J]. 财经科学,2019(1).

加之其他因素影响,从中华人民共和国成立到改革开放前的一段时间,我国人民生活水平改善缓慢,救济式扶贫也无法从根本上解决贫困问题。1978年,改革开放拉开序幕,我国开始了真正意义上的农村反贫困。

由于不同时期我国的贫困状况呈现出不同的特点,我国政府在不同的历史时期根据贫困具体特征的变化适时调整和转变扶贫思路和政策,保证了扶贫政策的科学性和针对性。学术界在考察我国脱贫攻坚的历史进程时,大多根据不同的标准进行了细致的分期,如李小云认为,从20世纪80年代开始至今,中国农村扶贫工作大致经历了三个阶段:体制改革推动扶贫阶段(1978—1985年)、大规模的农村开发式扶贫阶段(1986—2000年)以及"开发式扶贫"和"保护式扶贫"共同发挥作用的新阶段(2001年至今)。① 公丕宏、公丕明将改革开放以来的中国扶贫实践划分为四个阶段:改革推动减贫阶段、规模攻坚扶贫阶段、综合扶贫开发阶段、精准扶贫脱贫攻坚阶段。② 李全利将我国改革开放后的反贫困治理分为了五个阶段,分别是体制变革扶贫阶段、区域开发扶贫阶段、攻坚计划扶贫阶段、战略联动扶贫阶段和小康精准扶贫阶段。③ 本书依据扶贫对象越来越精准、扶贫政策越来越精细化的趋势,将改革开放后我国脱贫攻坚的历史进程划分为四个阶段:体制改革推动扶贫阶段、大规模开发式扶贫阶段④、整村推进阶段和精准扶贫精准脱贫阶段。

一、体制改革推动扶贫阶段

1978年12月18日至22日,中国共产党十一届三中全会召开。全会作出把党和国家的工作中心转移到经济建设上来、实行改革开放的历史性决策,实现了中华人民共和国成立以来我们党历史上具有深远意义的伟大转折,开启了中国改革开放的历史新时期,也开启了我国体制改革推动扶贫的阶段。在这一阶段,我国推行以家庭承包经营为基础、统分结合的双层经营体制,辅之以提高农产品价格等配套改革,这一系列的改革成为中国农村经济发展的巨大动力,促进了国民经济快速发展,极大激发了农民的劳动热情,使大批贫困农民脱贫致富,农村贫困

---

① 李小云. 我国农村扶贫战略实施的治理问题[J]. 贵州社会科学,2013(7).
② 公丕宏,公丕明. 论中国特色社会主义扶贫实践和理论[J]. 上海经济研究,2017(9).
③ 李全利. 扶贫治理理论演进轨迹及其引申[J]. 重庆社会科学,2017(4).
④ 一些学者在对中国减贫历程进行分期时,将"八七"扶贫攻坚时期单独划分为一个阶段,作者在2018年出版的《中国农村改革四十年:回顾与经验》一书中也采用这种分期。但因八七扶贫攻坚阶段的对象瞄准也为县级瞄准,因此本书将八七扶贫攻坚阶段并入大规模开发式扶贫阶段。

现象大幅度减少。

首先,肯定并确立了家庭联产承包责任制。从中共十一届四中全会通过《中共中央关于加快农业发展若干问题的决定(草案)》到1983年,农村普遍建立了家庭联产承包责任制,极大地解放并发展了农村生产力,使长期困扰中国经济发展的农产品短缺问题得到了基本缓解。中国的改革是从农村开始的,农村的改革是从安徽凤阳小岗村开始的。1978年,小岗村的18家农户为了能吃饱饭,"不再向国家伸手要钱要粮",率先实行了"包产到组、包产到户"。这段历史拉开了中国农村经济改革乃至整个经济体制改革的序幕。家庭联产承包责任制,使得农民获得了承包地、自身劳动力等的支配权,生产积极性极大提升,粮食和其他农产品产量大幅度增加,农民收入也保持较快速度的增长。1978—1985年,粮食单位面积产量提高了40%,农业劳动生产率提高了40.3%。①

其次,恢复中国农业银行,明确提出大力支持农村商品经济,提高资金使用效益,开办专项贷款业务,支持了家庭承包经营、乡镇企业和国有农业企业的发展。一方面,实行农产品价格改革,大幅度提高主要农副产品收购价格,并逐步放开商品价格的管理权限,市场逐渐活跃,农产品供给增加,人民生活水平明显提高,农民收入增长迅速。1978—1985年,农产品价格年均增长7.8%,农村居民人均纯收入从1978年的133.6元增加到1985年的397.6元,增长近3倍。② 其中,价格提高增加的收入占农民新增收入的15.5%。③ 另一方面,扶持乡镇企业发展,准许农民自筹资金、自理口粮,进入城镇务工经商,允许鼓励农村劳动力进入非农产业,跨区域、城乡流动务工。随着劳动生产率的提高以及国家放松市场管控等措施的实施,部分农村剩余劳动力转向非农产业,农村劳动力的转移流动成为脱贫致富的重要途径。

再次,启动专项扶贫。这一阶段,尽管全国各地农民都从改革中获益,但由于改革驱动是从全局着眼,各地资源禀赋、交通条件等差异较大,获益程度也有明显差别,收入差距逐渐拉大。因此,为解决区域性极端贫困,1982年12月10日,中国政府决定对以甘肃省定西为代表的中部干旱地区、河西地区和宁夏回族自治区西海固地区实施"三西"农业建设计划。"三西"建设开创了中国区域性扶贫先河,并为全国性扶贫开发积累了丰富经验,在中国乃至世界减贫史上都具有重要意义。1984年,为改善贫困地区基础设施,国家实施以工代赈计划,通过实物或现

---

① 国家统计局.中国农村统计年鉴(1999),转引自李培林,魏后凯.中国扶贫开发报告(2016)[M].北京:社会科学文献出版社,2016:8.
② 根据国家统计局数据整理计算所得。
③ 李培林,魏后凯.中国扶贫开发报告(2016)[M].北京:社会科学文献出版社,2016:9.

金的投入,为贫困地区经济发展创造良好的基础条件,提高了贫困地区自我发展的能力。

1978年开始的农村经济体制改革,极大地激发了农民的劳动热情,解放了农村生产力,农村贫困现象得到缓解。从1978—1985年,农村人均粮食产量增长14%,棉花增长73.9%,油料增长176.4%,肉类增长87.8%;全国农村农民人均纯收入增长了2.6倍;没有解决温饱的贫困人口从2.5亿人减少到1.25亿人;贫困发生率从30.7%下降到14.8%;贫困人口平均每年减少1786万人。①

二、大规模开发式扶贫阶段

随着改革的深入,大多数农村地区凭借自身的发展优势,经济快速增长,但农村内部的收入差距以及农村居民与城市居民的收入差距不断扩大,农村区域发展不平衡的问题开始显现。贫困问题从普遍性贫困向分层、分块演化,区域间发展不均衡问题加重②,急需更具针对性的扶贫政策和措施。从1986年开始,我国政府将扶贫工作纳入了国家发展的整体布局中,组建扶贫开发的专门机构,投入专项资金,确立开发式扶贫方针,制订明确的扶贫计划,在普惠措施的基础上,采取特殊的政策和措施,促进贫困地区和贫困人口的自我发展。

首先,组建专门机构,完善组织体系。1986年,国务院成立贫困地区经济开发领导小组(后改为扶贫开发领导小组),在省市县甚至乡镇都设立有扶贫开发办公室,且沿用至今;实行扶贫工作党政"一把手"负责制和资金、权利、任务、责任"四到省"的工作责任制。减贫工作上升为国家战略,我国开始了有计划、有组织、大规模的开发式扶贫工作。

其次,安排专项扶贫资金。中央政府设立专项扶贫资金,包括支援经济不发达地区发展资金、"三西"地区农业建设资金、"以工代赈金"、少数民族发展资金、国有贫困农场财政扶贫资金和国有贫困林场财政扶贫资金、扶贫贷款贴息以及"康复扶贫贷款"等。资金扶持力度不断加大,在"八七扶贫攻坚计划"实施期间,中央政府通过支援经济不发达地区发展资金、以工代赈资金和扶贫贴息贷款形式提供的扶贫资金累计达1130亿元,年均161.4亿元,比1986—1993年平均增加近110亿元,增长2.1倍,其中财政扶贫资金年均增加55.3亿元,增长3.4倍。③ 资金使用从分散转向集中,资金管理也更加严格。

---

① 中国农村的扶贫开发[N]. 人民日报,2001-10-16.
② 张琦,冯丹萌. 我国减贫实践探索及其理论创新:1978—2016年[J]. 改革,2016(4).
③ 李培林,魏后凯. 中国扶贫开发报告(2016)[M]. 北京:社会科学文献出版社,2016:13-14.

第三,以区域开发为重点进行开发式扶贫。一方面,扶贫主要方式由"输血式"转变为"造血式"。将1986年以前主要通过救济短期内解决贫困人口的生存或温饱问题的方式,转变到提高贫困人群和贫困地区的自我发展能力上,实现了从救济式扶贫向开发式扶贫的转变。通过加强贫困地区基础设施建设,改善基本生产条件,帮助农民发展种养业,促进区域经济发展。此外,国家科委于1986年提出并组织实施科技扶贫,科技扶贫是由单纯救济式扶贫向依靠科学技术开发式扶贫转变的一个重要标志。1986年以来,有关部门配合贫困地区各级政府,充分依靠广大科技人员和农民群众,相继在大别山、井冈山、陕北地区的55个贫困县以及一些少数民族贫困地区开展科技扶贫,取得了显著的成效。另一方面,国家以划定片区和确定贫困县的方式确定了扶贫开发的主要对象。1986年,中央划分了18个片区,确定了331个国家级贫困县和368个省级贫困县。1994年"八七扶贫攻坚计划"实施后,重新确定了592个国家级贫困县。

第四,国家积极动员社会力量参与扶贫。国家鼓励政府部门、企事业单位和社会团体参与扶贫。对口扶贫、东西部协作扶贫也逐渐展开,部分民主党派、工商联开展"智力支边"活动,开展讲学和培训,支援贫困地区发展。《国家八七扶贫攻坚计划(1994—2000年)》积极进行社会动员,"中央和地方党政机关及有条件的企事业单位,都应积极与贫困县定点挂钩扶贫,一定几年不变,不脱贫不脱钩","各民主党派和工商联应继续发挥人才众多、技术密集、联系广泛的优势,进一步开展科技扶贫和智力开发","充分发挥中国扶贫基金会和其他各类民间扶贫团体的作用"。多元化的扶贫主体为我国的扶贫开发事业注入了新的血液和活力。

此外,这一阶段还通过具体、有针对性的项目开发来带动扶贫。1995—2000年,教育部(原国家教委)、财政部联合组织实施了第一期"国家贫困地区义务教育工程",中央财政投入39亿元,地方财政配套87亿元,共计126亿元。一期"工程"实施范围集中在22个省、自治区、直辖市及新疆生产建设兵团的852个贫困县,其中"八七扶贫攻坚计划"确定的国家级贫困县有568个。1996年开始实施小额信贷项目,1997年实施相关单位定点扶贫工作。

经过多方努力,到2000年底,国家"八七扶贫攻坚计划"目标基本实现,中国的扶贫开发取得了巨大成就。贫困人口由1985年的1.25亿人减少到2000年的3000万人,农村贫困发生率从14.8%下降到3%左右。生产生活条件明显改善,到2000年底,贫困地区通电、通路、通邮、通电话的行政村分别达到95.5%、89%、69%和67.7%。[①]

---

① 中国农村的扶贫开发[N]. 人民日报,2001-10-16.

三、整村推进阶段

2001年5月，中共中央国务院发布《中国农村扶贫开发纲要（2001—2010年）》，以此为标志，中国的扶贫开发工作进入了一个新阶段。该纲要对今后十年扶贫开发的奋斗目标、基本方针、对象与重点、内容途径以及政策措施作了明确规定，要求按照集中连片的原则，国家把贫困人口集中的中西部少数民族地区、革命老区、边疆地区和特困地区作为扶贫开发的重点，并在上述四类地区确定扶贫开发工作重点县。东部以及中西部其他地区的贫困乡、村，主要由地方政府负责扶持。并强调做好残疾人扶贫工作，把残疾人扶贫纳入扶持范围，统一组织，同步实施。这一阶段的扶贫政策重点在于"整村推进"，将扶贫工作重心从县一级下移到村一级，在全国范围内共确定了15万个贫困村，实行以整村推进、产业发展为重点的扶贫政策。

第一，扶贫重心下沉，实行整村推进扶贫开发。"整村推进"是为如期实现《中国农村扶贫开发纲要（2001—2010年）》目标所采取的一项关键措施，有利于瞄准贫困群体，有利于扶贫资金进村入户，有利于整合各类扶贫资源，有利于发挥贫困农户的积极性，有利于提高贫困人口综合素质和贫困村可持续发展能力。围绕"整村推进"的总体目标，村级规划主要针对基本生产生活条件改善和贫困农民增收两大重点。一方面着力推进通水、通路、通电、通广播电视、通电话等基础设施建设；另一方面，以市场为导向，进行产业化扶贫，落实"村有骨干产业、户有增收项目"。2004年，我国开始实行产业化扶贫项目和西部地区两基攻坚计划。此外，通过落实九年义务制教育、开展农业专业技能培训等方式提高贫困人口基本素质，并加大剩余贫困劳动力非农转移的培训力度，引导贫困村劳动力有序流动。这一时期我国工业化和城镇化通过提供就业岗位进而缓解贫困的作用十分明显。

第二，开发式扶贫范畴拓展，凸显"全面发展"。一方面，仍然注重经济开发，引导贫困地区灵活发展商品经济，增强贫困地区内部经济活力。另一方面，破除了单一的收入导向，既注重产业发展，也重视基础设施建设和发展环境的优化；既强调经济开发，也注重发展科教文卫等社会事业，强调综合开发以促进贫困地区的全面进步。2004年3月3日，国务院批转了教育部《2003—2007年教育振兴行动计划》，确定了"重点推进农村教育发展与改革""重点推进高水平大学和重点学科建设"两大战略重点。

第三，形成了扶贫开发和社会保障双轨并行的基本格局。这一阶段，我国建立了农村低保制度，为因病因残、年老体弱、丧失劳动能力以及生存条件恶劣等造成生活常年困难的贫困人口提供了能够维持其基本生活的物质帮助。到2010年底,农村低保制度覆盖了5214万人,对于缓解贫困起到了重要作用。

这一阶段,农村扶贫开发成效明显。按照2008年人均纯收入1274元的扶贫标准,全国农村贫困人口已减至2688万人,占农村人口的比重下降到了2.8%;按照2010年人均纯收入2300元的标准,全国农村贫困人口减少了29657万人,年均减少2965.7万人。重点扶贫工作县的农民收入也实现了较快增长,2001—2010年重点县农民人均纯收入增长了1.57倍(未扣除物价因素),比同期全国平均数高6.5个百分点。①贫困地区的基础设施建设、生态环境和科技教育等方面得到大幅提升。

四、精准扶贫精准脱贫阶段②

2013年11月,习近平到湖南湘西考察时首次作出了"实事求是、因地制宜、分类指导、精准扶贫"的重要指示。2014年1月,中办详细规制了精准扶贫工作模式的顶层设计,印发了《关于创新机制扎实推进农村扶贫开发工作的意见》,推动"精准扶贫"思想落地。随后,习近平多次阐释精准扶贫理念,我国扶贫进入了以"精准扶贫精准脱贫"为基本方略的新的历史时期。

(一)精准扶贫精准脱贫的内涵

党的十八大以来,以习近平同志为代表的中国共产党人保持了对扶贫问题的关注,经过对全国各个贫困地区的考察研究,作出了一系列重要论述,这一系列论述涉及了扶贫工作的历史意义、重点内容和实现路径等内容,集中体现了我们党对于这一重大问题的根本立场和理论成果。

脱贫致富贵在立志。习近平深刻阐述了立志对于脱贫致富的重要性。人患志之不立,在脱贫问题上一个国家、民族更要立志。一是扶贫工作的严峻形势需要坚定意志,意志薄弱不能成功,摇摆不定不能成功,唯有树立坚定的信念才能抓住关键时期,突破重重困难,实现奋斗目标。二是只有立志才能解放思想,激发活力。扶是为了图立,扶贫是为了贫困人口能够自立。习近平认为比物质贫困更危险的是观念的贫困,"安贫乐道""穷自在""等、靠、要"等思想,都属于观念贫困之列,需要从头脑中去除。而"贫而先富"的思想却能战胜观念的贫困,树立起这种思想,就能实现从观念的致富到物质的致富。"我们的党员、我们的干部、我们的

---

① 李培林,魏后凯.中国扶贫开发报告(2016)[M].北京:社会科学文献出版社,2016:17.
② 此部分如无特别说明,均引自蒋永穆,周宇晗.习近平扶贫思想述论[J].理论学刊,2015(11).及蒋永穆,万腾,周宇晗.基于政府集成的中国特色减贫道路(1978—2018):历史进程和逻辑主线[J].当代经济研究,2018(12).引用时略有改动。

群众都要来一个思想解放，观念更新，四面八方去讲一讲'弱鸟可望先飞，至贫可以先富'的辩证法"①，由此可见习近平认为立志对于解放思想、淡化"贫困意识"具有重要意义。一则立志能帮助欠发达地区一些群众摆脱安于贫困现状、过度依赖政府的精神状态。通过扶贫工作发挥贫困群众的首创精神，帮助其实现自力更生，只有立志才能使其从思想上和现实上彻底地摆脱贫困。二则立志能够帮助欠发达地区群众解放思想，突破贫困地区的限制条件主动寻找自身优势，寻求发展路径，实现"至贫"而"先富"。

　　发展是摆脱贫困帽子的总办法。发展是摆脱贫困的总办法是习近平同志一直以来所坚持之观点。他认为，扶贫要与区域发展结合起来，只有"推进实施区域发展总体战略，大力实施集中连片特困地区区域发展与扶贫攻坚规划"②，才能以产业发展带动脱贫致富，在"输血式"扶贫的基础上，实现"造血式"扶贫。习近平对贫困地区如何实现区域发展带动脱贫致富提出了明确的要求。首先，贫困地区发展要增强集体经济实力，"否则，整个扶贫工作将缺少基本的保障和失去强大的动力，已经取得的扶贫成果也就有丧失的风险"③。欠发达地区多为农村地区，其发展很大程度上依赖于农业的发展，而"发展集体经济实力是振兴贫困地区农业的必由之路。乡村集体经济实力的发展与农业的振兴是相互依存、荣衰与共的"④。其次，贫困地区发展要对各地区发展环境进行分析研判，要因地制宜，突出特色，培育竞争优势。要"要因地制宜，把培育产业作为推动脱贫攻坚的根本出路"⑤，要"做好特色文章，实现差异竞争、错位发展"⑥。再次，贫困地区发展要提升质量。"欠发达地区和发达地区一样，都要努力转变发展方式，着力提高发展质量和效益。"⑦欠发达地区在发展产业时面临着诸如经营方式落后、信息滞后和技术服务不到位等一系列不利因素。要帮助他们真正把产业做大做强，需要在转变发展方式上对其给予帮助和扶持。

　　脱贫攻坚成败之举在于精准。这是习近平同志有关扶贫问题的一个鲜明观

---

① 习近平. 摆脱贫困[M]. 福州:福建人民出版社,2014:2-3.
② 习近平主持中共中央政治局常务委员会会议并讲话[EB/OL]. 新华网,2013-04-25.
③ 习近平. 摆脱贫困[M]. 福州:福建人民出版社,2014:191.
④ 习近平. 摆脱贫困[M]. 福州:福建人民出版社,2014:194.
⑤ 解放思想真抓实干奋力前进 确保与全国同步建成全面小康社会[N]. 人民日报,2016-07-21.
⑥ 习近平在山东考察时强调:认真贯彻党的十八届三中全会精神 汇聚起全面深化改革的强大正能量[EB/OL]. 中国政府网,2013-11-28.
⑦ 习近平在山东考察时强调:认真贯彻党的十八届三中全会精神 汇聚起全面深化改革的强大正能量[EB/OL]. 中国政府网,2013-11-28.

点。他指出,"脱贫攻坚贵在精准,重在精准,成败之举在于精准"①。习近平具体指出,首先,只有做到有效识别,才能防止平均数掩盖大多数,实现全面的扶贫。粗放漫灌式扶贫难以聚焦于正确的扶贫对象,"要以更加明确的目标、更加有力的举措、更加有效的行动,深入实施精准扶贫、精准脱贫,项目安排和资金使用都要提高精准度,扶到点上、根上,让贫困群众真正得到实惠"②。其次,只有精准扶贫才能实现高效扶贫,"要坚持因人因地施策,因贫困原因施策,因贫困类型施策,区别不同情况,做到对症下药、精准滴灌、靶向治疗,不搞大水漫灌、走马观花、大而化之"③,要提高扶贫资源的配置效率,防止扶贫资源的浪费。再次,只有精准扶贫才能集中力量帮扶重点区域。习近平提出,扶贫资源要用在刀刃上,针对农牧区、边境地区和少数民族地区等重点区域,要"实行特殊政策,打破常规,特事特办"。

  构建全社会参与的扶贫大格局。习近平指出:"扶贫开发是全党全社会的共同责任,要动员和凝聚全社会力量广泛参与。要坚持专项扶贫、行业扶贫、社会扶贫等多方力量、多种举措有机结合和互为支撑的'三位一体'大扶贫格局。"④习近平将各级党委和政府作为扶贫工作的主要力量。他说:"要加大中央和省级财政扶贫投入,坚持政府投入在扶贫开发中的主体和主导作用。"⑤在此基础上要让社会力量在扶贫工作中扮演越来越重要的角色。"全党全社会要继续共同努力,形成扶贫开发工作强大合力。"⑥大扶贫格局除了要求多主体通力合作,还要求在多个领域取得突破。首先,扶贫工作要和基础设施建设相结合,基础设施是贫困群众发展生产、改善生活的先决条件,要通过基础设施工程的推进,切实解决欠发达地区人们的用水、用电、用气与交通等问题。其次,扶贫工作要和教育事业相结合。习近平对贫困地区的教育高度重视,提出扶贫需要扶智,"要紧紧扭住教育这个脱贫致富的根本之策"⑦。再次,扶贫工作要和完善社会保障相结合,加快贫困地区各项保险覆盖进度,健全各类救助体系,实现人民期望的更可靠的社会保障。

  共建没有贫困的人类命运共同体。消除贫困,是全人类面临的共同使命。

---

① 十八大以来重要文献选编(下)[M].北京:中央文献出版社,2018:572.
② 坚决打好扶贫开发攻坚战 加快民族地区经济社会发展[N].人民日报,2015-01-22.
③ 十八大以来重要文献选编(下)[M].北京:中央文献出版社,2018:572.
④ 习近平在部分省区市党委主要负责同志座谈会上强调:谋划好"十三五"时期扶贫开发工作 确保农村贫困人口到2020年如期脱贫[J].当代贵州,2015(25).
⑤ 习近平在部分省区市党委主要负责同志座谈会上强调:谋划好"十三五"时期扶贫开发工作 确保农村贫困人口到2020年如期脱贫[J].当代贵州,2015(25).
⑥ 全国社会扶贫工作电视电话会议召开[EB/OL].人民网,2014-10-17.
⑦ 习近平关于社会主义经济建设论述摘编[M].北京:中央文献出版社,2017:210.

2020年我国完成了彻底消除绝对贫困的历史任务,但全球仍有超过7亿人生活在极端贫困之中①。"携手消除贫困,共建人类命运共同体"也是精准扶贫的题中之义。习近平多次表达了对贫困人群的担忧,"我们既为十一亿人脱贫而深受鼓舞,也为八亿多人仍然在挨饿而深为担忧"②。为推进国际减贫进程,中国在国际减贫领域积极作为,始终在力所能及的范围内帮助发展中国家减贫。根据世界银行报告,共建"一带一路"将使相关国家760万人摆脱极端贫困,3200万人摆脱中度贫困。③

(二)精准扶贫精准脱贫的主要举措

其一,确保各类扶贫资源精准滴灌。我国的贫困瞄准经历了县域瞄准、贫困村瞄准、贫困户瞄准的调整,资源传递更加准确有效,针对性更强,效果更直接。精准扶贫精准脱贫强调将计划的资源准确滴灌给目标人群,针对不同贫困区域环境、不同贫困农户状况,运用合规有效程序对扶贫对象实施精确识别,精确帮扶,精确管理。要求做到扶贫对象精准、措施到户精准、项目安排精准、资金使用精准、因村派人(第一书记)精准、脱贫成效精准。在具体的脱贫措施上,则根据贫困地区和贫困人口的具体情况,实施"五个一批"工程,即发展生产脱贫一批、易地搬迁脱贫一批、生态补偿脱贫一批、发展教育脱贫一批、社会保障兜底一批。

其二,志智双扶,激发内生动力。随着扶贫工作的深入展开,扶贫对象缺乏积极参与的意识和动力及自我发展能力不足的短板显露出来,对此,习近平多次强调扶"志"和扶"智"对脱贫致富的重要意义。一方面,扶贫以扶志为先。通过扶贫干部的耐心说服教育和劝诫,破除贫困人口的思想障碍;通过宣传扶贫政策、树立典型,形成示范效应,以鲜活的案例激发贫困群众脱贫的勇气和自信;通过群众喜闻乐见的形式宣传脱贫文化以及劳动光荣的优良传统;通过建立奖惩机制引导贫困群众积极向上。另一方面,扶贫以扶智为本。"把贫困地区孩子培养出来,这才是根本的扶贫之策。"④党和国家历来十分重视教育扶贫的重要作用。一方面,积极引导社会力量参与教育扶贫;另一方面,出台一系列措施提高贫困地区的教育质量。2013年7月,教育部等部门共同发布《关于实施教育扶贫工程的意见》,教育扶贫拉开序幕。随后,《国家贫困地区儿童发展规划(2014—2020年)》《乡村教师支持计划(2015—2020年)》《教育脱贫攻坚"十三五"规划》《深度贫困地区

---

① 十八大以来重要文献选编(下)[M]. 北京:中央文献出版社,2018:572.
② 十八大以来重要文献选编(中)[M]. 北京:中央文献出版社,2016:718.
③ 齐玉. 积极促进国际减贫合作 推动构建人类命运共同体[EB/OL]. 求是网,2020-07-16.
④ 习近平. 做焦裕禄式的县委书记[M]. 北京:中央文献出版社,2015:34.

教育脱贫攻坚实施方案(2018—2020年)》等政策文件相继发布,覆盖学前教育、义务教育等多个领域。

其三,构建起大扶贫格局。党的十八大以来,随着各项扶贫措施的推进和社会各界人士的参与,过去主要依靠财政专项扶贫逐渐发展成为专项扶贫、行业扶贫、社会扶贫互为支撑、共同推进的大扶贫格局,综合效益显著增强。一是专项扶贫持续发力。政府是扶贫开发的组织者和实施者,制定专项政策,安排专项资金,也是扶贫开发事业的组织保障。近年来,我国中央及地方财政专项扶贫资金大幅增长,2013年,中央财政投入专项资金394亿元,到2019年,增长至1260.95亿元①,年均增长144.5亿元。二是借力行业扶贫补齐短板。进一步引导各行业部门精准对接,发挥行业优势,创新扶贫方式,开展科技扶贫、健康扶贫、教育扶贫等,为贫困地区创造更好的发展条件。三是释放社会扶贫潜力。早在国家政策动员之前,就有社会力量参与到反贫困实践中。1994年3月,国务院制定和发布《国家八七扶贫攻坚计划(1994—2000年)》,提出"充分发挥中国扶贫基金会和其他各类民间扶贫团体的作用",在《中国农村扶贫开发纲要(2001—2010年)》与《中国农村扶贫开发纲要(2011—2020年)》中均强调要广泛动员社会各界参与贫困地区开发和建设。在精准扶贫精准脱贫阶段,面对贫中之贫、困中之困的局面,更加需要整合全社会资源。这一阶段,政府积极搭建帮扶平台,动员了大量的资金、技术、人才等参与扶贫,党政机关和企事业单位定点扶贫、东西部扶贫协作、军队武警、非政府组织和民营企业等构成了中国特色的社会扶贫体系。

围绕精准扶贫精准脱贫方略,我国形成了省市县乡村五级协同的制度框架,中办、国办印发《省级党委和政府扶贫开发工作成效考核办法》《脱贫攻坚督查巡查工作办法》《脱贫攻坚责任制实施办法》等工作办法,为我国的减贫事业创造了良好的制度环境和社会环境。我国的减贫工作在这一阶段也取得了历史性的成就,按现行国家农村贫困标准测算,全国农村贫困人口从2012年末的9899万人减少至2019年末的551万人,贫困发生率从10.2%降至0.6%,累计下降9.6个百分点。②

---

① 2019年中央财政专项扶贫资金已全部下达[EB/OL].人民网,2019-06-03.
② 2019年全国农村贫困人口减少1109万人[N].光明日报,2020-01-24(03).

第二节 脱贫攻坚的主要举措[①]

改革开放以来,在中国共产党的领导下,中国人民积极探索、顽强奋斗,创造了人类减贫史上的奇迹,成功走出了一条中国特色扶贫开发道路。党的十八大以来,党中央实施精准扶贫、精准脱贫基本方略,加大扶贫投入,创新扶贫方式,扶贫开发工作呈现新局面,为全面建成小康社会打下了坚实基础。40余年的脱贫攻坚,按照"发挥制度优势——发展解放保护生产力——推行'减贫组合拳'的综合治理——实现全面主动减贫"的逻辑展开,通过精准施策不断提高扶贫效率和扶贫质量,创造了世界减贫史上的奇迹。

一、发挥制度优势推进减贫进程

在推进我国减贫事业的过程中,我们发挥社会主义制度的独特优势,从源头寻找减贫的治本之策,确立了以制度为基础的国家减贫模式。

马克思认为,资本主义私有制是贫困问题的总根源。资本主义制度不仅不能解决贫困问题,反而会导致贫困问题不断深化直至矛盾爆发。要根治贫困,必须建立社会主义制度。中华人民共和国成立以后,我国建立了社会主义制度。在理论上,始终坚持运用和发展马克思主义的减贫理论。邓小平同志指出:"只有社会主义制度才能从根本上解决摆脱贫穷的问题。"[②]在实践中,坚持依靠和完善社会主义制度,筑牢了减贫事业的根本制度保障,实现了有效减贫,彰显出社会主义制度的巨大优越性。

改革开放后,建立和完善相关制度,不断促进减贫工作常态化。改革开放之后,社会主义制度的优势进一步凸显和发挥,常态化的减贫工作机制逐步建立。党和国家从这一时期的具体实际出发,科学制定和实施扶贫方略,全国人大六届四次会议将"老、少、边、穷"地区脱贫列入"七五"计划,减贫工作上升为国家战略行动;扶贫攻坚计划和扶贫开发纲要相继出台,减贫工作进一步落到实处;国务院成立贫困地区经济开发领导小组,减贫责任和领导机制正式确立;针对贫困地区的专项扶贫资金得以设立,国家级贫困县的扶贫标准正式明确,贫困地区脱贫步

[①] 本节如无特别说明,均引自蒋永穆,卢洋. 新中国70年的减贫事业[N]. 光明日报,2019-07-05. 引用时略有改动.

[②] 邓小平文选(第三卷)[M]. 北京:人民出版社,1993:208.

伐加快,减贫重心实现了从救济式到参与式的转变。

中国特色社会主义新时代,通过制度创新加快推进减贫事业发展。新时代,党和国家将脱贫攻坚工作纳入"五位一体"总体布局和"四个全面"战略布局,加大扶贫投入,创新扶贫方式,减贫目标、责任、考核、评估机制不断完善,减贫工作的针对性和精准度持续提高,稳定脱贫的长效机制逐步建立,扶贫开发工作呈现新局面。党和国家根据工作进展及时调整扶贫方略,出台打赢脱贫攻坚战的相关政策,实施精准扶贫、精准脱贫基本方略,扶贫方向实现了从广泛到精准的转变;中央统筹、省负总责、市县抓落实的减贫责任体系正式建立,省市县乡村五级书记一起抓扶贫的减贫责任机制开始实行,确保了层层落实和履行扶贫责任;考核贫困地区扶贫开发工作成效的考核机制开始建立,改变了传统以考核贫困区域地区生产总值为导向的考核方式,明确了贫困地区扶贫开发的工作重点;"回头看"和省际交叉考核等考核方式开始运用,保证了扶贫开发成果的真实有效;第三方评估的评估机制正式引入,确保了扶贫评估结果的客观公正,在很大程度上预防了脱贫人口返贫。

2019年底,新冠肺炎疫情突如其来,中国面临疫情防控和脱贫攻坚的双重考验,党的领导和社会主义制度成为打赢疫情防控阻击战和脱贫攻坚战的制胜关键。疫情发生以来,党中央统一领导、统一部署、统一协调,统筹推进疫情防控和脱贫攻坚。一方面,发挥组织优势,各级党委迅速成立疫情防控工作领导小组、工作小组,科学研判,精准施策。村委会等基层组织履行疫情防控与监管职责,开展入户排查、疫情通报等工作,守住了基层防线。贫困地区驻村工作队变身防疫工作队,统筹推进本地区的疫情防控与生产发展。另一方面,发挥群众优势。中国共产党最大的政治优势是密切联系群众。在疫情防控过程中,我们形成了多元主体共同参与联防联控的工作格局,构建起群防群治的严密防线。多元主体共同参与的大扶贫格局优势也更加凸显,全国人民上下同心,通过消费扶贫等方式,积极助力脱贫攻坚。依托社会主义制度的强大优势,中国有效遏制了疫情蔓延势头,有力推进了脱贫攻坚进程。世界卫生组织总干事谭德塞评价说:"中方行动速度之快、规模之大,世所罕见,展现出中国速度、中国规模、中国效率,我们对此表示高度赞赏。这是中国制度的优势,有关经验值得其他国家借鉴。"[1]

专栏7-1 中国减贫为什么要选择马克思主义制度减贫理论作为指导?

自人类社会产生以来,贫困便已产生。贫困的内涵最初侧重于生产力低下条

---

[1] 习近平会见世界卫生组织总干事谭德塞[N]. 人民日报,2020-01-29(01).

件下的物质匮乏。私有制产生后,贫困问题愈加严重,逐渐演变为突出的社会问题,物质缺乏的背后隐藏着社会剥夺、分配不合理等深层次因素。即使在生产力取得巨大进步的今天及可预期的将来,贫困问题仍将持续存在。解决贫困问题是人类社会的共同追求,纵观古今中外,无论一国的社会性质、价值取向、经济发展程度如何,反贫困都是重要的执政目标。由于存在历史文化、政治经济体制差异等因素,各国对于如何解决贫困问题有不同的认识和理解,形成了不同的减贫理论。

一、马克思主义减贫理论的核心是制度减贫

马克思和恩格斯对贫困问题进行了大量研究,运用辩证唯物主义与历史唯物主义,阐释了贫困生成和消灭的一般规律。在马克思、恩格斯的理论体系中,对贫困问题的关注与担忧是其研究的逻辑起点,也是推动其反思理性国家观、进一步研究经济关系继而绘制出人类远景的直接动因。马克思和恩格斯认为,贫困的直接原因是资本积累,具体表现为"过剩人口"的出现,而贫困的根源在于以私有制和雇佣劳动制为基础的资本主义制度,资本主义"在产生财富的那些关系中也产生贫困"。马克思指出,"一切生产剩余价值的方法同时就是积累的方法,而积累的每一次扩大又反过来成为发展这些方法的手段。由此可见,不管工人的报酬高低如何,工人的状况必然随着资本的积累而恶化",而"这一规律制约着同资本积累相适应的贫困积累。因此,在一极是财富的积累,同时在另一极,即在把自己的产品作为资本来生产的阶级方面,是贫困、劳动折磨、受奴役、粗野和道德堕落的积累"。只有"剥夺剥夺者"、消灭"占有人和剥夺人的制度",才是无产阶级摆脱贫困的唯一出路。

列宁进一步深化和发展了马克思、恩格斯的减贫理论,并将其与实践相结合,开启了社会主义制度下反贫困的伟大实践。一方面,列宁从思想上厘清了关于贫困问题的各类模糊认知,阐明了贫困的制度根源。针对当时俄国国内以及不同资本主义国家的工人阶级贫富分化现象,以及由此产生的修正主义观点——"资本主义社会没有发生群众的贫困化","有产者同无产者之间的鸿沟不是在加深,而是在缩小"。列宁指出,不能因为少数工人境况的改善就认为资本主义可以消除贫困,相反,工人阶级贫困的根源就是资本主义私有制。"资本主义社会的财富以难以置信的速度增长着,与此同时工人群众却日益贫困化。"另一方面,列宁阐明了贫困与制度之间的辩证关系。无产阶级政权是反贫困的基础,用制度的力量才能消灭贫困;反贫困对政权巩固和制度完善也具有重要意义。同时,列宁还强调发展生产力对于反贫困的推动作用。他认为,生产力是"使新社会制度取得胜利的最重要最主要的东西",是"社会进步的最高标准"。

马克思、恩格斯的贫困学说最早从制度层面揭示了贫困的根源,但其研究对象是早期资本主义国家中的无产阶级贫困,列宁贫困学说的研究对象是垄断资本主义时期的无产阶级贫困和社会主义处于特殊时期的贫困,是具体的历史的贫困。马克思将黑格尔法哲学中的"贱民"重构为革命主体"无产阶级",本身就蕴含着其对贫困问题革命性和阶级性的认知。也正是马克思主义拥有西方经济学所欠缺的辩证的、历史的视角,才使其得以触及更深层次的问题。随着社会制度不断变革与创新,贫困的存在形式和表现形式也日趋多元,但有力的制度保障对于缓解贫困始终至关重要,这也是马克思主义减贫理论张力的来源。

二、西方减贫理论淡化或排斥制度减贫

长期以来,西方学者从贫困的内涵出发,围绕贫困产生的机理及如何摆脱贫困这两个基本问题进行了深入研究,形成了枝蔓丛生的理论体系,并衍生出不同的政策主张。总体上看,西方学者对于贫困问题的研究经历了从经济领域到社会领域、从一维向多维的转变。虽然西方学者对贫困问题有不同见解,但均未将贫困的产生同资本主义制度联系在一起。

1. 人口论

托马斯·罗伯特·马尔萨斯认为,贫困产生的原因在于人口增长速度超过社会生产力发展速度,故可通过减少人口来消除贫困。他从人类具有食欲和性欲"两条公理"出发,得出"人口的增殖力无限大于土地为人类生产生活资料的能力",因为人口的几何数列增长远高于生活资料的算数级增长。因而,贫困是"专横而无处不在的自然法则","苦难是贫困的绝对必然的结果"。在此基础上,他提出的解决之道为"两种抑制",即利用战争、饥荒和疾疫实现人类数量与生产资料平衡的"积极抑制"以及对"积极抑制"进行道德替代的"预防性抑制",建议政府通过立法限制底层贫民的生育权利,并倡导政府撤销济贫法,通过使其陷入贫困的方式降低人口出生率。马尔萨斯试图证明贫困并非是由资本主义制度造成的,相反,私有制能使人口和生活资料保持平衡,因而是解决贫困最有效的制度。马尔萨斯的人口理论有其合理之处,但其缺乏辩证思维和历史视野,将人类处于完全被动且相对静止的地位,忽视了人类的能动作用,也忽视了技术进步对社会发展的巨大支撑作用。

2. 收入论

西方国家的研究者们最初是从纯收入的角度解释贫困的,并区分出绝对贫困与相对贫困的概念。但二者都是从收入角度对贫困进行测量,在贫困理念上没有根本差异,反贫困的政策主张也从解决收入贫困入手,如贝弗里奇的"摆脱贫困之路"——通过社会保障计划即国民收入再分配维持一定的收入水平,"确保每个公民只要各尽所能,在任何时候都有足够的收入尽自己的抚养职责,以满足人们的基本需要"。英国、瑞典、芬兰等国以此为蓝本,在二战后建立起福利制度。但资本主义与福利国家的矛盾始终存在于经济、政治和意识形态层面,最终导致福利国家要么陷入市场僵化、效率低下的泥潭,要么陷入"政治系统的合理性危机和合法性危机"。而福利国家的现实状况也确实与其初衷背道而驰,正如弗朗西斯·福山所言,"尽管自由民主国家试图通过制定各种福利政策消除社会不平等,但问题并未得到根本解决"。这也说明,在资本主义制度框架下是无法彻底消除贫困的。

3. 权利论

阿玛蒂亚·森将贫困的内涵从经济领域拓展到社会领域,"要理解普遍存在的贫困、频繁出现的饥饿或饥荒,我们不仅要关注所有权模式和交换权利,还要关注隐藏在它们背后的因素。这就要求我们认真思考生产方式、经济等级结构及其它们之间的相互关系"。他在市场经济的权利体系下,运用"权利方法"分析了贫困与饥荒的原因,通过对孟加拉大饥荒、埃塞俄比亚饥荒等的分析,对食物供给下降导致饥荒的一般性饥荒解释方法进行了驳斥,并用"权利失败"来解释饥荒现象,"我们要做的事情不是保证'食物供给',而是保护'食物权利'"。进而指出"一个人支配粮食的能力或他支配任何一种他希望获得或拥有东西的能力,都取决于他在社会中的所有权和使用权的权利关系"。随后,森在其《以自由看待发展》一书中将贫困界定为"基本可行能力的剥夺",并提出以"实质自由"——"包括免受困苦的基本的可行能力,以及能够识字算数、享受政治参与等等的自由"为核心的发展观。

4. 全面论

2019年诺贝尔经济学奖获得者阿比吉特·班纳吉等深入贫困国家和地区实地调研,从微观视角用"实验性的做法"探寻贫穷产生的根源。其研究表明,导致贫穷的因素很多,如无法获得全面的营养;贫穷者总是基于其有限的认知做出"有限理性决策",而这种决策往往夹杂着无知与偏见,比如,"把钱花在昂贵的治疗上,而不是廉价的预防上";贫穷者的抗风险能力和容错成本低,"穷人不仅过着风险更大的生活,而且同样一场灾难,可能会对他们造成更大的伤害";"一些服务于穷人的市场正在消失,或是在这些市场中,穷人处于不利地位",比如,保险市场和信贷市场。

三、中国减贫要坚持以马克思主义制度减贫理论为指导

西方学者从不同角度、运用不同方法深化了对贫困的认知,对贫困问题进行了开创性的研究,也对经济学理论的发展和反贫困实践的推进起到了促进作用,其反贫困理论以及政策主张对中国的减贫实践有一定的参考价值。然而,从总体上看,西方减贫理论都排斥或不赞同通过制度解决贫困问题。与马克思主义制度减贫理论相比较,这种观点在理论和实践上存在以下明显缺陷:第一,西方学者赞同通过市场方法解决贫困问题,但是市场竞争的本质是逐利,容易造成富者越富、穷者越穷的现象。西方国家在市场化和自由化的治理下,也并未有效解决贫困问题。如美国虽然采取了一系列的减贫政策,但其贫困人口依然较多、贫富差距仍然较大,高收入者与低收入者并存的局面没有得到改变。根据国务院新闻办公室发布的《2019年美国侵犯人权报告》,美国是目前唯一有数百万人处于饥饿状态的发达国家,其人口普查局2018年的统计数据显示,美国有3970万贫困人口,其中包含1280万名儿童。1989—2018年,美国最富有10%的家庭占有家庭财富总额的比例从60%上升至70%,最富有1%的家庭占有家庭财富总额的比例从23%上升至32%,而最底层50%的家庭财富净增长基本为零,在家庭财富总额中所占比例从4%降至1%。第二,贫困并非单纯的经济问题,也是政治问题和社会问题。在减贫过程中,经济因素与政治、社会无法割裂。要解决收入过低或分配不均的问题,依靠市场作用远远不够。如印度虽然发展速度很快,但其严重不平等的种姓制度、较低的福利水平和混乱的社会秩序等问题难以通过单纯的经济增长来解决。第三,贫困问题是复杂的问题,难以单纯依靠市场力量解决。如阿比吉特·巴纳吉所提及的"商业行为",虽然在巴基斯坦、孟加拉国、印度、洪都拉斯等国家进行了实验,但这些国家的贫困问题仍较突出,单靠发放贷款的市场机制难以从根本上消除整个国家的大范围贫困。

因此,仅仅通过市场方法解决贫困问题,在理论上存在明显不足,在实践上也难以走通。我们不能采用西方学者的减贫理论作为指导理论,只能选择以制度减贫为核心的马克思主义减贫理论,并将其作为新中国消除绝对贫困的指导理论。

注:本部分摘自蒋永穆,万腾,卢洋.中国消除绝对贫困的政治经济学分析——基于马克思主义制度减贫理论[J].社会科学战线,2020(09).

二、以发展解放保护生产力为根本减贫手段

中国共产党在推进减贫事业的过程中,始终将历史唯物主义中生产力决定生产关系理论作为基本依据,力求从根本手段上破解贫困难题。这一根本手段,就是不断发挥生产力在减贫工作中的助推作用,持续夯实减贫的物质基础。党和国家不断探索和丰富了"生产力"的内涵,强调发展生产力、解放生产力、保护生产力的辩证统一,注重依靠发展来减贫,并根据不同时期的贫困问题,实施符合国情和发展实际的减贫政策,采取有计划有差别的减贫方式,不断提升减贫实效。

在发展生产力中积极减贫。改革开放新时期,减贫的重心转换为推动贫困地区和贫困农户脱贫致富。从改革开放初期的支持贫困地区产业发展、鼓励贫困地区发展商品生产、推进贫困地区基础设施建设,到进入21世纪后的优化贫困地区产业结构、推进产业化扶贫,贫困地区产业发展迅速,对减贫工作形成了强大的支撑。进入新时代,党中央明确把发展作为解决贫困的根本途径,着力在构建大农业发展格局、促进农村一二三产业融合发展中加大产业扶贫力度,贫困地区的生产力水平得以提升。中华人民共和国成立70多年来的减贫历程,不仅是贫困地区的生产力获得发展的过程,也是我国现代农业稳步发展的过程,我国的农业生产能力不断得到提升,粮食安全和重要农产品供给得到切实保障。1949年,全国粮食产量仅为11318万吨;1978年,全国粮食产量增加到30477万吨;2000年,全国粮食产量增加到46218万吨,2亿多农村贫困人口的温饱问题得到了根本解决;2018年,全国粮食产量跃升为65789万吨,我们成功将饭碗牢牢端在中国人民自己手中,实现了用较少土地养活较多人口的中国奇迹。

在解放生产力中有效减贫。解放生产力,是发展生产力的重要前提。邓小平同志指出:"生产力方面的革命也是革命,而且是很重要的革命,从历史的发展来讲是最根本的革命。"①改革开放新时期,农村改革等各项改革有序推进,不合理的生产关系对生产力发展的束缚不断被破除,在整体实现解放生产力和推进体制改革的过程中,贫困地区的生产力水平也得到快速提升。家庭联产承包责任制的实行,确保了农民独立自主的经营权,极大地提高了贫困人口从事农业生产的积极性;农产品价格改革的推进,在一定程度上提高了农产品收购价格,保证了贫困人口的农业收入来源;乡镇企业改革和户籍制度改革的推行,改变了贫困人口单一依赖农业生产生存的状况,农民可以自由从事农业生产以外的经济活动,促进了贫困人口收入来源的多样化。进入新时代,在全面深化改革的过程中,进一步破除束缚贫困地区生产力发展的各种弊端,贫困地区的生产力水平进一步提升。加快健全城乡发展一体化体制机制,新型城镇化和农业现代化对脱贫的辐射带动作用逐步发挥;户籍制度改革深入推进,农民工同工同酬等权益得到保障,贫困人口增收渠道进一步拓宽。2018年,全国贫困地区农村居民人均可支配收入达到10371元,其中,人均工资性收入为3627元,已成为贫困地区农村居民增收的主要来源。

在保护生产力中稳步减贫。保护生产力,是发展生产力的重要保障和重要内容。在贫困地区生产力水平和贫困人口收入水平稳步提升的同时,党和国家注重将发展生产力与保护生产力相结合,明确生态环境也是生产力,充分发挥扶贫的

---

① 邓小平文选(第二卷)[M].北京:人民出版社,1994:311.

生态效益。特别是改革开放以来,扶贫开发与生态保护相结合,积极推动贫困地区生态建设和资源环境保护,贫困地区生态恶化问题逐步缓解;积极发展生态农业和环保农业,贫困地区可持续发展能力不断提高。党的十八大以来,党和国家大力推进生态文明建设。习近平总书记强调:"要正确处理好经济发展同生态环境保护的关系,牢固树立保护生态环境就是保护生产力、改善生态环境就是发展生产力的理念。"①我国开始树立绿色减贫的发展理念,走上了可持续的绿色减贫道路。在保证一定脱贫速度的同时,着重提升扶贫开发的持久性和稳定性,减贫的重心转变为在发展中促进保护、保护中寻求发展。在扶贫开发中,坚持精准扶贫与生态保护相结合,尊重自然、顺应自然、保护自然,着力实现扶贫开发和生态改善的双赢;坚持精准扶贫与绿色发展相结合,合理利用贫困地区的自然资源和生态资源,加快推动贫困地区将生态优势转化为经济优势的进程,着力实现扶贫开发的经济、社会、生态效益的统一。

三、采取"减贫组合拳"综合治理贫困

中国共产党始终将辩证唯物主义作为基本遵循,探寻治理贫困的科学方法。这一科学方法,就是运用发展的眼光认识和分析贫困问题,将贫困问题视为多元化、动态化的复合问题,采取"减贫组合拳"来综合治理贫困。

顶层设计与具体举措相结合。在贫困治理中,中国共产党从宏观、中观和微观层面对减贫方案进行了科学设计,不仅在战略上明确了扶贫开发的基本方向,而且在路径上促进了减贫举措的落地实施。其中,明确外部帮扶与内生发展相结合,外在"输血式"扶贫与内部"造血式"扶贫相结合,保障了贫困群众的生存权和发展权。重视扶贫开发与区域发展相结合,在区域整体联动中聚焦深度贫困地区,在不同时期确立脱贫攻坚克难的关键区域,着力重点突破。重视扶贫开发与农业农村发展相结合,从党的十六届五中全会后注重扶贫开发与社会主义新农村建设相结合,到党的十八大后注重脱贫攻坚与新型工业化、信息化、城镇化、农业现代化相统筹,再到党的十九大以来重视脱贫攻坚与乡村振兴相衔接,在坚持"三农"重中之重地位、推进农业农村现代化中,逐步推进减贫工作。

开发式扶贫与保障性扶贫相结合。在减贫过程中,中国共产党逐步确定了开发与保障的双重目标,既将扶贫开发作为脱贫致富的主要手段,又将政策兜底作为摆脱贫困的根本保障。实行产业扶贫与专项扶贫一起抓,从中华人民共和国成

---

① 中共中央文献研究室.十八大以来重要文献选编(上)[M].北京:中央文献出版社,2014:629.

立后的物资救济,到改革开放后的产业帮扶,再到新时代的"六个精准""五个一批"系统性举措,在推动贫困地区产业发展的同时,开展了教育医疗社会保障等公共服务方面的综合扶贫,实现了多维度、多领域的扶贫协同。实行物质帮扶与精神帮扶一起抓,从中华人民共和国成立后的物质帮扶,到改革开放后的坚持开发式扶贫,提倡贫困群众自力更生、艰苦奋斗的精神,再到新时代的扶贫与扶志扶智相结合,增强贫困群众依靠自力更生实现脱贫致富的意识,在保障不同时期扶贫对象基本生活的同时,强化了贫困群众在扶贫开发中的主体作用,提升了贫困群众脱贫致富的动力和持续发展的能力。

构建多元主体的社会扶贫体系。面对不同的减贫主体,中国共产党始终重视各主体间的协调,充分调动一切积极因素为减贫事业服务,不但保证了各主体各自发挥作用,而且凝聚形成了协同减贫的重要力量。这一过程中,坚持共建共治共享的减贫理念,积极发挥专项扶贫、行业扶贫、社会扶贫等多方优势,引导各方在资金、技术、人才等方面向贫困地区投入和倾斜,推进各类各项扶贫精准对接和共同发力。坚持党的领导,逐步建立政府主导、全社会共同参与的减贫体系,发挥了各级党委和政府的主导作用,动员了全社会力量的广泛参与,发挥了各参与主体的主观能动性,实现了扶贫主体间的高度集成和良性互动。

四、将消除贫困作为重要使命实现全面主动减贫

中国共产党牢牢将消除贫困作为重要使命,坚持积极主动脱贫,追求全面整体脱贫。全面主动脱贫体现了社会主义的本质要求和以人民为中心的价值导向,体现了我国的国际担当。

在减贫范围上,我们寻求的是全面整体脱贫,而不是西方国家的短期内缓解贫困。习近平总书记指出:"消除贫困、改善民生、逐步实现共同富裕,是社会主义的本质要求,是我们党的重要使命。"[1]全面建成小康社会,一个也不能少;共同富裕路上,一个也不能掉队。在减贫立场上,我们坚持积极主动脱贫,而不是西方国家的被动被迫减贫。抓好扶贫工作,打赢脱贫攻坚战,解决好贫困人口生产生活问题,满足贫困人口追求幸福的基本要求,这是我们的目标,也是我们的庄严承诺,是国内外皆知的庄严承诺。

全面主动减贫体现了社会主义的本质要求。对于减贫事业,党和国家坚持从战略高度进行总体设计,在解放和发展生产力、消灭剥削和消除两极分化、逐

---

[1] 中共中央文献研究室.十八大以来重要文献选编(下)[M].北京:中央文献出版社,2018:31.

步实现共同富裕的过程中,有力地推动了减贫工作。中华人民共和国成立初期,党和国家着力解决普遍性贫困问题,在发展工农业生产的过程中,坚持贫困人口不掉队,抓住解决温饱问题不放松。改革开放以来,社会主义的本质得以明确,先富带动后富的思想得以确立。邓小平同志指出:"社会主义的本质,是解放生产力,发展生产力,消灭剥削,消除两极分化,最终达到共同富裕。"①"我们的政策是让一部分人、一部分地区先富起来,以带动和帮助落后的地区,先进地区帮助落后地区是一个义务。"②在从解决温饱跨越到实现总体小康的过程中,贫富差距持续缩小。中国特色社会主义新时代,党和国家致力于解决区域性整体贫困,明确将农村贫困人口脱贫作为发展中的突出短板,着力带动所有贫困人口实现全面小康。

全面主动减贫体现了以人民为中心的价值导向。在减贫工作中,党和国家始终坚持以贫困人口为中心,从贫困群众的根本利益出发,根据各个时期贫困户的现实需要适时制定和完善扶贫政策。中华人民共和国成立以来,从初期救济农村鳏寡孤独和虽有劳动力但生活上十分困难的贫困户,到改革开放后确定贫困人口标准保证农村贫困人口生存需要,再到新时代精准识别贫困对象开展精准帮扶,对贫困人口的帮扶力度不断加大,帮扶范围持续拓展;从初期帮助贫困群众解决温饱,到改革开放后保障贫困群众收入增加,再到新时代确保贫困群众"两不愁、三保障",贫困群众的生产生活条件显著提升,自我发展能力稳步提高。这一过程中,不仅减贫直接效果明显,保证了贫困群众直接受益,而且减贫间接效果凸显,确保了所有农民一道共享减贫和发展成果,从而持续增强了农民的获得感、幸福感、安全感。

全面主动减贫体现了我国的国际责任和国际担当。消除贫困,是全人类共同面临的世界性难题。作为最大的发展中国家,我国在奋力消除自身贫困的同时,主动承担国际减贫责任,履行国际减贫承诺,参与和推动全球减贫合作,为全球减贫做出了重大贡献。中国是世界上减贫人口最多的国家,也是世界上率先完成联合国千年发展目标的国家。通过积极开展南南合作、倡导共建人类命运共同体,我国支持和帮助了广大发展中国家特别是最不发达国家消除贫困,推动建立了合作共赢的新型国际减贫交流合作关系,有效促进了全球范围内的减贫合作与共同发展。其中,我国不仅在消除饥饿与贫困等领域取得了巨大成就,而且先后为120多个发展中国家完成联合国千年发展目标提供了极大帮助。世界银行前行长金

---

① 邓小平文选(第三卷)[M].北京:人民出版社,1993:373.
② 邓小平文选(第三卷)[M].北京:人民出版社,1993:155.

埤曾在2017年指出："过去五年中国的减贫成就是人类历史上最伟大的事件之一,世界极端贫困人口从40%下降至10%,主要贡献来自中国。"①

五、精准施策提高扶贫效率和扶贫质量

"精准"是脱贫攻坚成功的关键所在。中国在扶贫开发事业中遵循按规律办事、实事求是的认识论精髓,不断提高精准纵深度、拓宽精准覆盖面,极大地提高了扶贫效率和扶贫质量。

不断提高精准度,强调精准聚焦靶向发力。改革开放之初,中国主要依靠农村经济体制改革缓解贫困,这是在改革开放初期农村普遍贫困形势下,着眼于农村全局的普惠性政策。改革的深入使得农村整体受益,但由于区位、资源、个体能力的差异,区域间差距和个体间差距逐渐显现。因此,针对一些地区发展缓慢、部分群众生产生活十分困难的现状,中国开始实行区域扶贫开发战略,明确了开发式扶贫的方针和以县为单位的主要扶持对象。随着扶贫开发事业的推进,县级瞄准的弊端也逐渐显现出来,如区域扶贫开发无法覆盖到非贫困县的贫困人口。2000年生活在贫困县的绝对贫困人口占全国总贫困人口的54.3%,有大约一半的贫困人口生活在非贫困县。② 因此,我国的贫困对象瞄准从县级瞄准过渡到村级瞄准,开始进行整村推进扶贫。但进入新时期,我国的贫困呈现出贫困人口分布碎片化、致贫因素多样化等特点,传统扶贫方式低质低效问题普遍存在,如出现贫困人口数量不清,扶贫资金"天女散花",扶农不扶贫等现象。在这种情况下,脱贫攻坚精准到户、精准到人成为必然选择。总体来看,我国扶贫开发呈现出扶贫对象瞄准愈加精准、扶贫资源对接愈加精准、扶贫政策愈加精细化的趋势。

不断拓宽精准覆盖面,强调全过程精准。与福利国家利用福利政策达到"全民保障"以削减贫困不同,中国的扶贫强调全过程的精准。从扶贫对象的识别、致贫原因的分析、帮扶举措的制定、资金的精准滴灌,各个环节均强调精准度与精细化,并注重过程管理和动态管理,逐渐形成了涵盖精准识别、精准施策、精准管理、精准考核等扶贫开发全过程的精准扶贫精准脱贫工作机制。具体而言,从"谁来扶"这一问题上看,扶贫开发主体分工明确、责任清晰、任务到人;从"扶持谁"这一问题上看,对贫困人口、贫困程度、致贫原因等进行准确衡量和深度剖析,为资源

---

① 世界瞩目! 中国式脱贫减贫创造全球奇迹[EB/OL]. 人民网-国际频道,2018-10-17.
② RARK A, CHAUDHURI S, DATT G. 中国新时期农村扶贫与村级贫困瞄准[J]. 管理世界,2007(1).

精准对接提供基础;从"怎么扶"这一问题上看,针对贫困地区和贫困群众不同的发展短板和诉求,精准施策;从"怎么退"这一问题上看,建立起一套兼顾过程评价和效果评估的考核评估体系。

第三节 脱贫攻坚的成效

改革开放以来,中国农村的脱贫攻坚取得了举世瞩目的成就。我国实现了人类有史以来最快速度和最大规模的减贫,绝对贫困问题在我国得到历史性解决。我国不仅实现了贫困人口持续较大规模减少以及贫困人口生活水平大幅提升,还有力地促进了贫困地区科教文卫等各项社会事业快速发展。此外,中国为全球减贫事业做出了重要贡献,有力地推动了世界减贫进程。

一、贫困人口持续较大规模减少

我国脱贫攻坚的成效直观地体现为贫困人口数量和贫困发生率的持续下降。改革开放以来,我国政府先后采用3条贫困线,分别是"1984年标准""2008年标准"和"2010年标准"。"1984年标准"为农民人均纯收入每年200元的贫困标准,是一条低水平的生存标准。"2008年标准"是一条按2000年不变价格下每人每年865元的基本温饱标准。"2010年标准"是2011年提出的按2010年不变价格下农民人均纯收入每年2300元的标准,是结合"两不愁、三保障"测定的基本稳定温饱标准,也是现行的农村贫困标准。[①]

以"1984年标准"衡量,我国农村贫困人口从1978年的2.5亿人下降至1985年的1.25亿人,贫困发生率从30.7%下降至14.8%。到2007年,贫困人口较少,已下降至1479万人,贫困发生率下降至1.6%。以"2008年标准"衡量,我国农村贫困人口从2000年的9422万人下降至2010年的2688万人。[②]

表 7.3.1 "1984年标准"下的农村贫困状况

年份	1978	1985	2007
贫困人口(万人)	25000	12500	1479
贫困发生率	30.7%	14.8%	1.6%

① 李培林,魏后凯.中国扶贫开发报告(2016)[M].北京:社会科学文献出版社,2016:8.
② 鲜祖德,王萍萍,吴伟.中国农村贫困标准与贫困监测[J].统计研究,2016(9).

2011年,中国大幅上调国家扶贫标准,从2010年的农民人均纯收入1274元升至2300元(2010年不变价),贫困人口数量从2688万人扩大到1.22亿人,贫困发生率升至12.7%。经过近十年的努力,2020年我国历史性解决了绝对贫困问题。

表7.3.2 "2010年标准"(现行标准)下的农村贫困状况

年份	贫困人口(万人)	贫困发生率(%)
1978	77039	97.5
1980	76542	96.2
1985	66101	78.3
1990	65849	73.5
1995	55463	60.5
2000	46224	49.8
2005	28662	30.2
2010	16567	17.2
2011	12238	12.7
2012	9899	10.2
2013	8249	8.5
2014	7011	7.2
2015	5575	5.7
2016	4335	4.5
2017	3046	3.1
2018	1386	1.7
2019	591	0.6
2020	0	0

二、贫困群众收入水平大幅提升

一方面,开发式扶贫方针成效显著,贫困群众收入水平大幅度提高。全国建档立卡贫困户人均纯收入由2015年的3416元增加到2019年的9808元,年均增幅30.2%。① 根据国家统计局发布的数据,2019年,贫困地区农村居民可支配收入11567元,实际增速比全国农村快1.8个百分点,比2013年增长90.3%。从收

---

① 习近平:在决战决胜脱贫攻坚座谈会上的讲话[EB/OL].中国政府网,2020-03-06.

入来源来看,贫困地区农村居民人均工资性收入4082元,比上年增长12.5%,人均经营净收入4163元,增长7.1%;人均财产净收入159元,增长16.5%;人均转移净收入3163元,增长16.3%。从增收贡献来看,工资性收入对贫困地区农村居民增收的贡献率为38.0%,经营净收入的贡献率为23.0%,财产净收入的贡献率为1.9%,转移净收入的贡献率为37.1%。[1] 从收入结构来看,工资性收入和经营性收入贡献率超过60%,贫困群众的自我发展能力得以提高。

表7.3.3 2013—2019年贫困地区农村居民收入增长情况

年份	农村常住居民人均可支配收入（元）	名义增速（%）	实际增速（%）
2013	6079	16.6	13.4
2014	6852	12.7	10.7
2015	7653	11.7	10.3
2016	8452	10.4	8.4
2017	9377	10.5	9.1
2018	10371	10.6	8.3
2019	11567	11.5	8.0

数据来源:国家统计局住户调查办公室.中国农村贫困监测报2019[M].北京:中国统计出版社,2019:326. 2019年贫困地区农村居民收入情况[EB/OL].国家统计局网,2020-01-23.

另一方面,贫困地区农村居民消费水平也不断提升。2012年全国农村居民消费水平比1978年实际增长了9.3倍。2018年贫困地区农村居民人均消费支出8956元,与2012年相比,年均增长11.4%,扣除价格因素,年均实际增长9.3%。其中,集中连片特困地区农村居民人均消费支出8854元,年均增长11.3%,扣除价格因素,年均实际增长9.3%;扶贫开发工作重点县农村居民人均消费支出8935元,年均增长11.6%,扣除价格因素,年均实际增长9.5%。2018年贫困地区农村居民人均消费支出是全国农村平均水平的73.9%,比2012年提高了3.4个百分点。

---

[1] 国家统计局:2019年贫困地区农村居民人均可支配收入11567元[EB/OL].人民网,2020-01-23.

表 7.3.4 2013—2018 年贫困地区农村居民消费增长情况

年份	农村常住居民人均消费支出（元）	名义增速（%）	实际增速（%）
2013	5404	14.9	11.8
2014	6007	11.2	9.2
2015	6656	10.8	9.4
2016	7331	10.1	8.1
2017	7998	9.2	7.8
2018	8956	12.0	9.7

数据来源：国家统计局住户调查办公室.中国农村贫困监测报2019[M].北京：中国统计出版社,2019:327.

三、贫困地区生活质量全面提高

我国的扶贫开发是以经济开发为核心的综合性工程,贫困地区的发展进步不仅体现为贫困群众数量的减少和生活水平的提升,也内含着经济社会的全面发展。我国农村贫困地区的进步是全面的进步。

其一,生产生活条件改善取得了长足进步。从生产生活条件的改善上看,2018 年贫困地区居住在钢筋混凝土或砖混材料房的农户比重为 67.4%,比 2012 年提高 28.2 个百分点;居住在竹草土坯房的农户比重为 1.9%,比 2013 年下降 5.1 个百分点;使用管道供水的农户比重从 2013 年的 53.6%增长至 2018 年的 79.8%;2018 年饮水无困难的农户比重为 93.6%,比 2013 年提高 12.6 个百分点。2018 年贫困地区农村每百户拥有电冰箱、洗衣机、移动电话的数量分别为 87.1 台、86.9 台和 257.8 部,分别比 2013 年增加 39.6 台、34.6 台和 84.9 部。2018 年贫困地区农村每百户拥有汽车、计算机等现代耐用消费品的数量分别为 19.9 辆、17.1 台,分别比 2013 年增长 3.6 倍和 2.2 倍。

表 7.3.5 2013—2018 年贫困地区农户生产生活条件改善情况

指标名称	2013	2014	2015	2016	2017	2018
居住竹草土坯房的农户比重(%)	7.0	6.6	5.7	4.5	4.1	1.9
使用管道供水的农户比重(%)	53.6	55.9	61.5	67.4	70.1	79.8
使用经过净化处理自来水的农户比重(%)	30.6	33.1	36.4	40.8	43.7	56.4

续表

指标名称	2013	2014	2015	2016	2017	2018
饮水无困难的农户比重(%)	81.0	82.3	85.3	87.9	89.2	93.6
具有独用厕所的农户比重(%)	92.7	93.1	93.6	94.2	94.5	95.9
使用炊用柴草的农户比重(%)	58.6	57.8	54.9	51.4	49.7	39.2
百户洗衣机拥有量(台)	65.8	71.1	75.6	80.7	83.5	86.9
百户电冰箱拥有量(台)	52.6	60.9	67.9	75.3	78.9	87.1
百户移动电话拥有量(部)	172.9	194.8	208.9	225.1	234.6	257.8
百户汽车拥有量(辆)	5.5	6.7	8.3	11.1	13.1	19.9
百户计算机拥有量(台)	7.9	11.1	13.2	15.1	16.8	17.1

数据来源:国家统计局住户调查办公室. 中国农村贫困监测报2019[M]. 北京:中国统计出版社,2019:328.

其二,贫困地区基础设施条件不断改善。截至2018年末,贫困地区通公路的自然村已经实现全覆盖,通电的自然村接近全覆盖。通电话、有线电视信号、宽带的自然村比重分别达到99.2%、88.1%、81.9%,比2012年分别提高5.9、19.1、43.6个百分点。2018年,通客运班车的自然村比重为54.7%,比2013年提高15.9个百分点;所在自然村能便利乘坐公共汽车的农户比重为71.6%,比2013年提高15.5个百分点。

表7.3.6 2013—2018年贫困地区基础设施条件改善情况

指标名称	2013	2014	2015	2016	2017	2018
所在自然村通公路的农户比重	97.8	99.1	99.7	99.8	99.9	100.0
所在自然村通电话的农户比重	98.3	99.2	99.7	99.9	99.8	99.9
所在自然村能接收有线电视信号的农户比重	79.6	88.7	92.2	94.2	96.9	98.3
所在自然村进村主干道路硬化的农户比重	88.9	90.8	94.1	96.0	97.6	98.3
所在自然村能便利乘坐公共汽车的农户比重	56.1	58.5	60.9	63.9	67.5	71.6
所在自然村能通宽带的农户比重	—	—	71.8	79.8	87.4	94.4

数据来源:国家统计局住户调查办公室. 中国农村贫困监测报2019[M]. 北京:中国统计出版社,2019:329.

其三,教育、医疗卫生等公共服务事业快速发展。在医疗保健方面,2018年,贫困地区93.2%的农户所在自然村有卫生站,比2013年提高8.8个百分点。[①] 截至2017年,医疗卫生机构床位数121万床,比2011年增加54万床;各种社会福利收养性单位数从2011年的9239个增长到10169个;各种社会福利收养性单位床位数从58万床增长到80万床。[②] 在文化教育方面,2018年,贫困地区87.1%的农户所在自然村上幼儿园便利,89.9%的农户所在自然村上小学便利,分别比2013年提高15.7个和10.0个百分点;有文化活动室的行政村比重达90.7%。[③]

专栏7-2 幸福苗寨踏歌来——精准扶贫首倡地湖南十八洞村见闻

初夏的十八洞村,满目翠绿、鸟语花香,处处充满着生机活力。村里苗鼓声阵阵,苗族姑娘唱起欢快的苗歌,古老苗寨正焕发着浓郁的青春气息。踏着美妙的旋律,我们走进精准扶贫首倡地,深刻领会习近平总书记精准扶贫战略思想的精神内涵和实践伟力。

十八洞村是湖南湘西大山中的一个苗族聚居村,过去因山高路远,自然条件恶劣,村民生活长期徘徊在贫困线以下。2013年,全村人均纯收入只有1668元,贫困发生率高达56.8%。

2013年11月3日,习近平总书记来到十八洞村视察,首次提出"精准扶贫"的重要思想,使这里成为我国脱贫攻坚历程中具有"地标"性意义的地方。6年多来,十八洞村牢记总书记嘱托,在上级党委和政府领导下锐意进取、积极探索,结出精准脱贫硕果。2017年,所有贫困户实现脱贫摘帽;2019年,人均纯收入增长到14468元,是2013年的8.6倍。昔日贫穷落后的偏远苗寨成为全国精准脱贫的典型。

先把扶贫对象搞清楚

2013年以前,十八洞村同湘西大山中的大多数贫困村一样,虽然有国家扶贫政策的一直支持,但还是"年年扶贫年年贫"。这除自然环境等客观因素制约外,也与过去的粗放式扶贫有关。

心中有数,才能工作有方。第一个精准就是精准识别贫困对象。

---

① 国家统计局住户调查办公室. 2019中国农村贫困监测报告[M]. 北京:中国统计出版社,2019:329.

② 国家统计局住户调查办公室. 2019中国农村贫困监测报告[M]. 北京:中国统计出版社,2019:304.

③ 国家统计局住户调查办公室. 2019中国农村贫困监测报告[M]. 北京:中国统计出版社,2019:5.

2014年初，花垣县委驻村工作队进村后，办的第一件大事就是从全村225户939名村民中，筛选出真正的贫困人口。

"我们最初也是摸着石头过河，前前后后搞了差不多1年时间。"先后担任过村主任、第一书记，现在又回到村里一肩挑起村支部书记、村主任重担的施金通回忆起当年。

贫困群众群众评。为确保公平公正，村里明确"户主申请、群众投票、三级会审、公告公示、乡镇审核、县级审批、入户登记"的精准识别"七步法"。为防止穷人落榜、富人上榜，又摸索出"家里有拿工资的不评、在城里买了商品房的不评、在村里修了三层以上楼房的不评……"的"九不评"标准。

对于"七步法、九不评"精准识别出贫困人口136户542人，及时张榜公示，家家户户都服气。这些做法也为湖南全省乃至全国其他地方提供了重要经验。

找准了贫困对象，工作就有了目标。驻村工作队和村支两委逐户分析原因，一户户地扶、一个个地帮。贫困户刘青文、龙先进等人有养殖意愿，但缺少资金、技术，村里就采取"合作社+农户"、大户带散户等方式，带动发展特色养殖。还通过组织外出学习、开展技术培训、进行市场对接等方式，帮助贫困户找准致富门路：厨艺好的，开农家乐；有多余房子的，办民宿；语言表达能力强的，当导游；在家的老年人，摆摊卖土特产。一系列精准扶贫行动就此展开……

精准"滴灌"发展特色产业

十八洞村的干部群众清晰记得，总书记在同大家座谈时指出，发展是甩掉贫困帽子的总办法，贫困地区要从实际出发，因地制宜，把种什么、养什么、从哪里增收想明白。

十八洞村大山环绕，地无三尺平，人均耕地仅0.83亩。种什么？发展什么？村里琢磨了3个多月，最后统一思想：种植湘西本地有基础、带动脱贫较为明显的优势特色产业——猕猴桃。

没有地种怎么办？工作队和村支两委"脑洞大开"：跳出十八洞，发展十八洞。在20公里外的花垣镇紫霞村流转土地1000亩，采取"公司+农户+基地"模式，引进龙头企业苗汉子果业公司，村民以产业帮扶资金和自筹资金入股，集中种植优质猕猴桃。2017年初次挂果，2019年进入盛产期，仅猕猴桃分红一项，贫困人口人均每年可增收1600元。

对脱贫心切的村民来说，猕猴桃2017年才挂果，远水解不了近渴。十八洞村就坚持中长期与短平快相结合，既注重谋划长远，也让贫困群众看得见、摸得着，有实实在在的获得感。先后培育起了特色种植、特色养殖、苗绣、劳务经济、乡村旅游五大稳定产业。

"村里现在养殖湘西黄牛120余头、山羊800多只、母猪150多头,年出栏仔猪3000多只。"村第一书记孙中元细数村里的特色养殖。

2014年5月,村里组建苗绣合作社,53名留守妇女实现在家门口就业,绣娘每月平均可增收1000多元。"我们与中车株机、七绣坊等4家公司签订协议,产品乘坐中国高铁、沿着'一带一路'走向了全世界。"石顺莲自2014年3月卸任村支书后,就一直牵头负责村里的苗绣合作社,说起十八洞苗绣,脸上写满了骄傲。

村民感触最深、获益最多的是乡村旅游。十八洞村坚持农旅一体化思路,根据梨子、竹子、飞虫、当戎4个寨子的不同特色,分别打造以红色教育、乡村振兴、农旅融合以及青少年研学为主题的旅游线路和景点。

石爬专大姐家是村里有名的"网红打卡地",游客到了十八洞村都会到大姐家坐坐,听大姐讲总书记来十八洞村的故事,面对游客的合影要求,大姐均欣然答应。

依托超高的人气,村里陆续开办了14家农家乐、1家村集体餐厅,与旅游配套的苗族银饰手工艺以及民宿、黄桃、蜂蜜、油茶等特色产业也发展起来了。

临近中午,游客慢慢多了起来。"爱在拉萨"农家乐游客满座、杨正邦家民宿一房难求、苗族大妈山货摊前人头攒动⋯⋯旅游开发公司负责人施进兰介绍:"公司现在创造62个就业岗位,2019年全村共接待游客60多万人次,实现旅游收入1000余万元。"乡村旅游已成为十八洞村最大的富民产业。

必须把群众的精气神提起来

习近平总书记在视察十八洞村时强调:"脱贫致富贵在立志,只要有志气、有信心,就没有迈不过去的坎。"如今,十八洞村已经迈过了这道坎。

可在过去,完全是另外一个样子——因长期贫困,一些贫困户"等靠要"思想严重,对通过自己奋斗过上好日子不敢信、不敢想,更不敢干。

2014年初,工作队刚进村就遭遇了"下马威"。有村民直接问时任工作队队长龙秀林:"这次带了多少钱来?"因为总书记来过村里,村民主观认为国家扶贫资金"多得可以用火车拖"。工作队意识到这是块真正的"硬骨头",如果不能提振贫困群众的精气神,光靠干部唱"独角戏",将是死路一条。

"学习互助兴思想、生产互助兴产业、乡风互助兴文明、邻里互助兴和谐、绿色互助兴家园。"十八洞村突出党建引领,从村支两委入手,从党员入手,带动激发内生动力。该做法现在被总结为"互助五兴"农村基层治理模式,在湘西州全面推广。

改扩建进村公路时,因需要无偿占用54户村民农田,党员带头从自己家的开始挖,带头做自家亲属的思想工作,化解了长期以来的"阻工风波",路面由原来的

3米拓宽为6米。"路通了，思路也就通了。"说起当年的事，施金通无限感怀。

工作队和村支两委趁热打铁，探索出"思想道德星级化管理"模式，对全村16周岁以上村民，从"支持公益事业、遵纪守法、家庭美德"等6个方面，让村民互相评议、打分。根据得分结果，每家每户贴上星级牌，最低两颗星，最高五颗星。

40多岁的施六金，因为穷一直打光棍，看到贴在门上的两颗星，浑身不自在。从此以后，施六金好像换了个人，积极参与村里的大事小事。现在的施六金当起了导游，开起了农家乐，娶上了媳妇，今年还生了大胖小子。"星级低了，面子上挂不住。谁也不希望落后，这样大家就会你追我赶。"退休教师杨东仕道出了其中的关键。

通过党员带头、星级评比，说风凉话的村民少了，主动参与公益事业的多了。村里因势利导，村民自发组建党员志愿服务队、青年突击队，村容村貌一天天变美。如今的十八洞村，人人信心满满，不仅致富决心大，而且干事劲头更足了。

最想说的话是"感恩"

今年新冠肺炎疫情来袭，在村里没有事先组织的情况下，梨子寨28户村民自发捐款14800元，71岁的石爬专大姐捐了1200元。"过去别人帮我们，现在我们过上了好日子，也想尽自己的力量帮别人。"

如果非要用一个词来形容如今十八洞人的内心情感，"感恩"二字是比较贴切的。脱贫后的十八洞人，对党中央、总书记充满了朴实真挚的感恩。

十八洞村村部旁边，"感党恩、听党话、跟党走，鼓足劲、加油干、奔小康"的标牌迎面而来，充分表达了村民心声。"雨露阳光、润我家乡，饮水思源、自立自强。"十八洞村新修订村规民约的开篇语，感情真挚、激昂铿锵。

总书记亲切看望过的龙德成老人，如今已经79岁高龄，最想对总书记说的话就是"感谢"。"疫情发生后，我在电视里看到总书记为应对疫情做了很多事，非常辛苦。总书记开心我就开心，总书记难过我就难过。"老人还有一个心愿："我们现在脱贫致富了，真心希望总书记有时间再来十八洞村看一看。"

"如果没有精准扶贫，我什么都不是。"昔日的"酒鬼"龙先兰，为了脱贫跑遍了花垣县周边，苦练苦学养蜂技术，不仅自己成为远近闻名的养蜂能手，还带动12户贫困户脱贫。龙先兰现在已经脱单并有了小孩，一家三口的日子过得像蜜一样甜。

乡村全面振兴已纳入村里的发展计划。望着竹子寨火热的施工场面，回乡开"幸福人家"农家乐的杨超文信心满满。疫情过后，"幸福人家"将全新起航，梦想"扩大经营，开一个休闲山庄，帮助村里实现全面振兴，带动全村人更幸福"。

"鸟儿回来了，鱼儿回来了，打工的人儿回来了，外面的客人也来了。"十八洞人已经成功脱贫，正在大步迈向全面小康的康庄大道，全力推进乡村全面振兴村民们打心眼里感谢总书记,他们说,是总书记让十八洞村彻底变了样!

选自《党建》2020年第6期

四、有力地推动了世界减贫进程[①]

中国减贫不仅改变了中国,也改变了世界。中国减贫有力地推动了世界减贫进程。中国减贫为国际减贫理论的创新和发展做出了重要贡献,"制度减贫""精准扶贫"等将成为人类减贫史上的华美篇章。中国的减贫不仅证明了马克思主义的科学性,也展示了社会主义的优越性;不仅击破了西方学者贫困无法消除的浅薄之见,也让现在仍身处贫困的人们看到了一种现实可能性。

表7.3.7 中国与世界贫困发生率变化(1.9美元每人每天贫困标准)(%)

年份	中国	世界
1981	88.3	42.3
1990	66.2	36.0
1999	40.2	28.6
2005	18.5	20.7
2008	14.8	18.1
2010	11.2	15.7
2013	1.9	11.2
2015	0.7	10.0

数据来源:世界银行数据库。

其一,中国减贫加速了世界减贫进程,为人类福祉改善做出了卓越贡献。根据世界银行数据,按照每人每天1.9美元的国际贫困标准,从1981年末到2015年末,我国贫困发生率累计下降了87.6个百分点,年均下降2.6个百分点。同期全球贫困发生率累计下降32.3个百分点,年均下降0.9个百分点。中国减贫速度明显快于全球,对全球减贫贡献率超过七成,全球范围内每100人脱贫,就有70多人来自中国。精准扶贫方略实施以来,我国减贫成效更为显著,年均减贫1335万人。这一成就赢得了国际社会的广泛赞誉。联合国秘书长古特雷斯赞誉"中国为全球减贫作出了最大贡献"。世界银行原行长金墉认为,中国减贫的成就是人类

[①] 此部分如无特别说明,均引自蒋永穆. 消除绝对贫困:夯实"全面小康"的根基[EB/OL]. 求是网,2020-09-21.

历史上最伟大的事件之一。

其二,中国积极参与国际减贫合作,为世界减贫贡献了中国智慧和中国方案。"共建没有贫困、共同发展的人类命运共同体"体现了中国减贫着眼全人类的宏伟视野。一方面,中国以实际行动兑现了对全球减贫事业的承诺。习近平在2015减贫与发展高层论坛上指出:"中国在致力于自身消除贫困的同时,始终积极开展南南合作,力所能及向其他发展中国家提供不附加任何政治条件的援助,支持和帮助广大发展中国家特别是最不发达国家消除贫困。"中国先后共向166个国家和国际组织提供了近4000亿元人民币援助,为120多个发展中国家落实联合国千年发展目标提供帮助。① 中国设立了"中国—联合国和平与发展基金"和"南南合作援助基金",扎实推进"东亚减贫合作倡议""中非减贫惠民合作计划",截至2019年底,我们在非洲援建24个农业技术示范中心,惠及50余万当地民众,举办100多期减贫培训班,为116个发展中国家培养减贫专业人才近3000人。② 另一方面,中国的减贫智慧和减贫方案得到了国际社会的普遍认可。联合国秘书长古特雷斯表示,精准扶贫方略是帮助贫困人口、实现2030年可持续发展议程设定的宏伟目标的唯一途径,中国的经验可以为其他发展中国家提供有益借鉴。联合国粮农组织经济与社会发展署负责人乔莫·桑德拉姆也高度赞誉:"中国经验值得学习,我们也希望中国将经验推广到世界,帮助更多国家摆脱贫困。"

成就当然催人奋进,贡献也值得铭记。"百尺竿头须进步",无论是继续推进我国减贫事业,还是"在国际减贫领域积极作为",中国都需要继续探索。一方面,历史性消除绝对贫困,不是终点,而是起点。绝对贫困能否彻底消除是全面小康社会能否建成的基本标志,而相对贫困能否有效解决则关系到全面小康的成色。因此,解决相对贫困是全面建成小康社会后我国减贫的新奋斗方向。党的十九届四中全会公报中强调:"坚决打赢脱贫攻坚战,巩固脱贫攻坚成果,建立解决相对贫困的长效机制。"建立解决相对贫困的长效机制,应把握好贫困的动态变化,建立解决相对贫困的长效识别机制;把握好贫困的多维表现,建立解决相对贫困的长效保障机制;把握好贫困的深层缘由,建立解决相对贫困的长效动力机制。③ 另一方面,消除贫困是人类的共同使命,中国作为负责任的大国,作为率先消除绝对贫困的发展中国家,理应引领和开拓全球减贫工作,为共建一个没有贫困、共同发展的人类命运共同体而不懈奋斗。

---

① 十八大以来重要文献选编(中)[M].北京:社会科学文献出版社,2016:737.
② 齐玉.积极促进国际减贫合作 推动构建人类命运共同体[EB/OL].求是网,2020-07-16.
③ 蒋永穆.建立解决相对贫困的长效机制[J].政治经济学评论,2020(2).

第八章

推动城乡融合发展 补齐小康社会之短

  城市和乡村之间的对立也将消失。从事农业和工业的将是同一些人,而不再是两个不同的阶级,单从纯粹物质方面的原因来看,这也是共产主义联合体的必要条件。

——马克思

  城乡必须兼顾,必须使城市工作和乡村工作,使工人和农民,使工业和农业,紧密地联系起来。决不可以丢掉乡村,仅顾城市,如果这样想,那是完全错误的。

——毛泽东

  农业是安天下、稳民心的战略产业,必须始终抓紧抓好。纵观一些工业化国家发展的历程,在工业化初始阶段,农业支持工业、为工业提供积累是带有普遍性的趋向;但在工业化达到相当程度以后,工业反哺农业、城市支持农村,实现工业与农业、城市与农村协调发展,也是带有普遍性的趋向。

——胡锦涛

  要走城乡融合发展之路,向改革要动力,加快建立健全城乡融合发展体制机制和政策体系,健全多元投入保障机制,增加对农业农村基础设施建设投入,加快城乡基础设施互联互通,推动人才、土地、资本等要素在城乡间双向流动。

——习近平

全面建成小康社会要求农村居民和城市居民同样迈入小康,但一段时间以来,农业还是"四化同步"的短腿,农村还是全面建成小康社会的短板。因此,全面建成小康社会必须正确处理城乡关系,推动城乡融合发展。

第一节　改革开放以来城乡关系的演进历程①

中国共产党自成立之初就一直重视城乡问题,开始了对城乡关系的早期探索,形成了有关城乡关系的一系列理论成果,始终将正确处理城乡关系作为领导社会主义革命和建设的目标之一。经过中国共产党人和全国劳动人民的艰辛探索和勤劳建设,至20世纪70年代,我国已经具备了马克思和恩格斯所言的城乡融合的两个基本前提。第一个前提是生产力得到一定程度的发展。马克思和恩格斯提出:"消灭城乡之间的对立,是共同体的首要条件之一,这个条件又取决于许多物质前提,而且任何人一看就知道,这个条件单靠意志是不能实现的。"②而至1978年,我国已经建立了独立的比较完整的工业体系和国民经济体系,全国粮食产量"比一九四九年增长一点七倍,棉花产量增长三点九倍……全民所有制企业的固定资产达到三千二百亿元,相当于旧中国近百年积累起来的工业固定资产的二十五倍"③,生产力水平得到了大幅提高,摆脱了"一穷二白"的面貌。第二个前提是资本主义私有制的瓦解。马克思和恩格斯认为"城乡之间的对立只有在私有制的范围内才能存在"④,而实现城乡融合就必须瓦解这一所有制基础。中华人民共和国成立后的30年里,"我们消灭了剥削制度,改造了小生产者的私有制度,全面建立了生产资料的社会主义公有制,初步实行了'各尽所能,按劳分配'的原则"⑤,在所有制的层面打下了城乡融合发展的基础。但基本前提的满足并不意味着城乡就会自动走向融合。实际上,尽管我们党力求兼顾乡村的发展,但由于优先发展重工业的战略选择,乡村在中华人民共和国成立后的一段时间内都扮演支持者的角色。在中华人民共和国成立后的近30年内,国家"通过各种途径与方式(如粮食征购、工农业产品'剪刀差'等),从农民身上获取的积累达6500亿至8000亿元人民币"⑥。这一经济战略相应的一系列制度,包括生产资料和生活资料供给制度、户籍制度、就业制度、教育医疗制度等,导致城乡之间存在相当程度

---

① 本节如无特别说明,均引自蒋永穆,周宇晗.改革开放40年城乡一体化发展:历史变迁与逻辑主线[J].贵州财经大学学报,2018(5).
② 马克思恩格斯选集(第一卷)[M].北京:人民出版社,1995:85.
③ 三中全会以来重要文献选编(上)[M].北京:人民出版社,1982:212.
④ 马克思恩格斯选集(第三卷)[M].北京:人民出版社,1995:104.
⑤ 三中全会以来重要文献选编(上)[M].北京:人民出版社,1982:211.
⑥ 段若鹏,钟声,王心富,等.中国现代化进程中的阶层结构变动研究[M].北京:人民出版社,2002:69.

的差距隔离，农业发展受到相当程度的抑制。同时农民的生活水平也相对较低，例如，1980年全国仅有约128万人从农村进入城镇就业，到1981年这一数字下降到了约92万，而农民人均纯收入仅为191元，仅为城镇居民人均工资的1/4。还有很多诸如社会治理水平、文明程度等数据难以体现的城乡差距。它们已经成为威胁国民经济的健康发展和人民生活水平提高的痼疾。

正是在这样的背景下，改革开放以来，我国城乡关系在建设小康社会的统领下实现了进一步演进。党开始了城乡一体化发展的艰辛探索，在马克思主义科学方法论的指引下，寻求在社会主义国家实现城乡融合的具体路径。其演进历程可以划分为如下四个阶段。

一、城乡互动阶段

在20世纪70年代，乡村和城镇的较大差异主要导源于乡村产业的落后，而产业落后又有两方面原因。第一，在农村内部，人民公社和高度集中的计划经济体制开始抑制农业发展的活力。第二，农村和城市之间缺乏健康互动。在计划经济条件下，城乡之间市场流通严重不足，工农产品之间多为政府干预下的不等价交换。同时，当时的工业尤其是重工业，在吸纳就业、提供生产资料等方面对农业的支持明显不足。可以看出，这一时期我国在全社会生产资料和生活资料分配、农业内部的生产组织形式方面上的欠缺，是城乡分化的主要原因，主要问题出在生产关系层面上。因此，要从根本上解决乡村产业的落后问题，进而缩小城乡的差异，就要从制度改革入手，对生产关系进行调整。1978年，党的十一届三中全会通过了《中共中央关于加快农业发展若干问题的决定（草案）》，在城乡农产品收购、粮食征购、农业投入等方面进行了调整，从加强城乡之间健康互动为切入点启动了改革，标志着我国城乡发展进入了启动农村改革注入发展活力的城乡互动阶段。

在城乡互动阶段，城乡发展一体化的核心是通过生产关系的改革，增强农业生产活力，缓解城乡对立，提高农村生产力水平。

第一，初步调整了工农关系。1978年，党的一届三中全会通过的《中共中央关于加快农业发展若干问题的决定（草案）》就提出要提高农产品收购价格、降低农用生产资料价格、减免部分农业税、加强多方面农业投入等。1981年的全国农村工作会议又提出要进一步提高农产品收购价格，并在改善农村商品流通、农业生产条件等方面作出新的部署。1985年，中共中央、国务院发布了《关于进一步活跃农村经济的十项政策》，对农产品统购派购制度进行了较大调整，并在之后逐步取消了这一制度。这些举措在很大程度上缓解了生产资料和生活资料单向度大量流入工业的状况。

第二,肯定和确立了家庭联产承包责任制。家庭联产承包责任制最初是由农业生产者探索形成的,在其发展过程中不乏质疑。家庭联产承包责任制能够在当时获得成功,与我们党的肯定与推广是离不开的。邓小平曾经多次对当时的"包产到户"进行了肯定,认为对包产到户影响集体经济的担忧是不必要的,实行"包产到户"能够发展生产力,为"集体化的进一步发展创造条件"①。1981年的全国农村工作会议提出,这一农业生产责任制属于"社会主义农业经济结构","有利于促进社会生产力的更快发展和社会主义制度优越性的充分发挥"②,真正意义上确立了家庭联产承包责任制。

第三,对乡镇企业和小城镇发展的支持。社队企业或乡镇企业是农村集体经济组织和农民投资第二、三产业的主要形式,它对于吸纳农民就业、充实农村经济实力、缩小城乡差距具有重要意义。党的十一届四中全会正式通过了《中共中央关于加快农业发展若干问题的决定》,指出:"社队企业要有一个大发展,逐步提高社队企业的收入占公社三级经济收入的比重。"③1984年的《关于开创社队企业新局面的报告》将"社队企业"更名为"乡镇企业",并放宽了企业在生产、销售等方面的限制。1984年以后,随着《中共中央关于经济体制改革的决定》的发布,中央不断加大对乡镇企业的支持和引导,带来了全国乡镇企业的蓬勃发展。与此同时,在乡镇企业较为发达的地区,中央开始支持小城镇的发展。1984年的中央一号文件《中共中央关于一九八四年农村工作的通知》肯定了农民在小城镇中进入小工业和小集镇服务业是必然的历史性进步。1985年中央一号文件进一步对小城镇的发展进行了系列指导。

在这一阶段,党围绕农村的产业发展启动了由农村到城镇的一系列改革,实现了城乡的互动,为农村和城镇发展注入了新的活力,促进了农村生产力的较快发展。但农村仍处于从属地位,城乡产业发展水平和人民生活水平仍有很大差距,农村剩余劳动力虽然被小城镇所吸纳,但城乡人口流动还有较大阻碍。农村与城市的鸿沟依然存在,农业和工业仍以实现自身发展为主,城乡之间要素流动不足。

二、城乡协调阶段

1984年,我国改革的重心从农村转移到城市,工农剪刀差没有得到控制反而

---

① 邓小平文选(第二卷)[M].北京:中央文献出版社,1994:315.
② 三中全会以来重要文献选编(下)[M].北京:人民出版社,1982:1063.
③ 三中全会以来重要文献选编(上)[M].北京:人民出版社,1982:191.

有所扩大,出现了生产要素单方面流向城市的现象,城市高速发展而与此相对,农业发展开始放缓,亟须市场在城乡资源配置中发挥重要作用。在这样的背景下,20世纪90年代以来,党以建立社会主义市场经济体制为目标,不断推进城乡经济体制改革,进一步打破了城乡二元体制机制,城乡交流开始明显增多。1992年,江泽民在党的十四大上提出,要"围绕社会主义市场经济体制的建立,加快经济改革步伐"①,在发展生产资料市场、深化分配制度改革等方面进行部署,并明确提出要强化市场在农村经济中的调节作用。在政府和市场的双重调节下,我国城乡关系更加协调,城乡发展一体化进入新的阶段。

在城乡协调阶段,城乡发展一体化的核心是围绕社会主义市场经济体制的建立,通过政府和市场的共同作用,加强对农业的支持,实现农村的快速发展。其主要内容包括以下三方面。

第一,形成"以工补农、以工建农、以工带农"的机制。要实现工业对农业的反哺,首先需要打通通道。党的十四大报告中提出要抓紧进行农产品价格和农村流通体制改革。以此为开端,党加强了农村市场体系建设,为生产要素的流通去除了障碍。但市场在促进要素流通的同时也将导致资源向城市工业倾斜。因此,江泽民在1993年中央农村工作会议上提出,在注重市场调节的同时,要加强政府的宏观调控,"建立健全重要农产品储备调节体系、农业生产的保护支持体系和农村社会保障体系"②。党的十四届五中全会发布了《正确处理社会主义现代化建设中的若干重大关系》,进一步明确了要"引导第二、第三产业加强对农业的支持,形成以工补农、以工建农、以工带农的机制"③。在这一机制的作用下,城乡要素流动更加频繁,农业得到了更多支持。

第二,开始农业产业化经营。在市场经济体制改革的过程中,随着市场的导向作用不断增强,中国农村开始出现了家庭承包经营基础上的农业产业化经营,以市场作为联结,形成了覆盖整个农业生产过程的"产加销一条龙"的产业体系。这是市场经济体制改革与农村改革的一次重要结合,党对这种创造性结合给予了高度肯定并进行了进一步指导。1996年中央农村工作会议发布的《实现农业和农村经济发展目标必须解决的若干重大问题》提出,要积极推进贸工农一体化经营,大幅度提高农业的经济效益和市场化程度。在党的十五大报告中,江泽民指出要"积极发展农业产业化经营,形成生产、加工、销售有机结合和相互促进的机制,推

---

① 十四大以来重要文献选编(上)[M].北京:人民出版社,1996:20.
② 十四大以来重要文献选编(上)[M].北京:人民出版社,1996:128.
③ 十四大以来重要文献选编(中)[M].北京:人民出版社,1997:465.

<<< 第八章　推动城乡融合发展　补齐小康社会之短

进农业向商品化、专业化、现代化转变"①。此后,中央多次发布有关文件,涉及对农业产业化经营的科学定位、方向引导、政策支持等诸多方面。

第三,推进乡镇企业经营机制改革和小城镇发展。企业的经营机制改革是市场经济体制改革的关键内容,乡镇企业作为农村经济发展的重要载体,其经营体制改革显得尤为重要。1993年《中共中央关于建立社会主义市场经济体制若干问题的决定》提出,"乡镇企业是农村经济的重要支柱。要完善承包经营责任制,发展股份合作制,进行产权制度和经营方式的创新,进一步增强乡镇企业的活力"②。在乡镇企业蓬勃发展的态势下,中央因势利导提出了发展小城镇的战略,从小城镇建设、户籍制度管理、完善公共服务等方面进行了部署,开辟了农村的城镇化道路。

在这一阶段,市场经济体制改革的影响使得城乡交流达到了较高水平,在"以工补农、以工建农、以工带农"机制的作用下,在农业产业化经营和乡镇企业快速发展的带动下,农村经济实现了前所未有的快速发展。但另一方面,偏向城市的制度安排依然大量存在,市场程度的提高使得各种资源从农村流向城市,使得城乡差距并未缩小,甚至一度呈现出扩大的态势。同时,乡村经济水平的提升难以掩盖社会、文化等方面的落后。

三、城乡统筹阶段

社会主义市场经济体制的建立,很大程度上打破了城乡隔阂,城乡之间的要素流动不断增强,给农村发展带来了活力。但另一方面,在市场机制的作用下,生产要素开始自发地向城市流动,生产要素呈现出非农化趋势,城乡之间差距没有明显缩小,甚至在城乡居民生活水平等方面还出现了扩大的态势。在这样的背景下,党的十六大提出,"统筹城乡经济社会发展。建设现代农业,发展农村经济,增加农民收入,是全面建设小康社会的重大任务"③。首次明确了统筹城乡经济社会发展的要求,标志着城乡发展进入城乡统筹阶段。之后,在党的十六届四中全会上,胡锦涛作出了"两个趋向"的论断,他指出,"纵观一些工业化国家发展的历程,在工业化初始阶段,农业支持工业、为工业提供积累是带有普遍性的趋向;但在工业化达到相当程度以后,工业反哺农业、城市支持农村,实现工业与农业、城

---

① 十五大以来重要文献选编(上)[M]. 北京:人民出版社,2000:26.
② 十四大以来重要文献选编(上)[M]. 北京:人民出版社,1996:538.
③ 十六大以来重要文献选编(上)[M]. 北京:中央文献出版社,2005:17.

市与农村协调发展,也是带有普遍性的趋向"①,为统筹城乡经济社会发展的必要性和可能性进行了科学阐释。党的十七大指出,坚持科学发展观必须坚持统筹兼顾,其中首要的就是坚持统筹城乡发展,将统筹城乡经济社会发展列为战略思想。

在城乡统筹阶段,"统筹城乡经济社会发展"作为一个专门的命题被提出,进而作为党的战略思想得到确立,体现出城乡关系进入新的时期,乡村和城镇的地位走向平等。对此,党全面制定了一系列多予少取放活和工业反哺农业、城市支持农村的重大政策,形成了城乡统筹发展的制度框架。

第一,确立了"工业反哺农业、城市支持农村和多予少取放活"的方针。城乡统筹发展离不开对农业的支持和保护,针对这一问题2004年中央一号文件指出:"按照统筹城乡经济社会发展的要求,坚持'多予、少取、放活'的方针"②,第一次将"多予、少取、放活"作为强化农业支持保护,扭转城乡差距扩大趋势的重要方针。2004年中央经济工作会议作出我国已经进入"以工促农、以城带乡"发展阶段的判断,提出这一方针得到确立的现实基础。2006年中央一号文件提出要加快建立以工促农、以城带乡的长效机制,并进一步指出要在"多予"上下功夫,不断增加对农业和农村的投入。2007年中央一号文件将这一方针表述为"统筹城乡经济社会发展,实行工业反哺农业、城市支持农村和多予少取放活的方针"③,使其得到丰富并最终确立。

第二,对统筹城乡经济社会发展进行了全面制度安排。在统筹城乡经济社会发展阶段,城乡关系问题已经不只是农业和农村发展问题的一个方面,而是成了全面建设小康社会的一项重大任务。我们党对于这一问题进行了全面的制度安排。党的十六届三中全会将"统筹城乡发展"作为"五个统筹"之首,并提出以此为要求更大程度地发挥市场在资源配置中的基础性作用,为全面建设小康社会提供强有力的体制保障。党的十七大首次提出要形成城乡经济社会发展一体化新格局。党的十七届三中全会进一步提出建立城乡社会发展一体化制度,"尽快在城乡规划、产业布局、基础设施建设、公共服务一体化等方面取得突破,促进公共资源在城乡之间均衡配置、生产要素在城乡之间自由流动,推动城乡经济社会发展融合"④。2010年中央一号文件(《中共中央 国务院关于加大统筹城乡发展力度进一步夯实农业农村发展基础的若干意见》)从推动资源要素向农村配置、缩小

---

① 胡锦涛文选(第二卷)[M]. 北京:人民出版社,2016:247.
② 十六大以来重要文献选编(上)[M]. 北京:中央文献出版社,2005:672.
③ 十六大以来重要文献选编(下)[M]. 北京:中央文献出版社,2008:836.
④ 十七大以来重要文献选编(上)[M]. 北京:中央文献出版社,2009:677.

城乡公共事业发展差距、推进城乡改革增强发展活力等方面进行了更大力度、更加全面的制度安排。

第三,推动了社会主义新农村建设。城乡经济社会的统筹发展不只要求产业的发展,更要求广大乡村在社会、文化等诸多方面与城镇实现统筹发展。社会主义新农村是农业发展的基础,更是农民生活水平、乡村文明程度和管理水平提升的重要载体。因此,中央十分重视社会主义新农村建设在统筹城乡经济社会发展中的作用。2005年党的十六届五中全会首次提出要坚持"多予少取放活",建立以工促农、以城带乡的长效机制,按照"生产发展、生活富裕、乡风文明、村容整洁、管理民主"的要求进行社会主义新农村建设。2006年中央一号文件(《中共中央国务院关于推进社会主义新农村建设的若干意见》)则从拓宽农民增收渠道、加强基础设施建设、发展社会事业、深化农村改革等方面,对通过社会主义新农村建设实现城乡经济社会统筹发展进行了部署。

在这一阶段,统筹城乡经济社会发展的战略思想得以形成,城乡统筹发展的制度框架开始搭建,城乡经济社会发展一体化新格局被首次提出,城乡差距扩大的态势得到扭转。但同时城乡二元格局仍然未被打破,城乡社会发展一体化制度有待完善,城乡一体化程度有待提高,城乡之间还存在一定的隔阂和差距。

四、城乡融合阶段

在"统筹城乡经济社会发展"战略思想的指引下,我国城乡各项经济指标的差距明显缩小。但城乡差距的缩小主要体现在量变上,未形成城乡融合的体制机制,农村仍然在发展中处于弱势地位。对此,党的十八大提出,要"加快完善城乡发展一体化体制机制"[①],在形成城乡经济社会发展一体化新格局的基础上,不断建立健全体制机制,扭转农村的弱势地位,促进城乡共同繁荣。这标志着我国进入城乡发展一体化体制机制更加健全,城乡融合逐步实现的新阶段。

在城乡融合阶段,党确立了工农互促、城乡互补、全面融合、共同繁荣的新型工农城乡关系,以建立健全城乡融合发展体制机制和政策体系为主要手段,以乡村振兴为重点,以城乡融合为目标,领导城乡一体化发展不断推进。

第一,重塑城乡关系,提出走城乡融合发展之路。党的十八大提出,"加快完善城乡发展一体化体制机制,着力在城乡规划、基础设施、公共服务等方面推进一体化,促进城乡要素平等交换和公共资源均衡配置,形成以工促农、以城带乡、工

---

① 十八大以来重要文献选编(上)[M].北京:中央文献出版社,2014:19.

农互惠、城乡一体的新型工农、城乡关系"①。在前一阶段统筹城乡经济社会发展的基础上,更加注重农村的发展,将农村放到与城市相同的重要地位。党的十八届三中全会提出要在这一阶段破解城乡二元结构这一制约城乡发展一体化的主要障碍。在此基础上,党的十九大将实现城乡融合作为当前城乡发展的任务,提出要"建立健全城乡融合发展体制机制和政策体系"②。2018年中央农村工作会议进一步提出,加快形成工农互促、城乡互补、全面融合、共同繁荣的新型工农城乡关系,走城乡融合的发展道路。

第二,建立健全城乡融合发展体制机制。习近平指出,在全面深化改革的背景下要坚持不懈推进农村改革和制度创新,将完善城乡发展一体化体制机制作为这一阶段领导城乡一体化发展的主要手段。许多重要会议与文件都围绕这一内容进行了展开。党的十八大重点强调了要在城乡规划、基础设施、公共服务等方面推进一体化。党的十八届三中全会在涉及这一问题时主要在加快构建新型农业经营体系、赋予农民更多财产权利、推进城乡要素平等交换和公共资源均衡配置、完善城镇化健康发展体制机制等方面进行了设计。此后,党和国家对建立健全城乡融合发展体制机制进行了部署,除了一以贯之地强调城乡公共资源均衡配置、城乡基本公共服务均等化等重要内容外,还在政治、文化、社会、生态等多个方面建立起城乡融合发展体制机制。如2014年中央一号提出要开展村庄人居环境整治。2015年中央一号文件提出要统筹城乡法律服务资源,健全覆盖城乡居民的公共法律服务体系。2017年中央一号文件提出要健全农村留守儿童和妇女、老人、残疾人关爱服务体系。2018年中央一号文件提出要完善党的农村工作领导体制机制等。

第三,实施乡村振兴战略。在城乡发展一体化的过程中,农业、农村仍然是短腿和短板,要实现城乡融合,就得把目光更多地转移到农业和农村的发展上来,加快推进农业农村现代化。因此,党作出了实施乡村振兴战略的重大决策部署。乡村振兴战略是在党的十九大报告中被首次提出的,党的十九大指出,建设现代化经济体系要实施乡村振兴战略,"始终把解决好'三农'问题作为全党工作重中之重。要坚持农业农村优先发展,按照产业兴旺、生态宜居、乡风文明、治理有效、生活富裕的总要求,建立健全城乡融合发展体制机制和政策体系,加快推进农业农村现代化"③。在几个月后的中央农村工作会议上,《中共中央 国务院关于实施乡

---

① 十八大以来重要文献选编(上)[M].北京:中央文献出版社,2014:19.
② 中国共产党第十九次全国代表大会文件汇编[M].北京:人民出版社,2017:25-26.
③ 中国共产党第十九次全国代表大会文件汇编[M].北京:人民出版社,2017:25-26.

村振兴战略的意见》就得以发布,这一文件对乡村振兴战略的实施进行了全面部署。乡村振兴战略的实施,意味着党不仅把乡村放到和城市同等重要的地位,还坚持农业农村优先发展,按照产业、生态、社会风气、社会治理、农民生活等方面的综合要求,加快推进农业农村现代化,走中国特色社会主义的乡村振兴道路,这是社会主义国家实现城乡融合的一大创举。

当前,党领导城乡融合的成果已经初步显现,农业农村的地位得到明显提高,城乡融合的制度框架和政策体系初见雏形,城乡之间的差距在多个方面都有所缩小。

第二节 推动城乡融合发展的主要举措

推动城乡融合,必须以满足农村和城市居民对美好生活的需要为出发点,推动农村和农业的发展。为补齐小康社会的短板,改革开放以来,我国通过推动基础设施互联互通、城乡产业协同发展、城乡要素合理配置、公共服务普惠等具体举措,推动了城乡融合发展。

一、推动基础设施互联互通

我国城乡基础设施建设和管护情况曾存在一定差距,在城市基础设施建设快速推进的同时,部分农村地区基础设施建设还有较大的发展空间,未能与城市形成关联畅通的基础设施网络,如部分农村地区未通自来水和沥青路、用网用电难等。在新型基础设施建设背景下,农村在5G基站、新能源汽车充电桩等领域的建设与城市形成了更大差距。城乡基础设施的差距已经成为农村居民和城市居民同步进入小康社会的堵点。城乡基础设施的差距具有多重原因,主要的是城市基础设施主要由政府负责规划建设,而农村基础设施建设一般由村集体或农户承担,造成二者在规划、建设和管护上未能实现统一。因此改革开放以来,我国主要以推动城乡基础设施建设的统一规划、建设、管护为举措推动城乡基础设施互联互通。

一是推动城乡基础设施建设统一规划。首先,摆脱城乡基础设施二元分割的传统观念。一方面由于一段时期内对农业基础设施投入不足;另一方面由于农村地区基础设施规划长期由村集体等完成,一些农村地区在进行基础设施建设规划时难以摆脱农村城市分离的观念,使得改革开放前农村和城市基础设施规划的分离。对此,我国于20世纪80年代中期得出发展农业一靠政策,二靠科学,三靠投人的论断,强调城乡基础设施建设需要整体投入。进入21世纪后,我国进一步扭转了思想观点,先后于2008年和2016年提出实现城乡基础设施共建共享、把国家财政支持的基础设施建设重点放在农村的要求。其次,形成城乡统一的基础设施建设规划。历史上一些地区城乡基础设施建设规划相分离,表现为投入不平衡,供水、供电、垃圾污水处理等的基础设施规划的差别等。因此改革开放以来,我国逐步实现了对城乡基础设施建设的整体规划。从1982年开始,我国逐步加强了对农村和小城镇基础设施建设的科学规划,并逐步实现了以小城镇为先导的城乡基础设施的规划衔接,以打通城乡基础设施间的隔阂为目标,对城乡基础设施进行统筹的规划编制。再次,对城乡基础设施规划进行了适当调整。在一些地区农村基础设施建设水平滞后,与乡村振兴现实需要不相匹配的背景下,我国针对农村居民对基础设施的现实需求,在建设过程中对基础设施建设规划进行合理调整,推动资源的灵活配置。

二是推动城乡基础设施统一建设。首先,逐步明确了农村基础设施的权属。历史上,农村基础设施存在权属不明的问题,其公共产品定位不明晰,导致部分农村地区基础设施建设责任未落实。对此,我国逐步明确了农村基础设施的权属。在2005年我国就启动了针对农村小型基础设施的产权制度改革,并逐步明确了多种农村基础设施的公共产品定位,对各类农村基础设施进行确权登记颁证,并落实相应的投资、建设和管护责任与义务。其次,形成了基础设施建设的多元分级分类投入机制。改革开放后,我国在形成中央和地方政府的投入稳定增长机制后,要拓宽资金来源渠道,使农村集体经济组织、社会资本等成为农村基础设施建设的投入主体。如1984年我国就提出,要依靠国家、集体和个人的力量,采取多种办法集资,兴建商品流通所需的冷库、仓库、交通、通信等基础设施。2004年我国将农村个体工商户和私营企业纳入了农村基础设施的投资者范畴,规定法律法规未禁入的基础设施、公用事业及其他行业和领域,农村个体工商户和私营企业都可以进入。2005年中共中央、国务院发布的《关于推进社会主义新农村建设的若干意见》则明确提出国家开发银行要支持农村基础设施建设和农业资源开发。再次,推动城乡基础设施的统一建设。改革开放以来,我国逐步明确了各级政府、村集体、社会力量等建设主体的权利和责任,加强各个政府部门的执行力度。明确基础设施建设相关规划的法律效力,依据城乡基础设施的统一规划,推进了农村基础设施的建设进度。

三是推动城乡基础设施统一管护。首先,逐步明确了农村基础设施的管护责任。历史上一些农村地区基础设施管护较混乱,管护主体缺位严重,影响了农村基础设施的正常使用。改革开放以来,我国逐步落实了农村基础设施的管护责任,明确了地方政府的主导责任和行业主管部门的监管责任,以及村集体、运营企业和受益者的有关责任。其次,拓宽了管护经费来源渠道。探索了将土地出让收入、农村集体经营性建设用地入市收益、社会市场化筹资、农村公益金等作为公共基础设施管护经费的有效路径。如2009年我国就曾提出将城市维护建设税新增部分主要用于乡村建设规划、农村基础设施建设和维护。再次,形成科学管护机制。1983年我国就提出在农村实行有偿使用制度。之后我国继续提出要创新和完善农村基础设施建设的管理体制和运营机制。这一体制机制在之后得到优化和发展。进入新时代后,我国进一步提出要形成分类的管护机制,即针对无收益的农村公共设施,构建政府或村级组织管护机制;针对具有一定收益但不足以弥补成本的,构建运营企业、村级组织和地方政府协同的多元管护机制;针对收益可弥补成本的,构建市场化管护机制;在条件成熟的地区,逐步实现公共基础设施的城乡一体化管护。

二、推动城乡产业协同发展

产业协同发展是城乡融合发展的核心内容。改革开放后,我国开始农村产业经营方式和业态的多方尝试,试图以此为主要举措,激发农村产业生产活力,推动城乡产业协同发展。

第一,通过调整农业经营方式推动城乡产业协同发展。改革开放之后,中国共产党人认识到"统"的经营方式虽然能起到统一服务和管理的作用,但不利于解放农户个体的生产积极性。在这一背景下,全国开始逐步解放思想,形成了以家庭联产承包责任制取代人民公社制的思想,提出要实现从"统"到"统分结合"的逐步转变,提出实行家庭经营和集体经济共存的"统分结合、双层经营"的观点。1984年我国首次明确将其归纳为"统一经营和分散经营相结合的体制",并认为这种较单纯的"分"或"统"的经营方式更有利于改善农业的生产经营状况。一方面,家庭经营极大地激发了农业基本经营单元的生产积极性,促进了农村贫困地区生产能力的提升;另一方面,集体经济在管理生产资料、组织基础设施建设等方面起到积极作用。之后,中国共产党人又对"统分结合"的内涵进行了完善,面对农村小农农业经营状况不佳,且农村居民难以获得工资性收入和财产性收入的新情况,提出了构建新型农业经营体系的观点,更加强调了统一经营在城乡产业融合中的作用。习近平总书记在2013年的中央农村工作会议上就对此进行了权威阐述,即"要加快构建以农户家庭经营为基础、合作与联合为纽带、社会化服务为支撑的立体式复合型现代农业经营体系"。① 围绕这一思想,我国对新时代"统分结合"经营方式进行再次研究,提出要继续将坚持"统分结合"的经营方式。

第二,通过调整产业业态推动城乡产业协同发展。我国农村地区在数十年中经历了以单一农业为主的产业业态,这种单一的产业业态生产水平低、剩余少、积累慢,抗风险能力较差,不利于城乡产业协同发展。在我国经济社会发展的过程中,社会主义市场经济体制在农村得以建立,这一创举为农村地区产业业态的变更提供了宝贵机会。我国对这一问题进行了充分研究,形成了通过调整产业业态助推城乡产业协同发展的诸多举措。改革开放后,市场开始对经济起到更加重要的调节作用,而在商品经济的快速发展下,我国开始重视商品经济对贫困地区发展的带动。1987年国务院发布的《国务院关于加强贫困地区经济开发工作的通知》在前一时期鼓励农村地区商品流通观点的基础上再进一步,首次明确提出要在农村发展商品经济,并将其作为经济开发的主要手段,文件写道:"贫困地区的经济开发主要是利用本地资源优势,发展商品经济。"之后,市场经济体制在农村的建立再次引起国家对农业业态变化的高度关注,可以说,市场经济体制和市场经济观念在贫困地区生根发芽,为农村业态的变化奠定了基础。进入新时代后,我国对农村业态的转变进行了大量创新。一是发展特色产业,提出贫困地区要开展"一村一品"产业推进行动,"围绕主导产品、名牌产品、优势产品,大力扶持建设各类批发市场和边贸市场"。二是发展新兴产业,实现电子商务等新产业与农村传统产业的结合,实施电子商务进农村综合示范项目。三是发展融合产业,要支持贫困地区以农产品加工业和乡村旅游业为重点加快一二三产业融合发展,"让贫困户更多分享农业全产业链和价值链增值收益"。

三、推动城乡要素合理配置

城乡差异的一个重要特征即城乡要素难以得到合理配置,主要表现为人才、土地、资金等要素在进入乡村的过程中障碍较多,城乡之间要素循环不畅通。在一段时间内,我国乡村均处于支持和从属地位。改革开放以来,我国逐步破除了城乡要素自由流动的障碍,推动了人才、土地、资金等要素在城市及农村的合理配置和自由交换。

一是推动人才在城乡间的合理配置。首先,推动农业转移人口市民化。历史上我国农村人口较多,相当一部分有能力在城镇就业的农业人口未能转移,更多的农业人口已完成转移但市民化程度较低,这一状况不利于农业农村现代化和新

---

① 韩俊.新中国70年农村发展与制度变迁[M].北京:人民出版社,2019:114.

型城镇化的协同推进,因此实现人才的合理配置要推动农业转移人口的市民化。早在1984年我国就提出要将农村人口适度集中于集镇,允许务工、经商、办服务业的农民自理口粮到集镇落户。进入21世纪后,农民跨地区和进城务工成为常态,面对这一变化,我国提出要保障进城就业农民的合法权益,推动农民进城就业。2014年我国一号文件提出了"有序推进农业转移人口市民化"的命题,将人口的城镇化作为城乡之间要素合理配置的重要命题。其次,推动城市人才入乡。长期以来,我国农村人才存在单向流入城镇的趋势,农村人才流失严重。因此改革开放以来,我国逐步建立起城市人才入乡鼓励机制,推动了城乡人才的双向流动。再次,加强农村人才培养。1982年起,我国就提出在发展多种经营的过程中要重视具有技术专长的人才。之后,农业内部人才的培养得到显著推进,目前我国着重强调要加强对职业农民、农村教师、农村技术人员、农村职业经理人等的培训,规划实施农村人才进城交流培训项目。

二是建立城乡统一的土地制度。土地是重要的生产要素,历史上我国城乡土地制度二元分化,城市土地为国有,而农村土地归集体所有,使得农村土地使用权无法直接进入市场,必须为政府征用,而当前在征用农村土地过程中收益分配又存在严重的城镇偏向,这实质上形成了土地资源的配置不合理,农村长期处于资源分配的弱势地位。因此,改革开放以来,我国主要通过建立城乡统一的土地制度,推动土地资源的合理配置。首先,深化农村承包地制度改革。改革开放后,我国进行了农村承包地所有权和承包经营权的尝试,全国各地广泛尝试了各种形式的农业生产责任制,即在生产队体制不变、生产资料集体所有制不变的前提下,农户以家庭为单位向集体组织承包土地,实现了农村承包地制度改革的早期尝试。进入21世纪后,我国进一步明确了土地承包经营权为用益物权,并在之后尝试将承包权和经营权进行再次分离,即"三权分置"。当前,我国提出在稳定农村土地承包关系长久不变的前提下,完善农村承包地"三权分置"制度,进一步保护并放活土地经营权,同时加强土地流转的管理和服务,提高农村承包地流转收益。其次,探索推进农村宅基地制度改革"三权分置"。2010年我国提出要有序推进农村土地管理制度改革,其中一项重要内容即宅基地使用权的确权颁证。在此基础上,我国探索出了农村宅基地"三权分置"的道路,即逐步实现农村宅基地所有权、资格权、使用权"三权分置",落实宅基地集体所有权,保障宅基地农户资格权和农民房屋财产权,适度放活宅基地和农民房屋使用权,探索宅基地有效退出的方式方法。再次,在探索中建立健全集体经营性建设用地入市制度。2005年以来,我国逐步重视集体建设用地的管理,并逐步完成农村集体建设用地使用权确权颁证,在符合规划、用途管制和法律规定的前提下,探索了公益性建设用地转为集体经营性建设用地的方法,并尝试农村集体经营性建设用地入市。

三是推动资金在城乡间的合理配置。在一段时间内我国资金配置存在明显的城市偏向,农村金融推动了农村资金的单向流出,工商资本下乡的机制未完全理顺,这些都不利于农村健康发展的资金保障。改革开放以来,我国通过各类体制机制的完善和农村金融体系的建立推动了资金在城乡间的合理配置。首先,健全投入保障机制。改革开放以来的各个时期我国均高度重视涉农投入保障机制的建立健全,在不断强化财政投入的基础上,鼓励各级财政支持城乡融合发展及相关平台和载体建设,撬动社会资金投入。我国最新提出要建立涉农资金统筹整合长效机制,提高资金配置效率。其次,完善乡村金融服务体系。改革开放以来,我国农村金融服务体系的建设先后经历了合作金融属性复归阶段、合作金融属性异化阶段和新型农村合作金融阶段三个阶段,明确了要发展以合作组织为基础的农村合作金融,加强了农村金融的服务能力。再次,建立工商资本入乡促进机制。2014年,我国提出要鼓励和引导城市工商业资本到农村发展适合企业化经营的种养业。之后,我国对工商资本入乡的体制机制进行了完善,并最新提出要建立工商资本入乡的促进机制,即要深化"放管服"改革,完善融资贷款和配套设施建设补助等政策,通过政府购买服务等方式,支持社会力量进入乡村生活性服务业,建立工商资本租赁农地监管和风险防范机制。

四、推动公共服务普惠共享

公共服务是城乡居民生存与发展的最基本保障,享受等值的公共服务是城乡居民应有的权利。改革开放以来,我国通过多方举措,推动了城乡公共服务的普惠共享。

一是推动社会救助与社会保障普惠共享。对于丧失生产资料或劳动能力的农村人口,我国提出要对其施以社会救助,保障其基本生活条件。改革开放后,我国主要将五保户和没有生产能力的救济户作为农村直接救济的对象,同时形成了将对这类贫困人口的救济纳入国家社会保障体系的观点。如1987年我国明确提出"五保户和没有生产能力的救济户的生活问题属于农村社会保障范围"[1]。在20世纪90年代,我国进一步提出要"建立和健全社会保障体系,为贫困人口中优抚、救济对象创造基本生活条件"[2]。进入21世纪后,随着我国社会保障体系的

---

[1] 国务院贫困地区经济开发领导小组办公室. 贫困地区经济开发文件汇编[M]. 北京:人民出版社,1989:8.

[2] 十四大以来重要文献选编(上)[M]. 北京:人民出版社,1996:785.

不断健全,我国关于推动社会救助与社会保障普惠共享也形成了一系列新举措。一是要建立农村最低生活保障制度。提出要实现农村低保制度与国家扶贫开发政策的有效衔接,通过构建包含低保制度、五保供养制度和城乡居民基本养老保险制度等在内的社会保障体系,为难以达到最低生活标准的贫困人口进行兜底。二是加强对农村残疾人、留守人群、孤儿和未成年人等人群的关爱与救助,"加强儿童福利院、救助保护机构、特困人员供养机构、残疾人康复托养机构、社区儿童之家等服务设施和队伍建设,不断提高管理服务水平"①。三是完善各类灾害的应急救助体系。对于受到各类灾害的农村群众,要完善应急救助政策,保障其特殊时期的基本生活。

二是推动住房安全保障普惠共享。进入新世纪后,我国开始逐渐重视农村人口的住房安全保障问题,2011年国务院就提出,"对目前极少数居住在生存条件恶劣、自然资源贫乏地区的特困人口,要结合退耕还林还草实行搬迁扶贫。"②在此基础上,我国对住房安全保障的问题进行了深入研究,提出对于自然条件和发展环境异常恶劣地区和生态核心区内的居民,和依靠自身力量无法实现住房安全的农村人口,要以帮扶和救助的方式保障其安全住房。具体路径包括易地搬迁和危房改造两个方面。一方面,"对居住在生存条件恶劣、生态环境脆弱、自然灾害频发等地区的农村贫困人口,加快实施易地扶贫搬迁工程"③。以中央和各级政府的财政投资等多来源资金为保障,整合住房建设和生态修复有关部门资源,对自愿搬迁的贫困人口进行搬迁扶贫,进行妥善安置,并完善搬迁后就业帮扶等后续政策。另一方面,对无力凭自身力量进行当地住房危房改造的农村群众,施以"贷款贴息、建设集体公租房等多种方式"④的援助,帮助他们解决最基本的住房安全问题。

三是推动医疗卫生服务普惠共享。医疗卫生水平决定了农村人口是否能够享有跟城镇居民一样的最基本生存权利,对其生活水平有较大影响。在20世纪80年代末期,我国第一次提出要专门在农村地区建立预防保健网络,"卫生部门要建立和完善贫困地区三级医疗预防保健网;大中专医学院校要为贫困地区培养定向招生、定向分配的医务人员,稳定乡村医疗队伍,提高乡村医生服务水平;制定和落实控制地方病的措施"⑤。在此基础上,我国逐步提出了在农村地区构建

---

① 中共中央国务院关于打赢脱贫攻坚战的决定[M].北京:人民出版社,2015:15.
② 十五大以来重要文献选编(下)[M].北京:人民出版社,2003:1882.
③ 中共中央国务院关于打赢脱贫攻坚战的决定[M].北京:人民出版社,2015:9.
④ 中共中央国务院关于打赢脱贫攻坚战的决定[M].北京:人民出版社,2015:18.
⑤ 十四大以来重要文献选编(上)[M].北京:人民出版社,1996:785.

医疗机构网络的思想,将农村卫生院和卫生室建设作为主要目标。进入新时代后,我国就农村地区人民的健康问题进行了系统研究,提出实施农村健康工程的观点和加强医疗卫生服务普惠共享的四条具体路径。一是实现新型农村合作医疗和大病保险制度对贫困人口的政策倾斜,同时加强医疗救助的帮扶力度,尽量减少贫困人口的因病因残支出。二是加强贫困地区的医疗机构建构。2015年《中共中央国务院关于打赢脱贫攻坚战的决定》指出,要"完成贫困地区县乡村三级医疗卫生服务网络标准化建设"[1],通过医疗机构网络的构建为健康扶贫提供硬件保障。三是加强针对医疗卫生工作的智力支持,对贫困地区医疗机构施以人才培训、人才输送和智力帮扶等援助手段。四是针对特殊地区实行针对性措施,"加强贫困地区传染病、地方病、慢性病等防治工作"[2]。

四是推动城乡教育普惠共享。在改革开放后,党中央对农村地区教育的重视程度到了前所未有的高度。20世纪80年代,我国就提出要改变贫困地区教育文化落后的状况,并针对性地提出了覆盖农村的"燎原计划"。进入20世纪90年代后,我国对农村地区的教育政策体系已经形成雏形,提出了"实行农科教结合,普通教育、职业教育、成人教育统筹"[3]的方针,对教育扶贫覆盖的主要领域进行了大体规定。进入新时代后,我国进一步地将推动城乡教育普惠共享放到了优先发展的位置。2012年底习近平总书记在河北阜平考察工作时就曾提出,"治贫先治愚。……把贫困地区孩子培养出来,这才是根本的扶贫之策"[4]。在这一思想的指导下,我国开始实施教育扶贫工程,并提出教育扶贫的四条具体路径。一是加强教育经费向农村地区倾斜。二是加强教育领域的人才和智力支持,通过形成乡村教师补充机制培养或引进教育人才。三是改善硬件条件。对各类学校进行合理布局,加强其硬件条件的标准化建设。四是对农村特别困难群众采取特殊措施。如对因学致贫的特困家庭施以教育救助、就业支持等。

第三节 城乡融合发展的主要成效

经过党和人民40余年的艰辛探索,中国城乡一体化发展在理论和实践上不断深入,取得了重大的成就。其中,包括城乡生产力水平差距不断缩小、城乡居民

---

[1] 中共中央国务院关于打赢脱贫攻坚战的决定[M]. 北京:人民出版社,2015:13.
[2] 中共中央国务院关于打赢脱贫攻坚战的决定[M]. 北京:人民出版社,2015:13.
[3] 十五大以来重要文献选编(下)[M]. 北京:人民出版社,2003:1881.
[4] 习近平. 做焦裕禄式的县委书记[M]. 北京:中央文献出版社,2015:24.

收入差距不断缩小、城乡要素流动更加合理、公共服务更加均等化等方面。

一、城乡居民收入差距整体缩小

居民的收入水平是人民生活水平的直观体现,改革开放以来,我国农村居民收入不断增加,收入来源不断拓宽,与城镇居民的收入水平不断趋近。

一方面,城乡居民收入水平差距趋于缩小。首先,1978年以来,我国农村居民收入实现了持续提高。从1978年的133.6元,提高至2015年的10772.0元,增长幅度近80倍于2019年时已突破1.6万元。其次,我国城乡居民收入差距没有被拉开,并在2009年后不断缩小。改革开放以来,我国先后通过建立家庭联产承包责任制和推进社会主义市场经济体制改革显著提高了农民的收入水平。特别是将市场作为资源配置的基础性手段甚至决定性手段之后,我国农村发展焕发出新的活力。市场的作用使得城市和农村居民的收入都显著提高,但同时,市场打通了城乡之间要素流通的通道,要素更加趋向于流向劳动生产率更高的城市,极易造成城乡差距的扩大。在这样的条件下,我国在几十年的城乡发展过程中,通过城乡一体化体制机制的不断健全,基本抑制了城乡居民收入差距的扩大,保持在2.8倍左右。2009年后,我国城乡居民收入差距开始呈现缩小趋势(如表8.3.1)。2019年城镇居民人均可支配收入42359元,扣除价格因素实际增长5.8%,农村居民人均可支配收入16021元,扣除价格因素实际增长6.2%,高于城镇0.4个百分点。

表8.3.1 改革开放以来我国城乡居民收入情况对比(1978—2019年)

年份	农村居民人均收入(元)	城镇居民人均收入(元)	城乡居民收入差距(倍)
1978	133.6	343.4	2.57
1980	191.3	477.6	2.50
1985	397.6	739.1	1.86
1990	686.3	1510.2	2.20
1995	1577.7	4283.0	2.22
2000	2253.4	6280.0	2.79
2005	3254.9	10493.0	3.22
2009	5153.2	17174.7	3.33

续表

年份	农村居民人均收入（元）	城镇居民人均收入（元）	城乡居民收入差距（倍）
2010	5919.0	19109.4	3.22
2011	6977.3	21809.8	3.13
2012	7916.6	24564.7	3.10
2013	8895.9	26955.1	3.03
2014	9892.0	29381.0	2.97
2015	10772.0	31790.3	2.95
2016	12363	33616	2.72
2017	13432	36396	2.71
2018	14617	39251	2.69
2019	16021	42359	2.64

注：本表中城镇居民人均收入指城镇居民人均可支配收入。农村居民人均收入在1978—2015年指农村居民人均纯收入，1978—2012年的数据来源于农村住户调查；2013—2015年的数据是为满足"十二五"规划需要，根据城乡一体化住户收支与生活状况调查数据，按可比口径推算获得，2016年起不再推算，故农村居民人均收入在2016年后指农村人均可支配收入。

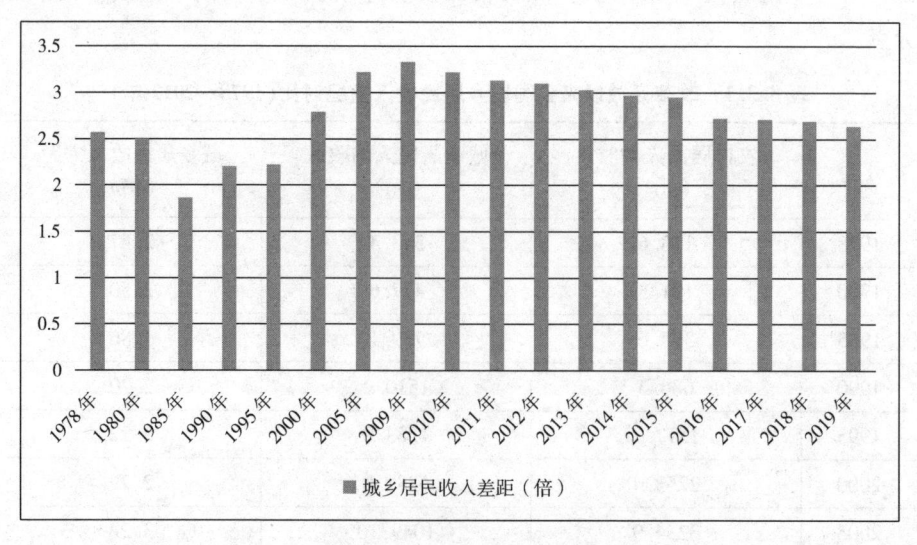

图 8.3.1 城乡居民收入差距情况（1978—2019 年）

数据来源：根据相关年份中国统计年鉴及国家统计局公布数据整理得出。

另一方面,城乡居民收入来源趋于相同。改革开放之初,农村居民收入来源较为单一,主要集中在农业经营性收入上,转移性收入比较有限,城市居民才有工资性收入和财产性收入。1992年以前,我国在统计农村居民收入时,主要将其归为从集体统一经营中得到的收入、从经济联合体得到的收入、家庭经营纯收入、其他非借贷性收入四种。由此可以看出,农村收入种类单一,且农业经营性收入占绝对优势地位,以1978年为例,农民家庭人均纯收入中经营性收入占93.1%。随着改革开放的推进,我国农村居民的收入来源不断扩展,收入结构不断优化,开始与城镇居民一样,获得可观的工资性收入、财产性收入和转移性收入。1993年开始,我国按工资性收入、经营性收入、财产性收入、转移性收入四种类别对农村居民收入进行统计,具体情况如表8.3.2所示。

表8.3.2 我国农村居民收入结构情况(1993—2019年)

年份	总收入（元）	工资性收入（元）	所占比例	经营性收入（元）	所占比例	财产性收入（元）	所占比例	转移性收入（元）	所占比例
1993	921.62	194.51	21.11%	678.48	73.62%	7.02	0.76%	41.61	4.51%
1995	1577.74	353.7	22.42%	1125.79	71.35%	40.98	2.60%	57.27	3.63%
2000	2253.42	702.3	31.17%	1427.27	63.34%	45.04	2.00%	78.81	3.50%
2005	3254.93	1174.53	36.08%	1844.53	56.67%	88.45	2.72%	147.42	4.53%
2010	5919	2431.05	41.07%	2832.8	47.86%	202.25	3.42%	452.92	7.65%
2011	6977.29	2963.43	42.47%	3221.98	46.18%	228.57	3.28%	563.32	8.07%
2012	7916.58	3447.46	43.55%	3533.37	44.63%	249.05	3.15%	686.7	8.67%
2013	8895.9	4025.4	45.25%	3793.2	42.64%	293	3.29%	784.3	8.82%
2014	10488.9	4152.2	39.59%	4237.4	40.40%	222.1	2.12%	1877.2	17.90%
2015	11421.7	4600.3	40.28%	4503.6	39.43%	251.5	2.20%	2066.3	18.09%
2016	12363.4	5021.8	40.62%	4741.3	38.35%	272.1	2.20%	2328.2	18.83%
2017	13432	5734.4	40.88%	5092.2	37.01%	305.2	2.23%	2628.2	19.03%
2018	14617	5996.1	41.02%	5358.4	36.66%	342.1	2.34%	2920.5	19.98%
2019	16021	6583.5	41.09%	5762.2	35.97%	377.3	2.35%	3297.8	20.59%

数据来源:根据相关年份中国统计年鉴及国家统计局公布数据整理得出。

由表8.3.2可以看出,农村居民的收入结构不断优化,经营性收入已经不是最主要来源,并在2013年被工资性收入所取代,另外转移性收入和财产性收入也得到大幅增加。在收入来源上,与城市居民鲜有差别。

二、城乡要素流动更加合理

改革开放以来,随着农产品流通体制改革和户籍制度改革,我国城乡要素流动得到了持续增强。

第一,劳动力要素流动更加合理。和改革开放之初城乡人口鲜有流动的状况相比,改革开放以来农村劳动力更多地向劳动生产力更高的城市部门流动,农业转移人口市民化程度不断提高,乡村人口所占比重由1978年的82.08%,减少到2019年的39.40%,如表8.3.3所示。

表8.3.3 城乡人口变化情况(1978—2019年)

年份	总人口(万人)	城镇人口(万人)	城镇人口所占比重	乡村人口(万人)	乡村人口所占比重
1978	96259	17245	17.92%	79014	82.08%
1980	98705	19140	19.39%	79565	80.61%
1985	105851	25094	23.71%	80757	76.29%
1990	114333	30195	26.41%	84138	73.59%
1995	121121	35174	29.04%	85947	70.96%
2000	126743	45906	36.22%	80837	63.78%
2005	130756	56212	42.99%	74544	57.01%
2010	134091	66978	49.95%	67113	50.05%
2011	134735	69079	51.27%	65656	48.73%
2012	135404	71882	52.57%	64222	47.43%
2013	136072	73111	53.73%	62961	46.27%
2014	136782	74916	54.77%	61866	45.23%
2015	137462	77116	56.10%	60346	42.90%
2016	138271	79298	57.35%	58973	42.65%
2017	139008	81347	58.52%	57661	41.48%
2018	139538	83137	59.58%	56401	40.42%
2019	140005	84843	60.60%	55162	39.40%

数据来源:根据相关年份中国统计年鉴及国家统计局公布数据整理得出。

城镇人口增长的背后是城镇新增就业人数的增加,2019年全国新增就业人口

1312万人,提高了劳动力要素的配置水平,这一年全国全员劳动生产率达到89080元/人,比上年增长6.6%。

第二,资金要素流动更加平衡。改革开放以来,资金要素通过金融、财政手段更多地流入了农村。以国家财政支农支出为例,1978年国家财政支农支出150.66亿元,1990年为307.84亿元,之后随着经济发展增长速度更加迅猛,到2006年这一数字达到了3172.97亿元(如表8.3.4)。

表8.3.4　国家财政支农支出情况(1978—2006年)

年份	支农总支出（亿元）	农业基本建设支出(亿元)	农业科技支出（亿元）	农村救济支出（亿元）	其他（亿元）
1978	150.66	51.14	1.06	6.88	14.63
1980	174.33	62.41	1.52	9.80	10.49
1985	153.62	37.73	1.95	12.90	-
1990	307.84	66.71	3.11	16.26	-
1995	574.93	110.00	3.00	19.03	-
2000	1231.54	414.46	9.78	40.41	-
2006	3172.97	504.28	21.42	182.04	303.88

数据来源:根据相关年份中国统计年鉴、《新中国五十五年统计资料汇编》及国家统计局公布数据整理得出。

2007年后,我国实行了政府收支改革,财政支农的统计口径发生较大变化,其国家财政农林水事务支出情况如表8.3.5所示。

表8.3.5　国家财政农林水事务支出情况(2007—2019年)

年份	国家财政农林水事务支出(亿元)
2007	5823.19
2008	6834.72
2009	7612.35
2010	8129.58
2011	9937.55
2012	11973.88
2013	13349.55
2014	14173.80

续表

年份	国家财政农林水事务支出（亿元）
2015	17380.49
2016	18587.4
2017	19088.99
2018	20786.03
2019	22862.80

数据来源：根据相关年份中国农村统计年鉴及国家统计局公布数据整理得出。

由表8.3.5可以看出，我国财政支农资金在数量上呈逐年增加的趋势，且广泛用于农业生产、农村救济、农村基础设施建设、扶贫开发、农业综合开发、农村综合等，覆盖了农业农村发展的方方面面，从总体上加强了资金要素向"三农"的流动，激发了农村的发展动力。

三、公共服务更加均等化

改革开放以前，我国城乡不仅存在显著的城乡经济落差，还存在特殊的城乡社会落差，城乡基本医疗、基本养老、基本教育等保障方式有很大不同。[①] 改革开放以来，随着城乡发展一体化体制机制的完善和城乡融合发展体制机制的初步建立，城乡基本公共服务均等化水平不断提高。

第一，城乡教育更加均等化。改革开放以来，我国农村教育不断发展，与城市差距不断缩小。1986年我国颁布《中华人民共和国义务教育法》以来，农村的义务教育水平得以不断提高，基本普及九年义务教育、扫除青壮年文盲于2000年得以实现。农村办学条件不断提升，农村地区尤其是贫困地区的办学硬件条件明显提升。农村教师素质不断提高，教师职称、年龄等结构渐趋合理，长期困扰农村基础教育发展的民办公办教师并存的状况基本解决。

第二，城乡医疗更加均等化。改革开放以来，我国农村医疗水平不断提高，与城镇的差距明显缩小。农村医疗保险不断发展，2016年1月《国务院关于整合城乡居民基本医疗保险制度的意见》发布，整合了城镇居民基本医疗保险和新型农村合作医疗两项制度，在全国范围内建立统一的城乡居民基本医疗保险。就医条件不断提升，改革开放之初，全国农村乡（镇）卫生院全年接收2123.45万人入院，

---

① 张宇,谢地,任保平,等.中国特色社会主义政治经济学[M].北京:高等教育出版社，2017:409-410.

到2019年这一数字已经增加到3909.39万,每千农村人口乡镇卫生院床位数增长至1.48。除此以外农村的各级医疗机构不断健全,自2010年有相关统计数据以来,与城市的差距趋于缩小(如表8.3.6)。

表8.3.6 城乡医疗卫生机构床位情况(2010—2019年)

年份	城市每千人医疗卫生机构床位数	农村每千人医疗卫生机构床位数	每千农村人口乡镇卫生院床位数
2010	5.94	2.60	1.04
2011	6.24	2.80	1.10
2012	6.88	3.11	1.14
2013	7.36	3.35	1.18
2014	7.84	3.54	1.20
2015	8.27	3.71	1.24
2016	8.41	3.99	1.27
2017	8.75	4.19	1.35
2018	8.70	4.56	1.43
2019	8.78	4.81	1.48

数据来源:根据相关年份中国统计年鉴及国家统计局公布数据整理得出。

第三,城乡社会保障更加均等化。改革开放以来,我国城乡居民基本生活保障得到不断健全。特别是进入21世纪后,我国城乡社会保障体系不断健全。继2001年发布《国务院办公厅关于进一步加强城市居民最低生活保障工作的通知》后,2007年我国发布了《国务院关于在全国建立农村最低生活保障制度的通知》相应地在农村建立起了最低生活保障制度,切实解决了农村贫困人口的生活困境。2003年我国开始实施新型农村合作医疗的试点工作,进而在几年后形成了统一的城乡居民基本医疗保险制度;2009年我国开始实施新型农村社会养老保险试点工作,并逐步建立起覆盖全体城乡居民的社会保障体系。2010年我国通过《中华人民共和国社会保险法》(以下简称为《社会保险法》),正式以出台法律形式保证社会保障制度的完善。总的来说,经过几十年的努力,我国城乡一体的社会保障体系基本形成,社会保障更加均等化。

四、城乡综合经济差距不断缩小

一方面,农业生产水平不断提高。得益于工业对农业的反哺和国家对农业的支持和保护,改革开放以来我国农业生产条件不断改善,农业机械化水平、基础设施水平和物资投入水平等都有显著提高(表8.3.7)。

表8.3.7 改革开放以来我国农业生产条件(1978—2019年)

年份	农业机械总动力（万千瓦）	耕地灌溉面积（万公顷）	化肥施用量（万吨）	农村用电量（亿千瓦时）
1978	11749.6	4497	884	253.1
1990	28707.7	4740	2590	844.5
2000	52573.6	5382	4146	2421.3
2010	92780.5	6035	5562	6632.3
2016	97245.6	6714	5984	9238.3
2017	98893.3	67816	5859	9524.4
2018	100371.7	68272	5653	9358.5
2019	102758.3	68679	5403	9482.9

数据来源:根据相关年份中国统计年鉴及国家统计局公布数据整理得出。

随着农业生产条件的不断提升,粮食、棉花、油料等主要农产品生产能力不断提升(如表8.3.8),其中粮食产量更是在2003—2015实现了"十二连增",农业在城乡发展中的基础性地位得到不断巩固。

表8.3.8 改革开放以来我国主要农产品产量(1978—2019年)

年份	粮食(万吨)	棉花(万吨)	油料(万吨)
1978	30476.5	216.7	521.8
1990	44624.3	450.8	1613.2
2000	46217.5	441.7	2954.8
2010	54647.7	596.1	3230.1
2016	61625.0	529.9	3629.5
2017	61520.5	565.3	3475.2
2018	61003.6	610.3	3433.4
2019	66384.3	588.9	3493.0

数据来源:根据相关年份中国统计年鉴及国家统计局公布数据整理得出。

同时,我国农村的生产关系不断变革,更加适应了生产力的发展,其最核心的体现就是农村基本经营制度的不断完善。从最初的人民公社制,到家庭联产承包责任制,再到党的十五届三中全会提出的"以家庭承包经营为基础、统分结合的双层经营体制",我国的农村基本经营制度得到正式确立。之后,农村基本经营制度在坚持农村土地的集体所有、坚持家庭经营基础性地位、坚持分散经营与统一经营相结合等主体内容保持不变的基础上,对农地产权制度、农业经营主体、农业经营方式等层面实现了完善①,为城乡融合发展在生产关系层面做了充分准备。

另一方面,城乡经济差异程度有所降低。城乡劳动生产率和反差指数通常用以表征城乡经济差异程度。根据学者测算,改革开放以来我国城乡反差指数如表8.3.9所示。

表 8.3.9 改革开放以来反差指数(1981—2019 年)

年份	反差指数	年份	反差指数
1981	0.37	1999	0.34
1982	0.35	2000	0.35
1983	0.35	2001	0.36
1984	0.33	2005	0.33
1985	0.35	2006	0.32
1986	0.34	2007	0.31
1987	0.34	2008	0.29
1988	0.34	2009	0.29
1989	0.36	2010	0.27
1990	0.34	2011	0.26
1991	0.36	2012	0.25
1992	0.37	2013	0.23
1993	0.37	2014	0.21
1994	0.35	2015	0.20
1995	0.33	2016	0.20
1996	0.31	2017	0.20
1997	0.32	2018	0.19
1998	0.33	2019	0.18

数据来源:根据相关年份中国统计年鉴及国家统计局公布数据整理计算得出。

---

① 蒋永穆,赵苏丹.中国农村基本经营制度:科学内涵、质规定性及演变逻辑[J].当代经济研究,2018(1).

研究改革开放以来的城乡劳动生产率可以看出,我国农村劳动生产率不断提高,在一些时间段内的增长速度快于城镇劳动生产率的增长速度,农村劳动生产率呈赶超态势,到2008年差距为2.64倍,已经明显低于1978年的6.25倍。研究改革开放以来的城乡反差指数可以看出,1981年我国反差指数达到0.37,之后开始逐步降低,1991—2005年出现小幅反弹,2005年后总体呈下降趋势,2019年为0.18,与改革开放之初相比明显下降。

第九章

加强和改善民生　夯实小康社会之本

我们的人民热爱生活,期盼有更好的教育、更稳定的工作、更满意的收入、更可靠的社会保障、更高水平的医疗卫生服务、更舒适的居住条件、更优美的环境、期盼孩子们能成长得更好、工作得更好、生活得更好。人民对美好生活的向往,就是我们的奋斗目标。

——习近平

增进民生福祉是发展的根本目的。必须多谋民生之利、多解民生之忧,在发展中补齐民生短板、促进社会公平正义,在幼有所育、学有所教、劳有所得、病有所医、老有所养、住有所居、弱有所扶上不断取得新进展,深入开展脱贫攻坚,保证全体人民在共建共享发展中有更多获得感,不断促进人的全面发展、全体人民共同富裕。

——习近平

在中国共产党的带领下我国的民生事业不断发展。尤其是在改革开放后,我国的人民生活水平不断上升,就业逐渐进入平稳新常态,教育事业迎来全面发展,社会保障体系日益健全,医疗卫生服务取得长足进步。人民对小康生活的期待不断得到满足,人民的幸福感、获得感和安全感不断增强。

第一节　改革开放以来民生事业发展历程

在中华人民共和国成立之初,毛泽东将全心全意为人民服务、为人民谋幸福确定为中国共产党的宗旨,并为社会主义新中国定下了追求共同富裕的主基调。[1] 中华人民共和国初期,随着失业救济和统一调配的劳动就业体制的建立与

---

[1] 郑功成,等. 从饥寒交迫走向美好生活——中国民生 70 年(1949—2019)[M]. 长沙:湖南教育出版社,2019:6.

运行,我国的劳动者基本实现了普遍就业。从1949—1977年,随着经济的建设,我国探索建立起了国家福利教育制度。同时,我国社会保障体系和全民医保制度快速建立起来,虽然水平较低,但是为改革开放后我国的民生事业的快速发展奠定了基础。

一、人民生活稳步解决温饱阶段

1978年党的十一届三中全会作出了改革开放的伟大抉择,标志着中国社会主义现代化建设进入新时期。面对"文化大革命"结束以后中国人民生活的惨淡状况,解决人民最基础的温饱需求成为当时中国民生事业发展的第一目标。想要尽快地摆脱贫困,为人民提供最基本的生活保障,就需要依靠生产力的发展。因此党的十一届三中全会把党的工作中心从阶级斗争转移到了经济建设上来,邓小平针对过去工作中心转移而又动摇的深刻教训,强调要把经济建设当作中心,扭着不放,毫不动摇。

党的十三大提出的中国经济建设分三步走的总体战略部署:第一步目标,1981年到1990年实现国民生产总值比1980年翻一番,解决人民的温饱问题,这在二十世纪八十年代末已基本实现;第二步目标,1991年到二十世纪末国民生产总值再增长一倍,人民生活达到小康水平;第三步目标,到二十一世纪中叶基本实现现代化,人均国民生产总值达到中等发达国家水平,人民过上比较富裕的生活。

《1999年统计年鉴》显示,到1990年,我国的国民生产总值达到18598.4亿元,是1980年国民生产总值4517.8亿元的4.1倍,人民的温饱问题在这一时期得到解决。随着农村家庭联产承包责任制在全国的推行,以及城市地区一系列收入分配制度改革措施的出台,城乡居民收入水平和生活水平较改革开放初期都有了明显的提高。"实行家庭联产承包,是中国农民的伟大创造。党中央尊重群众愿望,积极支持试验,几年功夫在全国推开。废除人民公社,又不走土地私有化道路,而是实行家庭联产承包为主,统分结合、双层经营,解决了我国社会主义农村体制的重大问题。八亿农民获得对土地的经营自主权,加上基本取消农产品的统购派购,放开大部分农产品价格,从而使农业生产摆脱长期停滞的困境,农村经济向着专业化、商品化、社会化迅速发展,广大城乡人民得到显著实惠,带动了整个改革和建设事业。"[①]这一时期,城乡居民的消费格局也发生着改变。城镇居民的恩格尔系数从57.5%降至54.2%,农村居民的恩格尔系数从67.7%降至58.8%

---

① 中共中央文献研究研究室.十四大以来重要文献选编(上)[M].北京:中央文献出版社,2011:5.

（表9.1.1）。人民的温饱问题基本得到了解决，同时在穿衣方面的保暖御寒需求基本得到了满足。

表 9.1.1　1978—1990 年城乡居民家庭人均收入及指数

年份	城镇居民家庭人均可支配收入（元）	农村居民家庭人均纯收入（元）	城镇居民家庭恩格尔系数（%）	农村居民家庭恩格尔系数（%）
1978	343.4	133.6	57.5	67.7
1979	405.0	160.2	57.2	64.0
1980	477.6	191.3	56.9	61.8
1981	500.4	223.4	56.7	59.9
1982	535.4	270.1	58.6	60.7
1983	564.6	309.8	59.2	59.4
1984	652.1	355.3	58	59.2
1985	739.1	397.6	53.3	57.8
1986	899.6	423.8	52.4	56.4
1987	1002.2	462.6	53.5	55.8
1988	1181.4	544.9	51.4	54.0
1989	1375.7	601.5	54.4	54.8
1990	1510.2	686.3	54.2	58.8

注：作者根据国家统计局《1999 年统计年鉴》及《2001 年统计年鉴》数据整理所得。

改革开放后城乡内部就业不断扩张，这得益于家庭联产承包责任制改革后，乡镇企业异军突起，为农村剩余劳动力从土地上转移出来，为农村致富和逐步实现现代化，为促进工业和整个经济的改革和发展，开辟了一条新路。而城市的就业不断扩张就得益于 1984 年党的十二届三中全会通过了《中共中央关于经济体制改革的决定》。该决定强调了增强企业活力是经济体制改革的中心环节。而企业活力的源泉，在于脑力劳动者和体力劳动者的积极性、智慧和创造力。当劳动者的主人翁地位在企业的各项制度中得到切实的保障，他们的劳动又与自身的物质利益紧密联系的时候，劳动者的积极性、智慧和创造力就能充分地发挥出来。我国农村改革的经验生动有力地证明了这一点。城市经济体制改革中，必须正确解决职工和企业的关系，真正做到职工当家作主，每一个劳动者在各自的岗位上，以主人翁的姿态进行工作，人人关注企业的经营，人人重视企业的效益，人人的工作成果同他的社会荣誉和物质利益密切相联。① 基于此,城市的就业需求和供给在1978—1990年得到了快速的增长。

同时,改革开放初期经济的发展也带动着我国教育事业、社会保障事业以及文化卫生事业的进步。在这一时期,我国教育事业改革全面启动。党的十一届六中全会通过的《关于建国以来党的若干历史问题的决议》明确指出了要扫除轻视教育、科学文化和知识分子的错误观念。教育事业对于社会主义的现代化事业有着至关重要的地位和作用,没有文化和知识分子是不可能建设社会主义的。1983年9月10日,邓小平为景山学校20周年题词:"教育要面向现代化,面向世界,面向未来。"这为我国教育事业的发展指明了方向。1983年9月11日,全国各主要报刊都在第一版刊登了"三个面向"的题词,"三个面向"引起了社会的广泛关注。教育战线立即掀起了学习"三个面向"的热潮。通过广泛深入的学习和讨论,广大教育工作者进一步解放了思想,逐步摆脱了就教育论教育的思想束缚,加深了对教育本质和教育功能的认识,极大地促进了教育思想的科学转变。② 1985年5月中共中央发布的《中共中央关于教育体制改革的决定》拉开了我国教育改革的历史序幕,决定中强调了教育体制改革的根本目的是提高民族素质,多出人才、出好人才。教育必须为社会主义建设服务,社会主义建设必须依靠教育。社会主义现代化建设的宏伟任务,要求我们不但必须放手使用和努力提高现有的人才,而且必须极大地提高全党对教育工作的认识,面向现代化、面向世界、面向未来,为九十年代以至下世纪初叶我国经济和社会的发展,大规模地准备新的能够坚持社会主义方向的各级各类合格人才。③ 由此,我国教育开始了中华人民共和国成立以来最为重要的体制改革和结构调整。④

改革开放初期是中国社会保障事业的制度探索阶段。1986年3月,第六届全国人民代表大会第四次会议通过了《中华人民共和国国民经济和社会发展第七个五年计划》,首次明确了构建社会保险、社会福利、社会救济与优抚组成的社会保障制度框架的设想。⑤ 在养老保险制度方面,从1984年起探索建立养老保险费用的社会统筹。至1986年起,我国首先实现了县、市一级的养老保险费用的社会统筹。同时在医疗保险制度方面,我国对城镇医疗保险引入个人分担费用机制进行

---

① 十二大以来重要文献选编(中)[M].北京:中央文献出版社,1986:54.
② 来源于电子版。郑丽平.教育发展新水平[M].北京:中国人民大学出版社,2020:205.
③ 十二大以来重要文献选编(中)[M].北京:中央文献出版社,1986:187.
④ 周兴国.中国的教育改革:《决定》的探索与经验[J].安徽师范大学学报(人文社会科学版),2016,44(1).
⑤ 邓大松,李芸慧.新中国70年社会保障事业发展基本历程与取向[J].改革,2019(9).

了一系列的试点工作。面对失业问题,1986年国务院颁布了《国营企业职工待业保险暂行规定》,我国的失业保险制度逐步建立。改革开放初期国务院相继颁布了一系列工作安全条例以保障劳动者的安全,我国一些地区也进行了工伤保险制度改革的尝试。

我国卫生事业也进入了改革调整阶段。1985年,卫生部《关于卫生工作改革若干政策问题的报告》提出"必须进行改革,放宽政策,简政放权,多方集资,开阔发展卫生事业的路子,把卫生工作搞活",明确卫生改革的目的是"调动各方面的积极性,改善服务态度,提高服务质量和管理水平,有利于防病治病,便民利民",并概括了8个方面的改革政策,成为全面开展卫生改革的一个指导性文件。这一时期改革的基本思路是针对计划经济时期医疗卫生体制存在的弊端,放权让利,扩大医疗机构自主权,放开搞活,完善医疗机构经营机制,充分调动各方面的积极性,增加医疗卫生资源的供给。①

二、人民生活实现总体小康阶段

进入20世纪90年代,我国全面建设小康社会的第一步目标实现,摆脱整体性的贫困,人民生活得到了改善。超越温饱,追求人民生活总体达到小康水平成为1991—2000年我国民生事业发展的目标。1992年党的十四大明确经济体制改革的目标,极大激发了人们的发展热情,非公经济飞速发展,城乡就业规模持续扩大,城镇居民收入持续增加,生活水平明显改善。

在这一时期,各地非公有制经济迅速发展,城镇就业岗位明显增加,城镇居民收入较快增长。与此同时,市场经济体制不断完善,为商品流通特别是农副产品交换提供了便利条件,农产品价格的提高也为农民增收带来实惠。城镇居民人均可支配收入从1991年的1700元增长到2000年的6280元,农村居民人均可支配收入从1991年的708元增长到2000年的2253元。城乡居民家庭的恩格尔系数也在这一阶段逐渐降低,到2000年,我国城镇居民家庭恩格尔系数低于40%,农村居民家庭恩格尔系数低于50%。(如表9.1.2)

---

① 王秀峰.卫生改革30年历程回顾[J].卫生经济研究,2009(1).

表 9.1.2　1991—2000 年城乡居民家庭人均收入及家庭恩格尔系数

年份	城镇居民家庭人均可支配收入（元）	农村居民家庭人均纯收入（元）	城镇居民家庭恩格尔系数（%）	农村居民家庭恩格尔系数（%）
1991	1700.6	708.6	53.8	57.6
1992	2026.6	784.0	52.9	57.6
1993	2577.4	921.6	50.1	58.1
1994	3496.2	1221.0	49.9	58.9
1995	4238.9	1577.7	49.9	58.6
1996	4838.9	1926.1	48.6	56.3
1997	5160.3	2090.1	46.4	55.1
1998	5425.1	2162.0	44.5	53.4
1999	5854.0	2210.3	41.9	52.6
2000	6280.0	2253.4	39.2	49.1

注：数据来源于国家统计局《2001 年统计年鉴》。

同时，我国的科学、教育事业加速发展，社会保障体系初步建立，文化和卫生事业在前一阶段的基础上继续探索发展道路和深化体制改革。

在中国特色社会主义理论的指导下，1992 年党的十四大报告明确了到 20 世纪末我国教育事业发展目标是基本扫除青壮文盲，基本实现九年制义务教育。教育体制、教学内容和教学方法要进一步改革，加强师资建设，扩大学校办学自主权。此外，报告指出："我们必须把教育摆在优先发展的战略地位，努力提高全民族的思想道德和科学文化水平，这是实现我国现代化的根本大计。要优化教育结构，大力加强基础教育，鼓励自学成才。各级政府要增加教育投入。鼓励多渠道、多形式集资办学和民间办学，改变国家包办教育的做法。各级各类学校要全面贯彻党的教育方针，全面提高教育质量。"[①]在这一战略任务的指引下，1993 年国务院印发的《中国教育改革和发展纲要》对教育面临的形式与任务做了深入分析，提出了九十年代各级各类教育发展的具体目标，涉及全国基本普及九年义务教育、高中阶段职业技术教育、高等学校教育、基础教育、职业技术教育、成人教育等 14 个方面，较为全面地绘制了我国教育事业发展的蓝图。而后，1995 年我国科教兴

---

① 十四大以来重要文献选编（上）[M]. 北京：中央文献出版社，2011：22.

国战略全面启动实施,国务院颁布《关于加速科学技术进步的决定》;1997年党的十五大报告再次强调了要切实把教育摆在优先发展的战略地位;1999年我国发布和实施了《关于深化教育改革和全面推进素质教育的决定》。基于此,我国的科学、教育事业在20世纪90年代实现了加速发展。

这一时期,基于之前养老保险、医疗保险和工伤保险等社会保险的改革探索和试点以及社会福利制度的建立,我国的社会保障体系在1991—2000年实现了初步的建立,主要表现在养老保险制度、医疗保险制度、工伤保险制度、失业保险制度及城市、农村低保制度的建立上。1995年《国务院关于深化企业职工养老保险制度改革的通知》制定了统账结合、建立养老金调整机制的改革方案,1997年《国务院关于建立统一企业职工基本养老保险制度的决定》正式建立起了统一的企业职工基本养老保险制度。1998年12月,在充分试点的基础上,国务院发布了《关于建立城镇职工基本医疗保险制度的决定》。[①] 工伤保险制度改革也不断推进。1994年颁布的《中华人民共和国劳动法》(以下简称为《劳动法》)中强调了"国家发展社会保险事业,建立社会保险制度,设立社会保险基金,使劳动者在年老、患病、工伤、失业、生育等情况下获得帮助和补偿"[②]。1999年国务院颁布《失业保险条例》进一步保障了劳动者的权益。同年《城市居民最低生活保障条例》正式颁布,我国城市居民最低生活保障制度以法规形式确定下来。此后,各项"配套措施"和"分类救助"办法纷纷出台和实施,使城市低保制度日益完善和成熟。20世纪90年代中期,民政部在试点城市低保制度的同时,也开始探索建立农村居民最低生活保障制度。1996年发布的《民政部关于加快农村社会保障体系建设的意见》要求各地积极试点、稳步推进农村最低生活保障制度。

这一阶段的卫生事业的改革进入攻坚阶段。1997年国务院发布的《关于卫生改革与发展的决定》对我国卫生事业发展的目标和卫生改革目的进行了阐述,指出要充分调动卫生机构和卫生人员的积极性,不断提高卫生服务的质量和效率,更好地为人民健康服务,为社会主义现代化建设服务。该决定对城镇职工医疗保障制度、卫生管理体制、城市卫生体制和卫生机构运行体制等多个方面提出了具体的改革要求。

三、人民生活迈向全面小康阶段

经过全党和全国各族人民的努力,我们胜利实现了现代化建设"三步走"战略

[①] 邓大松,李芸慧. 新中国70年社会保障事业发展基本历程与取向[J]. 改革,2019(9).
[②] 邓大松,李芸慧. 新中国70年社会保障事业发展基本历程与取向[J]. 改革,2019(9).

的第一步、第二步目标,人民生活总体上达到了小康水平。[①] 21世纪的到来标志着国家进入建设现代化国家的第三个阶段,人民的生活也迈向了全面小康。

2002年党的十六大报告回顾了过去五年的工作和十三年的基本经验。在民生事业方面我国的人民生活总体达到了小康水平。城乡居民收入稳步增长。城乡市场繁荣,商品供应充裕,居民生活质量提高,衣食住用行都有较大改善,社会保障体系建设成效明显。[②] 此外,对于我国民生事业发展的下一步目标,党的十六大报告对全面建设小康社会的奋斗目标的阐述中有所包含。要实现让人民过上更加富足的生活、社会就业比较充分、社会保障体系比较健全,要形成比较完善的现代国民教育体系、科技和文化创新体系、全民健身和医疗卫生体系。在这一目标的指引下,我国民生事业在20世纪第一个10年取得了阶段性成就。

2012年党的十八大报告总结出我国改善民生力度不断加大,人民生活水平显著提高,城乡就业持续扩大,居民收入较快增长,家庭财产稳定增加,衣食住行用条件明显改善,城乡最低生活保障标准和农村扶贫标准大幅提升,企业退休人员基本养老金持续提高。同时教育事业迅速发展,城乡免费义务教育全面实现。社会保障体系建设也取得显著的成效,城乡基本养老保险制度全面建立,新型社会救助体系基本形成。医疗卫生方面全民医保基本实现,城乡基本医疗卫生制度初步建立。我国的公共文化服务体系建设取得重大进展,社会主义核心价值体系建设深入开展。文化建设迈上新台阶,文化体制改革全面推进,文化产业快速发展,文化创作生产更加繁荣,人民精神文化生活更加丰富多彩。

收入分配制度改革进一步推进,各级政府切实落实各项增收措施,企业利润分配更多向居民倾斜,机关事业单位工资制度改革不断深化。促进重点群体收入增长措施持续发力,鼓励和支持返乡下乡人员创业创新等各类政策深入推进。各地扶贫综合投入力度不断加大,精准扶贫、精准脱贫政策措施持续落地生根,对居民收入的增加都起到至关重要的作用。这一时期,居民收入稳步增长,城乡居民生活向全面小康社会更加扎实地迈进。(如表9.1.3)

[①] 十六大以来重要文献选编(上)[M]. 北京:中央文献出版社,2011:14.
[②] 十六大以来重要文献选编(上)[M]. 北京:中央文献出版社,2011:3.

表 9.1.3　2001—2019 年城乡居民家庭人均收入及家庭恩格尔系数①

年份	城镇居民家庭人均纯收入（元）	农村居民家庭人均可支配收入（元）	城镇居民家庭恩格尔系数（%）	农村居民家庭恩格尔系数（%）
2001	6859.6	2366.4	38.2	47.7
2002	7702.8	2475.6	37.7	46.2
2003	8472.2	2622.2	37.1	45.6
2004	9421.6	2936.4	37.7	47.2
2005	10493.0	3254.9	36.7	45.5
2006	11759.5	3587.0	35.8	43.0
2007	13785.8	4140.4	36.3	43.1
2008	15780.8	4760.6	37.9	43.7
2009	17174.7	5153.2	36.5	41.0
2010	19109.4	5919.0	35.7	41.1
2011	21426.9	7393.9	36.3	40.4
2012	24126.7	8389.3	36.2	39.3
2013	26467.0	9429.6	30.1	34.1
2014	28843.9	10488.9	30.0	33.5
2015	31194.8	11421.7	29.7	33.0
2016	33616.2	12363.4	29.3	32.2
2017	36396.2	13432.4	28.6	31.2
2018	39250.8	14617.0	27.7	30.1
2019	42359	16021	27.6	30.0

注：作者根据国家统计局历年经济发展公报和国家统计局数据查询整理所得。

2000 年以来，中国加快融入全球经济，市场经济体制改革继续深化。在经济增长由高速转向中高速的宏观背景下，就业形势呈现了总体平稳、稳中向好的态势。面对就业总量压力庞大，结构性矛盾突出，经济增长由高速转向中高速的局

---

① 从 2013 年起，国家统计局开展了城乡一体化住户收支与生活状况调查，2013 年及以后数据来源于此项调查。与 2013 年前的城镇和农村住户调查的调查范围、调查方法、指标口径有所不同。

面,以习近平同志为核心的党中央深刻把握就业工作规律,在充分发挥传统动能增加就业的同时,积极培育壮大新动能,大力发展服务业,优化营商环境,鼓励创业创新,支持民营企业和小微企业发展,就业形势持续保持稳定。①

党的十六大以后,以胡锦涛同志为主要代表的中国共产党人团结带领全党全国各族人民,坚持以邓小平理论和"三个代表"重要思想为指导,形成了科学发展观。在科学发展观的指导下,人才强国战略全面启动实施,与科教兴国战略融为一体。从区域教育发展不平衡和革命老区、民族地区、边疆地区、贫困地区实际出发,党中央更加重视促进教育公平,重点补齐教育发展短板,规定农村义务教育学生最先免收学杂费,提供免费教科书和贫困寄宿生补贴,再扩展到城镇地区,不断完善教育投入体制,逐年增加财政性教育经费,基本建立非义务教育成本分担和多渠道筹资制度。党的十八大以来,教育领域的综合改革是我国社会事业改革的重点。党的十九大报告确定了新时代优先发展教育事业、加快教育现代化、建设教育强国的战略部署,坚持以人民为中心的发展思想,提出办好人民满意教育的新要求新举措,更加重视全面增强教育系统自身实力和服务"五位一体"总体布局的能力。②

我国的社会保障体系在这一阶段不断完善,建立起更加公平可持续的社会保障制度。2002年11月,党的十六大报告提出在有条件的地方探索建立农村社会养老保险制度,对农村社会养老保险制度的探索再次被提上议程。2009年国务院发布《关于开展新型农村社会养老保险试点的指导意见》并在部分地区开展试点工作,"新农保"至此登上了历史的舞台,为解决农村老有所养的问题发挥了至关重要的作用。在此阶段,社会福利事业也进入理论与实践并进发展的新时期,一系列关于老年人、儿童、妇女和残疾人等群体的福利政策与社会服务措施落地,更好地保障了社会特殊群体的基本权益,更加全面地提高了全体社会成员的福利水平。③

2009年,在总结抗击非典实践的基础上,为进一步解决人民群众看病就医问题,我国启动了新一轮医药卫生体制改革,明确提出要把基本医疗卫生制度作为公共产品向全民提供,确立了人人享有基本医疗卫生服务的目标。党的十八大以来,以习近平同志为核心的党中央把全民健康作为全面小康的重要基础,强调把健康放在优先发展的战略地位,确定了新时代党的卫生健康工作方针,提出"实施

---

① 就业规模不断扩大 就业形势长期稳定——新中国成立70周年经济社会发展成就系列报告之十九[EB/OL].国家统计局,2019-08-20.
② 张力.新中国70年教育事业的辉煌历程(四)[J].中国农村教育,2019(30).
③ 邓大松,李芸慧.新中国70年社会保障事业发展基本历程与取向[J].改革,2019(9).

健康中国战略",将深化医改纳入全面深化改革统筹谋划、全面推进。2016年,习近平总书记出席全国卫生与健康大会并发表重要讲话,从实现中华民族伟大复兴中国梦的战略高度,深刻回答了事关卫生与健康事业改革发展的一系列根本性问题,发出了建设健康中国的号召,明确新形势下我国卫生与健康工作的方针是"以基层为重点,以改革创新为动力,预防为主,中西医并重,把健康融入所有政策,人民共建共享",同时对深化医改作出系统部署,要求着力推进基本医疗卫生制度建设。党的十九大和习近平新时代中国特色社会主义思想,为深化医改指明了广阔的前进道路和历史方位。①

第二节　推进民生事业发展主要举措

民生保障建设,就是首先从经济层面入手,在收入分配、医疗、教育、养老和住房等涉及民众日常生活的领域,保障人民群众的利益实现。② 一路走来,中国共产党坚持"立党为公、执政为民"的执政理念和"为人民服务"的宗旨不断发展我国的民生事业。尤其是改革开放后,通过提高城乡居民就业、促进国民增收、提高教育质量、完善社会保障、深化医药卫生体制改革等一系列具体的措施提高人民的生活水平。

一、促进城乡居民充分就业

改革开放以来,我国通过建立和完善市场导向型的就业机制、推动劳动就业的法制化建设、不断完善就业政策体系和构建就业服务体系,结合我国市场经济体制的发展,为我国城乡居民提供更多的就业岗位和就业机会。

(一)建立和完善市场导向型的就业机制

中国经济持续快速发展得益于从计划经济体制向市场经济体制的根本性转变。经济增长直接创造就业需求,就业持续稳定发展的最关键动力同样来源于市场化改革。③ 1980年8月,中共中央在北京召开全国劳动就业工作会议。会议首先分析了我国当前劳动就业问题十分突出的原因,"统包统配"的就业制度需要实

---

① 新中国成立70周年深化医药卫生体制改革相关成就[EB/OL].国家卫生健康委员会体制改革司,2019-09-24.
② 蒋永穆,张鹏,张晓磊.民生保障与社会质量提升:欧洲社会质量理论的启示——基于经济保障维度的研究[J].江淮论坛,2016(3).
③ 吴绮雯.改革开放我国就业发展经验及展望[J].江西社会科学,2018,38(10).

现根本性的转变以适应我国经济发展的需求。其次提出了在解决劳动就业问题上，实行在国家统筹规划和指导下，劳动部门介绍就业、自愿组织起来就业和自谋职业相结合的方针，鼓励和扶持个体经济适当发展。在我国经济不断发展的过程中，市场在就业过程中的导向作用不断凸显。个体私营经济作为市场中最活跃的主体，吸纳了大量的劳动力，对缓解我国失业矛盾做出了有益贡献。

为进一步促进就业，我国提出了"劳动者自主择业、市场调节就业、政府促进就业"的就业方针。党的十八大以来，面对经济发展带来的新挑战，提出了坚持"劳动者自主就业、市场调节就业、政府促进就业和鼓励创业"的方针，实施就业优先战略和更加积极的就业政策，深入推进体制机制创新，鼓励以创业带就业，创造更多就业岗位，着力解决结构性就业矛盾，有效应对失业风险，实现比较充分和更高质量的就业。我国的市场导向型就业机制得到了进一步的完善。

（二）稳步推进劳动就业法治化建设

不断推进劳动就业法治化建设，为促进劳动就业提供了法律保障。为了保护劳动者的合法权益，调整劳动关系，建立和维护适应社会主义市场经济的劳动制度，制定并实施了《劳动法》。为了促进就业，促进经济发展与扩大就业相协调，促进社会和谐稳定，制定并实施了《中华人民共和国就业促进法》（以下简称为《就业促进法》）。为了完善劳动合同制度，明确劳动合同双方当事人的权利和义务，保护劳动者的合法权益，构建和发展和谐稳定的劳动关系，制定并实施了《中华人民共和国劳动合同法》（以下简称为《劳动合同法》）。同时我国还制定并实施了《女职工劳动保护规定》《劳动保障监察条例》等一系列行政法规，保障劳动者的权益，促进构建并发展和谐稳定的劳动关系。

（三）建立和完善就业政策体系和服务体系

不断构建积极的就业政策体系。在宏观经济政策方面，加强就业政策与财税、金融、产业、贸易等政策的衔接。在重点群体就业方面，要做好以高校毕业生为重点的青年就业工作和农村转移劳动力、城镇困难人员、退役军人就业工作。采取有针对性的扶持政策，解决好重点群体的就业问题，是保持我国就业局势稳定的重要任务。支持劳动者自谋职业和自主创业，支持企业吸纳重点群体就业，提高政策的针对性和有效性。在职业技能培训方面，推动职业技能培训制度的不断完善。同时要进一步完善失业保险预防失业、促进就业的政策体系，切实增强失业保险对促进就业的作用。

在服务体系构建方面，《就业促进法》的出台，在法律层面上对政府发展公共就业服务作出规定,标志着我国公共就业服务制度框架基本设立。① 目前,我国构建了一系列就业公共服务活动,例如:高校毕业生就业促进和创业引领计划,健全未就业毕业生实名制数据库,为高校毕业生提供就业信息、职业指导和就业见习等就业服务;建立完善失业监测预警机制,基本形成部、省、市三级失业监测预警制度体系和县(市)失业监测预警应急处置工作机制;开展就业帮扶行动,加大职业培训、职业指导和职业介绍力度,尽最大努力缩短其失业周期;促进家庭服务业发展,广泛开展"千户百强"家庭服务企业创建活动。人力资源服务业发展推进计划,依托重大项目和龙头企业,培育创新发展、符合市场需求的人力资源服务产业园,形成人力资源公共服务枢纽型基地和产业创新发展平台;全国人力资源市场供求信息监测和发布制度建设,建立与经济社会发展需求相适应的人力资源供求预测和信息发布制度,逐步建立覆盖全国大中城市各级各类人力资源服务机构的信息监测系统和信息发布制度。②

案例9.1 就业就是最大的民生!

@高校毕业生

"要促进市场化社会化就业,高校和属地政府都要提供不断线的就业服务。"

——2020年《政府工作报告》

找工作有这些"优待"——对延迟离校的应届毕业生,相应延长报到接收、档案转递、落户办理时限;为高校毕业生提供每天24小时全年365天的网上校园招聘服务;优化职业技能培训,面向未就业毕业生开设一批市场急需、专业相关的免费职业技能培训课程;部分职业可"先上岗再考证"。

挑岗位有更多选择——扩大企业吸纳规模,对中小微企业招用毕业年度高校毕业生并签订1年以上劳动合同的,给予一次性吸纳就业补贴;国有企业今明两年连续扩大高校毕业生招聘规模;扩大基层就业规模;各级事业单位空缺岗位今明两年提高专项招聘高校毕业生的比例;开发城乡社区等基层公共管理和社会服务岗位;开发科研助理岗位。

有困难的毕业生有这些暖政——对湖北高校及湖北籍2020届高校毕业生给予一次性求职创业补贴,湖北省各级事业单位可面向湖北高校及湖北籍高校毕业生开展专项招聘,高校毕业生基层服务项目向湖北省倾斜;实施全国高校与湖北

---

① 陈光金,等.改革开放与中国民生发展(1978~2018)[M].北京:社会科学文献出版社,2018:17.
② 人力资源和社会保障事业发展"十三五"规划纲要[EB/OL].人力资源社会保障部,2016-07-06.

高校毕业生就业创业工作"一帮一"行动；聚焦52个未摘帽贫困县建档立卡贫困家庭毕业生，通过升学培训、政策岗位、专场招聘、精准服务、对口支援5项举措促就业；"特岗计划""大学生村官""三支一扶""西部计划"等项目招录向贫困家庭毕业生倾斜，确保政策岗位应招尽招；为离校2年内未就业高校毕业生、16—24岁失业青年提供就业见习工作，按规定给予就业见习补贴。

@返乡农民工

"让返乡农民工能打工、有收入。"

——2020年《政府工作报告》

就业岗位更多元——引导返乡留乡农民工投入农业生产，扩大农业生产和服务领域的就业机会；加大以工代赈投入，增加城镇建设用地要把吸纳农民工就业数量作为重要条件；以实施农村基础设施项目为带动，吸纳更多返乡留乡农民工就业；对通过市场渠道难以就业的农民工，开发公益性岗位，托底安置返乡留乡农民工就业；跨界配置农业和现代产业要素，吸引返乡留乡农民工在休闲旅游、健康养生、共享农庄、农村电商等新业态就业；对于城镇户籍居民和农民工，灵活就业支持政策一视同仁。

就业培训更丰富——实施返乡留乡职业技能提升行动，运用"互联网+职业技能培训"模式，开发一批特色专业和示范培训线上培训课程资源。以企业为主，组织开展在岗和待岗农民工以工代训，实现以训稳岗；以输入地为主，组织转岗和失业农民工开展定向定岗培训，提升农民工就业能力；以输出地为主，组织返乡农民工开展就业创业培训，促进农民工就近就业创业。

返乡创业有优势——政府投资的孵化基地等要将一定比例场地，免费向农民工等提供；对返乡入乡创业企业招用建档立卡贫困人口、登记失业人员，符合条件的，按规定落实税收优惠等政策；推动城市商业银行、农村商业银行、农村信用社业务逐步回归本源，县域吸收的存款优先用于返乡入乡创业；进一步放开城镇落户条件，对符合条件的各类返乡入乡创业人员及其共同生活的配偶、子女和父母全面放开落户限制。增加优质教育、住房等供给，解决返乡入乡创业人员子女入学、居住等实际问题。

@下岗失业人员

"要切实保障所有困难群众基本生活，保民生也必将助力更多失业人员再就业敢创业。"

——2020年《政府工作报告》

就业援助更贴心——动态调整就业困难人员认定标准，及时将受疫情影响失业人员、残疾人员、建档立卡贫困劳动力等各类就业困难人员纳入援助对象范围；

对通过市场渠道确实难以就业的,利用公益性岗位托底安置;加大线上培训资源免费开放力度,扩大课程免费范围,延长免费时间;支持非全日制就业。

兜底帮扶更暖心——开通失业登记全国统一服务平台,提供失业登记申请和办理进度查询服务;开通失业保险金和失业补助金网上申领全国统一入口,参保失业人员可登录国家社会保险公共服务平台,或者通过电子社保卡渠道(所有已开通电子社保卡的App、小程序、公众号)申领;统一失业保险转移办理流程,简化失业保险申领程序。

@所有人

"千方百计稳定和扩大就业。"

——2020年《政府工作报告》

就业创业形式更灵活——多部门发布新职业信息;促进人才流动和灵活就业;支持微商电商、网络直播等多样化的自主就业、分时就业;对新就业形态实行包容审慎监管,进一步降低个体经营者线上创业就业成本。

就业创业服务更细致——全国性一站式就业服务平台上线——"就业在线";建立全国《就业创业证》查询系统,发布各季度"全国招聘求职100个短缺职业排行",更好地服务于用人单位招聘用工和劳动者应聘求职。发布就业补贴类政策清单。

(作者根据中国政府网微信公众号2020年8月27日发布内容整理所得)。

二、调整国民收入分配结构

改革开放以来,我国采取了个人收入分配要坚持以按劳分配为主体、多种分配方式并存的制度和体现效率优先、兼顾公平的分配原则促进城乡居民增收。通过发展非公有制经济,促进居民收入多元化。同时,从公平公正和共同富裕理念出发改革收入分配制度,坚持脱贫、扶贫工作,缩小城乡和地区之间的收入差距。

(一)促进城乡居民增收

改革开放后,家庭联产承包责任制极大地推动了我国收入分配制度改革和居民收入分配机制调整的实践。农村的平均主义分配方式被打破,农民的生产经营活动与成果分配直接联系起来,从根本上改变了集体统一经营时分配与个人劳动贡献脱钩的状况,极大地调动了农民从事农业生产的积极性,释放了过去长期被压抑的生产潜力。伴随着农副产品产量的大幅度提高,农民收入也大幅度提高了。[①] 我国经济体制改革的重心从农村转到城市后,城市地区的一系列分配制度改革措施出台,使得城乡居民收入水平在改革开放初期有了明显的提升。

1992年,以邓小平南方谈话为标志,改革进入了整体配套、重点突破和全面攻坚的新阶段。在这一时期,各地非公有制经济迅速发展,城镇就业岗位明显增加,城镇居民收入较快增长。[②] 党的十四届三中全会通过的《中共中央关于建立社会主义市场经济体制若干问题的决定》强调要坚持以按劳分配为主体、多种分配方式并存的制度,体现效率优先、兼顾公平的原则。这大大解放和发展了生产力,有效促进了经济社会发展。党的十八大以来,增加居民收入、深化分配制度改革不断推进。各级政府切实落实各项增收措施,努力实现居民收入增长和经济发展同步、劳动报酬增长和劳动生产率提高同步,提高居民收入在国民收入分配中的比重,提高劳动报酬在初次分配中的比重,企业利润分配更多向居民倾斜,机关事业单位工资制度改革不断深化,城镇居民收入实现快速的增长。同时,国家先后出台了减免农业税、实行粮食直接补贴等一系列惠农举措,大大提高了农民的生产积极性,也提高了了农民的收入。

(二)促进城乡居民收入多元化

伴随着城乡居民收入的跨越式增长,城乡居民的收入来源也从单一走向多元。城镇居民工资性收入不再占据绝对主体地位,经营、财产和转移收入比重增加。中华人民共和国成立后至改革开放前,城镇居民就业者绝大多数为国有和集体职工,工资性收入几乎是唯一的收入来源。改革开放后,随着非公有制经济蓬勃发展,投资渠道不断拓宽,社会保障体系逐渐完善,城镇居民的收入来源日益多元化。

农村居民收入来源由以集体工分收入和家庭经营收入为主转为家庭经营、工资和转移收入并驾齐驱。改革开放前,农村居民从集体得到的工分收入是最主要的收入来源。改革开放后,家庭联产承包责任制的实行使得农户成为独立的经营单位,家庭经营收入比重上升。随着大量农村富余劳动力向第二、第三产业转移,工资性收入成为拉动农村居民收入快速增长的重要来源。进入21世纪后,随着各种惠农补贴的发放、农村社会保障体制的完善和脱贫攻坚政策的深入推进,转

---

① 常兴华.从改革传统的分配制度到"收入分配改革方案"出台——我国收入分配制度演变和政策评述[J].中国物价,2013(6).
② 居民生活水平不断提高 消费质量明显改善——改革开放40年经济社会发展成就系列报告之四[EB/OL].国家统计局,2018-08-31.

‹‹‹ 第九章 加强和改善民生 夯实小康社会之本

移性收入也得到快速增长。

(三)缩小国民收入差距

在改革开放之初,中国在收入分配领域所急需克服的是改革开放前存在的平均主义倾向,鼓励一部分人、一部分地区先富起来,从而激发社会发展活力。为此,国家采取了一系列措施,真正落实按劳分配、多劳多得的社会主义分配制度,收入差距必然有所拉大。随着改革不断深化,允许资本、技术、管理等多种要素参与分配成为必然选择,从而也必然进一步拉大收入差距。

到2008年前后,中国居民收入差距达到较高水平,成为社会广泛关注的问题。党和国家予以高度重视,开始从公平公正和共同富裕理念出发改革收入分配制度,调整收入分配关系,缩小收入分配差距。① 特别是党的十八大以来,党和政府充分发挥再分配调节功能,加大对保障和改善民生的投入,农村居民收入增速快于城镇居民,城乡居民收入差距持续缩小。② 我国的扶贫工作也是缩小城乡收入差距和地区收入差距的重要举措。自2013年11月,习近平总书记提出精准扶贫战略思想以来,我国根据各个地区的实际情况,从就业扶贫、财政扶贫、项目扶贫等多个方面,帮助农民增收,帮助贫困地区人民增收,从而缩小我国的收入差距。

案例9.2 发展改革委:五方面措施深化收入分配制度改革

发展改革委新闻发言人孟玮15日介绍,目前我国城乡居民增收的基础还不够稳固,收入差距拉大的风险仍然存在。在建设体现效率、促进公平的收入分配体系的进程中,要更加注重保障和改善民生,在扩大中等收入群体、增加低收入者收入上持续发力。

孟玮在发展改革委当天举行的新闻发布会上说,深化收入分配制度改革,今年要重点抓好五方面工作:

一是抓重点群体。着力拓宽技能人才、科研人员、企业经营管理者、新型职业农民等多个群体增收渠道。包括建立技能人才职业资格、职业技能等级与相应职称比照认定制度;赋予创新团队和领军人才更大的人财物支配权和技术路线决策权;完善中央企业经营管理人员股权激励办法。

---

① 陈光金,等. 改革开放与中国民生发展(1978~2018)[M]. 北京:社会科学文献出版社,2018:27.
② 居民生活水平不断提高 消费质量明显改善——改革开放40年经济社会发展成就系列报告之四[EB/OL]. 国家统计局,2018-08-31.

二是抓试点探索。深化城乡居民增收综合配套政策试点、专项激励计划和收入监测试点,开展土地经营权入股发展农业产业化经营试点、中央企业职业经理人薪酬制度改革试点,扩大公立医院薪酬制度改革试点范围,为收入分配体系建设积累可复制可推广的经验做法。

三是抓再分配调节。重点是建立健全四项保障制度,即建立企业职工基本养老保险基金中央调剂制度,完善失业保险关系转续制度,建立健全低保标准动态调整机制,研究规范医疗救助对象认定标准。

四是抓公共服务。制定基本公共服务标准体系指导意见,建立健全基本公共服务综合评估指标体系。教育公平方面,为农村和边远贫困地区培养补充合格的幼儿园教师,加快推进贫困地区薄弱学校改造。促进就业方面,切实做好高校毕业生、去产能职工等重点群体就业工作。

五是抓数据监测。加强中等收入群体及技能人才和新型职业农民等重点群体的收入监测。研究建立收入分配政策综合评估体系。汇总统计中央和省级政务部门信息资源,启动个人收入和财产信息系统建设。

(来源于新华网2018年6月25日所载文章,记者陈炜伟、安蓓)

三、办好公平有质量的教育

改革开放以来,我国不断加强党对教育工作的全面领导,加大力度夯实教育发展基础,以培育德智体美劳全面发展的社会主义建设者和接班人为目标,大力促进教育公平,协调发展各级各类的教育,以促进教育事业的改革。同时通过加快推进教育现代化,建设教育强国,办好人民满意的教育,来推动我国教育事业的全面发展。

(一)加强党对教育工作的全面领导

改革开放以来,党对教育工作的领导不断加强。习近平总书记在全国教育大会上发表重要讲话时强调办好教育的根本保障是加强党对教育工作的全面领导。加强党对教育工作的全面领导首先是发挥社会主义制度的独特优势,集中力量推进我国教育事业的各项改革工作。其次是运用好各级各类学校党组织在办学治校过程中的领导组织作用,把党的教育方针全面贯彻到学校工作各方面。最后是加强学校思想政治工作,不断提高学生的思想水平、政治觉悟、道德品质、文化素养,让学生德智体美劳全面发展。

(二)加大力度夯实教育发展基础

我国不断完善教育经费投入保障机制,健全教育财政投入机制。完善非义务教育培养成本分担机制。优化教育经费投入使用结构,加强教育经费使用管理。加强教育经费筹措、实用和管理工作。依法保障中小学教师待遇,强化地方政府主体责任,完善中小学教师绩效工资政策。推进信息技术与教育教学深度融合,加大教育信息技术的投入,完善国家数字教育资源公共服务体系。尤其是党的十八大以来,我国对教育事业的财政投入不断增加。(如图9.2.1)

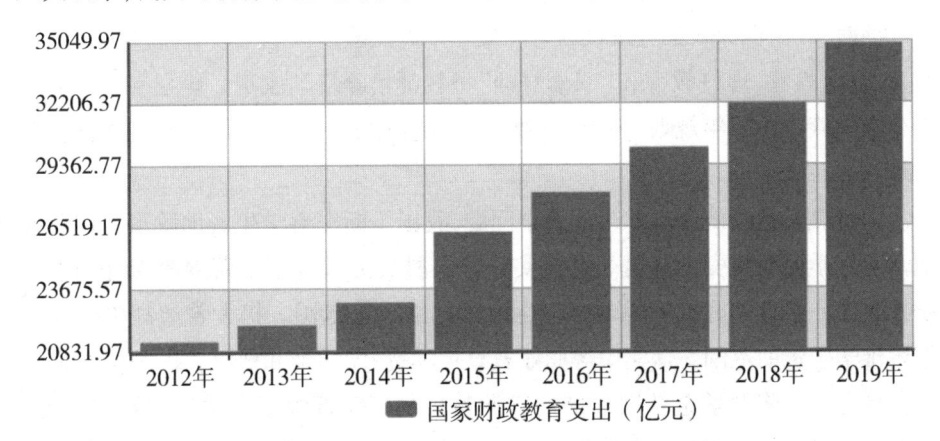

国家财政教育支出(亿元)

图9.2.1 2012—2019年国家财政社会保障和就业支出变化

注:来源于国家统计局年度数据查询。

(三)以培育社会主义建设者和接班人为目标

从全面推进素质教育、以立德树人为根本任务到培养德智体美劳全面发展的社会主义建设者和接班人,我国逐步建立起德智体美劳教育有机融合、协调发展的长效机制。通过推动树立科学的教育质量观念,深化教育教学改革创新提高基础教育质量;通过推进体育美育教学改革,加强考核和督导评估促进学生身心健康;通过全面构建实施劳动教育的政策保障体系,开展劳动教育情况考核、评估和督导大力加强劳动教育;通过明确家长主体责任,发挥学校指导作用,健全家校合作机制,提高家庭教育水平强化家庭教育;通过深化中小学校招生入学改革,规范校外培训机构切实减轻中小学生过重课外负担。

(四)大力促进教育公平

为大力促进教育公平,我国加快推进农村教育,合理配置教育资源,重点向农村、边远、贫困、民族地区倾斜,以保障义务教育为核心,稳步提升贫困地区教育基本公共服务能力。探索建立农村学前教育可持续发展机制。各地相继出台规范农村义务教育学校布局调整的配套政策,做好农村义务教育学校布局规划的制订和报备工作,因地制宜办好乡村小学和必要的教学点。落实好农村中等职业教育免学费政策。实施针对特困地区的教育扶贫工程。加大对中西部集中连片特困地区普通高中教育的扶持力度。制订、实施并完善了中西部高等教育振兴计划,国家扶贫定向招生专项计划,支援中西部地区招生协作计划,对口支援西部高校计划,边远贫困地区、边疆民族地区和革命老区人才支持计划教师专项计划、集中连片特困地区乡村教师补助计划、农村教师特岗计划。

同时,我国也深入推进民族教育发展。开展民族地区基础教育阶段民族团结教育、双语教育、理科教育和"双语双师"型教师培养培训改革。研究制订内地培养少数民族人才五年规划。启动少数民族高端人才计划。深化内地民族班教学改革。

为解决家庭经济困难学生的就学问题,我国不断完善学生资助政策。推动各地落实好学前教育资助制度。继续实施好农村义务教育学生营养改善计划。逐步扩大义务教育家庭经济困难寄宿生生活补助政策范围。扩大普通高中家庭经济困难学生资助范围。落实中等职业教育免学费、助学金和研究生国家奖学金政策。建立国家奖助学金补助标准动态调整机制。完善国家助学贷款管理制度。基本建成覆盖学前教育至高等教育的全国学生资助信息管理系统。

(五)推进各级各类教育协调发展

办好学前教育,着力扩大普惠性学前教育资源,加强对各地实施国家学前教育重大项目和学前教育三年行动计划的督导检查;均衡发展九年义务教育,指导各地出台推进义务教育均衡发展的配套政策。推动普通高中多样化发展;加快普及高中阶段教育,确保中等职业教育招生规模与普通高中大体相当;加快发展现代职业教育,印发现代职业教育体系建设规划,全面推进建设现代职教体系;推动高等教育内涵式发展,优化学科专业、人才培养类型、层次结构以及高等教育区域布局;全面提升高校科学研究水平,深化高校科技体制改革,推动科研评价改革试点,持续推进科教结合;积极发展继续教育,印发继续教育专题规划和推进社区教育的指导意见;开展高等学校继续教育综合改革与创新试点工作,支持特殊教育。实施好特殊教育重大项目,启动实施残疾儿童少年义务教育攻坚计划。

案例 9.3 实现"义务教育有保障"

过去一年,对基础教育而言,是对根本办学方向更加坚定、明晰的一年,是重点领域有所突破、落地有声的一年,也是国家对质量提升顶层设计、系统部署的一年,更是立足构建良好教育生态的一年。

扩大普惠性学前教育资源、完善控辍保学工作机制、消除大班额、加快普及高中阶段教育……也许政策可以用几个字眼概括,但是背后关系千万家庭和亿万孩子的前途和未来,在过去一年中,围绕基础教育重点难点问题,除了深化改革、综合改革,别无他法。

今年的基础教育,还有个特殊意义的重要任务:实现"义务教育有保障",这是"两不愁三保障"的底线目标之一,影响着脱贫攻坚的成效和全面小康的成色。

过去的一年多里,建立完善了中小学生学籍系统与国家人口基础信息库、贫困人口信息库比对机制,进一步摸清了辍学学生底数,建立了工作台账和管理平台,实施动态更新和销号管理,实现了各省份上报辍学数据、学籍系统台账数据和省级扶贫部门掌握的辍学数据"三统一"。

各地综合运用感情、经济、行政、法律等多种方式进行劝返,确保劝得回、留得住。如青海组织3万余名干部深入居民家庭、牧民帐篷,以磨破嘴、跑断腿的精神逐门逐户做工作。云南、广西等依法审理了多起控辍保学"官告民"案件。

摸排、劝返、资助、宣传……控辍保学的每一份努力都获得了成效:截至2019年12月30日,832个国家级贫困县义务教育辍学人数由29万人(其中建档立卡15万人),下降至4000人(其中建档立卡500人),为2020年实现国家规划的义务教育巩固率达95%和全面实现"义务教育有保障"目标奠定了坚实基础。

基础教育的重点难点工作,涉及多方利益,原因复杂,在过去一年多时间里,既有顶层系统的设计和部署,亦有地方破釜沉舟的勇气;既有对公共政策逻辑起点的准确把握,亦有对普通百姓教育期待的回应。我国基础教育整体发展水平迈入世界中上行列,这些重点难点领域的综合改革,贡献不可磨灭。

(作者根据《中国教育报》2020年5月20日发布的《深化综合改革 提升育人质量——过去一年我国基础教育事业改革发展回顾》一文,整理所得)

四、加快完善社会保障体系

改革开放以来,随着国民经济的发展和社会主义市场经济体系的建立,建立健全现代社会保障体系和社会救助体系成为一项重要的社会民生事业。我国的社会保障和社会救助制度在长时间的探索中相继建立和完善,社会保障事业财政投入不断增加,同时社会保障和救助覆盖范围持续扩大。

(一)建立和完善社会保障和救助制度

从20世纪80年代起,我国不断地探索各项社会保险制度,逐渐建立起较为完善的社会保险体系。社会保险体系方面,完善统账结合的城镇职工基本养老保险制度。出台病残津贴、遗属抚恤政策。制定出台渐进式延迟退休年龄方案。完善失业保险制度,规范失业保险基金收支管理,充分发挥失业保险保障失业人员基本生活、预防失业、促进就业的功能。建立统一的城乡居民基本医疗保险制度和经办运行机制,全面实施城乡居民大病保险制度,进一步完善重特大疾病保障机制。制定公务员和参照公务员法管理事业单位、社会团体工作人员工伤保险政策。同时我国鼓励发展补充医疗保险、商业健康保险、商业养老保险,推出个人税收递延型养老保险,促进商业保险与社会保险、补充保险相衔接,鼓励商业保险机构参与医保经办,探索工伤保险与商业保险的合作模式,形成多层次的保障体系。

城乡最低生活保障制度是我国的社会救助制度的核心,是中国特色社会保障体系的一项重要内容。在不断的探索中我国建立起了标准统一、管理规范的城乡最低生活保障制度。除此以外,2014年国务院颁布了《社会救助暂行办法》,以行政法规形式来规定最低生活保障、特困人员供养、受灾人员救助、医疗救助、教育救助、住房救助、就业救助、临时救助八项社会救助制度,构建了一个民政统筹、分工负责、相互衔接,政府救助和社会力量参与相结合,具有中国特色的社会救助体系。[1]

(二)不断加大对社会保障事业的投入

随着社会保障和救助体系的不断健全,国家对社会保障事业的投入不断增加,这就为提高社会保障和救助范围的扩大和质量的提高提供了最重要的保障。

近年来,我国在城镇职工养老保险、城乡居民基本养老保险、城乡老年人生活补助、就业补助金、社会救济金等方面的投入不断加大。党的十八大以来,我国的社会保障和就业的财政支出,从2012年的12585.52亿元增长至2019年的29580.37亿元,占国家财政收入的比例从9.9%上升至12.3%(如图9.2.2)。由此保障了城乡居民各方面的社会保障待遇水平都有一定的提高,社会保障水平更加适应我国社会经济的发展。

(三)不断扩大社会保障和救助覆盖范围

党的十九届四中全会《决定》中强调完善覆盖全民的社会保障体系。坚持应保尽保原则,健全统筹城乡、可持续的基本养老保险制度、基本医疗保险制度,稳步提高保障水平。为实现全面推进社会保障制度改革,覆盖城乡居民的社会保障体系全面建成,法定人员全覆盖,我国近年来实行实施全民参保计划,开展全民参

---

[1] 陈光金,等.改革开放与中国民生发展(1978~2018)[M].北京:社会科学文献出版社,2018:64.

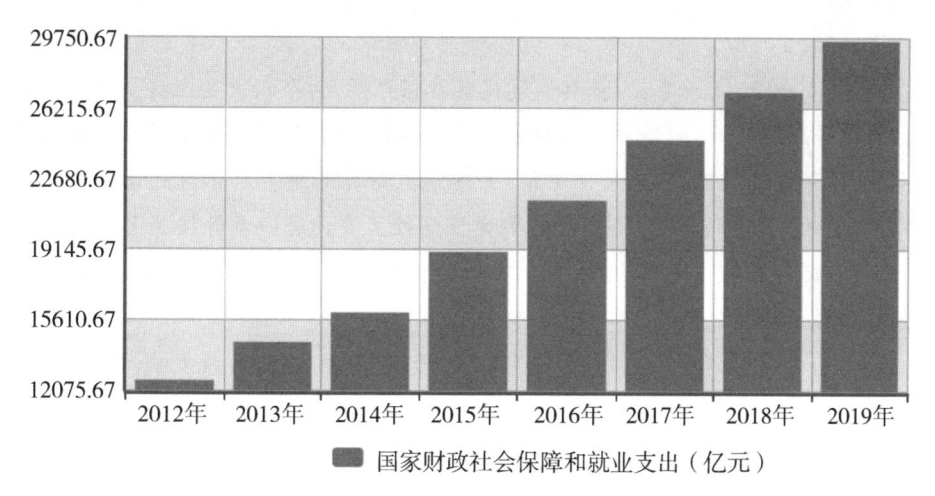

图 9.2.2　2012—2019年国家财政社会保障和就业支出变化

注：来源于国家统计局年度数据查询。

保登记,对各类人员参加社会保险情况进行记录、补充完善,为全民参保提供基础支持。鼓励积极参保、持续缴费。做好中小微企业、灵活就业人员、农民工等重点群体参保工作。

案例9.4　人社部：进一步实现社保待遇资格"无形认证"

"将按照本次'跨省通办'要求,继续开通失业保险关系网上转移、社保卡网上申领和补换等服务。通过与相关部门的大数据比对,扩大社保待遇资格的'无形认证',减少群众操作。"今日下午,在国务院政策例行吹风会上,人力资源和社会保障部信息中心主任翟燕立介绍,近年来,人社部加速推进各项异地就业和社保服务。2019年9月,人社部在互联网上开通了国家社会保险公共服务平台,群众可以查询本人在各参保地的社保年度权益信息,也就是俗称的社保年度对账单;流动就业以后,可以通过网上申请办理企业职工养老保险的跨省转移;异地居住的退休人员,可以通过刷脸完成社保待遇资格认证;电子社保卡已经在全国范围实现申领。

一年以来,社保公共服务平台共提供服务5.5亿人次。

翟燕立指出,今年疫情发生后,人社部进一步推出失业登记、失业保险待遇申领等全国统一服务,失业人员无论人在哪里,都能及时获得就业服务和领取失业金。此外,我们还提供了就业创业证、技工院校毕业证等证书的查询核验服务,方便异地就业时的亮证核验。上述这些服务也大都可以通过国家政务服务平台、人社部政务服务平台或是手机里的电子社保卡、掌上12333App获取,实现"指尖办"

和"零跑腿"。

瞿燕立表示，下一步，人社部通过规范参保证明，为个人或企业提供统一的查询、打印等服务。此外，还要进一步完善地区协作机制，逐步为参保的工伤职工提供异地待遇资格认证、异地居住申请、异地就医结算等服务。开通流动人员人事档案转递的"多地联办"。将目前的年度社保权益查询进一步升级为月度的社保参保缴费记录查询。通过这些举措，不断满足群众日益增长的办事需求，方便群众异地就业和居住。

（来源于人民网-社会频道2020年09月30日所载文章，记者温璐）

五、深化医药卫生体制改革

改革开放以来，党和国家高度重视医疗卫生事业的发展。为不断提升我国人民的健康状况和水平，医药卫生体制改革不断深化。通过实施中国特色的"全民医保"方案，建立和完善城乡医疗、医药体系，实现"三医联动"改革方略。同时，实施"健康中国"战略等措施促进中国人民健康水平稳步提高，健康状况不断改善。

（一）实施中国特色的"全民医保方案"

为解决老百姓"看病难""看病贵"的难题，我国不断探索建立适应我国人民需要和医疗卫生事业发展状况的医保方案。新型农村合作医疗制度和城镇医疗保险制度是我国逐步建立起来的"全民医保方案"的重要内容。

2003年起，我国开始试点建立由政府组织、引导、支持，农民自愿参加，个人、集体和政府多方筹资，以大病统筹为主的农民医疗互助共济的新型农村合作医疗制度；并且在各级政府的领导下，各有关部门共同努力，广大农村居民积极参与，新农合工作取得了显著成效。农村地区已全面建立起新农合制度，制度框架和运行机制基本建立，农村居民医疗负担得到减轻，卫生服务利用率得到提高，因病致贫、因病返贫的状况得到缓解。2007年，在新型农村合作医疗制度取得一定成果的基础上，城镇居民基本医疗保险制度开始试点。这一制度在一定程度上减轻了城镇居民患大病时的经济负担。

（二）建立和完善城乡医疗、医药体系

我国围绕分级诊疗、现代医院管理、全民医保、药品供应保障、综合监管五项制度建设和建立优质高效的医疗卫生服务体系。推进分级诊疗制度建设，不断强化基层医疗卫生服务能力，加强基层医疗卫生服务体系建设，按照"县强、乡活、村稳、上下联、信息通、模式新"的思路，推进县域综合医改，深化基层医疗卫生机构综合改革，激发基层机构活力。逐步建立现代医院管理制度，全面推进公立医院综合改革。逐步完善全民医保制度,用较短的时间建立起世界上规模最大的基本医疗保障网,全面建立城乡居民大病保险制度,全面实施医疗救助制度,开创性建立疾病应急救助制度,加快发展商业健康保险。完善药品供应保障制度,实施药品生产、流通、使用全流程改革。加快建立综合监管制度,深化卫生健康领域"放管服"改革,逐步健全医疗卫生行业综合监管制度。

为满足人民的健康需求,我国不断加强城乡医疗卫生设施建设。近年来,我国医疗卫生资源布局逐步改善,实施全民健康保障工程建设规划,重点支持县级医院、妇幼保健机构和专业公共卫生机构建设。卫生机构总体数量不断增加,医疗卫生机构床位数不断增多,卫生人员的数量不断壮大,城乡医疗卫生机构的接纳能力提高。同时,医疗卫生设备也不断地革新,为医疗卫生事业的发展提供了保障。

(三)实施"健康中国"战略

党的十八大以来,以习近平同志为核心的党中央把全民健康作为全面小康的重要基础,强调把健康放在优先发展的战略地位。实现国民健康长寿,是国家富强、民族振兴的重要标志,也是全国各族人民的共同愿望。2016年中共中央、国务院印发了《"健康中国2030"规划纲要》。"健康中国"战略的主题为"共建共享、全民健康",目标为到2020年,建立覆盖城乡居民的中国特色基本医疗卫生制度,健康素养水平持续提高,健康服务体系完善高效,人人享有基本医疗卫生服务和基本体育健身服务,基本形成内涵丰富、结构合理的健康产业体系,主要健康指标居于中高收入国家前列;到2030年,促进全民健康的制度体系更加完善,健康领域发展更加协调,健康生活方式得到普及,健康服务质量和健康保障水平不断提高,健康产业繁荣发展,基本实现健康公平,主要健康指标进入高收入国家行列;到2050年,建成与社会主义现代化国家相适应的健康国家。[1] 这一战略的制定为我国的医疗卫生事业发展描绘了美好蓝图,为我国进一步深化医疗卫生体制改革指明了方向。

案例9.5 构筑更加强大的医疗卫生体系——2020年下半年医改看点扫描

2020年7月28日,国新办举行国务院政策例行吹风会,国家有关部门负责人围绕疾控、医保、药品、公立医院等领域的民众关切焦点,针对国务院办公厅印发的《深化医药卫生体制改革2020年下半年重点工作任务》这份重磅文件给出了详

---

[1] 中共中央 国务院印发《"健康中国2030"规划纲要》[EB/OL].中华人民共和国中央人民政府,2016-10-25.

细解读。

(一)公卫体系"关口前移":从"治病"到"预防"

据国家发改委社会司司长欧晓理介绍,今年中央预算内投资用于公共卫生相关项目建设的投资总量是去年的两倍,缩减了其他的一些专项,集中支持公共卫生领域的建设。下一阶段将重点加强医疗卫生机构七项能力建设。主要包括,发热门诊接诊能力,所有二级以上综合医院要合理布局诊室、留观室、候诊区,扩大等候间距,配齐筛查所需的设施设备;强化传染病的检测能力,所有承担收治任务的医院都要具备已知传染病的常规检测能力。此外,欧晓理介绍,下半年深化医改还将重点完善重大疫情救治保障,每个省份改造升级1—3所重大疫情救治基地,承担危重患者救治和重要医疗设备储备任务。应急医疗物资启用预案保障,各地要全面掌握定点医院、方舱医院等应急设施分布图和启用的次序表。完善应急医疗物资保障,做好医用口罩、防护服、防护眼罩等的储备,提升有效抵御第一波需求冲击的能力。

(二)改"医"保"药":更公益更可及

国家卫健委体制改革司司长梁万年透露,下一步医改的重要抓手是推进以县域为龙头,实施县乡一体、乡村一体的人财物统一管理,使整个县域内医疗卫生机构形成有效的紧密型医共体。同时,城市要对辖区老百姓实行全方位的健康管理,把公立医院的优质资源下沉到社区。国家卫健委副主任、国务院医改领导小组秘书处副主任王贺胜介绍,去年25个中选药品价格较2018年最低价平均降幅59%,17种医保谈判抗癌药医保报销52亿元,96万人次受益。下一步,将继续完善药品耗材采购政策,加强药品耗材使用监管,做好短缺药品保供稳价。

(三)基本医保再提升:人均财政补助标准增加30元

国家医保局医药服务管理司司长熊先军透露,截至7月19日,全国新冠肺炎确诊和疑似患者发生医保结算13.55万人次,涉及医疗费用18.47亿元,医保支付12.32亿元,支付比例达到67%。下半年深化医保制度改革仍是医改"重头戏"之一:城乡居民医保人均财政补助标准增加30元,完善重大疫情医疗救治费用保障机制,开展门诊费用跨省直接结算试点,推进"互联网+医疗保障"……围绕群众关切问题,文件提出了提高基本医疗保障水平、推进医保支付方式改革、加强医保基金管理等多方面工作内容。

(作者根据新华社北京2020年7月28日所载文章,整理所得。)

第三节　民生事业发展主要成效

改革开放以来,伴随着经济的发展,我国人民的生活发生了翻天覆地的变化。无论是宏观的统计数据还是个人直观的感受,都体现着我国人民生活水平有了显著的提高,中国民生事业发展取得了显著的成就。

一、人民生活:超越温饱,全面小康

改革开放40余年来,我国人民的生活有了翻天覆地的变化,人民生活水平超越温饱,走向如今追求美好的生活,我国的民生事业发展有着显著的实效。随着我国经济社会的快速发展和综合国力的显著增强,居民收入持续快速增长,收入来源明显多元化,分配差距持续缩小,消费质量明显改善,食品支出比重持续下降,居住面积明显提高。特别是党的十八大以来,居民收入继续快速增长,分配差距进一步缩小,消费结构继续改善,生活质量继续提高,为全面实现小康社会奠定了坚实的基础。[1]

（一）收入水平不断提高

改革开放以来,我国居民收入节节攀升,消费水平大幅提高。2017年,全国居民人均可支配收入25974元,扣除价格因素,比1978年实际增长22.8倍,年均实际增长8.5%。全国居民人均消费支出18322元,扣除价格因素,比1978年实际增长18.0倍,年均实际增长7.8%。2018年,在改革开放40年间,我国居民用31年时间实现人均收入跨万元大关,用5年时间实现人均收入跨2万元大关。[2] 目前,我国的居民人均可支配收入已经突破3万元,达到30733元(如图9.3.1)。

---

[1] 居民生活水平不断提高　消费质量明显改善——改革开放40年经济社会发展成就系列报告之四[EB/OL]. 国家统计局,2018-08-31.
[2] 居民生活水平不断提高　消费质量明显改善——改革开放40年经济社会发展成就系列报告之四[EB/OL]. 国家统计局,2018-08-31.

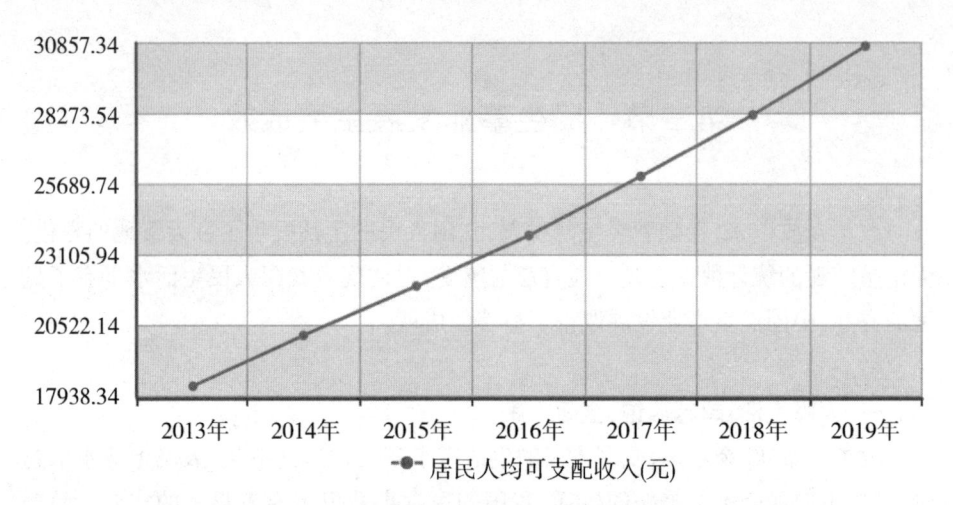

图 9.3.1　2013—2019 年居民人均可支配收入变化

注：来源于国家统计局年度数据查询。

（二）收入格局明显改善

我国城乡居民的收入构成从单一占比较高走向多元共同增长，城乡、区域和居民之间收入差距持续缩小，收入分配格局明显改善。

1. 居民收入在宏观收入分配中占比逐步回升

在宏观收入核算中，参与收入分配的主体由企业、政府和居民三大部门组成，三者的比例关系是国民收入分配格局的重要体现。2009 年，居民收入在国民收入分配中的占比为 58.1%，比 2008 年提高 1.4 个百分点。党的十八大以来，各地政府努力增加居民收入，调整国民收入分配格局，居民收入在宏观收入分配中的比重稳步提高。2015 年，居民收入在国民收入分配中的占比为 61.6%，比 2010 年提高 3.8 个百分点。[1]

2. 居民收入来源呈现多元化

伴随着城乡居民收入的跨越式增长，城乡居民的收入来源也从单一走向多元，农村居民收入来源由单一的集体经营收入转为家庭经营、工资、转移收入并驾齐驱。改革开放初期，"以粮为纲"的经济模式使农村居民的收入来源较为单一，主要从集体统一经营中获取收入。1978 年农村居民人均收入中，66.3% 来源于集体统一经营收入。家庭联产承包责任制实行后，农户逐渐成为独立的经营单位，家庭经营收入成为农村居民收入的重要来源。

---

[1] 人民生活实现历史性跨越 阔步迈向全面小康——新中国成立 70 周年经济社会发展成就系列报告之十四[EB/OL]. 国家统计局，2019-08-09.

1978年我国农村居民人均工资性收入占人均可支配收入的66%,经营净收入占人均可支配收入的26.8%,转移性收入仅占人均可支配收入的7%。到2019年,我国农村居民人均工资性收入占人均可支配收入的41%,经营净收入占人均可支配收入的36%,财产净收入占人均可支配收入的2.3%,转移净收入仅占人均可支配收入的20.5%。

收入来源的多样性在我国城镇居民收入中表现得更为明显。2019年,我国城镇居民人均可支配工资性收入在城镇人均可支配收入中占60%,经营净收入占人均可支配收入的11%,财产净收入占人均可支配收入的10%,转移净收入仅占人均可支配收入的18%。①（如图9.3.2）

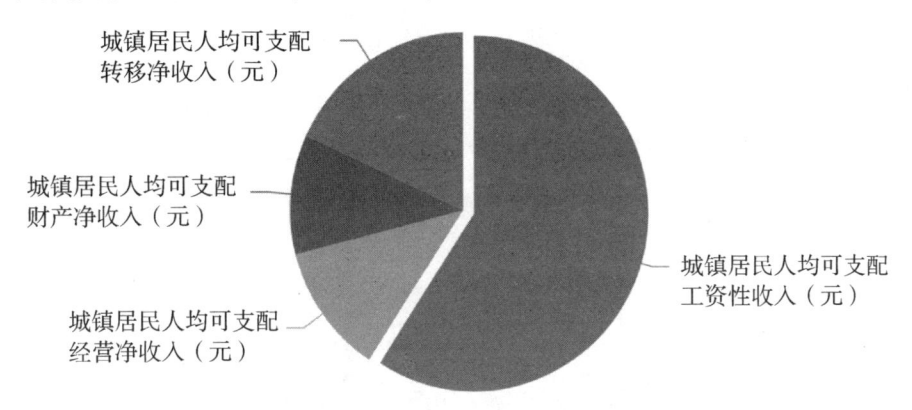

图9.3.2　2019年居民收入来源结构

注:来源于国家统计局年度数据查询。

3. 居民收入差距持续缩小

城乡居民收入差距缩小明显。改革开放以来,我国收入分配制度改革逐步推进,极大促进了城乡居民收入水平的提高。特别是党的十八大以来,党和政府充分发挥再分配调节功能,加大对保障和改善民生的投入,农村居民收入增速快于城镇居民,城乡居民收入差距持续缩小。2019年,城乡居民人均可支配收入之比值2.64,比2012年下降0.24。②

地区差距不断缩小。2017年,东部、中部、西部、东北地区居民人均可支配收入分别为33414元、21834元、20130元和23900元。2018年,以西部地区居民收入为1,东部地区与西部地区居民人均收入之比为1.65,中部地区与西部地区居民

---

① 数据来源于国家统计局数据库年度数据查询。
② 数据来源于国家统计局数据库年度数据查询。

人均收入之比为 1.08,东北地区与西部地区居民人均收入之比为 1.16。① 东部、中部、东北地区与西部收入相对差距分别比 2012 年缩小 0.07、0.02、0.14。

(三)消费结构明显改善

随着我国居民收入水平的大幅提高,居民消费水平和消费结构明显改善(如图 9.3.3)。在解决了温饱问题后,城乡居民开始从基本的吃穿消费向发展和享受型消费倾斜。同时随着消费市场持续完善,消费环境不断优化,公共设施覆盖率提高,社会服务更加全面,城乡居民从吃穿住用的品质到能够享受的医疗教育服务水平,都发生着重大的变化,生活质量不断提升。②

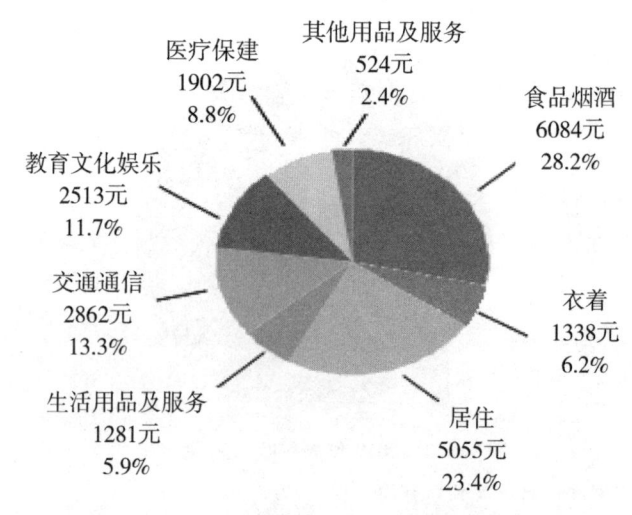

图 9.3.3 2019 年全国居民人均消费支出及其结构

注:图片来源于国家统计局发布的《中华人民共和国 2019 年国民经济和社会发展统计公报》。

1. 食品支出比重明显下降

食品支出比重是国际通用的衡量一个国家或地区人民生活水平高低的重要指标。改革开放以来,我国城乡居民恩格尔系数显著下降,人民生活水平明显提高。2019 年,全国居民恩格尔系数为 28.2%,比 1978 年的 63.9% 下降了 35.7 个百分点;城镇居民恩格尔系数为 18.2%,比 1978 年的 57.5% 下降了 39.3 个百分点;农村居民恩格尔系数为 21.2%,比 1978 年的 67.7% 下降了 46.5 个百分点。

---

① 作者根据国家统计局 2019 年年鉴数据查询计算得出。
② 居民生活水平不断提高 消费质量明显改善——改革开放 40 年经济社会发展成就系列报告之四[EB/OL]. 国家统计局,2018-08-31.

2. 衣着实现成衣时尚化

改革开放以来,城乡居民的衣着需求发生了三个转变,即从"保暖御寒"向"美观舒适"转变,从"一衣多季"向"一季多衣"转变,从"做衣"向"购衣"转变。居民穿着更加注重服装的质地、款式和色彩的搭配,名牌化、时装化和个性化成为人们的共同追求,衣着消费支出大幅增长。2019年,城镇居民人均衣着支出1832元,比1978年增长42.3倍,年均增长10.0%;农村居民人均衣着支出713元,比1978年增长47.2倍,年均增长10.1%。

3. 耐用消费品升级换代

改革开放初期,手表、自行车和缝纫机成为部分居民家庭婚嫁必备的"三大件"。1979年,城镇居民平均每百户才拥有手表204只,自行车113辆,缝纫机54.3架;农村居民平均每百户拥有手表27.8只,自行车36.2辆,缝纫机22.6架。当时,电视机还属稀缺消费品,直到1980年,城镇居民平均每百户才拥有黑白电视机32.0台,农村居民平均每百户仅有0.4台。

20世纪80到90年代,随着改革开放的深入推进,家庭耐用消费品开始向电气化迈进,居民家庭青睐的"三大件"变成了冰箱、洗衣机、彩色电视机。1989年,城镇居民平均每百户拥有冰箱36.5台,洗衣机76.2台,黑白电视机55.7台,彩色电视机51.5台;农村居民平均每百户拥有冰箱0.9台,洗衣机8.2台,黑白电视机33.9台,彩色电视机仅3.6台。90年代末,城乡居民交通出行方式开始有了多种选择。1999年,城镇居民平均每百户拥有摩托车15.1辆,家用汽车0.34辆;农村居民平均每百户拥有摩托车16.5辆。进入高科技迅速发展的21世纪,家庭消费也随之向现代化、科技化迈进,移动电话、计算机、汽车走入寻常百姓家。2018年,城镇居民平均每百户拥有移动电话243.1部,计算机73.1台,家用汽车41.0辆;农村居民平均每百户拥有移动电话257部,计算机26.9台,家用汽车22.3辆。[1]

4. 居住条件和质量明显上升

改革开放初期,绝大多数城镇居民租住单位或房屋管理部门的房屋,只有少数居民拥有自己的住房。1984年,城镇居民居住公房的户比重为88.2%,而居住自有房的户比重仅有9.4%。人口多、住房面积小、三代同居一室是当时住房较为普遍的现象。

改革开放以来,党和政府高度重视改善居民的居住条件,加大了民用住宅建设的投资力度,近年来更是通过建设廉租房和经济适用房千方百计解决居民住房

---

[1] 居民生活水平不断提高 消费质量明显改善——改革开放40年经济社会发展成就系列报告之四[EB/OL]. 国家统计局,2018-08-31.

难的问题。随着棚户区改造和贫困地区危旧房改造项目的推进,许多居民家庭告别低矮、破旧、设施简陋的住房,迁入宽敞明亮、设施齐全的楼房,居住条件明显改善;城镇居民、农村居民人均住房建筑面积分别比1978年增加30.2、38.6平方米;城乡居民居住在钢筋混凝土或砖混材料结构住房的户比重为93.5%和65.0%,分别比2013年提高1.7和9.3个百分点。

住房条件明显改善的同时,城乡居民的居住质量也明显提升。2017年,城乡居民住宅外道路为水泥或柏油路面的户比重为93.4%和66.3%,分别比2013年提高3.3和14.9个百分点;城乡居民有管道供水入户的户比重为97.7%和74.6%,分别比2013年提高1.3和13.7个百分点。尤其是习近平总书记就"厕所革命"作出重要指示后,城乡居民的厕所卫生条件明显改善。2017年,城乡居民使用卫生厕所的户比重为91.7%和45.0%,分别比2013年提高2.4和9.4个百分点;城乡居民使用本住户独用厕所的户比重为93.5%和95.4%,分别比2013年提高3.8和2.8个百分点。①

5. 交通通信和文化消费比重上升

改革开放初期,城乡居民交通出行方式相对单一,通信方式主要依靠邮政传递,服务档次低,居民交通通信支出少。改革开放以来,交通通信行业发展迅速,城乡居民交通通信支出不断增加。2017年,城镇居民人均交通通信支出3322元,1979—2017年年均增长18.0%,人均交通通信支出占比为13.6%,比1978年提高11.9个百分点;农村居民人均交通通信支出1509元,1986—2017年年均增长19.2%,人均交通通信支出占比为13.8%,比1985年提高12.1个百分点。

改革开放初期,居民文化娱乐生活较为单调,相应支出较少。改革开放以来,随着物质生活水平的提高和居民休闲时间的增多,城乡居民对教育、文化、娱乐等发展性消费的投入不断加大。2017年,城镇居民人均教育文化娱乐支出2847元,1979—2017年年均增长13.1%,人均教育文化娱乐支出占比为11.6%,比1978年提高4.2个百分点;农村居民人均教育文化娱乐支出1171元,1986—2017年年均增长15.3%,人均教育文化娱乐支出占比为10.7%,比1985年提高6.8个百分点。② 2019年城镇居民人均交通通信支出进一步增加达到3671元,农村居民人均交通通信支出达到1837元;2019年城镇居民人均教育文化娱乐支出达到了3328元,农村居民人均教育文化娱乐支出达到了1482元。

---

① 居民生活水平不断提高 消费质量明显改善——改革开放40年经济社会发展成就系列报告之四[EB/OL]. 国家统计局,2018-08-31.

② 居民生活水平不断提高 消费质量明显改善——改革开放40年经济社会发展成就系列报告之四[EB/OL]. 国家统计局,2018-08-31.

二、城乡就业：平稳就业，劳有所得

改革开放后，逐渐建立起来的良好的就业机制让我国走向了平稳就业的新常态。不断完善的就业政策、服务体系和就业保障机制保障了我国城乡居民平稳就业、劳有所得。

（一）就业形势保持稳定

改革开放以来，党和政府始终把就业工作摆在优先位置，想方设法满足劳动者的就业需求，提升了就业总量，保持了就业形势的长期稳定。

1. 就业规模不断扩大

1978年，我国城乡就业人员共计40152万人，其中城镇就业人口9514万人。改革开放后，经济发展与扩大就业有效联动，就业规模不断扩大。2019年末，就业人员总量达到77471万人，比1978年增加37319万人，增长了约93%，平均每年增长约933万人；城镇就业人员总量达到44247万人，比1978年增加34733万人，增长了约365%，平均每年增长约868万人。就业总量的增长为我国经济的快速增长提供了保障。①（如图9.3.4）

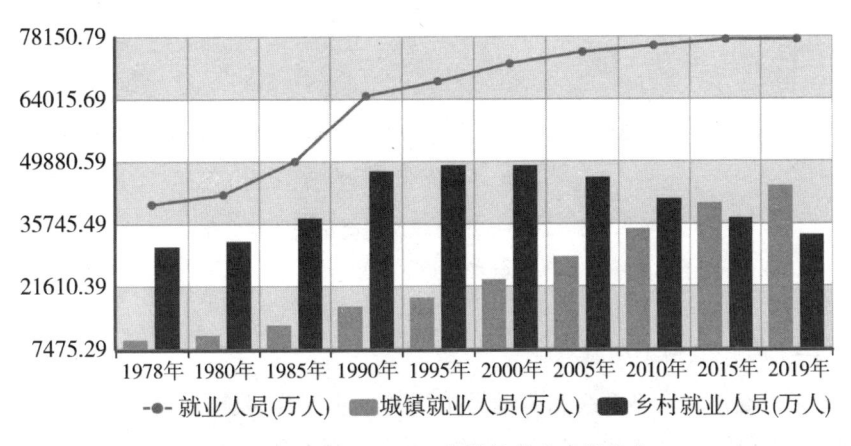

图9.3.4　1978—2019年城镇就业人数变化

注：来源于国家统计局年度数据查询。

2. 失业率长期保持较低水平

改革开放40余年间，除20世纪70年代末知青集中返城和90年代末国有企

---

① 2019年度人力资源和社会保障事业发展统计公报[EB/OL]．中华人民共和国人力资源和社会保障部，2020-09-11．

业职工集中下岗之外,绝大部分时期失业率水平都较低。20世纪80年代中期到世纪末,城镇登记失业率一直保持在3.1%以下,部分时期一度处于2.0%左右的低水平。进入21世纪以来,城镇登记失业率基本维持在4.3%—4.0%的较低水平,2017年时隔15年后再次降到4.0%以下,2019年降至3.62%。

党的十八大以来,党中央坚持实施就业优先战略和积极的就业政策,大力推动创业带动就业,在经济增长由高速转向中高速的宏观背景下,就业形势呈现了总体平稳、稳中向好的态势。[1] 2013—2019年,全国城乡就业总量年均增加82万人,城镇就业人员年均增加1001万人;城镇登记失业率稳定在4.0%左右,城镇调查失业率稳定在5.0%左右的较低水平;劳动力市场运行平稳,求人倍率持续保持在1.0以上。(如图9.3.5)

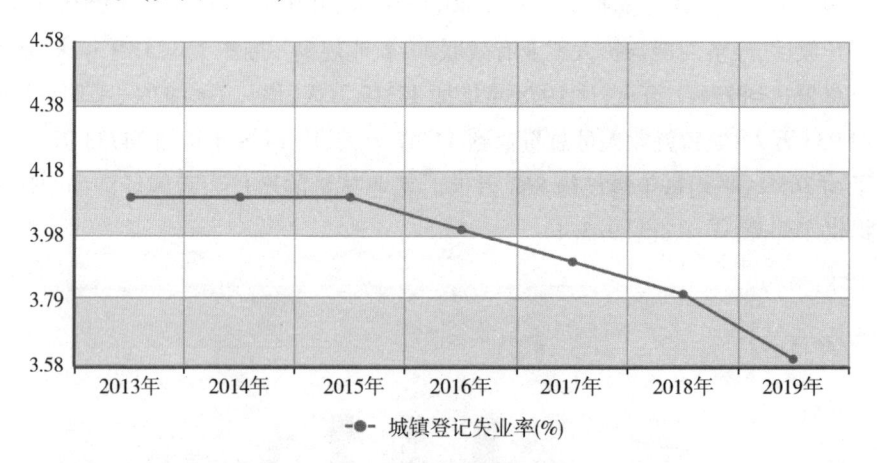

图9.3.5 2013—2019年城镇登记失业率变化

注:来源于国家统计局年度数据查询。

(二)就业结构不断优化

伴随着经济的转型升级和劳动力市场的逐步完善,我国就业人员的城乡、产业和所有制结构持续优化,就业人员的素质也不断提升。

1. 城镇就业比重达到50%以上

1978年,分城乡就业人员占比分别为23.7%、76.3%,我国就业人员多集中在乡村就业。改革开放释放了劳动力市场的活力,大量的乡村人口转移到城镇就业,带动城镇就业比重不断上升,推动了经济发展。2014年,城镇就业比重首次超

---

[1] 就业规模不断扩大 就业形势长期稳定——新中国成立70周年经济社会发展成就系列报告之十九[EB/OL]. 国家统计局,2019-08-20.

越乡村,达到 50.9%。2019 年,我国城镇就业占比进一步提高到 57%。42 年来,城镇就业比重增加了 34 个百分点,平均每年提高 0.8 个百分点。

2. 服务业成为就业第一大产业

1978 年,我国第一、二、三产业就业人数分别为 28318 万人、6945 万人、4890 万人,占比分别为 70.5%、17.3% 和 12.2%,农业是劳动者就业的主要部门。随着经济结构调整优化,就业人员从第一产业大量转移到第二、三产业,产业就业结构不断优化升级。第三产业在 1994 年和 2011 年分别超过第二产业和第一产业,成为吸纳就业人数最多的行业;2014 年,第二产业超过第一产业,农业成为就业人数占比最少的产业。

2019 年,在全国就业人员中,第一产业就业人员占 25.1%;第二产业就业人员占 27.5%;第三产业就业人员占 47.4%(如图 9.3.6)。三大产业就业结构的高低排序从"一、二、三"的发展型模式提升到了"三、二、一"的现代模式,就业结构更加合理。

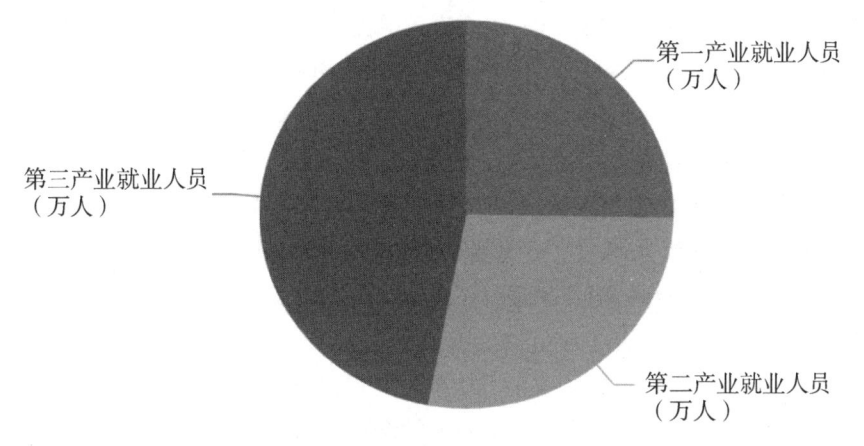

图 9.3.6　2019 年三产就业人员比例

注:来源于国家统计局年度数据查询。

3. 非公有制经济成为吸纳就业的主要渠道

在社会主义市场经济体制建立和完善的过程中,多种所有制经济共同发展,非公有制经济也逐渐发展壮大,提供了大量就业岗位,为稳定和扩大就业发挥了重要作用。1978 年,除少量个体就业外,我国城镇就业人口几乎都集中在国有和集体单位,占比高达 99.8%。随着改革开放 40 多年的经济发展,劳动就业分布也发生了巨大变化。2019 年,私营企业、个体吸纳的城镇就业人数占城镇就业总人数的 59%,吸纳的乡村就业人数占乡村就业总人数的 43%。

4. 就业人员素质显著提高

改革开放后,教育事业的发展促进国民素质显著提升,加之市场导向就业机制的逐步形成,劳动者为了提升在劳动力市场中的竞争力,也更加注重自身素质的提高。教育事业的发展为劳动力市场提供了大量的高素质人才,大批留学人员回国进一步提升了就业人员素质。据初步测算,2018年的就业人员与1982年相比,大专及以上受教育程度人员占比由0.9%上升到20.1%;高中受教育程度人员占比由10.5%提高到18.0%;初中受教育程度人员占比由26.0%提高到43.2%;小学及以下受教育程度人员占比由62.6%下降到18.7%。

(三)就业质量显著提升

1. 工资收入快速增长

改革开放后,经济发展不断迈上新台阶,再加上政府出台最低工资标准等一系列政策措施,城镇就业人员平均工资快速增长。2018年,我国城镇非私营单位就业人员平均工资达到82461元,是1978年的134倍,年均增长率达到13.0%,扣除物价因素,实际增长了18.3倍,年均实际增长率为7.7%。2019年,我国国有城镇单位就业人员平均工资达到98899元,是1978年全民所有制职工平均工资的153倍。①

2. 就业稳定性不断提高

改革开放破除固定工限制,打破"铁饭碗",搬掉"铁交椅",实行劳动合同制度,促进劳动力的流动,激发了劳动者的创造力。但与此同时,企业利用自身的强势地位不签订劳动合同,随意解雇员工等现象逐渐出现。为此,国家不断完善相关法律法规,加强劳动执法力度,规范劳动合同的签订,在保持劳动力市场活力的同时,不断提高就业稳定性。据人力资源社会保障部统计,2019年全国企业劳动合同签订率达90%以上,全国经人力资源社会保障部门审查并在有效期内的集体合同累计为175万份,覆盖职工1.49亿人。②

3. 工作生活更加平衡

改革开放后,为充分保障职工休假权利,经过多次完善,最终规定实行双休工作制,再设定法定节假日和带薪年假。这一措施实施后,职工的全年休息日可达120天以上。近年来,国家先后出台了一系列法律法规对工时制度、加班费用等进

---

① 数据来源于国家统计局发布的《就业规模不断扩大 就业形势长期稳定——新中国成立70周年经济社会发展成就系列报告之十九》及《中华人民共和国国家统计局关于一九七八年国民经济计划执行结果的公报》。

② 2019年度人力资源和社会保障事业发展统计公报[EB/OL].中华人民共和国人力资源和社会保障部,2020-09-11.

行明确规定,企业用工更加规范,超时用工得到缓解,有效减轻了劳动者工作负担,2018年底,我国企业就业人员周平均工作时间为46.0小时。[1]

4. 劳动保障持续加强

改革开放前期,劳动力市场建设刚刚起步,农村缺少劳动保障制度,城镇职工的养老、医疗等保障由所在单位负责,但各单位保障能力不一,总体保障水平有限。随着有关劳动者的各项保险制度逐步建立和完善,覆盖人群不断扩大,保障能力不断增强,世界上人口最多的国家建立起了比较健全的劳动保障制度。2019年,中国参加基本养老保险人数由1989年的5710万人增加到96754万人;参加基本医疗保险人数由1993年的290万人增加到135430万人;参加失业保险人数由1992年的7443万人增加到20543万人;参加工伤保险人数由1993年的1104万人增加到25478万人;参加生育保险人数由1993年的557万人增加到21432万人。[2]

(四)就业机制不断完善

1. 劳动力市场法律体系逐渐完善

1993年,党的十四届三中全会的决议中明确提出,要建立社会主义市场经济体制,培育和发展劳动力市场。此后,我国先后制定实施了一系列配套法律法规,确立了市场导向的就业机制的法律地位。1995年实施的《劳动法》,明确了劳动关系各主体的法律地位,以法律的形式规定各类企业实行全员劳动合同制,保障了企业自主用工、个人自主择业的权利,为劳动力市场的建设奠定了坚实的法律基础。2008年我国实施《就业促进法》,明确了就业工作在经济社会发展中的突出地位,强化了政府促进就业的责任,完善了市场导向就业机制,为积极就业政策的长期实施提供了法律保障。2008年实施的《劳动合同法》,完善了劳动合同制度,明确劳动合同双方当事人的权利和义务,有利于构建并发展和谐稳定的劳动关系。

2. 劳动力市场决定性作用不断增强

经过几十年的培育和发展,我国的劳动力市场逐步走向成熟,市场机制在人力资源配置方面的决定性作用不断加强。一是就业渠道多元化,通过私营企业、外资企业、自主创业和各类新就业形态实现就业的劳动者越来越多,大量农村劳

---

[1] 就业规模不断扩大 就业形势长期稳定——新中国成立70周年经济社会发展成就系列报告之十九[EB/OL]. 国家统计局,2019-08-20.
[2] 数据来源于国家统计局发布的《就业规模不断扩大 就业形势长期稳定——新中国成立70周年经济社会发展成就系列报告之十九》及中华人民共和国人力资源和社会保障部发布的《2019年度人力资源和社会保障事业发展统计公报》。

动力选择进城就业。二是就业形式多样化。许多新就业形态不再有硬性的时间、地点的限制,兼职就业、网络平台就业等不断出现。三是就业观念市场化。劳动者愿意为获得就业岗位或更高收入而进行流动,打破了城乡、地区、行业和所有制的界限,自主择业、自主创业、终身学习等新就业观念也越来越流行。

3. 就业政策和服务体系不断丰富发展

我国从 2002 年开始确立积极就业政策体系的基本框架、2005 年积极就业政策进一步扩展、2008 年应对国际金融危机形成更加积极的就业政策,演进到党的十八大以来更加突出创业和就业紧密结合、支持发展新就业形态,积极就业政策不断升级。随着全国月度劳动力调查制度的建立完善,正式对外发布城镇调查失业率,就业指标体系和就业状况评估体系更加完善,为制定就业政策提供了重要依据。目前,我国已逐步建立起覆盖省、市、县、街道(乡镇)、社区(村)的五级公共就业服务网络,基本形成覆盖城乡的公共就业服务体系。到 2019 年末,全行业共有人力资源服务机构 3.96 万家,从业人员 67.48 万人。全年共为 4211 万家次用人单位提供人力资源服务帮助,2.55 亿人次劳动者实现就业、择业和流动。[①]

三、教育事业:学有所教,全面发展

百年大计,教育为本。教育是人类传承文明和知识、培养年轻一代、创造美好生活的根本途径。[②] 改革开放以来,我国的各级各类教育实现了较为全面的发展,财政性教育投入持续增长,国民教育在这 42 年间得到了显著的提升。

(一)各级各类教育全面发展[③]

改革开放以来,我国对教育事业的发展高度重视。42 年来,我国的教育事业发展取得了较大突破。到 2019 年全国共有各级各类学校 53.01 万所,各级各类学历教育在校生 2.82 亿人,专任教师 1732.03 万人。全国共有各级各类民办学校 19.15 万所,招生 1774.33 万人。

2019 年学前教育毛入园率达到 83.4%,比 1978 年提高 72.8 个百分点。全国共有义务教育阶段学校 21.26 万所,招生 3507.89 万人,在校生 1.54 亿人,专任教师 1001.65 万人,九年义务教育巩固率 94.8%。全国共有特殊教育学校 2192 所,特殊教育学校共有专任教师 6.24 万人,教育学生 14.42 万人。全国高中阶段教育

---

① 2019 年度人力资源和社会保障事业发展统计公报[EB/OL]. 中华人民共和国人力资源和社会保障部,2020-09-11.
② 习近平谈治国理政(第一卷)[M]. 北京:外文出版社,2014:191.
③ 此部分数据来源于国家统计局. 中华人民共和国 2019 年国民经济和社会发展统计公报[EB/OL]. 国家统计局,2020-02-28.

共有学校 2.44 万所，比上年增加 55 所，增长 0.23%；招生 1439.86 万人，比上年增加 90.11 万人，增长 6.68%；在校学生 3994.90 万人，比 1978 增加 2109 万人。高中阶段毛入学率 89.5%，比 2019 提高 53.2 个百分点。

我国近年来高等教育不断发展，高等教育大众化是我国教育事业发展的新成就。2019 年，我国各类高等教育在学总规模 4002 万人，比 1978 年增加 3773 万人。高等教育毛入学率 51.6%，比 1978 年增加 48.9%。（如图 9.3.7）全国共有普通高等学校 2688 所（含独立学院 257 所），比上年增加 25 所，增长 0.94%。其中，本科院校 1265 所，比上年增加 20 所；高职（专科）院校 1423 所，比上年增加 5 所。全国共有成人高等学校 268 所，比上年减少 9 所；研究生培养机构 828 个，其中，普通高等学校 593 个，科研机构 235 个。普通高等学校校均规模 11260 人，其中，本科院校 15179 人，高职（专科）院校 7776 人。

	1978年	1990年	2000年	2010年	1995年	2015年	2016年	2017年	2018年	2019年
在学总规模	228	382	1229	3105	3325	3647	3699	3779	3833	4002
毛入学率	2.7	3.4	12.5	26.5	30.0	40.0	42.7	45.7	48.1	51.6

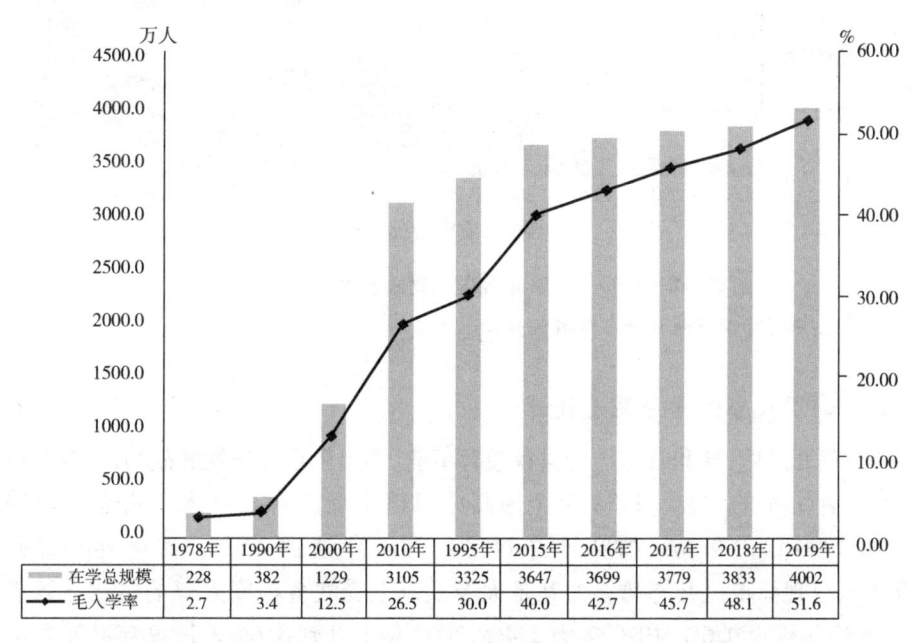

图 9.3.7　1949—2019 年我国高等教育在学规模和毛入学率变化

注：来源于《2019 年全国教育事业发展统计公报》。

（二）教育经费投入持续增长

党的十八大以来，以习近平同志为核心的党中央始终坚持实施教育优先发展战略，高度重视增加教育投入，以政府投入为主、多渠道筹措教育经费的体制进一步完善，各级教育生均拨款制度和学生资助政策体系进一步健全，财政教育投入力度和学生资助力度进一步加大，为推动教育改革发展、促进教育公平、提高教育质量提供了有力支持(如图9.3.8)。国家财政性教育经费占GDP的比例连续5年超过4%,充分体现了中央优先发展教育的决心。财政性教育经费使用有三个"一半以上",从各级教育分布看,一半以上用于义务教育。从地区之间分布看,一半以上用于中西部。从支出项目分布看,一半以上用于教师工资和学生资助。这充分体现了"保基本、守底线、补短板、促公平"的原则。学生资助方面,资助学生数量持续增长、资助金额持续增长、财政投入持续增长,学校和社会投入持续增长,充分体现了教育公平保障水平的不断提升。①

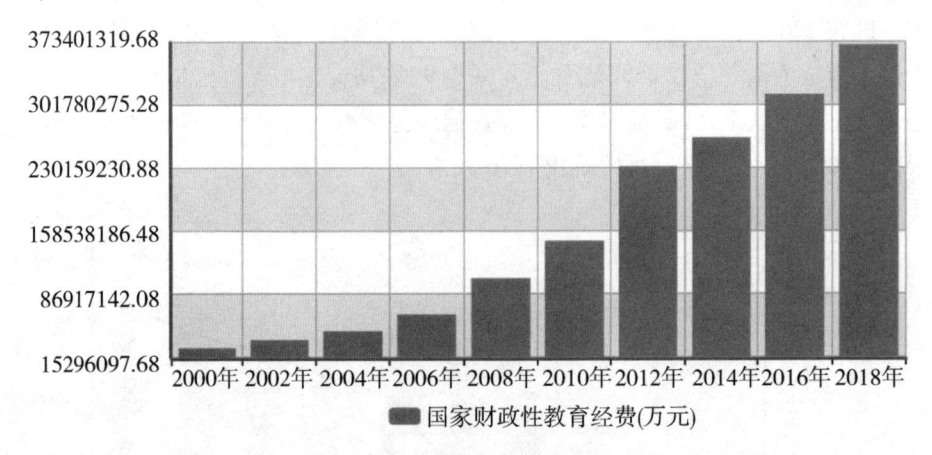

图9.3.8 2000—2018年我国的财政性教育经费投入情况

注:来源于国家统计局年度数据查询。

(三)国民整体素质显著提升

改革开放后,党和政府十分重视教育事业,实施教育优先发展战略,人口受教育程度有了质的飞跃。1982年全国高中及以上受教育程度人口占总人口的7.2%,1990年占9.4%,2000年占14.7%,2010年达到22.9%,2018年提高到29.3%,呈现稳步提升态势。尤其是大专及以上受教育程度人口的占比显著提高,1982年仅为0.6%,1990年为1.4%,2000年上升到3.6%。1999年教育部出台了《面向21世纪教育振兴行动计划》,高校招生规模快速增长,高学历层次的人才不断增多。2010年大专及以上受教育程度人口的占比为8.9%,比2000年提高了5.3个百分点;2018年达到了13.0%,比2010年提高4.1个百分点,年均提高0.51个百分点。此外,我国6岁及以上人口平均受教育年限从1982年的5.2年提高到2018年的9.26年,增幅将近80%。

---

① 数据看变化·教育经费保障情况[EB/OL]. 中华人民共和国教育部财务司国家统计局,2017-09-28.

与此同时,中华人民共和国成立以来,我国的扫盲教育在经历初步发展、调整与更新等一系列发展历程后,文盲人口的占比明显下降。粗文盲率由1982年的22.8%降到了2018年的4.9%。总体来说,我国人口文化素质的提升为经济社会的发展提供了重要的推动力,同时经济社会的发展又为人口文化素质的进一步提升提供了良好的物质基础,两者相互促进、共同发展,为我国经济社会走向高质量发展奠定了坚实的人才基础。[①]

四、社会保障:老有所养,弱有所扶

改革开放后,我国逐步建立和完善社会保障体系,保障和救济的质量也不断提高。党的十六大以来,我国始终把社会保障体系的建设视为社会建设的重要内容,持续扩大资金投入,出台政策措施。我国社会保障体系的覆盖面逐年扩大,质量稳步提升,抗风险能力显著增强。到目前为止,已基本建成覆盖城乡的社会保障体系,逐步推进老有所养、弱有所扶。

(一)覆盖范围不断扩大

养老保险覆盖面积不断扩大。2019年末全国参加城镇职工基本养老保险人数43482万人,比2010年增加7775万人,年均增长863万余人。参加城乡居民基本养老保险人数53266万人。(如图9.3.9)

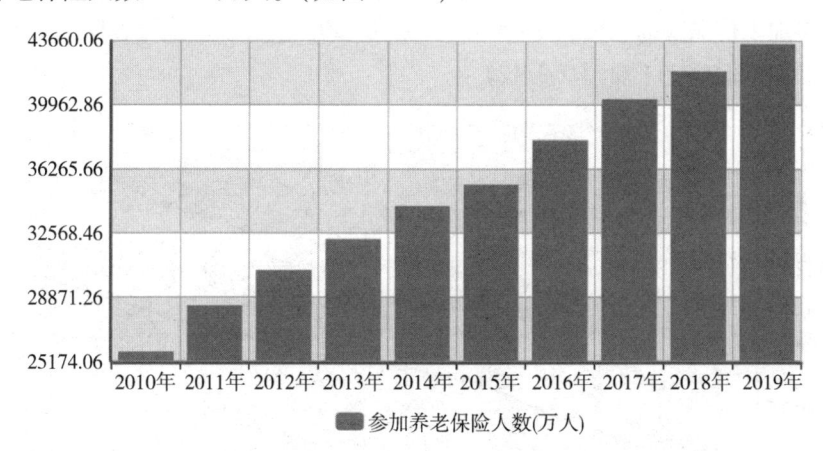

图9.3.9 2010—2019年参加养老保险人数变化

注:来源于国家统计局年度数据查询。

[①] 人口总量平稳增长 人口素质显著提升——新中国成立70周年经济社会发展成就系列报告之二十[EB/OL]. 国家统计局,2019-08-22.

医疗保险覆盖人数不断增加。2019年末参加基本医疗保险人数135436万人，参加职工基本医疗保险人数32926万人；参加城乡居民基本医疗保险人数102510万人。（如图9.3.10）

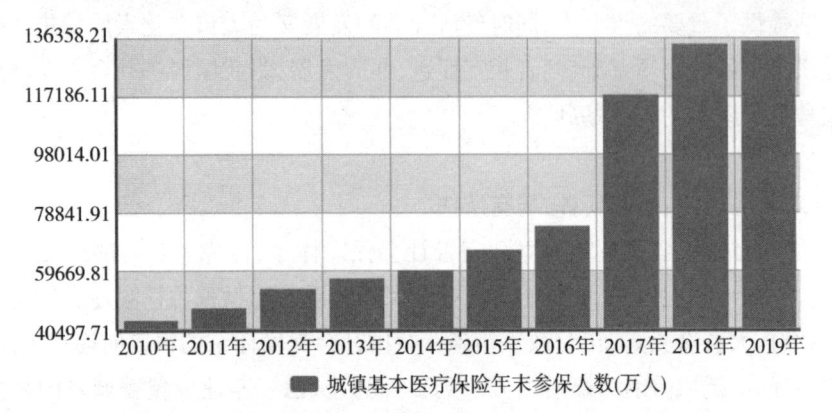

图9.3.10　2010—2019年参加城镇医疗保险年末人数变化

注：来源于国家统计局年度数据查询。

失业保险和工伤保险参保人数不断增加。2019年末参加失业保险人数20543万人，全国领取失业保险金人数228万人；参加工伤保险人数25474万人，其中参加工伤保险的农民工8616万人，增加530万人；参加生育保险人数21432万人。（如图9.3.11和图9.3.12）

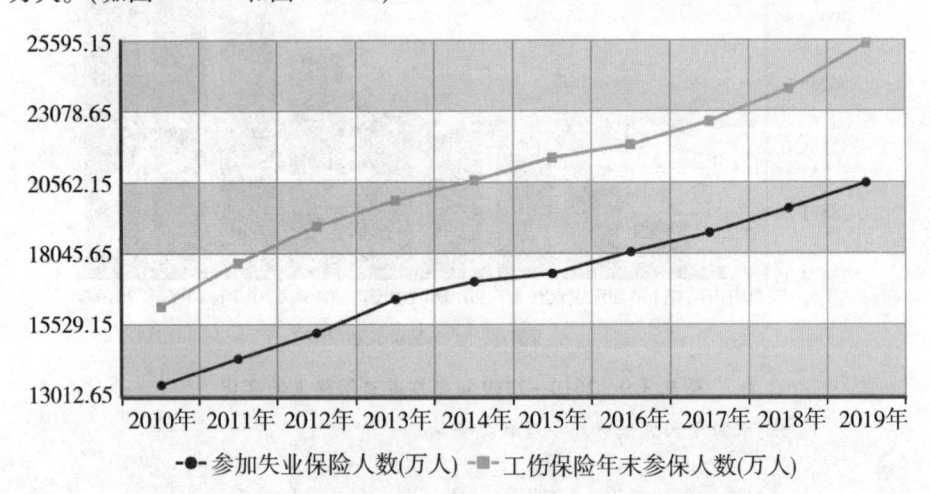

图9.3.11　2010—2019参加失业保险、工伤保险人数变化

注：来源于国家统计局年度数据查询。

(二)社会救助体系不断完善

2019年末全国共有861万人享受城市最低生活保障,3456万人享受农村最低生活保障,439万人享受农村特困人员救助供养,临时救助918万人次。全年资助7782万人参加基本医疗保险,实施门诊和住院救助6180万人次。全年国家抚恤、补助退役军人和其他优抚对象861万人。

2019年末全国共有各类提供住宿的社会服务机构3.7万个,其中养老机构3.4万个,儿童服务机构663个。社会服务床位790.1万张,其中养老服务床位761.4万张,儿童服务床位9.7万张。年末共有社区服务中心2.6万个,社区服务站16.7万个。①

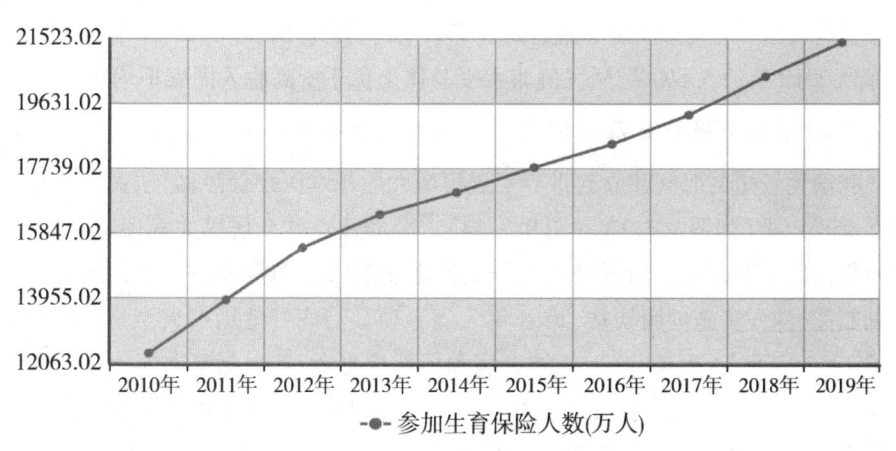

图9.3.12　2010—2019年参加生育保险人数变化②

注:来源于国家统计局年度数据查询。

五、医疗卫生:病有所医,健康中国

改革开放后,随着医疗卫生体制改革的深化,居民健康水平不断提升,全面医保的目标基本实现,公共卫生防御能力显著提高。党的十八大以来,以习近平同志为核心的党中央把全民健康作为全面小康的重要基础,强调把健康放在优先发展的战略地位,确定了新时代党的卫生健康工作方针,提出"实施健康中国战略",将深化医改纳入全面深化改革统筹谋划、全面推进。③

---

① 中华人民共和国2019年国民经济和社会发展统计公报[EB/OL]. 国家统计局,2020-02-28.
② 数据来源于国家统计局数据库年度数据查询.
③ 新中国成立70周年深化医药卫生体制改革相关成就[EB/OL]. 国家卫生健康委员会体制改革司,2019-09-24.

（一）居民健康水平持续提升

70年来,伴随公共卫生事业的发展,中国成功地消除了天花、丝虫病、致盲性沙眼等疾病,有效地控制了传染病的流行和蔓延,地方病严重流行趋势得到有效遏制。而随着生活水平的不断提升和疾病预防、医疗保障等各项政策的有效实施,全国居民健康素质稳步提高。[1] 1990—2000年这10年间,人口的平均预期寿命从68.55岁延长到71.40岁,增长2.85岁。进入21世纪以后,随着我国经济发展水平的快速提高,医疗卫生条件显著改善,社会保障制度更加健全,先进医疗服务体系覆盖面不断扩展,2010年人口平均预期寿命达到了74.83岁,比2000年延长3.43岁。党的十八大以来,我国卫生事业投入力度进一步加大,重大疾病防治成效显著,2019年人均预期寿命达到了77.3岁。婴儿死亡率由2000年的32.2‰下降到2019年的5.6‰[2],居民健康水平总体上优于中高收入国家平均水平。

（二）全面医保目标基本实现

我国用较短的时间建立起世界上规模最大的基本医疗保障网,居民参保率稳固在95%以上(如图9.3.13和图9.3.14)。全面建立城乡居民大病保险制度,政策范围内门诊和住院费用报销比例分别稳定在50%和70%左右。全面实施医疗救助制度,深入实施健康扶贫,2018年大病专项救治病种范围扩大至21种,分类救治1212.7万人,覆盖95.26%的大病和慢性病患者,贫困县基本实现先诊疗后付费和"一站式"结算。医保支付方式改革持续推进,2018年国家平台备案人数达到354万人,跨省异地就医直接结算累计152.6万人次。[3]

---

[1] 郑功成,等.从饥寒交迫走向美好生活——中国民生70年(1949—2019)[M].长沙:湖南教育出版社,2019:236.
[2] 人口总量平稳增长 人口素质显著提升——新中国成立70周年经济社会发展成就系列报告之二十[EB/OL].国家统计局,2019-08-22.
[3] 新中国成立70周年深化医药卫生体制改革相关成就[EB/OL].国家卫生健康委员会体制改革司,2019-09-24.

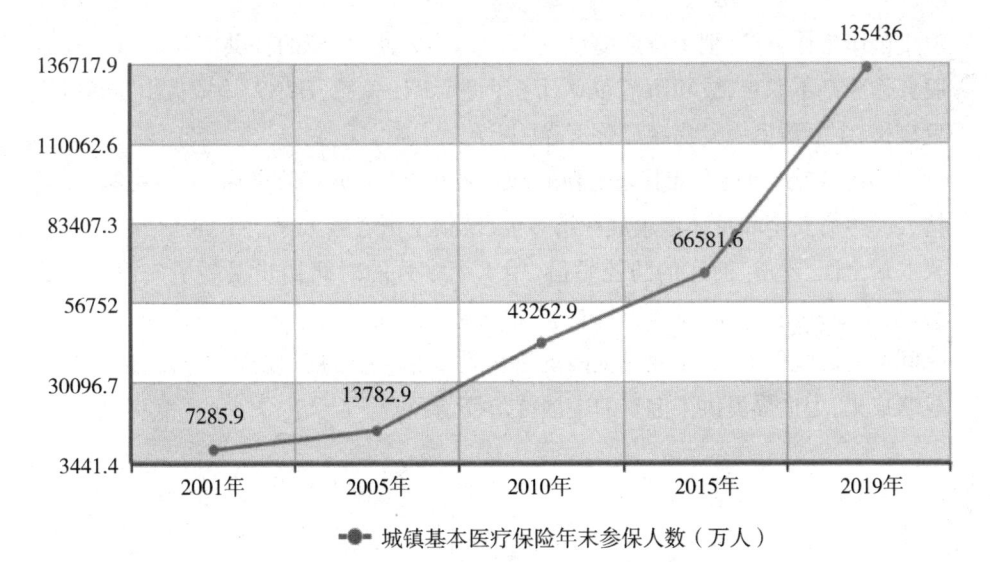

图 9.3.13　2001—2019 年城镇基本医疗保险参保人数

注：来源于国家统计局年度数据查询。

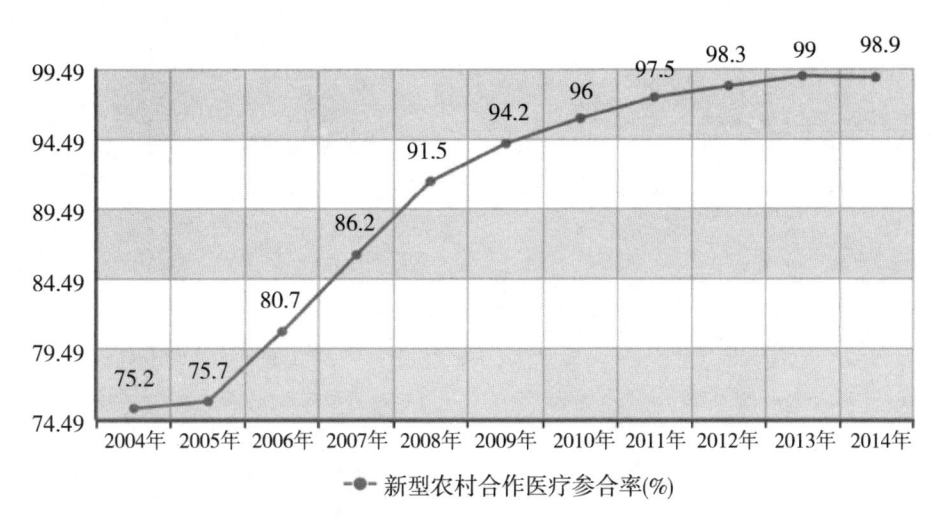

图 9.3.14　2001—2014 年新型农村合作医疗参合率

注：来源于国家统计局年度数据查询。

（三）公共卫生防御能力提高

在我国医疗卫生事业不断发展的同时，公共卫生防御体系接受着 SARS 病毒、新型冠状病毒等重大疫情的考验。在此过程中，我国的公共卫生体系不断完善，公共卫生防御能力有着明显的提高。党的十八大以来，党中央明确了新时代党的

315

卫生健康工作方针,把为群众提供安全、有效、方便、价廉的公共卫生和基本医疗服务作为基本职责,成功防范和应对了甲型 H1N1 流感、H7N9、埃博拉出血热等突发疫情,主要传染病发病率显著下降。①

　　2019年底,面对突如其来的新冠肺炎疫情,党中央统筹全局、果断决策,坚持把人民生命安全和身体健康放在第一位,带领全国各族人民上下同心、全力以赴,采取最全面、严格、彻底的防控举措,用1个多月的时间初步遏制了疫情蔓延势头,用2个月左右时间将本土每日新增病例控制在个位数以内,用3个月左右的时间取得武汉保卫战、湖北保卫战的决定性成果,全国疫情防控阻击战取得重大战略成果,为世界提供了宝贵的中国抗击疫情经验。

---

① 习近平. 构建起强大的公共卫生体系 为维护人民健康提供有力保障[J]. 求是,2020(18).

第十章

全面建成小康社会的赓续

全面建成小康社会是我们现阶段战略目标,也是实现中华民族伟大复兴中国梦关键一步。

——习近平

第二个阶段,从二〇三五年到本世纪中叶,在基本实现现代化的基础上,再奋斗十五年,把我国建成富强民主文明和谐美丽的社会主义现代化强国。

——习近平

代替那存在着阶级和阶级对立的资产阶级旧社会的,将是这样一个联合体,在那里,每个人的自由发展是一切人的自由发展的条件。

——马克思、恩格斯

人以一种全面的方式,也就是说,作为一个完整的人,占有自己的全面的本质。

——马克思

全面建成小康社会不是终点,而是全面建成社会主义现代化强国的奋斗起点。全面建成小康社会与全面建成社会主义现代化强国属于中国特色社会主义事业建设进程中的两个重要目标,两者具有内在的逻辑关系。因此,完成决胜全面建成小康社会目标之后,需要乘胜追击,向第二个百年奋斗目标进军,全面开启建成富强民主文明和谐美丽的社会主义现代化强国的新征程。全面建成社会主义现代化强国之时,不仅我国将成为综合国力和国际影响力领先的国家,人民的生活也将更加幸福安康,还为通向人的自由而全面发展奠定更加殷实的基础。

第一节 实现"两个一百年"奋斗目标的有机衔接

全面建成小康社会与全面建成社会主义现代化强国属于中国特色社会主义

事业建设进程中的两个重要目标。它们是相互联系、有机统一的整体,有着衔接的内在逻辑。历史逻辑的一脉相承、理论逻辑的相互支撑、实践逻辑的环环相扣、目标指向的一以贯之以及重大部署的接续推进为两者的有机衔接提供了必要性,并且它们的相互作用为两者的有机衔接提供了可能性。实现它们之间的有机衔接主要抓好"四个现代化"与国家治理体系与治理能力现代化之间的有机结合、农业农村现代化与工业现代化之间的同步推进、巩固拓展脱贫攻坚成果与乡村振兴之间的有效衔接以及从消除绝对贫困治理转变为解决相对贫困治理四个方面的重点内容。实现它们之间的有机衔接需要从树立科学思维、坚持正确原则、找准重点抓手以及落实关键举措等方面着手。

一、实现"两个一百年"奋斗目标有机衔接的主要依据

实现"两个一百年"奋斗目标之间的有机衔接有着密切的逻辑关系,如表10.1.1所示。这就使它们之间既具有有机衔接的必要性,也具有有机衔接的可能性。其必要性主要体现在两者具有历史逻辑的一脉相承、理论逻辑的相互支撑、实践逻辑的环环相扣、目标指向的一以贯之以及重大部署的接续推进上;可能性主要体现在全面建成小康社会为全面建成社会主义现代化强国奠定了思想基础、实践基础、制度基础以及民心基础,全面建成社会主义现代化强国将有利于巩固全面建成小康社会的成果、解决全面建成小康社会的遗留问题、提升全面建成小康社会的质量。

表10.1.1　全面建成小康社会与全面建成社会主义现代化国家的逻辑关系

类别	决胜全面建成小康社会	全面建成社会主义现代化强国
时间	2012—2020年	2020—2050年
目标	建成覆盖领域全面、覆盖人口全面以及覆盖区域全面的全面小康	建成富强民主文明和谐美丽的社会主义现代化强国
要求	把经济建设作为中心任务,全面推进经济建设、政治建设、文化建设、社会建设、生态文明建设,促进现代化建设各个方面、各个环节相协调,建设美丽中国	推进物质文明、政治文明、精神文明、社会文明、生态文明全面提升,实现国家治理体系和治理能力现代化,综合国力和国际影响力领先世界,全体人民共同富裕基本实现,中华民族将以更加昂扬的姿态屹立于世界民族之林

注:作者根据《习近平关于全面建成小康社会论述摘编》与《决胜全面建成小康社会 夺取新时代中国特色社会主义伟大胜利——在中国共产党第十九次全国代表大会上的报告》整理所得。

(一)实现"两个一百年"奋斗目标有机衔接的必要性

实现"两个一百年"奋斗目标的有机衔接并非"无源之水",其在理论维度、历史维度以及实践维度都具有自身的内在逻辑,是贯通历史、立足现实、面向未来的必然要求。

第一,历史逻辑一脉相承。全面建成小康社会与社会主义现代化强国一直都是党和人民奋斗的目标。中华人民共和国成立以后,党和人民一直都致力于实现小康梦想和社会主义现代化目标,尤其是改革开放以来,党和人民在理论创新、战略部署以及具体落实等各个层面都将它们作为优先考虑的重点任务。2012—2020年既是实现全面建成小康社会目标的关键期,也是实现全面建成社会主义现代化强国的奠基期。2017—2020年是实现"两个一百年"奋斗目标的历史交汇期,其中2020年则是实现它们的关键节点,不仅全面建成小康社会目标将会如期实现,而且还将乘势而上迈向全面建成社会主义国家的新起点。尽管如此,我们也应看到,全面建成小康社会以后,不平衡不充分的发展问题依然存在,尤其是农业农村现代化仍然是实现全面建成社会主义现代化强村目标的短板。因此,建设现代化农业、现代化强国以及实现农民现代化显得尤为重要。总之,从历史维度来看,全面建成小康社会与全面建成社会主义现代化强国都是推进新时代中国特色社会主义事业发展进程中的两个重要的奋斗目标,实现两者的有机衔接不仅符合中国特色社会主义事业发展的历史要求,而且也吻合推进新时代中国特色社会主义事业发展的未来趋势。

第二,理论逻辑相互支撑。全面建成小康社会与全面建成社会主义现代化强国之间相互支撑的理论逻辑也要求实现两者的有机的衔接。它们两者在理论上是一种"互涵式"的互动关系,都是坚持与发展马克思主义理论的所需。具体而言表现在目标的联动性、内容的共融性、主体的一致性三个方面。就目标的联动性而言,无论是全面建成小康社会,还是全面建成社会主义现代化强国,都是为了推动新时代中国特色社会主义事业的发展,都蕴含着实现经济现代化、政治现代化、文化现代化、社会现代化、生态现代化以及国家治理体系与治理能力现代化等目标,都迫切需要解决人民日益增长的美好生活需要与不平衡不充分发展之间的矛盾。就内容的共融性而言,党的十九大报告指出,要按照全面建成小康社会的要求,紧扣社会主义矛盾的变化,统筹推进"五位一体"建设,实施各项战略。这些内容与社会主义现代化强国在经济、政治、文化、社会以及生态等方面的表征存在同质性,深层次地反映了两者衔接的逻辑关系。就主体的一致性而言,无论是全面建成小康社会还是建成社会主义现代化强国都要坚持发挥广大人民的主体地位。

具体表现在全面制定主体、实施主体或者参与主体以及目标共享层面均存在一致性。两者的政策制定主体都是党和政府、相关政策或者战略的实施主体都是以广大人民为主的多元参与主体、两者发展成果都是由广大人民共享。可以说,从理论维度来看,两者是相互支撑的关系,而不是相互拆台的关系,这也说明实现它们的有机衔接具有必要性。

第三,实践逻辑环环相扣。实现"两个一百年"奋斗目标的有机衔接,不仅是历史与理论的要求,而且还是实践要求。实现它们的有机衔接环环相扣的实践逻辑主要体现在空间上的并存性、时间上的继起性以及破解发展难题的相通性三个方面。就空间上的并存性而言,整体上全面建成小康社会与全面建成社会主义现代化强国都处于世界百年未有之大变局、中国特色社会主义新时代空间范围内。尤其是它们都处于中国特色社会主义新时代空间里,两者的"全面"都包含了地域覆盖全面的要义,并都服务于中国特色社会主义事业的发展。就时间上的继起性而言,党的十九大报告指出,2017年到2020年是全面建成小康社会的决胜期,并从2020年到2050年两个阶段来实现全面建成社会主义现代化强国的目标。从党中央战略部署的时间表来看,两者具有时间上的承接性,在实现全面建成小康社会目标后,就全面开启社会主义现代化强国建成新征程。就破解发展难题的相通性而言,实现两者的有机衔接是破解发展不平衡不充分等难题的现实需要。全面建成小康社会后,创新发展、深化改革以及农业农村等领域的发展不平衡不充分的矛盾依然没有完全解决。因此,推进它们之间的有机衔接具有十分重要的现实诉求。总之,从实践维度来看,它们处于中国特色社会主义新时代共有的空间范围,战略任务的时间安排具有前后的继起性以及都是解决中国特色社会主义事业发展道路上的现实问题。这也说明实现它们之间的衔接具有强烈的实践特性,也显得十分必要。

第四,价值旨向一以贯之。全面建成小康社会与全面建成社会主义现代化强国具有相同的价值归宿,并在实践中坚持相同的价值旨归,一以贯之。它们一直都把实现共同富裕以及人的全面发展作为自己理论与实践发展的价值归宿。就实现共同富裕而言,这是它们都共有的阶段性价值旨归。邓小平曾在南方谈话中指出:"社会主义的本质,是解放生产力,发展生产力,消灭剥削,消除两极分化,最终达到共同富裕。"[①]从此以后,就确立了社会主义本质的最终目标是实现共同富裕,无论是在全面建成小康社会的实践中,还是在全面建成社会主义现代化强国的实践中,都一直致力于解放生产力,发展生产力以及保护生产力,通过多元化的

---

① 邓小平文选(第三卷)[M]. 北京:人民出版社,1993:373.

政府宏观调控手段,缩小贫富差距,从而朝着共同富裕的目标迈进。就实现人的全面发展而言,这是马克思主义理论大厦的最终价值归宿,也是它们的最终价值旨归。无论是在全面建成小康社会还是全面建成社会主义现代化强国的实践中,都致力于构建既充满活力又拥有良好秩序,呈现出活力和秩序有机统一的社会;同时也不断"完善共建共治共享的社会治理制度,实现政府治理同社会调节、居民自治良性互动,建设人人有责、人人尽责、人人享有的社会治理共同体"①,从而为实现人的全面发展打下扎实基础。总之,从价值旨向的维度来看,它们都始终坚持贯彻以人民为中心的发展思想,都致力于为实现人的全面发展不断奋斗。

第五,重大部署接续推进。无论是实现全面建成小康社会的目标,还是实现全面建成社会主义现代化强国的目标都不是轻轻松松,敲锣打鼓就能实现的。它们既需要理论层面的思想指导,也需要实践层面的战略部署。作为实现全面建成小康社会的战略部署,尤其是部分重大战略部署并不是朝令夕改的实践方略,而是具有中长期特性的实践方略,需要接续推进。党的十九大报告围绕决胜全面建成小康社会,不仅从统筹推进"五位一体"建设方面作出重大部署,而且还围绕"科教兴国战略、人才强国战略、创新驱动发展战略、乡村振兴战略、区域协调发展战略、可持续发展战略、军民融合发展战略"②,从而抓住实现全面建成小康社会的重点,补齐其短板,强化其弱项。这些重大战略部署不仅在实现全面建成小康社会的目标过程中有着十分重要的作用,而且也将在实现全面建成社会主义现代化强国目标的实践中继续发挥重要作用。总之,从重大战略部署的维度来看,接续推进部分重大战略部署既是全面建成小康社会实践积累的宝贵经验,也是实现全面建成社会主义现代化强国目标的现实需要。

(二)实现"两个一百年"奋斗目标有机衔接的可能性

实现"两个一百年"奋斗目标之间的有机衔接不仅具有理论、实践、历史、现实以及未来等逻辑关系的必要性,而且还具有一定的可能性。这种可能性主要体现在作用的互构性上,即一方面全面建成小康社会为全面建成社会主义现代化强国奠定了坚实的物质基础、思想基础、实践基础、制度基础以及民心基础;另一方面全面建成社会主义现代化强国将有利于巩固全面建成小康社会的成果、解决其遗留问题以及提升其质量。实现它们之间的有机衔接,有利于将两者有机结合起来,打好"组合拳"。

---

① 习近平.在经济社会领域专家座谈会上的讲话[N].人民日报,2020-08-25.
② 习近平.决胜全面建成小康社会 夺取新时代中国特色社会主义伟大胜利——在中国共产党第十九次全国代表大会上的报告[M].北京:人民出版社,2017:27.

第一,全面建成小康社会为全面建成社会主义现代化强国奠定了物质基础。雄厚的物质基础是实现全面建成社会主义现代化强国目标的首要前提。尤其是党的十八大以来,在全面建成小康社会宏伟目标的指引下,党中央团结带领全国各族人民,艰苦奋斗,坚持稳中求进的工作总基调,坚持新发展理念和推动高质量发展,深化供给侧结构性改革,深入推进改革开放创新,激发市场活力动力潜力,使我国经济运行稳健,并取得举世瞩目的成就。经济总量稳定持续增长。2015年以来,我国经济的年均增速始终保持在6%—7%,截至2019年我国国内生产总值达到990865亿元,稳居世界第二;人均国内生产总值持续提高,截至2019年我国人均国内生产总值达到70892元;农业规模化种植持续推进,种植结构调优,重要农产品供给保障有效,粮食产量连续5年保持在6.5亿吨以上,2019年全年粮食产量66384万吨;工业结构逐渐优化,工业增加值逐年上升,2015年以来的年增长速度保持在5%左右,2019年全部工业增加值达到317109亿元;现代服务业蓬勃发展,现代服务业增加值逐年上升,2015年以来的年增长速度保持在7%左右,2019年全部服务业增加值达到534233亿元;人民生活水平持续改善,人均可支配收入不断增加,2015年以来的年均增长速度保持在6%左右,2019年全国居民人均可支配收入达到30733元。① 这不仅为如期全面建成小康社会奠定了坚实基础,还为全面建成社会主义现代化强国奠定了扎实的物质基础。

第二,全面建成小康社会为全面建成社会主义现代化强国奠定了思想基础。恩格斯曾精辟地论述了理论思维或者思想与实践的关系:"一个民族要想站在科学的最高峰,就一刻也不能没有理论思维。"②实现伟大目标需要伟大思想的指引,实现全面建成小康社会的伟大目标一刻也不能没有伟大思想。实现全面建成小康社会时期是一个需要思想的时期,也是能够产生思想的时期。在全面建成小康社会的实践中,以习近平同志为核心的党中央团结和带领全国各族人民,围绕时代课题,坚持以马克思主义理论为指导,紧密结合新的时代条件和实践要求,以新的视野不断深化对共产党执政规律、社会主义建设规律以及人类社会发展规律的认识,在全面建成小康社会的实践中不断进行理论探索,并取得了重大理论创新成果,形成了习近平新时代中国特色社会主义思想。这不仅为实现全面建成小康社会提供了思想指导,而且还成为全党全国人民实现全面建成社会主义现代化强国目标的行动指南,尤其是以人民为中心的发展思想、新发展理念以及"五位一

---

① 中华人民共和国2019年国民经济和社会发展统计公报[EB/OL].国家统计局,2020-02-28.
② 马克思恩格斯选集(第三卷)[M].北京:人民出版社,2012:875.

体"总体布局等治国理政思想是全面建成社会主义现代化强国的思想武器。

第三,全面建成小康社会为全面建成社会主义现代化强国奠定了实践基础。"全部社会生活在本质上是实践的。"①全面建成小康社会绝不是挂在嘴上的口号,也不是书写在纸上的文字,更不是停留在脑海中的幻想,而是落实在实践中的运动。全面建成小康社会的目标不仅在实践中得到了实现,而且实现全面建成小康社会目标的实践还为实现全面建成社会主义现代化强国奠定了实践基础,这种实践基础主要体现其在实践中积累的宝贵经验。一是坚持党的领导。"中国共产党领导是中国特色社会主义最本质的特征,是中国特色社会主义制度的最大优势,党是最高政治领导力量。"②实现全面建成社会主义现代化强国需要继续发挥党领导的制度优势。二是坚持以人民为中心。"人民是历史的创造者,是决定党和国家前途命运的根本力量。"③实现全面建成社会主义现代化强国需要继续坚持人民主体地位,发挥亿万人民的主体性作用。三是坚持全面深化改革。改革是决定中国特色社会主义命运的关键一招,也是推动全面建成小康社会的重要法宝。党的领导为全面建成小康社会奠定了领导基础,以人民为中心为其凝聚了磅礴力量,全面深化改革为其提供了方法,这些宝贵经验也将为实现全面建成社会主义现代化强国奠定实践基础。

第四,全面建成小康社会为全面建成社会主义现代化强国奠定了制度基础。无论是在实现全面建成小康社会目标的历史实践中,还是在实现全面建成社会主义现代化强国的未来实践中,制度都扮演着十分重要的角色。中国特色社会主义制度不仅在推动全面建成小康社会中起着根本性作用④,而且还随着其实践而不断完善。恩格斯曾指出:"社会制度中的任何变化,所有制关系中的每一次变革,都是产生了同旧的所有制关系不再相适应的新的生产力的必然结果。"⑤在全面建成小康社会的实践中,党中央团结和带领全国各族人民以巨大的政治勇气和政治智慧,不断深化改革,破除一起妨碍科学发展的思想观念和体制机制,逐渐构建起体系完备、科学规范以及运行有效的制度体系。尤其是党的十九届四中全会明确了坚持和完善中国特色社会主义制度、推进国家治理体系和治理能力现代化的

---

① 马克思恩格斯选集(第一卷)[M].北京:人民出版社,2012:135.
② 中国共产党第十九届中央委员会第四次全体会议文件汇编[M].北京:人民出版社,2019:23.
③ 习近平.决胜全面建成小康社会 夺取新时代中国特色社会主义伟大胜利——在中国共产党第十九次全国代表大会上的报告[M].北京:人民出版社,2017:21.
④ 郭广银.全面建成小康社会的制度之维[J].马克思主义与现实,2020(4).
⑤ 马克思恩格斯文集(第一卷)[M].北京:人民出版社,2009:684.

总体目标要求,并从根本制度、基本制度以及重要制度三个层次阐释了中国特色社会主义制度具有的十三个方面的显著优势。全面建成小康社会的实践不仅有力地证明了中国特色社会主义制度仍然在实现中华民族伟大复兴的过程中有着十分重要的作用,而且还使中国特色社会主义制度更加成熟、定型,从而为实现全面建成社会主义现代化强国目标奠定了制度基础。

第五,全面建成小康社会为全面建成社会主义现代化强国奠定了民心基础。习近平总书记强调:"人民是我们党执政的最大底气,是我们共和国的坚实根基,是我们强党兴国的根本所在。"[1]充分发挥广大人民的主体性作用,关键在于凝聚民心。民心是最大的政治,共识是奋进的动力。在全面建成小康社会的实践中,党和国家始终把人民对美好生活的向往作为谋事业与干事业的奋斗目标,始终"抓住人民最关心最直接最现实的利益问题,把人民群众的小事当作我们的大事"[2],从而赢得了民心。在全面建成小康社会的实践中,经济层面既做大"蛋糕",又分好"蛋糕";政治层面不断拓宽民主渠道与丰富民主形式;文化层面不断发展文化事业、文化产业,以及生产文化产品;社会层面不断完善社会保障,以及健全社会公共服务设施;生态层面大力推进生活垃圾分类处理,以及加大环境整治力度等。尤其是坚决打赢防范化解重大风险、精准脱贫以及污染防治三大攻坚战,这不仅使全面建成小康社会得到人民认可和经得起历史的检验,而且还有利于凝聚民心,使广大人民紧密地团结在一起,形成全面建成社会主义现代化强国的合力。

第六,全面建成社会主义现代化强国有利于巩固全面建成小康社会的成果。2020年我国历史性全面建成了小康社会,这充分彰显了中国特色社会主义制度优势。但不容忽视的是,全面建成小康依然存在一些薄弱领域、地域等,因此,全面建成小康社会以后仍然不能懈怠,巩固全面建成小康社会的成果是"十四五"以及未来的一项重点工作,尤其是"十四五"期间较为紧迫的重点任务。这主要通过政策稳定期和过渡期来实现。其中,尤其需要巩固脱贫成果,即要实现脱贫的可持续性,通过加大贫困地区基础设施建设的力度,增强贫困地区与贫困人群的内生动力,强化可持续脱贫的基本支撑条件,从而防止贫困地区与贫困人口再次陷入绝对贫困的"陷阱"。全面建成社会主义现代化强国将会继续保持对于实现全面建成小康社会目标政策的稳定过渡,将会继续沿用部分政策,尤其将会不断强化支持较为弱质的农业、较为落后的农村以及较为贫困的农民等领域发展的力度,

---

[1] 习近平谈治国理政(第三卷)[M].北京:外文出版社,2020:137.
[2] 习近平谈治国理政(第三卷)[M].北京:外文出版社,2020:135.

从而使全面建成小康社会的成果在发展中得到巩固。

第七,全面建成社会主义现代化强国有利于解决全面建成小康社会的遗留问题。全面建成小康社会的重点在于"小康",难点在于"全面",关键在于"建成"。尽管在全面建成小康社会的实践中,其"全面"与"建成"都得到质的飞跃,取得令人瞩目的成绩,但发展的不平衡与不充分问题依然没有得到彻底地解决。尤其是工农发展的不平衡、城乡发展的不平衡、农民发展的不充分显得更为紧迫,这些问题都将会成为实现全面建成社会主义现代化强国道路上的阻碍。解决这些不平衡不充分发展的典型问题能为2035年基本实现现代化、21世纪中叶建成富强民主文明和谐美丽的社会主义现代化强国以及最终实现共同富裕等奋斗目标提供基础性保障和稳定过渡的前提性保障。全面建成社会主义现代化强国的实践过程,发展不平衡不充分的相关问题依然是我们无法回避的问题,尤其是巩固脱贫成果、解决相对贫困问题是实现社会主义本质要求不能忽视的首要任务。我们将全力推进乡村振兴战略,构建解决相对贫困的长效机制,从而更好解决全面建成小康社会尚未完全解决的问题。

第八,全面建成社会主义现代化强国有利于提升全面建成小康社会的质量。提升全面建成小康社会的质量是在保证现有成果的基础上,对其质量进行全方位的提升:好的方面优化提升,不足之处加以完善,从而促进全面建成小康社会的"全面"再落实、再提升和再完善。在巩固全面建成小康社会成果的前提下,应适当提高全面建成的标准,从而提升其质量。从覆盖领域来看,提升全面建成小康社会的质量就是要进一步统筹推进"五位一体"建设,尤其是要加强生态环境建设。从覆盖地域来看,提升全面建成小康社会的质量就是要进一步进行城乡融合发展,尤其是要加大支持乡村振兴的力度。从覆盖人群来看,提升全面建成小康社会的质量就是要进一步增强广大人民的幸福感、获得感、安全感,尤其是构建解决相对贫困的长效机制。在全面建成社会主义现代化强国的实践中,我们将会进一步部署相关工作,统筹国际国内资源,推进经济社会等方面的发展迈上新台阶,加大对农业农村现代化的支持力度,从而强化全面建成小康社会中的"全面",提升全面建成小康社会的质量。

二、实现"两个一百年"奋斗目标有机衔接的重点内容

实现"两个一百年"奋斗目标有机衔接都是一项全方面的系统工程,涉及的内容都是全方位的。实现它们之间有机衔接的重点在于"有机",而实现"有机"需要坚持"两点论"与"重点论"的统一,即在衔接的过程找准衔接的重点内容,而不是眉毛胡子一把抓。从现实诉求和未来的重点工作来看,实现它们的有机衔接,

可以从"四个现代化"与国家治理体系与治理能力现代化之间的有机结合、农业农村现代化与工业现代化之间的同步推进、巩固拓展脱贫攻坚成果与乡村振兴之间的有效衔接以及从消除绝对贫困治理转变为解决相对贫困治理等方面着手。

(一)"四个现代化"与国家治理体系与治理能力现代化之间的有机结合

实现现代化是每一个民族国家奋斗的目标。中华人民共和国成立以来,党和人民致力于探索适合我国现代化的道路,并提出以农业现代化、工业现代化、国防现代化以及科学技术现代化来推动国家现代化目标的实现,使我国的现代化进程取得了发展。随着社会主义现代化进程的推进,我们对现代化的认识也不断深化,对实现社会主义国家现代化载体的认识也在不断深化。党的十八届三中全会提出推进国家治理体系和治理能力现代化,尤其是党的十九届四中全会再次聚焦坚持和完善中国特色社会主义制度,推进国家治理体系和治理能力现代化。至此,我们实现社会主义国家现代化形成了"4+1"的推进抓手,它们从物质基础、环境保障以及制度基础等方面为实现社会主义国家现代化奠定了基础。

从历史实践来看,农业现代化、工业现代化、国防现代化、科学技术现代化以及国家治理体系与治理能力现代化不仅推进了社会主义国家现代化进程,而且还为实现全面建成小康社会提供了有效保障。从未来实践来看,它们还将继续作为实现全面建成社会主义现代化强国的重要抓手。为了更好地发挥它们在全面建成社会主义现代化强国进程中的作用,需要加快推进实现它们各自现代化的进程。它们之间并不是相互独立的关系,而是相互联系的关系。实现农业现代化可以为实现其他四个现代化奠定最基本的物质条件,实现工业现代化可以为实现其他四个现代化提供最先进的机械装备,实现国防现代化可以为实现其他四个现代化提供稳定的国际国内环境,实现科学技术现代化可以为实现其他四个现代化提供先进的科学支撑,实现国家治理体系与治理能力现代化可以为实现其他四个现代化夯实制度保障。实现它们之间的有机结合将会进一步推进它们各自的现代化进程。

第二个百年奋斗目标绝不是简简单单、轻轻松松就能实现,需要党和人民在未来30年艰苦奋斗,也需要继续以它们为抓手。这要求不仅大力推进它们各自的现代化进程,而且更需要实现它们之间的有机结合,实现质的飞跃,从而形成一股强大的合力。实现它们之间的有机结合有利于为实现全面建成社会主义现代化强国奠定更加殷实的物质基础、提供更加稳定的实践环境以及形成更加成熟与定型的制度;还将更加有利于带动社会现代化、文化现代化、生态文明现代化以及人的现代化,从而更加有力地推动全面建成社会主义现代化强国的进程。

(二)农业农村现代化与工业现代化之间的同步推进

农业是社会发展最基本的物质基础,农村是社会发展最重要的后方阵地,工业是社会发展重要的助力器。无论是革命年代马克思主义经典作家高度重视农业农村以及工业在革命运动中的作用,还是和平年代马克思主义理论家十分重视农业农村以及工业在社会主义建设与改革运动中的作用,都足以说明它们在社会主义革命、建设以及改革中起到十分重要的作用。因此,任何时候都不能忽视农业、忘记农村与冷落工业,必须高度重视它们的发展。它们之间曾经历了农业农村全力支援工业发展、工业反哺农业农村以及农业农村与工业良性互动的过程。实现它们之间的同步推进不仅可以推进农业农村现代化与建设更高质量的工业化体系,而且还可以更好地为全面建成社会主义现代化强国提供物质基础。

历史发展的实践已经有力地证明了农业农村为工业现代化提供了重要的资源保障,工业也为农业农村现代化提供了重要支撑。未来农业农村与工业之间更应是相互依存的良性互动关系,即需要实现两者的同步推进。实现它们之间的同步推进有利于进一步提升农业农村现代化和工业现代化的程度。农业农村现代化程度的进一步提升,将会为进一步提升工业现代化提供更加丰富的生产资料与生活资料。工业现代化程度的进一步提升,将会为农业现代化提供先进的装备,提高农业机械化程度;将会为延长农业产业链提供更多的机会,增加农业附加值;将会为改善农村生产生活环境提供必要的支持。总之,实现农业农村与工业发展之间的同步推进将会进一步改善它们之间的关系,既有利于推进农业农村现代化的进程,也有利于推进工业现代化的进程。

极大丰富的物质财富是全面建成社会主义现代化强国的重要前提与物质保障。由于农业农村与工业是创造物质财富的重要领域,所以不仅需要推进它们各自的现代化进程,而且还需要实现它们之间的同步推进,从而创造出更加丰富的物质财富。实现它们之间的同步推进可以为全面建成社会主义现代化强国提供更加丰富的农产品与粮食安全保障,夯实全面建成社会主义现代化强国的后方基础,以及更为有效地提供工业产品与夯实工业基础;还可以更加有效地推进其他方面现代化的进程,从而更加有效地推进全面建成社会主义现代化强国的建设进程。

(三)巩固拓展脱贫攻坚成果与乡村振兴之间的有效衔接

消灭贫困,实现共同富裕是社会主义的本质要求。乡村在中国经济社会发展中占据极其重要的地位,对实现全面建成社会主义现代化强国影响深远。城乡发展的不平衡与乡村发展的不充分是我国现阶段面临的较为突出的问题。没有乡村的振兴,就没有中华民族的伟大复兴。为了更好地解决新时代的贫困问题与不平衡不充分的发展问题,实现"两个一百年"的奋斗目标,党中央作出了坚决打赢脱贫攻坚战与实施乡村振兴战略的重大部署。① 2020年我国完全打赢脱贫攻坚战,顺利实现第一个百年奋斗目标。而乡村振兴作为实现第二个百年奋斗目标的核心以及做好新时代"三农"工作的总抓手,坚持农业农村优先发展地位,推动城乡融合发展,将从全局和战略高度解决城乡发展的不平衡与农村发展的不充分问题,进而实现全面建成社会主义现代化强国的目标。因此,需要做好两者之间的有效衔接,正如习近平总书记所说:"脱贫摘帽不是终点,而是新生活、新奋斗的起点。接下来要做好乡村振兴这篇大文章,推动乡村产业、人才、文化、生态、组织等全面振兴。"②

2020年我国顺利完成打赢脱贫攻坚战的任务,所有的贫困人群都将实现"两不愁三保障",但部分环境脆弱的地区或许会再次掉入贫困的"陷阱"。同时在打赢脱贫攻坚战的实践中,积累的宝贵经验对于实施乡村振兴战略有着十分重要的作用。因此,实现脱贫攻坚与乡村振兴的有效衔接既有利于巩固脱贫攻坚的成果,也有利于推进乡村振兴战略的实施进程。实现两者的有效衔接可以增强脱贫攻坚的内生动力,乡村振兴战略中的产业振兴、人才振兴、文化振兴、生态振兴以及组织振兴都是补齐摘帽后贫困农村发展"短板"的有效举措,实现贫困村发展由合力性"输血"向内生性"造血"转变,激发乡村发展活力,巩固脱贫成效,最终推动脱贫攻坚的纵深发展;实现两者的有效衔接可以为实施乡村振兴战略提供有益借鉴,脱贫攻坚实践中的产业扶贫经验为乡村产业振兴奠定了扎实基础,人才扶贫经验为乡村的人才振兴奠定了基础,文化扶贫经验为乡村文化振兴奠定了基础,生态扶贫经验为乡村生态振兴奠定了基础,组织扶贫经验为乡村组织振兴奠定了基础。③ 总之,推进脱贫攻坚与乡村振兴之间的有机衔接,既有利于增强乡村发展的内生动力,防止返贫,也有利于使实施乡村振兴战略少走弯路。

没有乡村的振兴与现代化的强村,就没有完整的社会主义现代化强国。实现全面建成社会主义现代化强国既需要现代化城市的支撑,更需要现代化乡村的支撑。实现脱贫攻坚与乡村振兴之间的有效衔接不仅可以更加有效地推进乡村经济现代化、政治现代化、社会现代化、文化现代化、生态现代化以及农村居民的现

---

① 汪三贵,冯紫曦. 脱贫攻坚与乡村振兴有效衔接的逻辑关系[J]. 贵州社会科学,2020(1).
② 习近平在陕西考察时强调 扎实做好"六稳"工作落实"六保"任务 奋力谱写陕西新时代追赶超越新篇章[N]. 人民日报,2020-04-24.
③ 岳国芳. 脱贫攻坚与乡村振兴的衔接机制构建[J]. 经济问题,2020(8).

代化,从而建设与社会主义现代化强国相匹配的现代化强村,还可以依托现代化强村实现社会主义现代化强国其他目标,进而推进全面建成社会主义现代化强国的进程。

(四)从消除绝对贫困治理转变为解决相对贫困治理

贫困问题是一个历史问题,绝对贫困的解决并不意味着彻底消灭了贫困。随着社会生产力的发展,贫困治理也由绝对贫困向相对贫困转变。2020年以后,我国将彻底解决绝对贫困问题,亿万人民都将实现生活资料由"有没有"向"好不好"的转变,由注重数量向关心质量的转变。但这并不意味着我国彻底解决了贫困问题,也并不意味着亿万人民都摆脱了贫困,只意味着我国将开启解决相对贫困的新征程。党的十九届四中全会提出构建解决相对贫困的长效机制,表明相对贫困将会在未来较长一段时间都会存在,这要求我国做好打解决相对贫困持久战的准备。未来,尤其是"十四五"期间,既是解决相对贫困的开局时期,也是巩固解决绝对贫困成果的重要时期。因此,需要推进从消除绝对贫困转变为解决相对贫困的治理。

实现消除绝对贫困治理向解决相对贫困治理的转变是巩固绝对脱贫成果与解决相对贫困的现实诉求。一方面,在决战绝对贫困的实践中积累的丰富宝贵经验对于接下来解决相对贫困具有十分重要的意义。解决绝对贫困实践中形成的贫困识别机制、脱贫帮扶机制、效果考核机制以及脱贫退出机制等方面的经验对解决相对贫困依然具有宝贵的指导意义。尤其是通过发展农村产业、教育扶贫、思想扶贫等举措增强贫困村与贫困人群自身发展能力的做法值得在解决相对贫困的过程中运用与推广。这将减少相对贫困治理实践摸索的时间,可以有效推进相对贫困治理的进程,提升相对贫困治理的质量。另一方面,相对贫困的治理还将继续把资金、人才、技术以及政策等资源向贫困地区倾斜,提升贫困地区的发展能力与促进其经济发展,从而巩固解决绝对贫困的成果,提升绝对贫困治理效果。

全面建成社会主义现代化强国以后,全体人民共同富裕将基本实现。① 换言之,没有全体人民的共同富裕,也就没有真正全面建成社会主义现代化强国。实现从消除绝对贫困向相对贫困治理的转变,将有利于彻底解决贫困问题,实现全体人民基本达到共同富裕的目标,全体人民将享有更加幸福安康的生活。全体人民在物质层面与精神层面得到极大满足后,将会以更加饱满的热情投入到全面建成社会主义现代化实践中,从而强化全面建成社会主义现代化强国的底气与根

---

① 习近平.决胜全面建成小康社会 夺取新时代中国特色社会主义伟大胜利——在中国共产党第十九次全国代表大会上的报告[M].北京:人民出版社,2017:29.

基,以及汇聚全面建成社会主义现代化强国的磅礴之力,进而更加有效推进全面建成社会主义现代化强国的进程。

三、实现"两个一百年"奋斗目标有机衔接的科学方法

实现"两个一百年"奋斗目标的有机衔接关键在于"衔接"。衔接的主要思路是:坚持科学思维,提升衔接的科学性;遵循正确原则,提升衔接的方向性;找准重点抓手,提升衔接的针对性;落实关键举措,提升衔接的实效性。

(一)坚持科学思维:提升衔接的科学性

思维对于人类实践活动具有重要的作用,尤其是科学思维对于推动人类实践活动朝向预期方向发展更是意义深远。推进全面建成小康社会与全面建成社会主义现代化强国作为中国特色社会主义事业发展过程中重要的实践活动,尤其需要科学思维的指导。没有科学思维的指导,就难以有衔接的科学性与预期性。因此,在推进"两个一百年"奋斗目标的有机衔接过程需要重点坚持战略思维、辩证思维、精准思维以及底线思维等科学思维。

在推进两者有机衔接的过程中坚持战略思维。所谓战略思维就是谋事业、干事情需要"高瞻远瞩、统揽全局,善于把握事物发展总体趋势和方向"①。战略思维对于实现它们两者之间的有机衔接具有十分重要的作用。正如习近平总书记所说:"战略问题是一个政党、一个国家的根本性问题。战略上判断得准确,战略上谋划得科学,战略上赢得主动,党和人民事业就大有希望。"②在推进两者有机衔接的过程中需要从全局上来判断国际国内形势,谋划衔接举措,进而保障全面建成社会主义现代化强国的质量。

在推进两者有机衔接的过程中坚持辩证思维。所谓辩证思维就是在实践过程中敢于"承认矛盾、分析矛盾、解决矛盾,善于抓住关键、找准重点、洞察事物发展规律"③。坚持辩证思维有利于发现实现两者有机衔接过程中的问题,正视问题、分析问题,从而解决问题;还有利于抓住实现两者衔接过程中的关键重点,从而提升衔接的效果。这要求在推进两者衔接的过程坚持一分为二地看问题、分清工作的主次以及透过现象看清抓住工作的本质。

在推进两者有机衔接的过程中坚持精准思维。所谓精准思维其实就是问题意识的思维化,就是在科学研判问题的本质与全面把握客观实际的情况下,从而

---

① 陶文昭. 习近平治国理政的科学思维[J]. 理论探索,2015(4).
② 习近平在纪念邓小平同志诞辰110周年座谈会上的讲话[N]. 人民日报,2014-08-21.
③ 陶文昭. 习近平治国理政的科学思维[J]. 理论探索,2015(4).

提出解决问题的有效方案,最终使得问题得到有效解决。① 它"强调具体和准确,要求动作精准到位、在一个个具体点上解决问题,排斥大而化之、笼而统之地抓工作"②。坚持精准思维要求在实现两者有机衔接的过程中明确衔接的目标与要求,准确把握衔接的问题,精准分析衔接问题的成因,科学制定衔接的具体举措。

在推进两者有机衔接的过程中坚持底线思维。所谓底线思维"就是以风险意识和危机意识估计可能出现的最坏情况,防患于未然"③。它强调要有忧患意识,对已有或可能存在的各种风险与挑战进行科学研判。坚持底线思维有利于预判衔接实践中的可能风险、保障衔接实践的正确方向、保障衔接成果由广大人民共享,从而保障两者有机衔接的效果。坚持底线思维,并不是意味着严防死守、消极应对、束手束脚,而是要求在衔接的过程中做最坏的准备,努力争取最好的结果。④

(二)遵循正确原则:提升衔接的方向性

人类实践活动不仅需要遵循科学思维的指导,而且还需要坚持正确的原则。推进全面建成小康社会与全面建成社会主义现代化强国作为中国特色社会主义事业发展过程中重要的实践活动,尤其需要坚持正确的原则。没有正确的原则指导,就难以保障衔接的正确方向。因此,在推进"两个一百年"奋斗目标的有机衔接过程中需要重点坚持党的领导、人民主体性以及问题导向等原则,从而保障衔接的正确方向、凝聚衔接的主体力量以及增强衔接的实效性。

在推进两者有机衔接的过程中坚持党的领导。所谓坚持党的领导就是充分发挥党在实现两者有机衔接过程中的主导作用,强调党在两者有机衔接的实践中把握衔接的方向与大局、制定衔接的政策以及推进衔接机制的改革。总之,坚持党的领导就是始终确保党在衔接的过程中总揽全局与协调各方。在推进两者衔接的过程中坚持党的领导有利于及时化解衔接过程中的困难,确保各项衔接政策落到实处。坚持党的领导要求在推进两者有机衔接的实践中健全完善党的领导组织体系,提升党的能力与定力。

在推进两者有机衔接的过程中充分发挥人民主体性。所谓人民主体性就是指"人民群众在创造历史的实践活动中发挥其自觉能动性、自主性、自为性和创造

---

① 冯留建. 为什么要强调精准思维方式[J]. 人民论坛,2018(33).
② 杨永加. 习近平强调的思维方法[N]. 学习时报,2014-09-01.
③ 陶文昭. 习近平治国理政的科学思维[J]. 理论探索,2015(4).
④ 陶文昭. 习近平治国理政的科学思维[J]. 理论探索,2015(4).

性"①。它强调广大人民"不仅是新时代中国特色社会主义的追梦主体、创造主体,更是价值主体、权力主体"②。在推进两者有机衔接的过程中充分发挥广大人民的主体性有利于调动广大人民的积极性、汇聚广大人民的智慧、凝聚广大人民的力量。充分发挥广大人民在衔接过程中的主体性需要积极打通广大人民群众参与渠道、维护和保障广大人民群众的权益。

在推进两者有机衔接的过程中坚持问题导向。问题是时代的声音,所谓问题导向就是在实践中要有问题意识,善于捕捉实践活动中遇到的重大理论问题与现实问题,并有的放矢地解决问题。它强调在实现两者有机衔接的过程中要避免"无问题、假问题、伪问题"三种倾向。坚持问题导向有利于寻找最优衔接方法,实现资源的最优配置;有利于创新衔接的方式方法,增强衔接的效果。坚持问题导向要求在衔接的过程中善于发现真问题、筛选好问题、研究好问题以及解决好问题,从而真正解决衔接过程中存在的问题,提升衔接的质量。

(三)找准重点抓手:提升衔接的针对性

实现"两个一百年"奋斗目标的有机衔接是一项较为系统的工程,既需要坚持科学思维与正确原则,也需要找准重点抓手。推进"两个一百年"奋斗目标的有机衔接重点是要巩固全面建成小康社会的成果,补齐社会主义现代化强国的"短板",夯实全面建成小康社会主义现代化强国的根基,实现全体人民的基本共同富裕。因此,推进"两个一百年"奋斗目标的有机衔接需要以实施乡村振兴战略和解决相对贫困为重点抓手,从而实现巩固全面建成小康社会成果与夯实全面建成社会主义现代化强国根基的目标。

全面实施乡村振兴战略。乡村振兴战略作为决胜全面建成小康社会与夺取新时代中国特色社会主义伟大胜利的重要战略部署,是作为解决新时代"三农"问题的重要方案与做好新时代"三农"工作的总抓手,也是"关系全面建设社会主义现代化国家的全局性、历史性任务"③。无论是巩固全面建成小康社会的成果,还是推进全面建成社会主义现代化强国都需要大力实施乡村振兴战略。尤其是实现社会主义现代化强国更加需要全面实施乡村振兴战略,推进农业农村现代化。正如习近平总书记所强调:"没有农业农村现代化,就没有整个国家现代化。在现

---

① 李包庚.马克思"人民主体性"思想解读[J].马克思主义研究,2014(10).
② 刘欢,孟轲.人民主体性:习近平新时代中国特色社会主义思想的理论旨归[J].思想政治教育研究,2019(4).
③ 习近平谈治国理政(第三卷)[M].北京:外文出版社,2020:255.

代化进程中,如何处理好工农关系、城乡关系,在一定程度上决定着现代化的成败。"①实施乡村振兴战略需要坚持农业农村优先发展,优先配置农业农村优先发展的资源;需要按照"产业兴旺、生态宜居、乡风文明、治理有效、生活富裕"的总要求,全面推动乡村产业振兴、人才振兴、文化振兴、生态振兴以及组织振兴;需要走城乡融合发展的道路,不断健全城乡融合发展的体制机制和政策保障体系;需要各级党委和党组织加强领导,团结一切可以利用的力量。

着力解决相对贫困。2020年全面建成小康社会,意味着我国全部摆脱绝对贫困的困扰,但并不意味着我国彻底摆脱了贫困的困扰,更不意味着我国实现了共同富裕。正如习近平总书记所说:"全部脱贫,并不是说就没有贫困了,就可以一劳永逸了,而是指脱贫攻坚的历史阶段完成了。相对贫困问题永远存在,我们帮扶困难群众的任务永无止境。"②何为相对贫困？相对贫困是发展不平衡、不充分和分配不平衡等我国社会主要矛盾转化形成的同一时期、不同地区或不同阶层成员之间由于主观认定的可维持生存水准的差别而产生的贫困。③着力解决相对贫困既有利于巩固绝对贫困的成果与提升绝对贫困的质量,也有利于实现共同富裕。着力解决相对贫困,关键在于构建解决相对贫困的长效机制。具体来讲,需要"把握贫困的动态变化,建立解决相对贫困的长效识别机制";"把握贫困的多维表现,建立解决相对贫困的长效保障机制";"把握贫困的深层缘由,建立解决相对贫困的长效动力机制"。④

(四)落实关键举措:提升衔接的实效性

推进"两个一百年"奋斗目标之间的有机衔接,需要宏观层面的指导,更需要微观层面的实招,才能解难题。推进它们之间的有机衔接需要出实招,更需要找准切入点。具体来讲推进它们之间的有机衔接需要在实践中落实关键举措,尤其是需要加强党的建设、深化改革开放、贯彻新发展理念以及健全相关政策等方面的关键举措。

加强党的建设,以强有力的组织推进两者有机衔接。历史已经强有力地证明了推进中国特色社会主义事业向前发展离不开党的领导,实现它们两者之间的有

---

① 习近平谈治国理政(第三卷)[M]. 北京:外文出版社,2020:255.
② 杜尚泽,王汉超,张晓松,等."一个少数民族也不能少"——记习近平总书记在宁夏考察脱贫攻坚奔小康[N]. 人民日报,2020-06-12.
③ 吴振磊,王莉. 我国相对贫困的内涵特点、现状研判与治理重点[J]. 西北大学学报(哲学社会科学版),2020(4).
④ 蒋永穆. 建立解决相对贫困的长效机制[J]. 政治经济学评论,2020(2).

机衔接依然需要党的领导。"打铁必须自身硬"①,发挥党在衔接过程中的领导与组织作用,需要建设一支素质过硬与业务能力够强的队伍。因此,需要加强党的建设,提高党的领导力与组织力。新时代加强党的建设需要以党的政治建设为统领,协同推进党的思想建设、组织建设、作风建设以及制度建设,从而提高党在推进两者有机衔接过程中的政治领导力、思想引领力、组织动员力、群众服务力。

贯彻新发展理念,以扎扎实实的发展推动两者有机衔接。"发展是解决我国一切问题的基础和关键"②,推进"两个一百年"奋斗目标之间的有机衔接需要以扎扎实实的发展为前提。没有扎扎实实的发展,就难以有它们之间的有机衔接。但发展并不是盲目的发展,而必须是科学的发展,必须坚定不移地贯彻落实新发展理念。贯彻落实新发展理念需要不断推进理论创新、制度创新、文化创新、体制机制创新以及科技创新等各方面的创新,使创新成为发展的核心动力;需要统筹好城乡之间的发展、用好国际国内两个市场与两种资源、处理好经济社会发展与人的全面发展之间的关系,使发展更加具有可持续性;需要推进绿色生产与绿色生活,保护绿水青山,使发展更加健康;需要进一步打通生产要素自由流通的阻碍,构建更加高水平的开放型经济体系,使发展更加具有包容性;需要进一步健全完善全体人民共享发展的体制机制,使发展的后劲更足。

健全相关政策,以完善的政策体系保障两者有机衔接。政策在经济社会实践活动中具有十分重要的保障作用,推进"两个一百年"奋斗目标之间的有机衔接需要以完善的政策体系为保障。没有推进两者有机衔接的完善政策体系,就难以有衔接的有机结果。因此,需要不断健全完善相关政策体系,为实现它们之间的有机衔接提供政策保障。健全相关政策需要在推进两者有机衔接的实践中,重点不断健全支持衔接的财政政策,为其提供财政支撑;不断健全支持衔接的科技政策,为其提供科技支撑;不断健全支持衔接的人才政策,为其提供人才支撑。

第二节 全面实现社会主义现代化强国

实现社会主义现代化是中国共产党和中国人民一直都在探索和奋斗的目标。

---

① 习近平.决胜全面建成小康社会 夺取新时代中国特色社会主义伟大胜利——在中国共产党第十九次全国代表大会上的报告[M].北京:人民出版社,2017:61.

② 习近平.决胜全面建成小康社会 夺取新时代中国特色社会主义伟大胜利——在中国共产党第十九次全国代表大会上的报告[M].北京:人民出版社,2017:21.

在探索的实践中,党和人民在借鉴国外实现现代化道路的基础上,形成了具有中国特色的现代化内涵,走出了具有中国特色的现代化道路。我们所要建成的社会主义现代化强国就是要建成"富强民主文明和谐美丽的社会主义现代化强国"[①]。党的十九大以来,学界对社会主义现代化强国进行了研究,取得了丰硕成果,主要成果具体如表10.2.1所示。

表10.2.1 学界关于社会主义现代化强国的主要研究

类别	主要内容
社会主义现代化强国的主要内涵	全面建成社会主义现代化强国,强调的是由"五位一体"总体布局形成的全面和完整的全系统,全系统内各子系统及要素间相互联系、支撑、依存、促进;强调的是中国特色社会主义国家的本质性特征,是中国共产党区别于任何其他政党的理论自信和道路自信,也是代表中国最广大人民根本利益、实现民族最高利益的最有效的制度保障;强调的是现代化的制度体系、治理模式、文化影响力和科技支撑水平的动态发展过程及结果;强调的是实现祖国统一、民族团结、人民幸福、发展自由,实现民富基础上的强国梦、民族复兴梦。全面建成社会主义现代化强国的本质是以人为本、人民至上,在维护和发展最广大人民根本利益的基础上,实现人民当家作主
社会主义现代化强国的核心特征	强大的经济实力是现代化的重要标志,经济现代化是现代化强国的主要体现;政治现代化是现代化必不可少的组成部分;文化现代化和文化软实力是建成社会主义现代化强国的重要目标,文化现代化建设是中国现代化强国建设的重要组成部分。社会主义现代化强国应建立在经济社会协调可持续发展的基础之上;还应是人与自然和谐共处的现代化
社会主义现代化强国的目标要求	核心目标:经济富强的社会主义现代化强国、政治民主的社会主义现代化强国、文明的社会主义现代化强国、社会和谐的社会主义现代化强国、生态美丽的社会主义现代化强国。 具体目标:建成世界人才强国、世界人力资源强国、世界文化强国、世界海洋强国、世界制造强国、中国特色社会主义科技强国、世界质量强国、中国特色社会主义航天强国、世界网络强国、世界交通强国、世界体育强国、世界贸易强国、中国特色社会主义教育强国

注:作者根据《全面建成社会主义现代化强国的本质与途径》《社会主义现代化强国内涵、特征与评价指标体系》《习近平社会主义现代化强国目标体系研究》等学术成果整理所得。

---

① 习近平. 决胜全面建成小康社会 夺取新时代中国特色社会主义伟大胜利——在中国共产党第十九次全国代表大会上的报告[M]. 北京:人民出版社,2017:29.

一、中国现代化的内涵演进

尽管"大工业到处造成了社会各阶级间相同的关系,从而消灭了各民族的特殊性"①,但现代化并不否定民族性,反而是承认现代化的道路具有民族性。不同的国家基于不同的现代化目标,选择了不同的现代化道路。中国作为世界性现代化的后发者,实现什么样的现代化以及怎样实现现代化,一直都是其所追求的核心目标。基于没有现成的现代化模式可以模仿,中国共产党带领广大人民在实践中,不断探索,不断认识,不断创新以及不断深化,进而走出了中国特色的社会主义现代化道路,形成了中国特色的现代化内涵,中国现代化的内涵也实现从一维到多维的革命。

(一)现代化的概述

现代化无疑是人们生产生活中的高频词之一,但是何为现代化?怎么理解现代化?学术界也进行激烈的讨论,基本形成以下几种观点:一是认为现代化与工业化相等;二是认为现代化与富裕化等同;三是认为现代化是无生命动力源泉对有生命动力源泉的比例增长到了或者超过了不可回转程度;四是认为现代化与西方化等同;五是认为现代化是一个时间意义的概念。②

第一,现代化的基本概念。尽管学术界对现代化的概念进行探讨,但现有的现代化概念或多或少都存在一定的偏颇。科学界定现代化概念,需要坚持能够反映其与其他类型社会的本质特征,现代化的整体性以及普遍与特殊的原则。③ 基于此,现代化的概念可以界定为,"所谓现代化,是指世界范围内的,以工业化为其发端的,以及由此所引发的,以一个民族(国家)实体为其载体的,整个社会的一系列巨大变革。这种变革的结果是现代化"④。总之,现代化的概念可以从静态层面现代社会基本的特征与动态层面实现现代化的过程两个层面来理解。⑤

第二,现代化的主要特征。现代化是一个复杂的系统,其主要特征:首先是现代化具有整体性。高质量的现代化并不是某个方面的现代化,而是多个方面协调的现代化。现代化是以经济现代化为主体,政治现代化、文化现代化、社会现代化、生态现代化以及人的现代化等全面协调的整体的现代化。其次是现代化具有

---

① 马克思恩格斯文集(第一卷)[M]. 北京:人民出版社,2009:567.
② 吴忠民. 中国现代化论[M]. 北京:商务印书馆,2019:24-26.
③ 吴忠民. 中国现代化论[M]. 北京:商务印书馆,2019:26-27.
④ 吴忠民. 中国现代化论[M]. 北京:商务印书馆,2019:27.
⑤ 吴忠民. 中国现代化论[M]. 北京:商务印书馆,2019:27.

民族性。现代化的内涵基本一致,但现代化也具有民族性。现代化的民族性使得现代化的模式具有多样性,这不仅给现代化的建设提供了载体,而且还形成了现代化建设的合力,从而保证其发展的持续性。再次是现代化具有动态性。人们对现代化的认识并不是故步自封的,而是在现代化的实践中不断深化,丰富现代化的内涵。最后是现代化具有运动性。现代化的实现并不是简简单单、轻轻松松的,而是一场艰辛的群众运动。

第三,现代化的发展阶段。基于现代化的实践进程以及发达国家和发展中国家的现代化具体历程,并结合学界的相关观点,现代化大致可以划分为三个阶段,"即现代化实现的起飞阶段、现代化走向成熟的阶段以及高质量的现代化建设阶段"①。第一个阶段的现代化主要还是以经济的现代化为主的片面现代化、忽视人的现代化;第二个阶段的现代化逐渐由一维现代化向多维现代化转变,更加注重人的现代化;第三个阶段的现代化不仅注重生产力的发展,而且注重发展生产力的手段,同时也更加注重生产关系的优化与上层建筑的完善,尤其是更加注重人的生活品质的提升,把人的全面发展放在首要位置。②

(二)"四个现代化"的中国现代化

实现现代化是每一个国家孜孜不倦的追求,近代以来中国也致力于实现现代化。中华人民共和国的成立为实现现代化奠定了政治基础,开始探索中国现代化的道路。1964年在第三届全国人大一次会议上,周恩来总理在《政府工作报告》中,第一次提出了现代化的目标,即"要在不太长的历史时期内,把我国建设成为一个具有现代农业、现代工业、现代国防和现代科学技术的社会主义强国"③。这表明了我国实现现代化的目标就是要实现"四个现代化"。1978年的十一届三中全会,把党的重点工作转移到社会主义现代化建设上,邓小平同志强调:"我们党在现阶段的政治路线,概括地说,就是一心一意地搞四个现代化。"④邓小平同志会见日本首相大平正芳时指出,"我们要实现的四个现代化,是中国式的四个现代化。我们的四个现代化的概念,不是像你们那样的现代化概念,而是'小康之家'"⑤。随着社会主义现代化建设实践的深入,党的十二大对四个现代化的顺序进行了调整,将工业的现代化放在"四个现代化"的前面,通过工业现代化来进一步带动农业、现代国防以及科学技术的现代化。

---

① 吴忠民. 中国现代化论[M]. 北京:商务印书馆,2019:81.
② 吴忠民. 中国现代化论[M]. 北京:商务印书馆,2019:81-83.
③ 周恩来选集(下卷)[M]. 北京:人民出版社,1984:439.
④ 邓小平文选(第二卷)[M]. 北京:人民出版社,1994:276.
⑤ 邓小平文选(第二卷)[M]. 北京:人民出版社,1994:237.

总之,在这一时期,我国的社会主义现代化建设主要还是以经济现代化建设为主,兼顾精神文明建设。尽管还不全面,但是这是符合中国的国情的。当时中国的生产力还比较落后,还需要进一步解放和发展生产力,以夯实中国式现代化的物质基础。同时经济现代化也是符合人类现代化理论与实践的发展规律的,现代化最初的衡量指标就主要集中在物质领域,尤其是工业化水平。因此,我们提出以"四个现代化"为抓手的经济现代化既符合人类对现代化的认知规律,也符合我国那个时代的具体情况。

(三)"三位一体"的中国现代化

随着社会主义建设实践的推进,我们逐渐意识到"四个现代化"并不是现代化的全部内容,而是其中一个重要方面。正如叶剑英同志通过《在庆祝中华人民共和国成立三十周年大会上的讲话》指出:"我们所说的四个现代化,是实现现代化的四个主要方面,并不是说现代化事业只以这四个方面为限。"①1987年党的十三大提出,"在社会主义初级阶段,我们党的建设有中国特色的社会主义的基本路线是:领导和团结全国各族人民,以经济建设为中心,坚持四项基本原则,坚持改革开放,自力更生,艰苦创业,为把我国建设成为富强、民主、文明的社会主义现代化国家而奋斗"②。这就表明,党和人民对现代化的理解有了进一步的认识,中国式的现代化依然是以经济现代化为主体,同时也强调政治和文化的现代化。政治的现代化,尤其是加强社会主义民主政治的建设,不仅丰富了我国现代化的内涵,而且还为中国式的现代化奠定良好的政治基础;文化的现代化,尤其是精神文明的建设,不仅拓宽了中国式现代化的内涵,而且还为中国现代化的发展提供精神支柱。

现代化是整体的现代化,包括经济的现代化、政治的现代化以及文化的现代化等方面,这些方面是相互支撑,缺一不可的。"三位一体"的中国式现代化,可以说是中国特色社会主义现代化内涵的重大进步,也是社会主义现代化内涵的重大发展,还是现代化内涵的重大拓展。

(四)"四位一体"的中国现代化

随着中国特色社会主义事业的实践的不断深化,党和人民在全面建设小康社会的实践目标中对中国式现代化的认识也逐渐深化。党的十七大基于对国情的认识,首次把社会建设纳入其中,形成经济建设、政治建设、文化建设、社会建设四

---

① 叶剑英选集[M].北京:人民出版社,1996:540.
② 十三大以来重要文献选编(上)[M].北京:人民出版社,1991:15.

位一体的中国特色社会主义事业总体布局,并在党章中把党的基本路线中的奋斗目标表述为"把我国建设成为富强民主文明和谐的社会主义现代化国家"①。这表明,中国式的现代化内涵由经济现代化、政治现代化、文化现代化发展为经济现代化、政治现代化、文化现代化以及社会现代化,得到进一步丰富与发展,同时也开启了中国特色社会主义社会的全面发展与全面进步的新阶段,以及推动了全面建设小康社会的进程。

"四位一体"的中国式现代化无疑是中国特色社会主义理论的一次重大发展。党的十七大基于科学发展和社会和谐相统一的视角,进一步肯定了"社会和谐是中国特色社会主义的本质属性"的科学论断。这进一步深化了党对社会主义本质的科学认识,是党对社会主义本质属性的认识的一次重大思想结晶和理论升华,为建设中国式现代化提供重要理论基础与实践导向。总之,"四位一体"总体布局既是对中国特色社会主义理论体系的进一步深化,也是对中国式现代化基本范畴的进一步拓展。②

(五)"五位一体"的中国现代化

纵观世界的现代化运动,现代化进程总是充满了矛盾和问题。现代化是不断解决矛盾和问题的过程,也是从一个器物层面向制度和文化层面不断变革的和完善的过程。③ 党的十八大提出统筹推进经济建设、政治建设、文化建设、社会建设以及生态建设"五位一体"总布局,以习近平同志为核心的党中央,在中国特色社会主义事业建设的伟大实践中,不断深化对现代化的认识;在党的十九大提出"把我国建成富强民主文明和谐美丽的社会主义现代化强国"④表明了我国的现代化不仅仅追求物质文明、政治文明、精神文明以及社会文明,而且还十分注重生态文明,中国式现代化内涵更加丰富、成熟。这不仅指明了中国现代化的发展方向,而且还为世界现代化,尤其是发展中国家实现现代化贡献了中国智慧和中国方案,推动世界现代化的整体进程。

总之,我国社会主义现代化的内涵经历了一个复杂的演变过程,从最初的"四个现代化"到现在的"富强、民主、文明、和谐、美丽"的社会主义现代化强国建设目

---

① 十七大以来重要文献选编(上)[M].北京:中央文献出版社,2009:45.
② 从"四个现代化"到"四位一体"——改革开放以来我国现代化的范式演进[J].上海交通大学学报(哲学社会科学版),2008(6).
③ 从"四个现代化"到"四位一体"——改革开放以来我国现代化的范式演进[J].上海交通大学学报(哲学社会科学版),2008(6).
④ 习近平.决胜全面建成小康社会 夺取新时代中国特色社会主义伟大胜利——在中国共产党第十九次全国代表大会上的报告[M].北京:人民出版社,2017:29.

标的最终形成。这体现了我们党在追求现代化的过程中对中国现代化目标的认识越来越全面,越来越务实,越来越理性。这是我们党对现代化的认识质的飞跃与范式的革命,也是党和人民对中国式现代化规律的艰辛探索的理论飞跃,对于实现中华民族伟大复兴具有重要的理论价值与实践意义。

二、社会主义现代化强国的内涵

中华人民共和国成立以来,党和人民一直都致力于探索中国特色的现代化。从最初的"四个现代化"到党的十三大"三位一体"的现代化、党的十七大"四位一体"的现代化,再到新时代"五位一体"的社会主义现代化,这极大地丰富了中国式现代化的理论体系。从最初的"社会主义现代化国家"到新时代的"社会主义现代化强国",这是实现中华民族伟大复兴对中国式现代化提出的更高要求。何为社会主义现代化强国?党的十九大基于现代化的本质,遵从国际通用标准,并结合世界的形势与中国的实际情况,作出了科学论断,即"富强民主文明和谐美丽"的社会主义现代化强国。这一科学论断从经济、政治、文化、社会以及生态等方面全方位地展现了中国式现代化的丰富内涵,彰显了现代化的整体性。

(一)经济富强的社会主义现代化强国

经过改革开放40余年的发展,我国的生产力得到较大的解放与发展,经济建设取得了重大成就,但"发展不平衡不充分的一些突出问题尚未解决,发展质量和效益还不高,创新能力不够强,实体经济水平有待提高"[①]。党的十九大指出,在全面建成小康社会以后,分两个阶段实现社会主义现代化强国的目标,并对建设经济富强作了目标分解:在基本实现社会主义现代化的阶段,"我国经济实力、科技实力将大幅度跃升,跻身创新型国家前列"[②];在社会主义现代化强国阶段,我国的物质文明全面提升。与此同时,党的十九大还提出要"贯彻新发展理念,建设现代化经济体系",从而不断解放和发展社会生产力,推动经济持续健康发展。由此可见,经济富强是社会主义现代化强国的首要之义,强大的经济实力是现代化的重要标志,经济现代化是现代化强国的主要体现。[③]

经济富强的社会主义现代化强国是从经济建设层面上对建成社会主义现代

---

① 习近平. 决胜全面建成小康社会 夺取新时代中国特色社会主义伟大胜利——在中国共产党第十九次全国代表大会上的报告[M]. 北京:人民出版社,2017:9.
② 习近平. 决胜全面建成小康社会 夺取新时代中国特色社会主义伟大胜利——在中国共产党第十九次全国代表大会上的报告[M]. 北京:人民出版社,2017:28.
③ 汪青松,陈莉. 社会主义现代化强国内涵、特征与评价指标体系[J]. 毛泽东邓小平理论研究,2020(3).

化强国提出的要求,即要不断解放和发展生产力,建设社会主义市场经济,保持经济持续发展,全面提升物质文明水平,把我国建成经济富强的社会主义现代化强国。简言之,建成社会主义现代化强国需要把我国建成经济强国,建成富强中国。正如马克思主义唯物史观"经济基础决定上层建筑"的经典论断,建成经济强国、成为富国是我们在其他维度建成社会主义现代化强国的物质基础和殷实根基。从逻辑关系看,建成经济强国即实现国家富强也是进一步实现民族振兴进而真正实现人民幸福的首要条件。①

(二)政治民主的社会主义现代化强国

中国共产党历来都十分重视民主政治的建设,尤其是在改革开放的实践中,我国的民主法治建设迈出了重大步伐,取得了巨大成就,但"社会矛盾和问题交织叠加,全面依法治国任务依然繁重,国家治理体系和治理能力有待加强"②。建成社会主义现代化强国离不开政治的现代化,它是社会主义现代化强国不可或缺的重要组成部分。党的十九大在描绘社会主义现代化强国未来愿景之时,对政治民主也进行了分阶段的描述,即在基本实现社会主义现代化阶段,我国的"人民平等参与、平等发展权利得到充分保障,法治国家、法治政府、法治社会基本建成,各方面制度更加完善,国家治理体系和治理能力现代化基本实现"③;在建成社会主义现代化强国阶段,我国的政治文明得到全面提升。同时党的十九大还提出,"健全人民当家作主制度体系,发展社会主义民主政治",从而保障人民当家作主。总之,政治现代化是社会主义现代化强国的重要组成部分,它与经济现代化都是国家现代化不可缺失的重要组成部分。

政治民主的社会主义现代化强国是从政治层面上对建成社会主义现代化强国提出的要求,即要建设中国特色社会主义民主政治,促进民主不断健全和社会主义民主法治建设,全面提升政治文明水平,把我国建成政治民主的社会主义现代化强国。简言之,建成社会主义现代化强国需要发展中国民主,建设中国式民主,把我国建成民主强国、民主中国。正如马克思主义"上层建筑会反作用于经济基础"的经典论断,建成民主强国是我们在其他维度建成社会主义现代化强国的领导基础和政治保证。④

---

① 丁威,解安.习近平社会主义现代化强国目标体系研究[J].学术界,2017(12).
② 习近平.决胜全面建成小康社会 夺取新时代中国特色社会主义伟大胜利——在中国共产党第十九次全国代表大会上的报告[M].北京:人民出版社,2017:9.
③ 习近平.决胜全面建成小康社会 夺取新时代中国特色社会主义伟大胜利——在中国共产党第十九次全国代表大会上的报告[M].北京:人民出版社,2017:28.
④ 丁威,解安.习近平社会主义现代化强国目标体系研究[J].学术界,2017(12).

(三)文化文明的社会主义现代化强国

文化是国家的灵魂,文明是国家的形象。在中国特色社会主义事业的建设实践中,我国的思想文化建设取得了重大进展,尤其马克思主义在意识形态领域的指导地位得到不断巩固,文化事业和文化产业得到长足发展,但我国的"社会文明水平尚需提高"①。文化现代化和文化软实力是建成社会主义现代化强国的重要精神支撑,高度发达的社会文明为建成社会主义现代化强国提供了精神动力和智力支持,使民族综合素质不断提高。② 基于此,党的十九大在描绘社会主义现代化强国未来愿景之时,对文化文明也进行了分阶段的描述,即在基本实现社会主义现代化阶段,我国的"社会文明程度达到新的高度,国家文化软实力显著增强,中华文化影响更加广泛深入"③;在建成社会主义现代化强国阶段,精神文明全面提升。同时党的十九大还提出,坚定文化自信,推动社会主义文化繁荣兴盛。总之,高度发达的文化是社会主义现代化强国不可或缺的精神内容。

文明是一个整体性概念,内容极为丰富。党和国家要建设的文明强国,主要是从中国特色社会主义文化视角出发,并以文化建设、精神文明建设为主要内容。文化文明的社会主义现代化强国是从文化层面上对建成社会主义现代化强国提出的要求,即要建设中国特色社会主义文化,促进民主文化日益繁荣,不断发展社会主义先进文化,尤其要全面提升精神文明建设水平,把我国建成文明的社会主义现代化强国。简言之,建成社会主义现代化强国要建设和发展中国文明,把我国建成文化强国、文明中国。这是我们在其他维度建成社会主义现代化强国的精神基础和思想保障。④

(四)社会和谐的社会主义现代化强国

新时代以来,党和政府深入贯彻以人民为中心的发展思想,落实"三大攻坚战"、改善就业状况以及完善社会保障体系等举措,使得人民生活不断改善,但我国"民生领域还有不少短板,脱贫攻坚任务艰巨,城乡区域发展和收入分配差距依然较大,群众在就业、教育、医疗、居住、养老等方面面临不少难题"⑤。改善民生

---

① 习近平.决胜全面建成小康社会 夺取新时代中国特色社会主义伟大胜利——在中国共产党第十九次全国代表大会上的报告[M].北京:人民出版社,2017:9.
② 梁建新.文化影响力:现代化强国的精神标志[J].理论与评论,2018(5).
③ 习近平.决胜全面建成小康社会 夺取新时代中国特色社会主义伟大胜利——在中国共产党第十九次全国代表大会上的报告[M].北京:人民出版社,2017:28.
④ 丁威,解安.习近平社会主义现代化强国目标体系研究[J].学术界,2017(12).
⑤ 习近平.决胜全面建成小康社会 夺取新时代中国特色社会主义伟大胜利——在中国共产党第十九次全国代表大会上的报告[M].北京:人民出版社,2017:9.

是社会主义现代化的题中之义,也是建成社会主义现代化强国的必然要求。基于此,党的十九大在描绘社会主义现代化强国未来愿景之时,对社会和谐也进行了分阶段的描述,即在基本实现社会主义现代化阶段,我国"人民生活更为宽裕,中等收入群体比例明显提高,城乡区域发展差距和居民生活水平差距显著缩小,基本公共服务均等化基本实现,全体人民共同富裕迈出坚实步伐;现代化社会治理格局基本形成,社会充满活力又和谐有序"①;在建成社会主义现代化强国阶段,社会文明全面提升。同时党的十九大还提出,通过"优先发展教育事业""提高就业质量和人民收入水平""加强社会保障体系建设""坚决打赢脱贫攻坚战""实施健康中国战略""打造共建共治共享的社会治理格局""有效维护国家安全"等举措,来"提高保障和改善民生水平,加强和创新社会治理"②。总之,社会和谐是社会主义现代化的必要组成部分,为建成社会主义现代化强国奠定扎实的社会基础。

社会和谐的社会主义现代化强国是从社会层面上对建成社会主义现代化强国提出的要求,即要建设中国特色社会主义和谐社会,促进社会保持繁荣,为中国特色社会主义发展营造安全、稳定、和谐的社会环境和氛围,全面提升社会文明建设水平,把我国建成和谐的社会主义现代化强国。简言之,建成社会主义现代化强国需要建设和发展中国和谐社会,把我国建成社会治理强国、和谐中国,从而为我们在其他维度建成社会主义现代化强国的社会基础和共同保证。③

(五)生态美丽的社会主义现代化强国

人与自然和谐相处是社会主义现代化的题中要义。新时代以来,党和政府通过大力推进生态文明建设,不断健全生态文明制度体系,全面推进节约资源等重大举措,在生态文明建设方面成效显著,但生态环境保护还任重而道远。社会经济发展不能以牺牲环境为代价,生态现代化是社会主义现代化强国建设过程中的突出短板。基于此,党的十九大在描绘社会主义现代化强国未来愿景之时,对生态美丽也进行了分阶段的描述,即在基本实现社会主义现代化阶段,我国的生态环境得到根本好转,美丽中国目标基本实现;在建成社会主义现代化强国阶段,我国的生态文明全面提升。同时党的十九大还提出通过"推进绿色发展""着力解决环境突出问题""加大生态系统保护力度""改革生态环境监管体制""加快生态文

---

① 习近平.决胜全面建成小康社会 夺取新时代中国特色社会主义伟大胜利——在中国共产党第十九次全国代表大会上的报告[M].北京:人民出版社,2017:28.

② 习近平.决胜全面建成小康社会 夺取新时代中国特色社会主义伟大胜利——在中国共产党第十九次全国代表大会上的报告[M].北京:人民出版社,2017:44-49.

③ 丁威,解安.习近平社会主义现代化强国目标体系研究[J].学术界,2017(12).

明体制改革"①等举措,建设美丽中国。总之,生态现代化是社会主义现代化强国的应有之义。

生态美丽的社会主义现代化强国是从生态层面上对建成社会主义现代化强国提出的要求,即要建设中国特色社会主义生态文明,促进生态环境建设,为中国特色社会主义发展提供良好的生态条件,全面提升生态文明建设水平,把我国建成美丽的社会主义现代化强国。简言之,建成社会主义现代化强国需要建设和发展中国生态文明,把我国建成生态强国、美丽中国,这是我们在其他维度建成社会主义现代化强国的自然基础和环境保证。②

社会主义现代化强国的构成要素具有整体性,各个要素之间既相互区别,又相互联系。社会主义现代化强国在结构上包含的经济、政治、文化、社会、生态五个组成部分,分别对应富强、民主、文明、和谐、美丽五种基本价值。这个复合系统"包括物质文明、政治文明、精神文明、社会文明、生态文明五个重要方面。其中,物质文明主要依靠经济现代化实现,是社会主义现代化强国的核心和基础;政治文明是党的领导、人民民主与依法治国的有机统一;精神文明要求坚持中国特色社会主义文化发展道路,坚持创新性发展、创造性转化,以构筑文化强国;社会文明以公平正义为根本目标,旨在实现人与人的和谐共处;生态文明则是要保障人类生活空间,实现人与自然环境的和谐共生。五个方面统一于社会主义现代化强国的总目标,而又相互制约、相互联系、相互促进"③。

三、实现社会主义现代化强国的支点

社会主义现代化强国目标是一个多维交融的复合系统,建成社会主义现代化强国需要多方发力。在具体的实践中需要把握好整体与部分的关系,找到建成社会主义现代化强国的重点方面,从而做到有的放矢,精准发力,实现以点带面。基于马克思主义的唯物史观,我们认为实现社会主义现代化强国的目标需要以工业现代化、农业农村现代化、科学技术现代化、国防现代化、国家治理体系与治理能力现代化为支点,从而撬动整个社会主义现代化强国,保障其顺利发展,推动其进程。

---

① 习近平. 决胜全面建成小康社会 夺取新时代中国特色社会主义伟大胜利——在中国共产党第十九次全国代表大会上的报告[M]. 北京:人民出版社,2017:50-52.
② 丁威,解安. 习近平社会主义现代化强国目标体系研究[J]. 学术界,2017(12).
③ 欧阳军喜,王赟鹏. 社会主义现代化强国思想:演进、特征及其意义[M]. 学术界,2018(4).

(一)工业现代化助力实现社会主义现代化强国

何为工业现代化?"工业现代化一般是指在一国或地区的经济现代化过程中,在现代科学技术进步的推动下,新兴工业部门不断产生和增长、原有工业部门持续变革和发展,并由此导致工业结构变化和整体工业生产力水平的提高、最终达到当今世界先进水平的过程。"①工业化意味着经济增长速度长期稳定增长、工业结构高级化、工业生产绿色化。总之,工业现代化不仅预示着工业生产效率的提高,工业结构的不断优化以及工业环境的不断亮化,同时还预示着整个社会的生产力得到进一步的解放和发展,即社会物质财富的极大丰富。

社会主义现代化强国并不是虚幻的口号,而是实实在在的目标。实现这一目标需要扎扎实实的发展成果,从而使得人民的生活得到不断的改善。因此,实现社会主义现代化强国需要工业的现代化,从而推动经济社会的发展。工业的现代化使得我国的工业的发展不断优化,推动工业经济的发展;不仅推动工业经济的持续健康发展,而且还会带动农业产业的发展,推动农业经济稳定增长;还会影响现代服务业经济的发展,催生新的服务业,从而推动现代服务业经济的发展。总之,工业的现代化会带动整个国民经济的持续健康发展,从而为实现社会主义现代化强国奠定扎扎实实的物质基础。

(二)农业农村现代化助推实现社会主义现代化强国

"没有农业农村现代化,就没有整个国家的现代化。"②何为农业农村现代化?"农业现代化是农村现代化的经济基础,为农村现代化提供产业基础和物质保障;农村现代化是农业现代化的依托,是实现农业现代化集聚必需的人口、土地等要素的空间载体。"③农业农村现代化是一个整体,两者分别从产业和城乡关系的视角阐释了农业农村现代化的目标,但两者又是相互交融、密不可分的,共同推进社会主义现代化强国的实现。总之,农业农村现代化是农村整体的现代化,不仅包括农村现代化中"物"的现代化和"人"的现代化,还包括乡村治理体系和治理能力的现代化。因此,我们必须坚持农业现代化和农村现代化一起抓,一体设计、一并推进,实现农业大国向农业强国的跨越,进而实现社会主义现代化强国的目标。④

---

① 陈佳贵,黄群慧.工业现代化的标志、衡量指标及对中国工业的初步评价[J].中国社会科学,2003(3).
② 蒋永穆.从"农业现代化"到"农业农村现代化"[J].红旗文稿,2020(5).
③ 蒋永穆.从"农业现代化"到"农业农村现代化"[J].红旗文稿,2020(5).
④ 蒋永穆.从"农业现代化"到"农业农村现代化"[J].红旗文稿,2020(5).

社会主义现代化强国的建成离不开农业农村现代化的支撑。农业是整个国民经济与社会发展的基础,农村是整个社会发展必不可少的空间。只有农业农村现代化,才能为实现社会主义现代化强国提供最为基础的物质保障和空间保障。农业农村现代化不仅可以推动农业农村的发展,还可以为工业与现代服务业提供更加优质的资源,为其城市的发展提供更加丰富的资源,为人民的生活提供更加高质量的产品与生活环境,满足人民对美好生活的需要。

(三)科学技术现代化推动实现社会主义现代化强国

实现社会主义现代化强国目标需要进一步解放和发展生产力,夯实社会主义现代化强国的物质基础。但是进一步解放和发展生产力需要充分发挥科学技术的作用,正如邓小平同志所说:"科学技术是第一生产力。"①因此,实现社会主义现代化强国目标需要现代化的科学技术。何为科学技术现代化?科学技术现代化是指科学技术根据时代需要不断与时俱进,从而满足经济社会发展对科学技术的要求,进而推动经济社会可持续健康发展。总之,科学技术现代化是实现社会主义现代化强国目标的重要支撑,只有科学技术与时俱进,才能满足时代的需要,才能发挥先进生产力的作用,才能创造极大的丰富财富。

现代化的科学技术是先进生产力的核心,也是现代化的助推器。正如邓小平同志所说:"四个现代化,关键是科学技术的现代化。没有现代科学技术,就不可能建设现代农业、现代工业、现代国防。没有科学技术的高速度发展,也就不可能有国民经济的高速度发展。"②建成社会主义现代化强国的关键依然也是科学技术,没有科学技术的现代化,就难以有工业、农业、国防以及国家治理体系与治理能力的现代化,就难以有国民经济的持续健康发展,也就难以满足人民的美好生活需要。换言之,我国经济发展、政治发展、社会发展、文化发展以及生态发展都需要以现代化的科学技术为支撑。

(四)国防现代化保障实现社会主义现代化强国

实现社会主义现代化强国目标不仅需要高度发达的生产力,也需要和平稳定的发展环境,而和平稳定的发展环境离不开现代化的国防为支撑。何为国防现代化?国防现代化是指在国防建设的实践中全面推进武装力量、国防科技、国防工业、国防设施、国防体制和国防管理等方面的现代化,具体表现为:"适应国家安全环境变化,调整国防现代化的发展策略;以国家现代化建设一体发展的方针,夯实

---

① 邓小平文选(第三卷)[M]. 北京:人民出版社,1993:274.
② 邓小平文选(第二卷)[M]. 北京:人民出版社,1994:86.

国防现代化发展的物质基础;以军队现代化建设为重点,加速推进国防现代化建设的发展进程;以发展独立完整的国防工业体系为依托,掌握国防现代化建设发展的主动权;以国防尖端科技发展为先导,引领国防现代化全面建设发展的方向;以维护国家安全为基点,结合基本国情,构筑军民结合的中国特色现代化国防;坚持党中央统一领导,集中力量推动国防现代化建设高效发展。"①总之,国防现代化是国家稳定发展的重要环境保障。

"国防现代化始终是中国特色现代化的重要组成部分,强军始终是中国特色社会主义现代化强国的核心目标之一。"②国防的现代化不仅为捍卫国家主权独立和领土完整等方面提供重要保证,还对中国特色社会主义事业的发展有着十分重要的作用。国防的现代化有利于保障中国特色社会主义事业发展的国际国内稳定环境,有利于保障我国的国际地位的提高,有利于保障人民的生命和财产安全,促进经济和社会的发展,从而保障社会主义现代化强国的建成。

(五)国家治理体系与治理能力现代化推进实现社会主义现代化强国

有效的治理是国家兴旺发达和长治久安的重要保障,实现社会主义现代化强国需要推进国家治理体系与治理能力现代化。何为国家治理体系与治理能力现代化?学界认为国家治理体系与治理能力现代化就是从传统式国家治理向现代式国家治理转变;国家治理体系与治理能力现代化就是政治现代化与制度现代化;就是将现代政治手段运用到国家治理中;就是要使国家治理适应现代社会的要求;就是要形成多元主体间的协同治理模式。③ 我们认为国家治理体系与治理能力现代化主要包括国家治理体制机制日益完善和治理国家的主体能力日益提高两个方面。总之,实现社会主义现代化强国的目标需要国家治理体系与治理能力现代化为其提供支撑。

国家治理体系与治理能力现代化要求国家公共事务治理须达到"民主化、法治化、制度化、多元化",从而使得国家治理更有章法,更有效率。④ 这不仅是社会主义现代化的题中之义,还是建成社会主义现代化强国的重要保障。国家治理体系与治理能力现代化可以直接提升国家治理的效果,推动经济社会的发展,夯实现代化的物质基础;可以优化治理方式,保障其他现代化的有效协调推进;可以有效满足广大人民对美好生活的向往。

---

① 赵万须. 毛泽东对我国国防现代化的战略谋划和实践[J]. 党的文献,2019(5).
② 胡鞍钢,等. 2050中国:全面建成社会主义现代化强国[M]. 杭州:浙江人民出版社,2018:110.
③ 阮博. 国内国家治理现代化研究综述[J]. 社会主义研究,2015(4).
④ 许耀桐. 中国国家治理体系现代化总论[M]. 北京:国家行政学院出版社,2016:41.

实现社会主义现代化强国并不是只能依靠工业现代化、农业农村现代化、科学技术现代化、国防现代化、国家治理体系与治理能力现代化，还需要其他方面的保障。我们从现代化的基本内涵出发，提出这五个现代化是实现社会主义现代化强国的支点。同时，我们认为这个现代化并不是孤立的存在，而是相互联系的有机体。工业现代化与农业农村现代化为实现社会主义现代化强国奠定物质基础，国防现代化为实现社会主义现代化强国奠定环境基础，国家治理体系与治理能力现代化为实现社会主义现代化强国奠定制度基础，科学技术现现代化为其他现代化提供科技支撑。总之，实现社会主义现代化强国的五个支撑点从生产力与生产关系相统一的视角协同推进社会主义现代化强国的建设进程，并且它们之间相互联系，有机统一于中国特色社会主义现代化强国的建设实践中。

第三节 通向人自由而全面的发展

中国特色社会主义的现代化不仅要完成现代化指标，达到发达国家水平，而且还要在本质上不同于西方资本主义国家。中国特色社会主义的现代化本质是以人民为中心的全面现代化，最终目标是通过现代化的运动，实现人的自由而全面发展。换言之，物质的现代化服务人的现代化，是实现人自由而全面发展的手段；同时人的现代化也明确了人民在实现社会主义现代化强国中的主体地位，需要将广大人民与国家治理体系和治理能力现代化相结合，实现人自由而全面发展。实现人的自由而全面发展需要坚持唯物史观的指导地位，既要发展生产力，夯实其物质基础，也要优化生产关系与上层建筑，营造良好的发展环境。

一、人自由而全面发展的内涵

人的自由全面发展是马克思主义理论的终极价值目标，也是中国特色社会主义现代化区别于资本主义现代化的显著标志，更是社会主义现代化强国的应有之义。如何理解人的自由全面发展，通过梳理马克思主义经典作家的相关论述，可以将其概括为以下几个方面：

第一，"每个人"自由而全面的发展。正如《共产党宣言》所说："代替那存在着阶级和阶级对立的资产阶级旧社会的，将是这样一个联合体，在那里，每个人的自由发展是一切人的自由发展的条件。"[①]人是社会历史的主体，既是社会历史发

---

① 马克思恩格斯选集(第一卷)[M].北京:人民出版社,2012:422.

展的动力,也是社会历史发展的目的;人的发展是社会历史进步的尺度,每个人的自由而全面发展是整个人类自由而全面发展的前提。第二,人的社会关系的全面拓展和高度丰富。"社会关系实际上决定着一个人能够发展到什么程度。"①人的社会关系既是社会进步的尺度,也是人自身发展的表征;人的全面发展是在一定社会关系中的具体、实际、个人的全面发展;人的全面发展不仅包括单个个人的自由而全面发展,也包括人作为"类"的自由而全面发展;一个人的发展取决于与他人普遍的交往和全面的关系,这既决定其发展的视野,实际上也决定其能够发展的程度。第三,人的活动及其能力的自由全面发展。人的丰富的能力(包括体力和智力、自然力和社会力、个体能力和集体能力、现实能力和潜在能力以及知情意等)最大限度地发挥出来;任何人的职责、使命、任务就是全面地发展自己的一切能力,并以此作为为社会发展做出贡献的基础。第四,人的个性的自由而全面发展。人的个性即人的生理、心理和社会等的特性在各个方面最大限度地发展,即在发展过程中个人能够按照自己的意愿、兴趣和社会的需要相对地发展自己;人能相对自由地发挥其独特个性和创造性活动,这是人的全面发展的综合表现和最高标准。② 第五,人的需要自由全面发展。人首先是有需要的人,个人需要在某种程度上决定了其一定的生存方式和生活状态。在不同时代中,人的需要也会发生变化,同时人的需要是多层次的。总的来说,人的需要大致分为三种:生存需要、享受需要以及发展需要。③

二、发展社会生产力

生产力是人自由而全面发展的物质前提。"人不能离开任何物质条件来实现实现自身的发展,人要发展自己,就必须首先创造自己的社会物质条件。"④正如马克思恩格斯所指出:"只有在现实的世界中并使用现实的手段才能实现真正的解放;没有蒸汽机和珍妮走锭精纺机就不能消灭奴隶制;没有改良的农业就不能消灭农奴制;当人们还不能使自己的吃喝住穿在质和量方面得到充分供应的时候,人们就根本不能获得解放。"⑤这表明,人只有在生产力得到发展的时候,才会

---

① 马克思恩格斯全集(第三卷)[M]. 北京:人民出版社,1960:295.
② 高文兵. 人的自由全面发展思想及当代意义——重读马克思恩格斯有关经典[J]. 高校理论战线,2012(5).
③ 韩庆祥,亢安毅. 马克思开辟的道路——人的全面发展研究[M]. 北京:人民出版社,2005:138.
④ 韩庆祥,亢安毅. 马克思开辟的道路——人的全面发展研究[M]. 北京:人民出版社,2005:161.
⑤ 马克思恩格斯全集(第四十二卷)[M]. 北京:人民出版社,1979:368.

获得自身的发展,生产力的发展也必然促使人的自由而全面发展。正如马克思恩格斯所说:"生产者也改变着,炼出新的品质,通过生产而发展和改造着自身,造成新的力量和新的观念,造成新的交往方式,新的需要和新的语言。"①总之,生产力的发展推动着人的需要的发展,生产力的发展推动着人的活动及其能力的发展,生产力的发展推动着人的社会关系的发展,生产力的发展推动着人的个性的发展。简而言之,人的自由而全面发展是历史的产物,是社会生产力的产物。高度发达的生产力不仅构成了人自由全面发展的现实基础和现实力量,而且还造就了人自由全面发展的新的需要、本质力量、社会关系、交往方式与个性。②

新时代推动生产力的进一步发展,就是要贯彻新发展理念,建设现代化经济体系。"所谓现代化经济体系,就是与建设社会主义现代化强国的要求相适应的现代产业体系及其运行机制和管理体制。其基本内容就是现代产业体系与现代市场经济体制的有机结合,其基本目标就是通过经济发展的质量变革、效率变革、动力变革,实现经济的高技术、高质量、高效益发展。"③建设现代化经济体系需要做好以下四个方面的工作:

一是加快建设创新型国家。创新是引领发展的第一动力,是建设现代化经济体系的战略支撑。要瞄准世界科技前沿,强化基础研究,实现前瞻性基础研究、引领性原创成果重大突破。二是实施乡村振兴战略。农业农村农民问题是关系国计民生的根本性问题,必须始终把解决好"三农"问题作为全党工作重中之重。要坚持农业农村优先发展,按照产业兴旺、生态宜居、乡风文明、治理有效、生活富裕的总要求,建立健全城乡融合发展体制机制和政策体系,加快推进农业农村现代化。三是实施区域协调发展战略。加大力度支持革命老区、民族地区、边疆地区、贫困地区加快发展,强化举措推进西部大开发形成新格局,深化改革加快东北等老工业基地振兴,发挥优势推动中部地区崛起,创新引领率先实现东部地区优化发展,建立更加有效的区域协调发展新机制。四是推动形成全面开放新格局。现代化经济体系,必然是一个开放系统。既要对外开放,更要对内开放。要以"一带一路"建设为重点,坚持引进来和走出去并重,遵循共商共建共享原则,加强创新能力开放合作,形成陆海内外联动、东西双向互济的开放格局。④

---

① 马克思恩格斯全集(第四十六卷)[M].北京:人民出版社,1979:494.
② 韩庆祥,亢安毅.马克思开辟的道路——人的全面发展研究[M].北京:人民出版社,2005:164.
③ 周绍朋.强国之路:建设现代化经济体系[J].国家行政学院学报,2018(5).
④ 习近平.决胜全面建成小康社会 夺取新时代中国特色社会主义伟大胜利——在中国共产党第十九次全国代表大会上的报告[M].北京:人民出版社,2017:30-34.

三、调整生产关系

生产力的发展离不开人们在物质资料的生产过程中形成的社会关系,人们只有以一定的方式共同活动和相互交换活动,生产才能顺利进行。换言之,为了使生产顺利进行,人们相互之间便要相互交往,发生一定的联系和关系,这就是生产关系。人也只有在与其他人交往和结成的社会关系中才能生存和发展,也就是说,人的自由全面发展表现为社会关系的全面丰富和社会交往的普遍性。正如马克思恩格斯所说:"一个人的发展取决于和他直接或间接进行交往的其他一切人的发展。"①如果说生产力的发展为人的自由全面发展提供物质基础,那么生产关系的调整则为人的自由全面发展提供社会环境支撑。生产关系决定着人的需要的满足程度,不同的社会关系中,人的需要的满足状况是不一样的,处于被统治地位的人需要容易满足,但不益于人的全面发展,相反处于平等社会关系的人需要的满足会比较不顺畅,却益于人的自由全面发展;生产关系决定着人的能力发挥和实现程度,全面发展的人意味着自己的能力能得到全面的展示,人是一切社会关系的总和,人的能力发挥需要通过社会关系来实现,处于主动地位社会关系的人的能力容易得到发挥,相反处于非主动地位社会关系的人能力的发挥则受到或多或少的阻碍。生产关系决定人的个性,不同社会关系会形成不同的个性,就像马克思恩格斯所指出:"他们的个性是受非常具体的阶级关系所制约和决定的。"②集体的生产关系和社会主义制度的生产关系都对人的个性发展具有十分积极的影响。

新时代促进人的自由全面发展,需要进一步调整生产关系,使每一个人的自由全面发展都能在社会主义生产关系中得到实现。新时代调整生产关系需要做好以下几个方面的工作:

一是坚持以公有制为主体、多种所有制共同发展的所有制结构的底线不能突破。公有制是实现每一个人自由全面发展的最基本的社会关系。因此,需要毫不动摇地巩固和发展公有制经济,毫不动摇地鼓励、支持、引导非公有制经济发展。探索公有制的多种实现形式,推进国有经济布局优化和结构调整,发展混合所有制经济,增强国有经济竞争力、创新力、控制力、影响力、抗风险能力,做强做优做大国有资本。深化国有企业改革,完善中国特色现代企业制度。形成以管资本为

---

① 马克思恩格斯全集(第三卷)[M]. 北京:人民出版社,1960:515.
② 马克思恩格斯全集(第三卷)[M]. 北京:人民出版社,1960:86.

主的国有资产监管体制,有效发挥国有资本投资、运营公司功能作用。① 二是坚持以按劳分配为主,多种分配方式并存的分配制度的底线不能突破。产品分配的形式是实现每一个人自由全面发展的重要保障。因此,要坚持多劳多得,着重保护劳动所得,增加劳动者特别是一线劳动者劳动报酬,提高劳动报酬在初次分配中的比重。② 三是坚持人民当家作主的底线不能突破。人们在社会中关系中的平等地位也是实现每一个人自由全面发展的重要保障。因此,必须坚持人民主体地位,从而保障每一个人的平等关系。尤其是需要坚持和完善人民代表大会制度这一根本政治制度,从而保障人民得以行使国家权力;坚持和完善民族区域自治制度从而保障各民族一律平等;健全充满活力的基层群众自治制度,从而保障每一个人的自治权利。③

四、消灭城乡之间的对立

人的全面发展不再是地域性的片面发展。随着阶级的消灭,人不再屈从于一定阶级;生产力的普遍发展和人们之间普遍交往的建立,将使狭隘地域性的个人为世界历史性、真正普遍的个人所代替。换言之,实现人的自由全面发展不仅需要生产力的发展和生产关系的和谐,还需要打破地域界限,实现城乡融合发展。马克思恩格斯对城乡关系的考察并不是虚幻的,而是建立在唯物史观的基础上的。生产力的发展给人类社会带来了更多的物质产品和精神产品,为人类的发展提供了更坚实的基础。但是,马克思恩格斯在考察作为生产力发展结果的城乡分离与对立时,却发现这一结果阻碍了人的发展。正如他们指出,城乡对立以后,"立即使农村居民陷于数千年的愚昧状况,使城市居民受到各自的专门手艺的奴役。它破坏了农村居民的精神发展的基础和城市居民的肉体发展的基础"④。总之,"在城乡对立的时代,城市居民由于受到城市文明和工业文明的熏陶,在劳动素质和精神状态等方面比农村居民更为优越"⑤。实现人的自由全面发展需要消灭城乡之间的对立,实现城乡融合发展。城乡融合发展有利于人的个性自由全面

---

① 中国共产党第十九届中央委员会第四次全体会议文件汇编[M].北京:人民出版社,2019:38.
② 中国共产党第十九届中央委员会第四次全体会议文件汇编[M].北京:人民出版社,2019:39.
③ 中国共产党第十九届中央委员会第四次全体会议文件汇编[M].北京:人民出版社,2019:28-30.
④ 马克思恩格斯选集(第三卷)[M].北京:人民出版社,2012:679.
⑤ 蒋永穆,鲜荣生,张晓磊.马克思恩格斯城乡关系经济关系思想刍论[J].政治经济学评论,2015(4).

的发展;有利于人的活动及其能力的自由全面发展;有利于人的社会关系的充分全面发展。

马克思恩格斯不仅指出了消灭城乡对立是人自由全面发展的重要条件,同时还为消灭城乡对立指明了出路。马克思和恩格斯认为,消灭城乡对立是社会历史发展的必然趋势。但要实现这一目标,需要经历一个长期的过程,并同时具备多方面的条件。正如马克思恩格斯指出:"消灭城乡之间的对立,这个条件又取决于许多物质前提,而且任何人一看就知道,这个条件单靠意志是不能实现的(这些条件还须详加探讨)。"①具体来讲,城乡对立的消灭需要大力发展生产力、废除资本主义私有制、建立无产阶级专政、推动工农融合。② 新时代,消灭城乡对立需要重点发展生产力,夯实其物质基础,以及推动城乡融合发展。推动城乡融合发展需要重点做好以下几个方面的工作:

一是建立健全有利于城乡要素合理配置的体制机制。推进城乡融合发展需要坚决破除妨碍城乡要素自由流动和平等交换的体制机制壁垒,推动要素在城乡之间自由流动。这需要健全农业转移人口市民化机制、建立城市人才入乡激励机制、改革完善农村承包地制度、稳慎改革农村宅基地制度、建立集体经营性建设用地入市制度、健全财政投入保障机制、完善乡村金融服务体系、建立工商资本入乡促进机制、建立科技成果入乡转化机制。二是建立健全有利于城乡基本公共服务普惠共享的体制机制。推动城乡融合发展需要推动公共服务向农村延伸、社会事业向农村覆盖,健全全民覆盖、普惠共享、城乡一体的基本公共服务体系,推进城乡基本公共服务标准统一、制度并轨。这需要建立城乡教育资源均衡配置机制、健全乡村医疗卫生服务体系、健全城乡公共文化服务体系、完善城乡统一的社会保险制度、统筹城乡社会救助体系、建立健全乡村治理机制。三是建立健全有利于城乡基础设施一体化发展的体制机制。推动城乡融合发展需要加强乡村公共基础设施建设,坚持先建机制、后建工程,加快推动乡村基础设施提档升级,实现城乡基础设施统一规划、统一建设、统一管护。这要求建立城乡基础设施一体化规划机制、健全城乡基础设施一体化建设机制、建立城乡基础设施一体化管护机制。四是建立健全有利于乡村经济多元化发展的体制机制。推动城乡融合发展需要围绕发展现代农业、培育新产业新业态,完善农企利益紧密联结机制,实现乡村经济多元化和农业全产业链发展。这要求完善农业支持保护制度、建立新产业

---

① 马克思恩格斯文集(第一卷)[M]. 北京:人民出版社,2009:557.
② 蒋永穆,鲜荣生,张晓磊. 马克思恩格斯城乡关系经济关系思想刍论[J]. 政治经济学评论,2015(4).

新业态培育机制、探索生态产品价值实现机制、建立乡村文化保护利用机制、搭建城乡产业协同发展平台、健全城乡统筹规划制度。五是建立健全有利于农民收入持续增长的体制机制，推动城乡融合发展需要拓宽农民增收渠道，促进农民收入持续增长，持续缩小城乡居民生活水平差距。这要求完善促进农民工资性收入增长环境、健全农民经营性收入增长机制、建立农民财产性收入增长机制、强化农民转移性收入保障机制、强化解决相对贫困的体制机制。①

五、逐步消灭不同劳动形式之间的对立

人的自由全面发展具有历史性、现实性，而人的劳动则是现实性的重要体现。实现人的自由全面发展的条件，不仅需要消灭阶级及其剥削，消灭城乡之间的对立，而且还需要消灭体力劳动与脑力劳动之间的对立，从事农业和工业、服务业劳动的将是同样的人。也就是实现马克思用生动形象描述的景象："而在共产主义社会里，任何人都没有特殊的活动范围，而是都可以在任何部门内发展，社会调节着整个生产，因而使我有可能随自己的兴趣今天干这事，明天干那事，上午打猎，下午捕鱼，傍晚从事畜牧，晚饭后从事批判，这样就不会使我老是一个猎人、渔夫、牧人或批判者。"②换言之，实现自由全面发展，应进一步打破不同职业分工的界限，使劳动不再是谋生的手段，而是快乐的源泉。正如马克思《哥达纲领批判》中指出："在共产主义社会高级阶段，在迫使个人奴隶般地服从分工的情形已经消失，从而脑力劳动和体力劳动的对立也随之消失之后；在劳动已经不仅仅是谋生的手段，而且本身成了生活的第一需要之后。"③总之，实现人的自由全面发展需要消灭劳动者之间的分工，进而消灭体力劳动与脑力劳动之间的对立。消灭不同劳动形式之间的对立更加有利于人的个性自由全面的发展、活动及其能力的自由全面发展、社会关系的充分全面发展。

马克思恩格斯不仅认为消灭分工是实现自由全面发展的重要保障，而且还在《德意志意识形态》中指出了消灭何种分工。具体来讲，消灭分工，是要消灭旧式分工，实现新式分工；消灭自发分工，实现自觉分工；消灭劳动者分工，发展劳动分工。④ 如何消灭分工？消灭分工的现实条件是什么？根据马克思的论述，"分工

---

① 中共中央国务院关于建立健全城乡融合发展体制机制和政策体系的意见[N]. 人民日报，2019-05-06.
② 马克思恩格斯选集(第一卷)[M]. 北京：人民出版社，2012：165.
③ 马克思恩格斯选集(第三卷)[M]. 北京：人民出版社，2012：364-365.
④ 王磊. 论"消灭分工"与实现人自由全面发展的理论契合[J]. 中国社会科学院研究生院学报，2017(4).

不会因为某个人'把它从头脑里挤出去'而消灭"①。也就是说,消灭分工并不是人们头脑中虚幻的革命,而是需要现实的革命运动,即大力发展生产力、进行无产阶级革命、建立真正的共同体。新时代消灭分工,消灭体力劳动与脑力劳动之间的对立可以从以下几个方面着手:

一是大力发展生产力,为消灭体力劳动与脑力劳动之间的对立创造物质条件。分工的产生是生产力发展的必然结果,而分工的消灭也是生产力发展的必然产物。同样分工之下产生的体力劳动和脑力劳动的对立也是生产力发展的产物,同时也会随着生产力的发展而走向消亡。正如马克思恩格斯在《共产党宣言》中所说:"代替那存在着阶级和阶级对立的资产阶级旧社会的,将是这样一个联合体,在那里,每个人的自由发展是一切人的自由发展的条件。"②这样的联合体也就是生产力高度发达的共产主义社会。总之,消灭体力劳动与脑力劳动之间的对立,实现人的自觉分工劳动,需要坚持进一步解放和发展生产力,为其做好物质基础的准备。二是引导人们树立正确的职业观,为消灭体力劳动与脑力劳动之间的对立创造主观条件。理念是实践行动的先导,人们一定的社会行动都是由一定理念引起的。消灭体力劳动与脑力劳动需要引导广大劳动者消除对不同职业之间的偏见。三是营造良好的社会环境,为消灭体力劳动与脑力劳动之间的对立创造社会环境。消除体力劳动与脑力劳动之间的对立,需要夯实物质基础,需要劳动者转变职业观念,也需要社会营造良好的环境。人是一个社会人,人的选择必然或多或少受到社会环境的影响,只有全社会都认可职业并无高低贵贱之分,两种劳动形式之间的对立才会真正消灭,从而实现人自由全面发展。

---

① 马克思恩格斯全集(第三卷)[M].北京:人民出版社,1960:460.
② 马克思恩格斯选集(第一卷)[M].北京:人民出版社,2012:422.

主要参考文献

一、著作类

1. 马克思恩格斯全集(第四十二卷)[M]. 北京:人民出版社,1979.
2. 马克思恩格斯全集(第四十六卷)[M]. 北京:人民出版社,1979.
3. 马克思恩格斯文集(第一卷)[M]. 北京:人民出版社,2009.
4. 马克思恩格斯选集(第三卷)[M]. 北京:人民出版社,2012.
5. 马克思恩格斯选集(第一卷)[M]. 北京:人民出版社,2012.
6. 马克思恩格斯选集(第四卷)[M]. 北京:人民出版社,2012.
7. 毛泽东选集(第四卷)[M]. 北京:人民出版社,1991.
8. 毛泽东著作专题摘编(下)[M]. 北京:中央文献出版社,2003.
9. 邓小平文选(第一卷)[M]. 北京:人民出版社,1994.
10. 邓小平文选(第二卷)[M]. 北京:人民出版社,1994.
11. 邓小平文选(第三卷)[M]. 北京:人民出版社,1993.
12. 邓小平思想年谱[M]. 北京:中央文献出版社,1998.
13. 江泽民文选(第一卷)[M]. 北京:人民出版社,2006.
14. 江泽民. 论党的建设[M]. 北京:中央文献出版社,2001.
15. 胡锦涛. 坚定不移沿着中国特色社会主义道路前进 为全面建成小康社会而奋斗——在中国共产党第十八次全国代表大会上的报告[M]. 北京:人民出版社,2012.
16. 胡锦涛文选(第三卷)[M]. 北京:人民出版社,2016.
17. 习近平. 摆脱贫困[M]. 福州:福建人民出版社,2014.
18. 习近平. 做焦裕禄式的县委书记[M]. 北京:中央文献出版社,2015.
19. 习近平总书记系列重要讲话读本(2016年版)[M]. 北京:学习出版社、人民出版社,2016.
20. 习近平谈治国理政[M]. 北京:外文出版社,2014.

21. 习近平谈治国理政(第二卷)[M].北京:外文出版社,2017.

22. 习近平谈治国理政(第三卷)[M].北京:外文出版社,2020.

23. 习近平关于协调推进"四个全面"战略布局论述摘编[M].北京:中央文献出版社,2015.

24. 习近平关于全面建成小康社会论述摘编[M].北京:中央文献出版社,2016.

25. 习近平关于社会主义经济建设论述摘编[M].北京:中央文献出版社,2017.

26. 习近平关于社会主义生态文明建设论述摘编[M].北京:中央文献出版社,2017.

27. 习近平关于"三农"工作论述摘编[M].北京:中央文献出版社,2019.

28. 习近平.决胜全面建成小康社会 夺取新时代中国特色社会主义伟大胜利——在中国共产党第十九次全国代表大会上的报告[M].北京:人民出版社,2017.

29. 三中全会以来重大决策的形成和发展[M].北京:中央文献出版社,1998.

30. 十届全国人大二次会议《政府工作报告》辅导读本[M].北京:人民出版社,2004.

31. 中共中央国务院关于"三农"工作的十个一号文件[M].北京:人民出版社,2008.

32. 十二大以来重要文献选编(上)[M].北京:中央文献出版社,2011.

33. 十二大以来重要文献选编(中)[M].北京:中央文献出版社,1986.

34. 十三大以来重要文献选编(上)[M].北京:人民出版社,1991.

35. 十四大以来重要文献选编(上)[M].北京:中央文献出版社,2011.

36. 十四大以来重要文献选编(中)[M].北京:人民出版社,1997.

37. 十五大以来重要文献选编(上)[M].北京:人民出版社,2000.

38. 十六大以来重要文献选编(上)[M].北京:中央文献出版社,2005.

39. 十七大以来重要文献选编(上)[M].北京:中央文献出版社,2009.

40. 十七大以来重要文献选编(下)[M].北京:中央文献出版社,2013.

41. 十八大以来重要文献选编(中)[M].北京:中央文献出版社,2016.

42. 十八大以来重要文献选编(下)[M].北京:中央文献出版社,2018.

43. 中国共产党第十八届中央委员会第三次全体会议文件汇编[M].北京:人民出版社,2013.

44. 中国共产党第十九次全国代表大会文件汇编[M]．北京：人民出版社，2017．

45. 中国共产党第十九届中央委员会第四次全体会议文件汇编[M]．北京：人民出版社，2019．

46. 薄一波．若干重大决策与事件的回顾（下卷）[M]．北京：人民出版社，1997．

47. 陈光金，等．改革开放与中国民生发展（1978~2018）[M]．北京：社会科学文献出版社，2018．

48. 陈家刚，等．社会主义协商民主：制度与实践[M]．北京：社会科学文献出版社，2019．

49. 戴圣．礼记[M]．刘小沙，译．北京：北京联合出版社，2015．

50. 国家统计局住户调查办公室．2019中国农村贫困监测报告[M]．北京：中国统计出版社，2019．

51. 韩庆祥，亢安毅．马克思开辟的道路——人的全面发展研究[M]．北京：人民出版社，2005．

52. 何毅亭．论中国特色社会主义制度[M]．北京：人民出版社，2020．

53. 胡鞍钢，唐啸，刘生龙，等．2050中国：全面建成社会主义现代化强国[M]．杭州：浙江人民出版社，2018．

54. 蒋永穆，罗平，王丽程，等．中国农村改革四十年：回顾与经验[M]．成都：四川大学出版社，2018．

55. 蒋永穆，等．新中国"三农"十大理论问题研究——70年发展与变迁[M]．北京：社会科学文献出版社，2019．

56. 李培林，魏后凯，吴国宝．中国扶贫开发报告（2017）[M]．北京：社会科学文献出版社，2017．

57. 李培林，魏后凯．中国扶贫开发报告（2016）[M]．北京：社会科学文献出版社，2016．

58. 李青译．诗经[M]．北京：北京联合出版社，2015．

59. 方松华，马丽雅．社会主义现代化强国目标及其建设方略研究[M]．北京：人民出版社，2019．

60. 中共中央宣传部理论局．世界社会主义五百年[M]．北京：党建读物出版社，2014．

61. 孙冶方．社会主义经济的若干理论问题[M]．北京：人民出版社，1984．

62. 孙中山全集（第九卷）[M]．北京：中华书局，1986．

63. 范鹏. 统筹推进"五位一体"总体布局[M]. 北京:人民出版社,2017.

64. 王圣诵,王兆刚,等. 基层民主制度研究[M]. 北京:人民出版社,2012.

65. 吴忠民. 中国现代化论[M]. 北京:商务印书馆,2019.

66. 肖贵清,等. 中国特色社会主义制度基本问题研究[M]. 北京:人民出版社,2013.

67. 小康中国:全面建成小康社会十讲[M]. 北京:人民出版社,2013.

68. 许耀桐. 中国国家治理体系现代化总论[M]. 北京:国家行政学院出版社,2016.

69. 荀子论兵[M]. 北京:中华书局出版社,1997.

70. 习近平. 在党的群众路线教育实践活动总结大会上的讲话[M]. 北京:人民出版社,2014.

71. 张占斌. 中国经济新棋局[M]. 北京:人民出版社,2017.

72. 郑功成,等. 从饥寒交迫走向美好生活——中国民生70年(1949—2019)[M]. 长沙:湖南教育出版社,2019.

73. 郑丽平. 教育发展新水平[M]. 北京:中国人民大学出版社,2020.

74. 费孝通. 中国城乡发展的道路[M]. 上海:上海人民出版社,2016.

75. 李君如. 中国特色社会主义道路研究[M]. 北京:人民出版社,2012.

76. 中共中央关于制定国民经济和社会发展第十三个五年规划的建议[M]. 北京:人民出版社,2015.

77. 中国反贫困斗争的伟大决战[M]. 北京:人民出版社,2017.

二、期刊类

1. 白永秀. 城乡二元结构的中国视角:形成、拓展、路径[J]. 学术月刊,2012(5).

2. 包心鉴. 以制度现代化推进国家治理现代化[J]. 中共福建省委党校学报,2014(1).

3. 蔡晓良,谢强. 论习近平的人民主体思想[J]. 思想理论教育导刊,2017(4).

4. 常兴华. 从改革传统的分配制度到"收入分配改革方案"出台——我国收入分配制度演变和政策评述[J]. 中国物价,2013(6).

5. 陈健,郭冠清. 马克思主义区域协调发展思想:从经典理论到中国发展[J]. 经济纵横,2020(6).

6. 陈钊. 中国城乡发展的政治经济学[J]. 南方经济,2011(8).

7. 邓大松,李芸慧.新中国 70 年社会保障事业发展基本历程与取向[J].改革,2019(9).

8. 丁俊萍.坚持和完善党的领导制度体系应深刻把握的若干关系[J].理论探索,2020(21).

9. 董全瑞.全面小康与共同富裕[J].求是,2003(5).

10. 方蕾,孟燕.新中国成立 70 年来基层协商民主发展的历史逻辑[J].中共中央党校学报,2019(5).

11. 冯鹏志.新中国 70 年文化发展的历程与经验[J].理论视野,2019(10).

12. 高帆.中国城乡二元经济结构转化的影响因素分解:1981—2009 年[J].经济理论与经济管理,2012(9).

13. 公丕宏,公丕明.论中国特色社会主义扶贫实践和理论[J].上海经济研究,2017(9).

14. 郭广银.全面建成小康社会的制度之维[J].马克思主义与现实,2020(4).

15. 胡锦涛.高举中国特色社会主义伟大旗帜 为夺取全面建设小康社会新胜利而奋斗——在中国共产党第十七次全国代表大会上的报告[J].党建研究,2007(11).

16. 胡锦涛.坚定不移沿着中国特色社会主义道路前进 为全面建成小康社会而奋斗——在中国共产党第十八次全国代表大会上的报告[J].求是,2012(22).

17. 韩俊.中国城乡关系演变 60 年:回顾与展望[J].改革,2009(11).

18. 韩喜平.坚持以人民为中心的发展思想[J].思想理论教育导刊,2016(9).

19. 何玉芳."五位一体"与"四个全面"的内在逻辑[J].人民论坛,2019(15).

20. 洪大用.我国城乡二元控制体系与环境问题[J].中国人民大学学报,2000(1).

21. 胡军,张学森."共同富裕"理论与全面建设小康社会的实践[J].探讨与争鸣,2004(20).

22. 洪银兴.论新阶段的全面深化改革[J].南京大学学报(哲学·人文科学·社会科学),2015,52(4).

23. 黄承伟.中国扶贫开发道路研究:评述与展望[J].中国农业大学学报(社会科学版),2016(5).

24. 江泽民. 在庆祝中国共产党成立八十周年大会上的讲话[J]. 求是,2001(13).

25. 纪明. 需求结构演进逻辑及中国经济持续均衡增长[J]. 社会科学,2013(2).

26. 蒋永穆,江玮,万腾. 中国特色减贫思想:演进主线与动力机制[J]. 财经科学,2019(1).

27. 蒋永穆,卢洋. 坚持和完善社会主义基本经济制度[J]. 学习与探索,2020(6).

28. 蒋永穆,万腾,卢洋. 中国消除绝对贫困的政治经济学分析——基于马克思主义制度减贫理论[J]. 社会科学战线,2020(9).

29. 蒋永穆,万腾,周宇晗. 基于政府集成的中国特色减贫道路(1978—2018):历史进程和逻辑主线[J]. 当代经济研究,2018(12).

30. 蒋永穆,张鹏,张晓磊. 民生保障与社会质量提升:欧洲社会质量理论的启示——基于经济保障维度的研究[J]. 江淮论坛,2016(3).

31. 蒋永穆,张晓磊. 共享发展与全面建成小康社会[J]. 思想理论教育导刊,2016(3).

32. 蒋永穆,周宇晗. 改革开放40年城乡一体化发展:历史变迁与逻辑主线[J]. 贵州财经大学学报,2018(5).

33. 蒋永穆,周宇晗. 习近平扶贫思想述论[J]. 理论学刊,2015(11).

34. 蒋永穆. 从"农业现代化"到"农业农村现代化"[J]. 红旗文稿,2020(5).

35. 蒋永穆. 建立解决相对贫困的长效机制[J]. 政治经济学评论,2020(2).

36. 蒋永穆,鲜阳红,周宇晗. 基于"三有"的高质量精准脱贫研究[J]. 农村经济,2019(7).

37. 李斌. 深化医药卫生体制改革[J]. 求是,2013(23).

38. 李开华. 努力实现马克思主义方法论的重建——学习中共中央关于制定国民经济和社会发展"九五"计划和2010年远景目标的建议[J]. 新时代论坛,1996(1).

39. 李全利. 扶贫治理理论演进轨迹及其引申[J]. 重庆社会科学,2017(4).

40. 李小云. 我国农村扶贫战略实施的治理问题[J]. 贵州社会科学,2013(7).

41. 厉以宁. 走向城乡一体化:建国60年城乡体制的变革[J]. 北京大学学报(哲学社会科学版),2009(6).

42. 林辉煌,贺雪峰. 中国城乡二元结构:从"剥削型"到"保护型"[J]. 北京工业大学学报(社会科学版),2016(6).

43. 刘洪森. 民生建设要重视群众精神文化生活[J]. 前线,2013(8).

44. 刘润秋. 抗疫"中国经验"的一大亮点 疫情防控社区治理机制的探索、反思与优化[J]. 人民论坛,2020(15).

45. 刘守英. 中国城乡二元土地制度的特征、问题与改革[J]. 国际经济评论,2014(3).

46. 陆学艺,杨桂宏. 破除城乡二元结构体制是解决"三农"问题的根本途径[J]. 中国农业大学学报(社会科学版),2013(3).

47. 欧阳军喜,王赟鹏. 社会主义现代化强国思想:演进、特征及其意义[J]. 学术界,2018(4).

48. 欧阳康,余扬. 新时代坚持和完善人民代表大会制度的多维路径[J]. 南京师大学报(社会科学版),2020(4).

49. 亓光. 完善基层民主制度应注意的五种关系[J]. 毛泽东邓小平理论研究,2013(4).

50. 秦宣. "四个全面":形成发展、科学内涵和战略意义[J]. 思想理论教育导刊,2015(6).

51. 任宝玉. 论人民代表大会制度的特色与优势——与西方代议制的比较[J]. 社会主义研究,2017(5).

52. 任保平. 论中国的二元经济结构[J]. 经济与管理研究,2004(5).

53. 石云霞. 习近平人类命运共同体思想科学体系研究[J]. 中国特色社会主义研究,2018(2).

54. 石仲泉. 全面建成小康社会:一个重要战略布局的理论和实践[J]. 毛泽东邓小平理论研究,2020(4).

55. 孙成军. 马克思主义城乡关系理论与我们党城乡统筹发展的战略选择[J]. 马克思主义研究,2006(4).

56. 孙武安,尚丽琴. 论全面建设小康社会与实现共同富裕[J]. 山东大学学报(哲学社会科学版),2003(5).

57. 唐亚林. 社会主义民主就是人民当家作主[J]. 红旗文稿,2020(13).

58. 陶文昭. 习近平治国理政的科学思维[J]. 理论探索,2015(4).

59. RARK A,CHAUDHURI S,DATT G. 中国新时期农村扶贫与村级贫困瞄准[J]. 管理世界,2007(1).

60. 汪三贵,曾小溪. 从区域扶贫开发到精准扶贫——改革开放40年中国扶贫政策的演进及脱贫攻坚的难点和对策[J].农业经济问题,2018(8).

61. 汪三贵,冯紫曦.脱贫攻坚与乡村振兴有效衔接的逻辑关系[J].贵州社会科学,2020(1).

62. 王超,郭娜,肖小虹.中国特色社会主义文化工作:发展历程与演进趋势——基于1949—2019年国务院政府工作报告的内容分析[J].河南师范大学学报(哲学社会科学版),2020(4).

63. 王佳宁,罗重普.新时代中国区域协调发展战略论纲[J].改革,2017(12).

64. 王浦劬.全面准确深入把握全面深化改革的总目标[J].中国高校社会科学,2014(1).

65. 王秀峰.卫生改革30年历程回顾[J].卫生经济研究,2009(1).

66. 王易,田雨晴.习近平对培育和践行社会主义核心价值观的新贡献[J].马克思主义研究,2019(11).

67. 王玉波.小康史考[J].社会学研究,1992(3).

68. 卫兴华,胡若痴.社会主义初级阶段基本经济制度的形成、成就与问题[J].中共福建省委党校学报,2009(9).

69. 魏礼群.积极稳妥推进大部门制改革[J].求是,2011(12).

70. 温铁军.城乡二元体制矛盾的形成与城镇化发展战略探讨[J].山东省农业管理干部学院学报,2001(1).

71. 吴丰华,韩文龙.改革开放四十年的城乡关系:历史脉络、阶段特征和未来展望[J].学术月刊,2018(4).

72. 吴国宝.改革开放40年中国农村扶贫开发的成就及经验[J].南京农业大学学报(社会科学版),2018(6).

73. 吴敬琏.中国经济改革三十年历程的制度思考[J].新华文摘,2009(1).

74. 吴绮雯.改革开放我国就业发展经验及展望[J].江西社会科学,2018(10).

75. 吴振磊.我国城乡经济社会关系的历史演进:阶段、特征与趋势[J].马克思主义与现实,2012(7).

76. 武力,李扬.新中国70年的经济发展与体制改革[J].当代中国史研究,2019(5).

77. 武力.论改革开放以来中国城乡关系的两次转变[J].教学与研究,2008(10).

78. 习近平.构建起强大的公共卫生体系,为维护人民健康提供有力保障

[J].求是,2020(18).

79. 鲜祖德,王萍萍,吴伟.中国农村贫困标准与贫困检测[J].统计研究,2016(9).

80. 肖贵清,车宗凯."大考"彰显中国特色社会主义制度优势——学习习近平总书记关于防控新冠肺炎疫情系列重要讲话精神[J].马克思主义研究,2020(5).

81. 辛逸,高洁.从"以农补工"到"以工补农"——新中国城乡二元体制述论[J].中共党史研究,2009(9).

82. 肖玉明.现阶段如何推进共同富裕建设——兼论全面小康与共同富裕的关系[J].社会主义研究,2004(3).

83. 信长星.努力推动实现更高质量的就业[J].中国人口科学,2012(6).

84. 徐勇.城市与乡村二元政治结构分析[J].华中师范大学学报(哲社版),1990(1).

85. 辛逸,高洁.从"以农补工"到"以工补农"——新中国城乡二元体制述论[J].中共党史研究,2009(9).

86. 许耀桐.马克思恩格斯创立科学社会主义[J].科学社会主义,2013(5).

87. 杨名声.我国经济体制改革历程及其历史经验[J].当代中国史研究,1999(2).

88. 杨晓慧.习近平新时代中国特色社会主义思想的世界意义[J].中国高校社会科学,2020(4).

89. 杨银付.努力办好人民满意教育的若干思考[J].教育研究,2013(1).

90. 詹成付.全面小康社会的演进、实践成果及深刻启示[J].红旗文稿,2020(4).

91. 张力.新中国70年教育事业的辉煌历程(四)[J].中国农村教育,2019(30).

92. 张琦,冯丹萌.我国减贫实践探索及其理论创新:1978—2016年[J].改革,2016(4).

93. 张汝立.我国的城乡关系及其社会变迁[J].社会科学战线,2003(3).

94. 张守军,张彩玲.康有为的小康思想[J].财经问题研究,2005(11).

95. 张燕生.对外开放的历程、发展经验及前景[J].宏观经济研究,2008(10).

96. 张应禄,陈志钢.城乡二元经济结构:测定、变动趋势及政策选择[J].农业经济问题,2011(11).

97. 张卓元. 中国经济改革的两条主线[J]. 经济研究信息,2018(11).

98. 周兴国. 中国的教育改革:《决定》的探索与经验[J]. 安徽师范大学学报(人文社会科学版),2016(1).

99. 宗寒. 中国最根本任务是解放和发展生产力[J]. 当代经济研究,2015(1).

100. 何玉芳."五位一体"与"四个全面"的内在逻辑[J]. 人民论坛,2019(15).

三、报纸类

1. 习近平. 建设宏大高素质干部队伍确保党始终成为坚强领导核心[N]. 人民日报,2013-06-30.

2. 习近平. 决胜全面建成小康社会,夺取新时代中国特色社会主义伟大胜利[N]. 人民日报,2017-10-28.

3. 习近平. 在纪念邓小平同志诞辰110周年座谈会上的讲话[N]. 人民日报,2014-08-21.

4. 习近平. 在经济社会领域专家座谈会上的讲话[N]. 人民日报,2020-08-25.

5. 习近平. 在全国抗击新冠肺炎疫情表彰大会上的讲话[N]. 人民日报,2020-09-09.

6. 习近平主持召开中央全面深化改革委员会第十四次会议强调 依靠改革应对变局开拓新局 扭住关键鼓励探索突出实效[N]. 人民日报,2020-07-01.

7. 习近平主持召开中央全面深化改革委员会第十五次会议强调 推动更深层次改革实行更高水平开放 为构建新发展格局提供强大动力[N]. 人民日报,2020-09-02.

8. 中共中央关于繁荣发展社会主义文艺的意见[N]. 人民日报,2015-10-20.

9. 中华人民共和国国务院新闻办公室. 新时代的中国与世界[N]. 人民日报,2019-09-28.

10. 中国农村的扶贫开发[N]. 人民日报,2001-10-16.

11. 加快实施创新驱动发展战略 加快推动经济发展方式转变[N]. 人民日报,2014-08-19.

12. 坚决打好污染攻坚战 推动生态文明建设迈上新台阶[N]. 人民日报,2018-05-20.

13. 蒋永穆,卢洋. 新中国70年的减贫事业[N]. 光明日报,2019-07-05.

14. 解放思想真抓实干奋力前进 确保与全国同步建成全面小康社会[N]. 人民日报,2016-07-21.

15. 闻言. 建设美丽中国,努力走向生态文明新时代[N]. 人民日报,2017-09-30.

四、网站类

1. 习近平. 在决战决胜脱贫攻坚座谈会上的讲话[EB/OL]. 中国政府网,2020-03-06.

2. 2001年全国教育事业发展统计公报[EB/OL]. 中华人民共和国教育部,2002-06-13.

3. 2010年全国教育事业发展统计公报[EB/OL]. 中华人民共和国教育部,2012-03-21.

4. 2018年全国教育经费执行情况统计公告发布[EB/OL]. 中华人民共和国教育部,2019-10-16.

5. 2019年度人力资源和社会保障事业发展统计公报[EB/OL]. 中华人民共和国人力资源和社会保障部,2020-09-11.

6. 2019年全国教育事业发展统计公报[EB/OL]. 中华人民共和国教育部,2020-05-20.

7. 中国经济网. 48家央企32家地方国企上榜2020世界500强[EB/OL]. 新浪网,2020-08-12.

8. 沧桑巨变七十载 民族复兴铸辉煌——新中国成立70周年经济社会发展成就系列报告之一[EB/OL]. 国家统计局,2019-07-01.

9. 对外经贸开启新征程 全面开放构建新格局——新中国成立70周年经济社会发展成就系列报告之二十二[EB/OL]. 国家统计局,2019-08-27.

10. 蒋永穆. 消除绝对贫困:夯实"全面小康"的根基[EB/OL]. 求是网,2020-09-21.

11. 就业规模不断扩大 就业形势长期稳定——新中国成立70周年经济社会发展成就系列报告之十九[EB/OL]. 国家统计局,2019-08-20.

12. 居民生活水平不断提高 消费质量明显改善——改革开放40年经济社会发展成就系列报告之四[EB/OL]. 国家统计局,2018-08-31.

13. 齐玉. 积极促进国际减贫合作 推动构建人类命运共同体[EB/OL]. 求是网,2020-07-16.

14. 人口总量平稳增长 人口素质显著提升——新中国成立70周年经济社会发展成就系列报告之二十[EB/OL]. 国家统计局,2019-08-22.

15. 人力资源和社会保障事业发展"十三五"规划纲要[EB/OL]. 人力资源社会保障部,2016-07-06.

16. 人民生活实现历史性跨越 阔步迈向全面小康——新中国成立70周年经济社会发展成就系列报告之十四[EB/OL]. 国家统计局,2019-08-09.

17. 数据看变化·教育经费保障情况[EB/OL]. 中华人民共和国教育部财务司国家统计局,2017-09-28.

18. 新中国成立70周年深化医药卫生体制改革相关成就[EB/OL]. 体制改革司,2019-09-25.

19. 中华人民共和国2019年国民经济和社会发展统计公报[EB/OL]. 国家统计局,2020-02-28.

20. 中华人民共和国文化和旅游部2019年文化和旅游发展统计公报[EB/OL]. 中华人民共和国文化和旅游部,2020-06-20.

后　记

　　小康承载着每一个中国人民的希冀、小康承载着中国共产党的使命、小康承载着每一名中国共产党员的初心。全面建成小康社会镌写着每一位中华儿女的奋进故事、全面建成小康社会刻画着中国共产党的探索历史、全面建成小康社会凝聚着每一位中国共产党人的奋斗心血。

　　团队成员长期致力于"三农"问题的研究。整个团队成员对"小康"有着浓厚的情愫，对人民有着深厚的情怀。2020年是全面建成小康社会的收官之年，在这振奋人心的激动时刻，我们期望用自己的独特方式向所有的奋斗者致敬，向伟大的中国共产党致敬，向日益强大起来的祖国致敬。

　　本书是国家社科基金重大项目"精准扶贫思想：生成逻辑、内容体系和实践效果研究"（18ZDA035）的阶段性成果。本书是集体智慧的结晶，四川大学经济学院和马克思主义学院的师生参与了本书的编写。蒋永穆教授主持了全书内容的设计、组织和统稿工作，廖浩君、豆小磊、祝林林、谢强、姜力月、何媛、万腾、周宇晗、赖珩瑗、卢洋、纪志耿、肖明辉、张晓磊等参与了写作和修改工作。同时，在本书编撰过程中，得到了光明日报出版社的支持和帮助，在此表示最诚挚的谢意。

　　全面建成小康社会是一个内容丰富、体系庞杂的研究课题，本书的研究只是一次有益的尝试和探索，还有待进一步地深入挖掘和钻研。希望本书的出版能够激发更多学者研究全面建成小康社会主题的热情和动力，引发更多关于社会主义现代化建设的探讨和争鸣，从而持续为全面建成社会主义现代化强国贡献绵薄之力。全面建成小康社会是一个综合的课题，由于自身的才疏学浅，难免会存在一些不足，恳请广大学者与读者批评指正。

　　谨以此书献给全面建成小康社会！

2021 年 5 月
本书编写组